应急资源准备及分类分级标准

陈 虹　马丽斯文　王 巍　编
曲旻皓　徐一婷

地震出版社

图书在版编目（CIP）数据

应急资源准备及分类分级标准/陈虹等编. —北京：地震出版社，2021.12

ISBN 978-7-5028-5392-1

Ⅰ.①应… Ⅱ.①陈… Ⅲ.①突发事件—物资调度—资源管理—分级标准 Ⅳ.①F253-65

中国版本图书馆 CIP 数据核字（2021）第 241508 号

地震版　XM4647/F（6183）

应急资源准备及分类分级标准

陈　虹　马丽斯文　王　巍　曲旻皓　徐一婷　编

责任编辑：王　伟

责任校对：凌　樱

出版发行：地震出版社

北京市海淀区民族大学南路 9 号　　　邮编：100081

销售中心：68423031　68467991　　　传真：68467991

总 编 办：68462709　68423029

编辑二部（原专业部）：68721991

http：//seismologicalpress.com

E-mail：68721991@sina.com

经销：全国各地新华书店

印刷：河北文盛印刷有限公司

版（印）次：2021 年 12 月第一版　2021 年 12 月第一次印刷

开本：787×1092　1/16

字数：487 千字

印张：19

书号：ISBN 978-7-5028-5392-1

定价：90.00 元

版权所有　翻印必究

（图书出现印装问题，本社负责调换）

前　言

应急资源准备对一个国家、地区的应急管理是至关重要的。笔者在研究搜救资源分类分级的过程中对国外的应急资源管理进行了长期的跟踪。美国等西方发达国家特别重视应急资源管理，美国将应急资源管理作为其突发事件管理体系中的三个组成部分之一。美国应急资源管理体系的核心就是建立了一套全国统一的标准化的应急资源（人、队伍、装备、设施、物资）的分类分级体系。将突发事件发生后所有需要的资源在全国范围内开展标准化分类分级定义，为统筹全国各级政府、部门、企业及社区的应急资源，实现资源的共享和调用提供基础。我国人口密度高，城镇化进程快，一旦发生大灾，需要调动全社会的应急资源，构建全国统一的标准化的应急资源分类分级体系对于应急资源准备、调用和提供是非常重要的。

本书共四章，第一章主要介绍应急资源的基本概念和特点，应急资源准备的关键环节和流程，介绍了我国应急资源的分类分级情况。第二章介绍了美国突发事件应急管理体系和应急资源管理体系。第三章介绍了美国应急资源（队伍、设施、装备和物资）的分类分级。采用图表形式展示的美国应急资源分类分级标准和核心要素。第四章介绍了美国应急人力资源的分类分级及其标准和要素。本书可为各级政府部门开展应急资源准备，各类救援队伍建设提供参考。为大专院校应急管理教学提供教材素材。

陈　虹

中国地震应急搜救中心

2021 年 9 月 25 日

目 录

第一章 应急资源准备概论 1

  1.1 应急资源的定义 1
  1.2 应急资源的特点 2
  1.3 应急资源准备的重要性 2
  1.4 应急资源准备的目标 3
  1.5 应急资源准备的原则 4
  1.6 应急资源准备关键环节 4
    1.6.1 评估灾害风险，辨识灾害风险后果 4
    1.6.2 预测应急资源需求 5
    1.6.3 分析潜在可用应急资源 6
    1.6.4 资源配置 7
      1.6.4.1 资源配置原则 7
      1.6.4.2 资源配置流程 7
      1.6.4.3 资源配置模式 8
    1.6.5 资源调用与获取 9
    1.6.6 资源维护 9
    1.6.7 资源分类 10
    1.6.8 资源管理系统 11
  1.7 小结 15

第二章 美国突发事件应急资源管理体系 17

  2.1 突发事件管理系统简介 17
  2.2 应急资源管理 18
    2.2.1 资源管理计划 19
      2.2.1.1 识别辖区内潜在的威胁和脆弱性 19
      2.2.1.2 识别辖区资源需求 19
      2.2.1.3 建立获取资源的策略 20
      2.2.1.4 资源管理程序评估 21
      2.2.1.5 获取、存储和盘点资源 22
    2.2.2 资源分类 22

        2.2.3 信息管理系统 …………………………………………………… 23
        2.2.4 突发事件期间的资源管理 …………………………………… 23
            2.2.4.1 确定需求 ………………………………………………… 24
            2.2.4.2 资源的订购和获取 ……………………………………… 25
            2.2.4.3 资源动员 ………………………………………………… 26
            2.2.4.4 追踪和汇报 ……………………………………………… 27
            2.2.4.5 资源的复员 ……………………………………………… 27
            2.2.4.6 报销和补货 ……………………………………………… 27
        2.2.5 协调和动员资源 ………………………………………………… 27
            2.2.5.1 全面评估 ………………………………………………… 27
            2.2.5.2 确定突发事件处置目标 ………………………………… 28
            2.2.5.3 按照优先权分配稀缺资源 ……………………………… 28
            2.2.5.4 动员资源 ………………………………………………… 28
            2.2.5.5 处理资源的聚集 ………………………………………… 28
            2.2.5.6 州和联邦动员和部署 …………………………………… 29
            2.2.5.7 捐赠和志愿者援助 ……………………………………… 30
            2.2.5.8 重要人物（VIP）到访 ………………………………… 31
            2.2.5.9 管理未被请求的资源 …………………………………… 31
        2.2.6 互助协议 ………………………………………………………… 32
    2.3 小结 …………………………………………………………………… 33

第三章 美国应急资源分类分级标准 ………………………………………… 34
    3.1 应急资源一、二级分类 ……………………………………………… 34
    3.2 应急资源分类分级标准——预防类 ………………………………… 36
    3.3 应急资源分类分级标准——动物应急响应类 ……………………… 40
    3.4 应急资源分类分级标准——突发事件管理类 ……………………… 43
    3.5 应急资源分类分级标准——紧急医疗服务类 ……………………… 49
    3.6 应急资源分类分级标准——消防及危化品类 ……………………… 57
    3.7 应急资源分类分级标准——通信类 ………………………………… 66
    3.8 应急资源分类分级标准——执法行动类 …………………………… 68
    3.9 应急资源分类分级标准——公共工程类 …………………………… 78
    3.10 应急资源分类分级标准——搜索与营救类 ……………………… 82
    3.11 应急资源分类分级标准——群众安置设施 ……………………… 145
    3.12 应急资源分类分级标准——应急管理类 ………………………… 156
    3.13 应急资源分类分级标准——后勤和物流类 ……………………… 160
    3.14 应急资源分类分级标准——医疗和公共卫生类 ………………… 164
    3.15 应急资源分类分级标准——网络安全类 ………………………… 178
    3.16 应急资源分类分级标准——地理信息系统和信息技术类 ……… 179

3.17 应急资源分类分级标准——减灾类 ………………………………………… 181
3.18 应急资源分类分级标准——损失评估类 …………………………………… 182
3.19 小结 …………………………………………………………………………… 184

第四章 美国应急人力资源岗位分类分级标准 …………………………………… 185

4.1 应急人力资源一、二级分类 …………………………………………………… 185
4.2 应急人力资源分类分级标准——预防类岗位 ………………………………… 186
4.3 应急人力资源分类分级标准——动物应急响应类岗位 ……………………… 190
4.4 应急人力资源分级标准——突发事件管理类岗位 …………………………… 192
4.5 应急人力资源分类分级标准——紧急医疗服务类岗位 ……………………… 201
4.6 应急人力资源分类分级标准——消防及危化品类岗位 ……………………… 204
4.7 应急人力资源分类分级标准——通信类岗位 ………………………………… 210
4.8 应急人力资源分类分级标准——执法行动类岗位 …………………………… 212
4.9 应急人力资源分类分级标准——公共工程类岗位 …………………………… 213
4.10 应急人力资源分类分级标准——搜索与营救类岗位 ………………………… 219
4.11 应急人力资源分类分级标准——群众安置设施类岗位 ……………………… 250
4.12 应急人力资源分类分级标准——应急管理岗位 ……………………………… 256
4.13 应急人力资源分类分级标准——后勤和物流岗位 …………………………… 271
4.14 应急人力资源分类分级标准——医疗与公共卫生类岗位 …………………… 273
4.15 应急人力资源分类分级标准——网络安全类岗位 …………………………… 277
4.16 应急人力资源分类分级标准——地理信息系统和信息技术类岗位 ………… 278
4.17 应急人力资源分类分级标准——减灾类岗位 ………………………………… 281
4.18 应急人力资源分类分级标准——损失评估类岗位 …………………………… 285
4.19 小结 …………………………………………………………………………… 287

参考文献 ………………………………………………………………………………… 288

附录 英文缩略语 ……………………………………………………………………… 290

第一章　应急资源准备概论

1.1　应急资源的定义

应急资源的涵义长期以来都没有统一的共识，有学者将突发事件应急资源主要分为物资资源及信息资源两大类。也有学者认为广义的应急资源应涵盖防灾、救灾、恢复等环节所需要的各种应急资源。我国《国家突发公共事件总体应急预案》将应急资源分为人力资源、财力保障、物资保障、交通运输、医疗卫生及通信保障等。总体来说，应急资源是从突发事件发生后用于疏散、抢险、抢救等应急救援的人力、物力、财力信息等各类资源的总称。应急资源主要包括人力资源、设备资源、物品资源、设施资源、财力资源及信息资源（图1-1-1）。

（1）人力资源：应急管理人员、专家、应急救援队伍、社会应急力量等。
（2）设备资源：照明、救援、医疗、防护、应急通讯、交通运输、监测检测等设备。
（3）物品资源：食品、御寒物品、医用物品（消毒防疫）、工程材料等。
（4）设施资源：避难设施、应急交通设施、应急医疗设施、应急通讯设施、专用工程机械等。
（5）资金资源：财政资金、保险资金、银行信贷资金、捐赠资金。
（6）信息资源：灾情信息、环境信息、资源信息等。

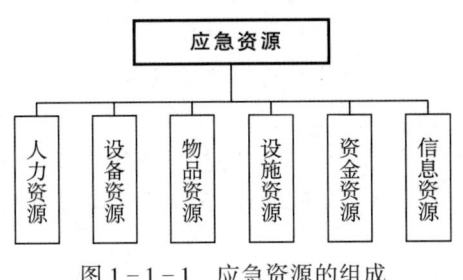

图1-1-1　应急资源的组成

物品资源、人力资源、资金资源、信息资源四类资源是相互影响、相互支持、相互制约的；应急物品是其他应急资源的载体；应急人力是其他应急资源准备和配置的决策者和执行者；应急资金是其他应急资源的有力支撑；应急信息则是其他应急资源准备和配置的依据。每一种应急资源的缺乏都会影响其他应急资源的准备配置效率，从而导致应急管理和处置的失败。因此，在理想状态下，应该将四类应急资源的准备和配置统筹考虑、整合优化。

本书主要研究讨论的是应急人力、应急设施、应急设备、应急物品等资源的分类分级，不涉及资金资源和信息资源。

1.2 应急资源的特点

应急资源不同于其他可利用资源，其使用场合的特殊性，要求其有自身的特点。

（1）应急资源需求的突发性和时效性：应急资源是应急管理、应急处置能力的重要保障。由于非常规突发事件的特殊性质，和一般的资源需求相比，应急资源具有需求突发性和动态时效性，往往需要跨部门、跨区域、跨灾种协调和整合。大规模突发事件造成受灾面积大，受灾人口多，应急资源需求量大，在应急初期应急资源往往供不应求，而且由于持续时间较长，应急过程中不同阶段的任务、方式不同，应急资源需求的数量和种类也不相同。

（2）应急资源需求的多样性和差异性：处理各类突发事件时所需要的应急资源的种类也是不尽相同的，突发事件多样性在一定程度上导致了应急资源需求种类的多样性。不同类型的突发事件对应急资源的需求具有一定的差异性。突发事件的级别不同造成需求上的差异性；突发事件的发生区域不同造成需求上的差异性。应急阶段与应急环节不同，需求具有差异性。

（3）应急资源需求的不确定性和变化性：突发事件的发生，尤其是重大自然灾害，往往会导致交通阻塞、通信中断、沟通失灵、集体性恐慌心理等复杂情况发生。同时突发事件信息的残缺，造成难以第一时间精确的估计资源的需求。突发事件发展的不同阶段和程度对应急资源的需求不一样，因此，应急资源需求具有高度的不确定性。另外，随着灾害灾情的动态过程，应急物资的种类与数量需求会发生变化。比如在地震后的 1~3 天内（黄金 72 小时），主要的任务是在地震现场快速开展埋压人员搜索营救和伤员的现场紧急救治，所需的应急资源主要是搜救队伍及搜索营救及破拆等营救装备，医疗人员及急救设施。在地震后的 4~10 天，主要任务转向大量灾民的紧急安置，包括衣食住行的临时保障，安置点的消毒防疫，及社会秩序的稳定，所需的资源主要是一些生活类物资等。

基于以上分析，应急资源需求的多种特点给应急资源的准备提出了特殊要求。近年来我国极端灾害频发，如 2008 年初雨雪冰冻灾害、汶川地震，2010 年发生的玉树地震、洪水灾害、舟曲泥石流灾害、2020 年新冠疫情等。这些灾害的应对使我们逐渐意识到做好灾前应急资源分类分级、需求分析和配置，灾后调度和运输等应急资源准备工作的重要性。

1.3 应急资源准备的重要性

应急资源准备是应急管理体系的重要组成部分，是一切应急响应工作的基础。应急资源准备是指为应对自然灾害、事故灾难、公共卫生事件、社会安全事件等突发事件而对应急物资、应急救援人员、应急设施和装备、应急资金、灾情信息等应急资源进行准备和配置的一系列活动。通常灾害事件发生初期，应急救援资源的需求大于资源调动抵达的速度，随后充足的资源抵达现场并控制事态发展，随着事件逐步稳定，资源会超过事件需求（图 1-3-1）。突发事件应对处置的整个过程实际上就是一个资源协调和调度的过程。应急资源准备的目标就是通过事前应急资源的需求预测、资源布局、资源互助及联动机制的建设，使得突发事件发生后资源的调动能在时间、数量和质量上满足突发事件响应的需求，理想状态就是图1-3-1的虚线与实线重合。做好应急资源准备，是突发事件发生后应急资源的及时，准确到位的重要基础，可有效提高资源配置速度和针对性，也是应急管理能力的重要体现，是有效应对突发事件，最大限度减少突发事件所致损失的重要手段。

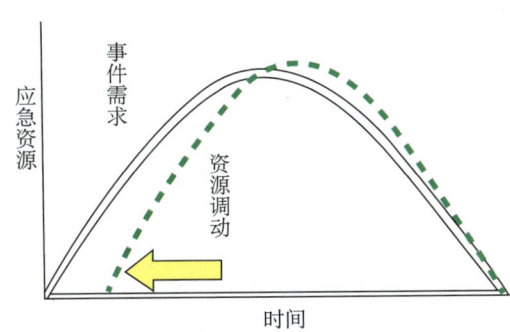

图1-3-1　突发事件发生后应急资源需求与资源调动时间线示意图

1.4　应急资源准备的目标

应急资源准备首先要回答应急资源准备和管理工作中最重要的三个问题：我们需要准备什么？我们拥有哪些资源可以实现目标？我们可以通过互助获得哪些资源以实现我们的目标？

应急资源准备的目标就是：

（1）在有限时间、空间和资源约束下，及时、合理地配置各类应急资源到相应受灾区域，且供需种类相符。

（2）能够根据灾害发生的类型，级别以及发展的变化情况，能够分阶段及时提供所需种类的应急资源。

（3）核心应急资源的数量能够满足救灾需求。

（4）重点部位的需求予以特别保证。

（5）供给的不均衡性和需求的不均衡性相协调。

核心应急资源是灾害中的必需资源，与灾种密切联系，灾害的性质不同，对于核心资源的界定也不一样（比如地震、疫情），同一事件在不同的发展阶段对核心资源的需求也不一样（比如地震应急初期、地震应急中期和后期）。核心资源在处置危机中处于关键地位，直接影响着灾害的结果。对重点部位的需求予以特别保证。做到资源供给的不均衡性和需求的不均衡性相协调：灾害事件发生时，各种资源和环境都处于紧急状态中，为资源供需决策方案的制定带来了一定困难。不同的灾害应急点从准备动员到抵达灾害现场的全过程都存在不均衡性；同样，随着事态的进一步演变，需求的内部不均衡性也突显出来，变化的需求应有变化的供给相适应，应急资源的准备要能够事先较好的对事件发展的不同阶段和不同空间发展进行预测，并尽可能的实现资源的一体化管理。

1.5 应急资源准备的原则

没有哪个地方政府能够具备满足应对所有类型的突发事件的应急资源，应急资源准备首先要将所有可以在有效时间调用的资源包括国有资源、企业资源和社会组织资源及其他援助资源等纳入到资源准备框架中。平战结合是应急资源准备基本策略。应急资源准备的原则主要有：

（1）全面性原则：涵盖全社会资源，包括国有资源、企业资源和社会组织资源及其他援助资源等。

（2）科学性原则：实现应对灾害的有效性。包括资源的分级分类及层次结构合理、资源分布合理和运行维护合理、能够根据灾情的动态变化及时有效地提供资源保障。

（3）系统性原则：考虑所需资源的总体性。对可能发生的不同级别的灾害时能够动员各层次社会组织的资源，能够实现联动协调、快速反应。

（4）可行性原则：符合国家现行的法律、法规，并兼顾平时社会生产生活和战时应急需要。

1.6 应急资源准备关键环节

应急资源准备主要有以下几个关键环节：①评估灾害风险，辨识灾害风险后果；②预测应急资源需求；③分析潜在可用应急资源；④资源配置；⑤资源调用与获取；⑥资源维护；⑦资源分类；⑧资源管理系统。

1.6.1 评估灾害风险，辨识灾害风险后果

地震等自然灾害由于其形成演变机制的复杂性，目前人们对其发生时间、地点、强度、范围等的预测程度较低，很难对特定地区进行应急资源需求的种类、数量的预测。可以基于灾害风险分析结果，结合灾害情景构建和案例分析开展资源需求分析和预测。基于情景构建和案例分析评估灾害发生最极端情况时的人员伤亡数量以及造成的破坏和损失，可能产生的次生灾害及灾害链，辨识区域内主次灾害风险，为应急资源的需求提供科学依据。。

由于一起单纯突发事件可能诱发演化出一系列新的次生、衍生事件，在一些看似不相关的领域产生意想不到的影响。因此研究灾害次生、衍生关系及辨识其关键控制因素，对应急资源准备具有重要指导意义。以地震事件链为例，地震可能引发建筑和桥梁坍塌、海啸、火灾、危化品泄漏、生命线系统故障等事件，因此通过完整的事件链分析，可以达到综合风险分析的目的，使应急资源的准备更加全面和合理。通过灾害风险分析，一方面有助于更准确地预测应急资源的种类/类型等需求。另一方面，突发事件发生后应急资源调配过程也受事件链的影响，例如地震灾害有可能破坏该地区的道路、桥梁、机场和其他关键基础设施，使应急资源运输受到很大影响；危险化学品泄漏事故有可能限制应急资源的运输路径等等。

评估灾害风险，辨识灾害风险后果主要包括：

（1）辨识本区域发生灾害的类型和可能性。在灾害发生前，通过风险分析辨识本区域

发生灾害的类型和可能性。图1-6-1给出我国各种突发事件造成灾害的种类。

（2）研究本区域灾害次生、衍生关系及辨识其关键控制因素。基于情景构建和案例分析评估灾害发生最极端情况时的人员伤亡数量以及造成的破坏和损失，可能产生的次生灾害及灾害链，辨识区域内主次灾害风险。

（3）评估灾害发展趋势和影响范围。结合发生环境，开展不同时间、空间尺度，灾害事件发展速度、方向、范围、危害等评估。给出不同时间、不同地点灾害严重程度排序。

（4）基于风险分析结果给出潜在的需要的资源类型及其资源需求的地点。

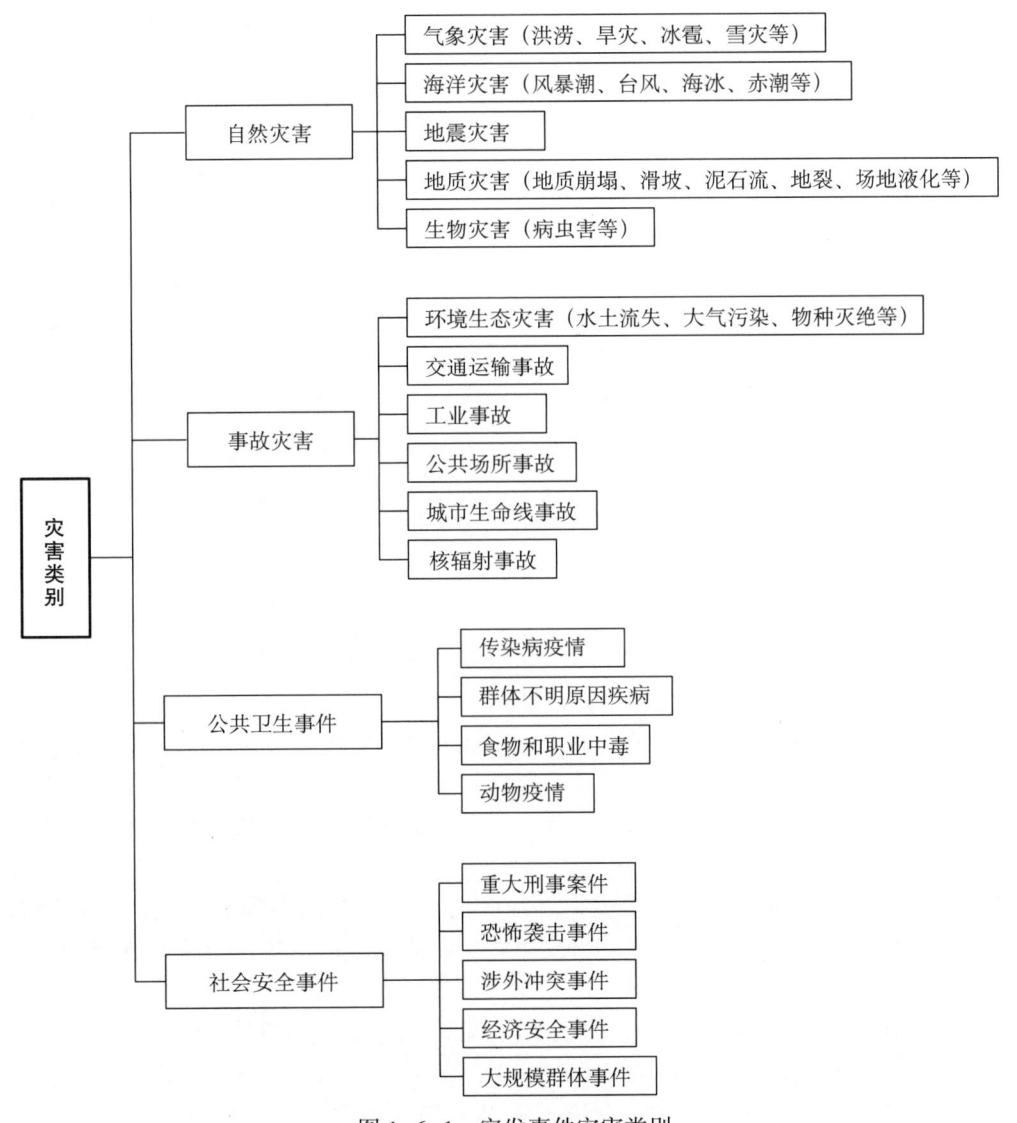

图1-6-1 突发事件灾害类别

1.6.2 预测应急资源需求

通过风险辨识和分析环节，解决资源类型、选址等问题，同时还需要根据本地区的风险类型开展应急资源的定量化需求分析。资源需求分析考虑众多复杂因素，涉及突发事件类型/致灾后果/事发地地域特点/人文特点/季节特点等方面，同时还需要考虑不同突发事件对应急资源的时效需求、质量需求、结构需求等内容。需要针对每一类突发事件及其可能造成的后果开展资源需求分析。由于资源需求分析涉及具体的量化指标，因此需要建立分析模型。应急资源的需求预测应重点包括以下四个方面内容：

一是预测应急资源的数量，保证拥有控制突发事件所需的足量的应急资源。通常，突发公共事件越严重、影响范围越大、产生的后果越严重，则所需的应急资源量就越大。

二是预测应急资源的种类，必须针对特定的突发事件灾难类型，研究有针对性的应急资源种类需求，保证拥有控制突发事件所需的应急资源种类，如救援队伍、重型救援装备。

三是预测应急资源的结构需求。应急资源的种类、数量需求不能够完全反映应急物资的整体需求状况，通常不是一种或某几种应急资源就能满足应急需要，而是需要多种应急资源综合利用，才能有效控制突发公共事件的事态。还必须预测应急资源的结构需求。如在对伤员进行紧急抢救过程中，只有药品是不够的，还需要配套相应的医务人员和医疗器械，这些不同类型的资源之间存在着一定比例的相关性。突发事件的类型通常决定着应急资源的结构需求，不同类型的突发事件需要不同种类的应急资源的需求组合。

四是预测应急资源的动态需求，需要根据灾害发展趋势和影响范围，并根据多地点灾害严重程度排序，构建与灾害事件发生、发展、结束整个过程相适应的，多需求、多物资、动态的应急资源动态需求预测，并给出资源需求的优先级。

1.6.3 分析潜在可用应急资源

潜在可用应急资源主要包括：本地区可用资源、邻区可用资源、上级援助资源、志愿者组织的资源、商业资源、社会捐赠资源、国际援助资源等。

（1）本地区可用资源：其他可用资源到达前，本地区的可用资源是应对突发事件时的最直接资源。对于本地资源，应急管理者需要通过应急资源普查详细掌握本地资源的种类和类型、应对特定突发事件的资源适用性、本地资源的储备情况、资源管理专人的经验和受训情况等内容。

（2）邻区可用资源：调研分析周边临近地区的可用资源的种类和类型，资源的储备情况，应对特定突发事件的资源适用性。通过建立互助协议和联动机制可快速调用的周边地区的可用资源。

（3）上级援助资源：突发事件发生后，上级部门支持和协调的包括军队资源、中央各个部门的可用资源等。

（4）志愿者组织的资源：近年来我国志愿者组织非常发达，在突发事件应对中发挥着重要作用，通过该组织可以提供许多方便快捷的应急资源。应急资源管理部门要掌握本地区的志愿者组织的位置、数量、提供服务的种类、启用社会组织的机制等内容，在制定预案时也把它作为一个重要组成部分。

（5）商业资源：通过和商家签订合同，保障在紧急情况下从商家获取应急资源。商业资源作为应急保障资源的一种，可以避免政府专门对应急资源进行维护和管理带来的额外人力和物力，这种利用和管理方式目前在我国很多城市也较为常见。

（6）社会捐助资源：应急管理部门要对社会捐助的资源明确管理机制。首先定义哪些物品和服务接受捐助，避免耗费额外的人力和财力来应付冗余的捐赠物品；其次是严格规定捐赠物资的包装和运输方式，以及运送和发放手段，以免引起混乱，提高工作效率。

（7）国际援助资源：分析急缺的国际上能够提供的资源，如重型城市搜救队，一些高精尖的专业救援设备和救援人才及队伍等。

1.6.4 资源配置

1.6.4.1 资源配置原则

应急资源配置是指为应对自然灾害、事故灾难、公共卫生事件、社会安全事件等突发事件而对应急装备、设施、物资、救援人员、资金及信息等应急资源进行配置的一系列活动。应急资源配置一般遵循以下几方面的原则：

（1）以人为本原则：在突发事件发生后采取最有效的措施整合各种资源以最大努力挽救生命，这是应急管理的最高准则，也是应急资源配置的根本出发点。

（2）效率原则：效率直接关系到应急管理的成败。首先是响应的时效，突发事件发生后，第一时间需要全面调动资源开展应急处置，缓解各类资源的供需矛盾。其次是资源的配置与使用。应急管理本质上是资源储备及资源消耗补充的动态过程。在消耗及补充资源的过程中所带来的各种成本之和即应急管理的成本。因此，有效、合理、充分地使用资源，不断降低耗费与占用资源所带来的各项成本，才能满足效率性原则。

（3）公平原则：应急资源的配置不仅要注重效率，更要重视公平。公平非平均，而是要有主次。在应急资源的优化配置中，要达到整体的平衡。从主要矛盾出发，优先满足最重要、最基本应急资源的需求。从主要矛盾的解决来缓解次要矛盾，要尽量避免各类资源需求矛盾之间的相互影响。

（4）协调原则：在应急资源的配置中，必须要坚持协调性原则，协调整合各种资源，并对各级各类资源进行统一指挥、有效协调，发挥整体资源的最大功效。

（5）开放原则：应急资源的配置取决于现有资源的种类和数量，也取决于协调获取所需资源的能力。一方面将系统内部的资源对外共享，以便使应急资源在不同的区域和范围内能得到整合与共享。另一方面则是将系统外部资源内移，增强所需的关键资源的可获取性。

1.6.4.2 资源配置流程

资源配置主要考虑两方面问题：一是灾害发生之前应急准备阶段，资源的合理配置问题。二是在灾害发生中和发生后，即应急响应和恢复阶段资源的配置和调度问题。应急资源的配置要根据应急资源的需求评估结果来进行配置，应急资源的配置应避免重复，缺项以及资源管理低效等问题。

资源配置流程主要有：

一是制定应急资源配置方案，根据风险分析和资源调查结果制定应急资源优化配置方案。

二是资源需求排序：在应急准备阶段，根据风险分析及应急目标，确定应急资源需求优先排序，根据资源调查结果进行资源优化配置。

三是资源供给点确定：考虑灾后应急资源动态需求，考虑资源配置地点及路线。并对应急资源选址问题进行研究。针对不同的应急目标，动态的、多重心的应急资源选址，解决应急资源的数量、容量及位置以及储备的物资量、应急资源的覆盖范围、应急资源的供给能力以及应急资源库存配置与运输的优化问题。根据不同的应急目标，选择不同的覆盖要求，优化不同目标下的覆盖率，得到最优覆盖。

四是资源最佳配送路线规划：选择适合运输的方式和最优路径。灾害发生后，目标区域的地理环境状况发生了很大变化．单一的运输方式和路径可能都达不到预期的效果，需要对运输方式进行组合，按照优先排序对受灾点需要的应急资源进行调度。现场对资源的需求不是单一的，需要将各种类型和数量的资源整合起来进行运输，建立多目标、多资源的动态配送路线规划。

五是建立应急资源联动机制，使应急资源配置实现区域最大优势化：建立应急资源的区域联动是弥补应急资源不足、提高应急资源的利用效率、有效应对跨行政区的重大突发事件的需要。我国都市圈和经济区的形成、灾害的区域分布、大型工程和重要设施风险的区域性等因素都成为了建立应急物资区域联动的地缘基础。应急资源的区域联动模式主要包括一体化模式、合作模式和协作模式三种。应急资源的区域联动体系主要包括信息沟通、资源共享、应急资源的联合决策、应急资源的补充和补偿四个方面的内容。

1.6.4.3　资源配置模式

每个地区都不可能事先储备足够应对所有灾害，特别是引发重大危机的巨灾的应急资源。在考虑巨灾应急资源配置时，可以考虑以下几种情况：

前置式区域应急资源配置整合模式：是将区域内应急资源的配置与整合集中在灾害风险较高的区域，适用于经济发展及社会生产力水平较高的区域，可借助此类区域的财政优势及协同度高的特点，多多筹集应急资源以备不时之需。

中置式区域应急资源配置模式：将区域内应急资源的配置与整合集中于区域内的中心位置，以利于应对来自区域内的各种突发事件。能够较好的兼顾区域当前的安全需要及区域未来的安全需要，且区域应急机制的灵活性及应变性较强，能够在区域中心迅速形成应对各种危机和突发事件的区域应急能力。中置式模式适用：一是所辖地理面积较小且较集中的区域．此类区域的地理优势较适宜采用中置式配置整合模式，方便应对区域内的各种应急任务。二是经济发展协同度高、生产力布局比较均衡的区域，此类区域可借助区域内的协同优势，在应对突发事件时，从区域内的中心位置向周边位置及时配置应急资源。

多中心式区域应急资源配置模式：在对区域应急资源的配置与整合中形成两个以上的高度协同的区域应急资源中心。此种模式下，区域内的多个应急管理中心相互之间要具备极强的协同应变能力，共同应对区域内形成的各种突发事件。以下区域类型较适宜多中心式模式：一是应急资源分布不均的区域，此类区域应急资源只集中在区域内某些地点，其他地点则相对较匮乏。二是那些在承担本区域的应急管理任务的同时，又承担对其他区域的应急管理进行支援协同的区域。

1.6.5 资源调用与获取

应急资源调用是指当发生不可预见的自然灾害或者特殊因素时，在尽可能短的时间内，将资源调配至需求点。与普通资源调度相比，更强调救援时间效率和资源需求量的满足度。

大规模突发事件应急资源调用往往要受到以下几个约束条件的制约：

（1）信息约束：在突发事件发生后的短时间内，系统不能够全面掌握有关突发事件的信息，造成预测和决策的误差。

（2）时间约束：应急资源调度的目标是指在约束时间应该实现的目标。突发事件所造成的危害随着应急资源调度速度的加快而减弱，应急资源调度应该在约束时间内进行，超过了约束时间，调度过程所能实现的价值将大大降低。

（3）资源约束：资源约束是指应急资源数量和质量的约束，尤其在大规模突发事件发生初期，在第一时间和有限范围内可调用的资源是有限的。质量也往往难以得到保证。

（4）运输基础设施约束：由于大规模突发事件可能对运输基础设施包括公路、铁路、港口、通讯、电力安全和运输环境造成影响，限制了应急资源调度的速度。

应急资源准备期间的资源调用与获取方面的工作：

一是建立资源采购、储备和管理机制，规定资源获取标准化流程：为保证应急资源能在短时间内从多种途径获取，制定应急资源获取的标准化流程，对采购、合同签订、以及从库存提取资源等方面进行严格规定，提高资源获取效率。

二是建立资源调用的程序和权限：为避免紧急情况下临时动用资源带来许多问题，通过明确资源调用的相关程序和权限，解决资源调拨的问题。

三是建立联动协调机制：各类应急资源分布在不同的部门和组织，各相关组织、部门之间需要建立相应的联动协调机制，要明确谁提供资源、谁控制资源、资源的使用等环节应详细规定。以保证在最短的时间内抗灾、救灾、减灾以及灾后重建等各项活动高效、有序地开展。

四是建立资源互助及征用补偿机制：在突发灾害事件发生后，政府拥有的资源常常不足以应对抗灾的全过程，还必须动用企业乃至个人的资源。必须以有效的资源互助及应急征用补偿机制做保障。通过签订应急互助和补偿协议，协议各方的职责，互助补偿的内容、补偿的例外、互助补偿的流程及要求。明确应急互助补偿的时间范围、内容范围及索偿需要提供的证明文件、不予补偿的内容范围及原因。建立逻辑架构，顺序清晰，可操作性强的应急补偿程序。

1.6.6 资源维护

建立资源目录，对资源的类型、属性、资源所有者、资源所在地点、资源获取的方式以及流程等内容进行详细的登记，及时更新。

对消耗型物资进行及时的补充与更换，对耐用型物质、装备及设施定期保养和维护。

应急结束后对资源进行状态恢复，明确资源的遣返程序和恢复时限。

对关键岗位的人力资源制定岗位职责要求和准入标准，进行岗位培训与考核。

对应急及抢险救援队伍资源开展分类分级测评，规范队伍能力建设。

1.6.7 资源分类

各种突发事件,对应急资源的需求种类繁多、特征多样、用途各异。为保证应急资源的有效调度和准确到位,应急资源管理者首先需要关心的是应急资源在当前类型突发事件应对时能否完成其预期的目标。通过资源分类,有助于定义资源的能力,使应急资源的订购、分配等活动更为高效,并保证应急指挥官能获得他们想要的资源。

建立全国统一的应急资源分类标准是资源管理的基础。我国突发公共事件应急资源保障基本按日常行政职责分工方式,由相关行政管理部门负责提供资源保障。应急处置过程中,各种各样的资源需求,没有事前的统一的资源分类及其相应的标准化定义,资源之间很难互相支持配合,极大影响了资源调用的有效性。有效合理的应急资源分类会大大改善应急事件的处理效果。科学合理的应急资源分类和标准化定义,一是可以指导全国应急资源规划和建设,提高资源建设的针对性。二是提高应急资源在各类型突发事件应急救援活动的使用有效性和调度准确性。三是能够显示不同资源物资之间的关系,便于资源之间的配合和衔接,便于应急资源配置及其资源之间配合使用,为不同专业背景的现场工作人员快速开展需求评估、提出应急资源需求,组织协调整合各类应急资源提供基础参照系。四是为应急资源的采购、储存、管理、配置和调用活动奠定了基础,能够使国家在应急资源定制、储备、和配置调用过程中方向明确、管理有序。因此需要对应急资源进行科学细致的分类。

在应急资源的分类过程中,要遵循目的性、区分性、唯一性、简便性等原则。目的性就是要求在分类的过程中满足应急资源分类的目的和要求,分类必须能够提高应急事件处理的效率。区分性是保证资源分类清楚,能够从本质上反映出每一类资源的特性。唯一性是保证每一个资源只能出现在一个类别里,不能重复出现。简便性是保障分类简单,方便使用,便于实际的应急资源管理需要。

现阶段我国还没有建立包括人员、队伍、设施、物质等资源的统一的分类分级配套体系。只针对应急物资分类出台了相关文件和标准。目前国家层面出台的应急物资分类标准及文件如下:

1. 应急保障重点物资分类

国家发改委在 2004 年编制了应急物资目录,按用途把应急物资分为 13 大类,涵盖近 250 种物资及装备。随着新的应急产品与装备不断涌现,发改委组织编制了《应急保障重点物资分类目录(2015 年)》。该目录以响应阶段应急处置过程及关键保障要素为主线,将应急保障重点物资分为 3 大类:现场管理与保障类、生命救援与生活援助类、工程抢修与专业处置类。又根据不同的应急任务和每个任务具体的工作内容,将 3 大类划分为 16 中类,并进一步细分为 65 小类(图 1-6-2),以突出第一时间应急响应的物资需求。

2. 安全生产应急救援物资分类

为了应急装备资源数据库建设以及应急装备资源管理软件产品的开发,2012 年国家安全生产应急救援指挥中心颁发了《安全生产应急救援物资分类编码标准》(试行)。该标准将应急救援物资分为防疫用品、生命救助、生命支持、救援运载、临时食宿、污染清理、动力燃料、工程设备、器材工具、照明设备、通讯广播、交通运输、工程材料以及其他等 14

类，并进一步细分了58 中类（图 1-6-3）。

3. 国家标准《应急物资分类及编码》

2020 年，国家标准 GB/T 38565—2020《应急物资分类及编码》正式发布，该标准将应急物资分为基本生活保障物资、应急装备及配套物资、工程材料与机械加工设备3 大类。其中基本生活保障物质进一步细分了15 小类，应急装备及配套物资进一步细分为22 小类，工程材料与机械加工设备进一步细分了3 小类（图 1-6-4）。

4. 应急管理部《应急装备分类及编码》

2020 年应急管理部编制了行业标准《应急装备分类及编码》（征求意见稿），将应急装备分为通用装备、专业装备、工程抢险与处置、科技装备以及其他应急装备5 大类。进一步细分了33 中类（图 1-6-5）。

基于以上分析，可以看出我国目前没有全国统一的应急资源（包括物资、人力、队伍、设施、设备等）的分类标准，也没有进行统一的各类资源的能力分级。由于缺乏基于国家应急资源管理层面的统一的资源分类和分级的顶层设计，造成应急资源分类标准不统一、分类指标不明确。此外应急物资、装备、设施、人员和队伍之间缺乏统筹和配套性。急需构建全国统一的应急资源分类分级体系，出台相关标准。

1.6.8 资源管理系统

应急资源的管理涉及多部门、多环节，跨层级、跨时空，种类繁多，管理复杂度高，建立应急资源信息管理系统，做好资源的日常管理、资源配置、资源跟踪等工作十分必要。建立应急资源信息管理系统，可使应急资源管理部门能够完全掌握政府、各部门、签订协议企业、社会组织所储备的应急资源的数量、种类和所储存的仓库的情况，以及随时了解应急资源的更新恢复情况。建立应急资源信息管理系统，对应急装备资源进行跨地域、跨层级体系整合管理，并有效监测、分析和整合各种数据，在快速响应的基础上，迅速掌握装备需求并及时进行资源定位和调配。从而实现对应急资源的高效管理。资源管理系统主要包括：

（1）应急资源分类与登记系统——利用应急资源目录体系及其分类编码方法和规范，建设应急资源分类登记和管理系统。

（2）应急资源查询统计系统——建设应急资源属性查询统计和应急资源空间查询统计等服务系统。可对各种应急资源的数量、存储位置及管理等进行查询和检索

（3）应急资源状态跟踪系统——实现应急资源与装备的空间定位跟踪、以及运输状态跟踪，实现应急过程前后对资源进行跟踪管理。

（4）应急资源优化配置与保障分析系统——建设基于风险识别多因素耦合的应急资源优化配置系统，实现不同灾种在不同空间、时间上致灾后对应急资源需求的综合预测与资源成套化配置，多部门跨地区的多类型资源统筹和协同作战。

（5）应急资源调度管理系统——统筹兼顾应急资源的需求以及可供调度的应急资源，实现应急资源的合理调度和跟踪。建立应急资源需求模型，在突发事件发生后，根据灾情（如受灾人口、死伤人数、地理区域、气候等）信息，提供应急资源需求计算结果，为应急资源调度提供支持。

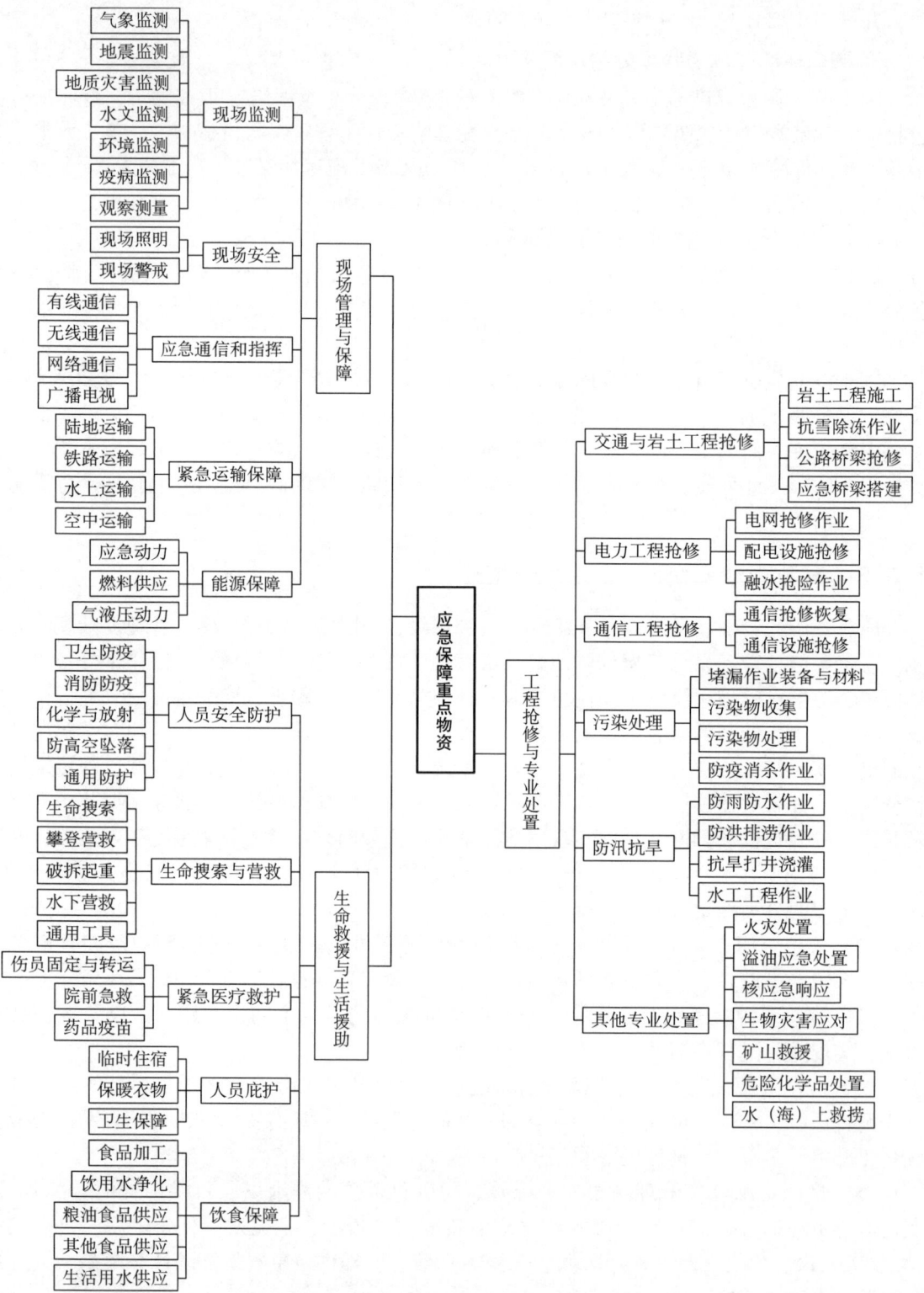

图 1-6-2 国家发改委《应急保障重点物资分类目录（2015年）》给出的应急物资分类

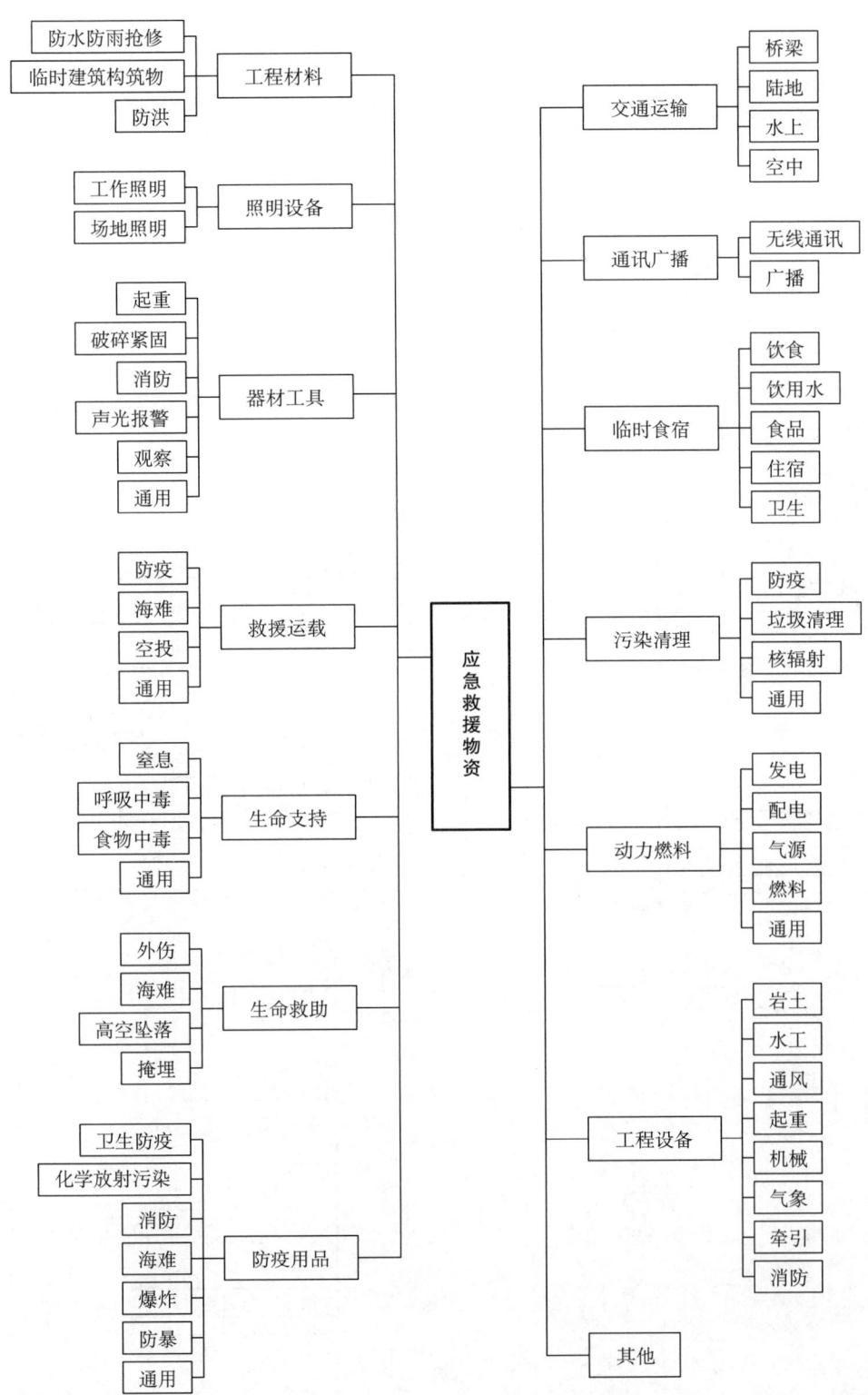

图 1-6-3 安全生产应急救援物资分类

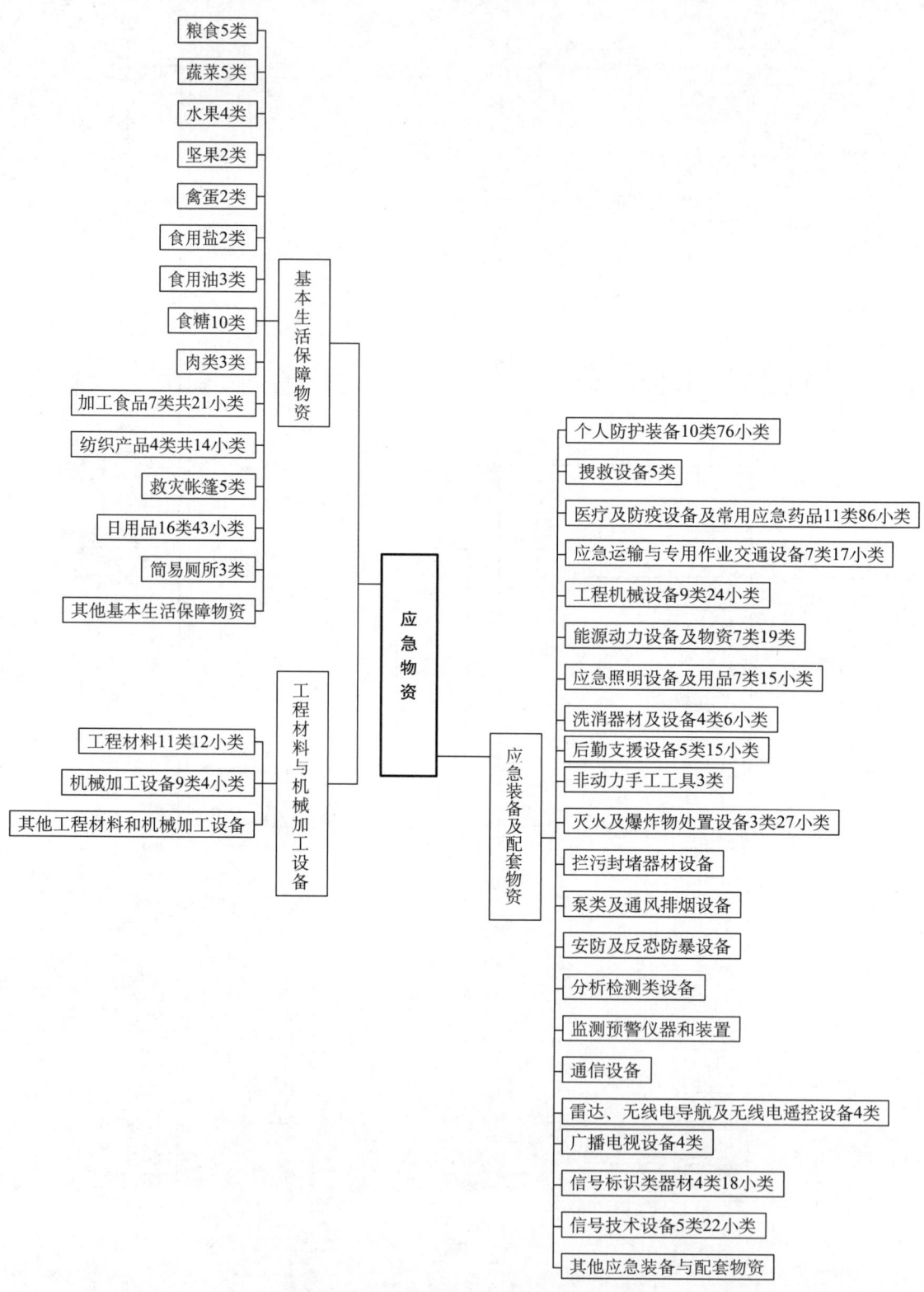

图1-6-4 国家标准《应急物资分类及编码》给出的应急物质分类

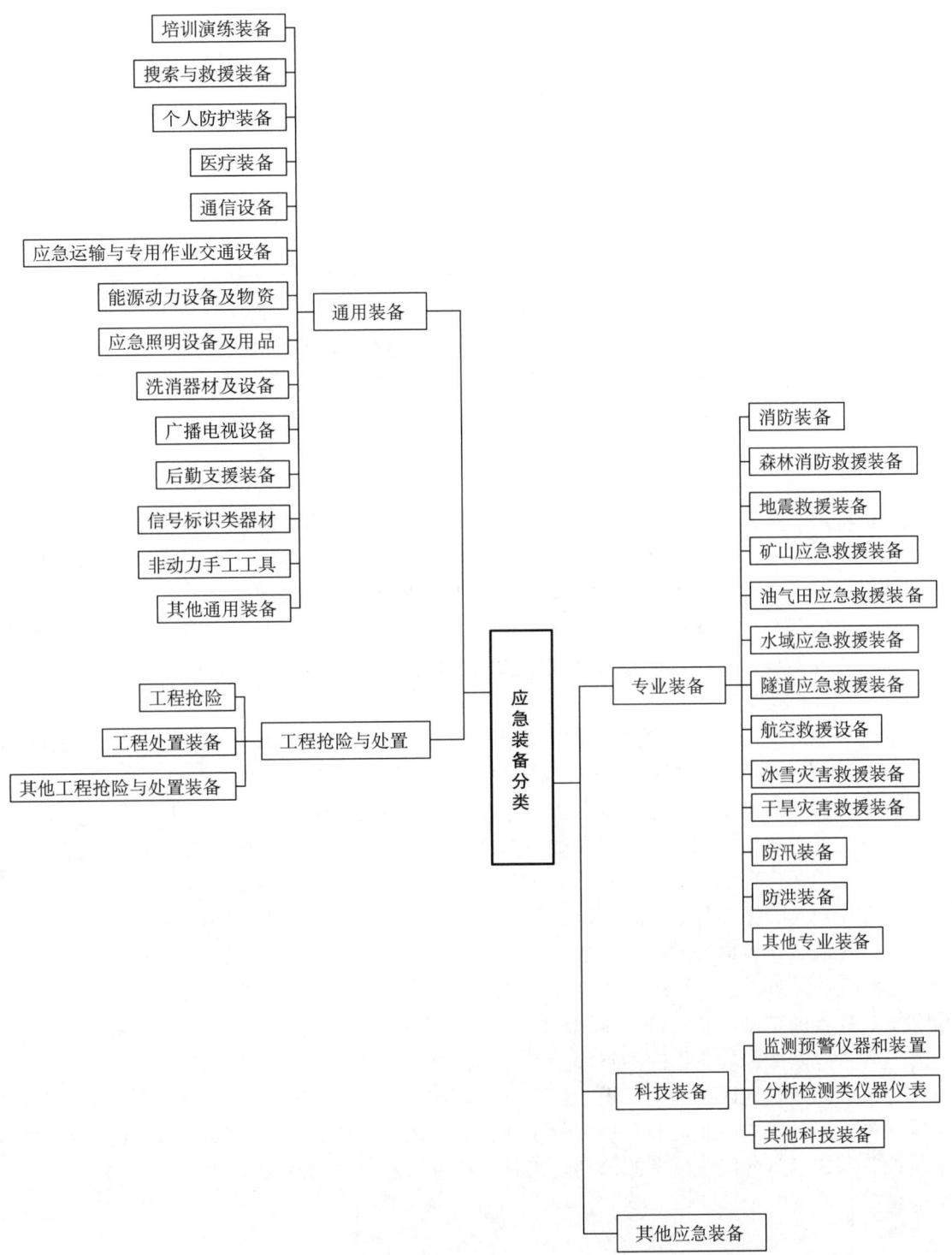

图 1-6-5 应急管理部《应急装备分类及编码》(征求意见稿)的应急装备分类

1.7 小结

我国突发事件应急资源管理基本按行政职责分工方式，由相关行政管理部门负责提供资源保障，存在的问题：一是现有应急资源管理系统大多是局部的、分散的，国家缺乏应急资源建设顶层设计和建设标准，应急资源建设体系化，配套性不够，各行业和系统之间的集成比较困难。二是缺乏全国统一的针对突发事件灾害场景和破坏规模的应急资源类别的标准化定义，导致在突发事件处置过程中组成各异、能力不同的临时性应急资源难以有效的整合和共享。三是缺乏应急人力资源统筹管理。突发事件应急处置是一项风险高的工作，对人的专业技术能力和经验背景要求高。各类各级应急响应资源需要具备相应能力的人力资源进行支撑。三是我国的应急却缺乏对应急人力资源的统筹管理。国家发改委制定的《应急保障重点物资分类目》，民政部制定的《救灾物资储备库建设标准》等，这些标准对应急物资做了分类和分级，却并未提及对应急人力资源的定义和对应急岗位的设置。对应急人力资源的管理，包括对各类各级应急资源的人员组成、岗位配置、培训及人员资格的认证，缺乏一套全国统一的标准。人员与装备的不配套，会影响应急处置过程中应急资源有效地发挥作用。

构建全国统一的应急资源分类分级体系，一是可以指导全国应急资源规划和建设，指导各级政府、部门、企事业单位及社会组织按照当地灾害风险统筹规划各类各级应急资源的建设。二是可以指导突发事件现场应对，为不同专业背景的现场工作人员快速开展需求评估、提出应急资源需求，组织协调整合各类应急资源提供基础参照系。三是推动应急资源管理工作的规范化、标准化。

美国制定了应急资源的分类和分级标准，建立应急资源类型库。将应急资源按照预防、突发事件管理、紧急医疗服务、消防及危化品、通信、执法与安全、公共工程、搜索与营救、群众安置、后勤和物流、医疗与公共卫生、网络安全、损失评估等17个大类。按照突发事件应急处置对应急资源的需求和处置技术类别构建全国统一的包括人、队伍、物资、设施、装备在内的应急资源分类原则、方法和标准。基于每一类应急资源按照该项资源的响应能力及可应对的突发事件的规模、严重程度和范围大小，研究给出各类资源分级指标。

总结经验，借鉴国外的好的做法，提出几点建议：一是应急资源准备统筹考虑全社会资源，包括国有资源、企业资源和社会组织资源及其他援助资源等。二是应急资源分类分级是应急资源准备的基础，急需构建全国统一的应急资源分类分级体系，制定包括物资、队伍、设施、装备以及配套岗位在内的资源分类分级标准。我国目前虽然已开始了一些应急资源的分类分级、但还是地区和部门层面。应急管理部成立为国家层面开展应急资源分类分级提供机制保障。三是建立应急资源管理评价考核机制，确保各类各级资源的能力满足应急处置需求。四是制定各类各级应急资源调动定额补偿标准，充分调动社会应急资源的积极性。

第二章　美国突发事件应急资源管理体系

2.1　突发事件管理系统简介

美国应急管理工作起步较早，经过多年的发展完善，形成了比较成熟的应急管理机制。美国于1979年成立了联邦应急管理局（Federal Emergency Management Agency，FEMA），专门负责应急管理工作，在应对重大自然灾害和事故方面起到了重要作用。"9·11"事件之后，美国联邦政府为加强组织间协调，提高针对各类灾害的快速响应能力，2003年美国在FEMA的基础上成立了国土安全部（Department of Homeland Security，DHS）。国土安全部（DHS）既负责自然灾害管理，也负责包括恐怖袭击在内的人为灾难事故管理，具体包括：整理及分析中央情报局、联邦调查局等部门搜集的情报资料，以便及早发现安全威胁；保卫重要基础建设（如核设施、铁路、公路、海港等）；统筹并领导美国在预防和应对核武器、生化武器攻击工作；统筹美国联邦应急救援工作等。美国联邦应急管理局（FEMA）专门负责处理所有防灾、减灾、救灾及民防工作。FEMA具体职责主要包括领导全国的灾害应急管理工作，应对各种灾害风险；与非联邦实体结成伙伴关系，建立全国性的应急管理体系；提高联邦政府的整体应急响应能力；强化自身的综合性应急管理职责；加强地区办事机构的建设以协助解决各州需优先解决的问题等。

自"9·11"事件以来，美国联邦应急管理局反思其应急管理体制和理念，着重解决其境内应急管理存在的地区主义、标准化不足和碎片化的问题，2004年美国国土安全部出台了国家突发事件管理系统（National Incident Management System，NIMS）。NIMS涉及应急管理的辖区和机构因职权、管理结构、交流能力、协议和其他因素而不同。NIMS提供了一个统一的框架来整合分散的能力，并达成应急响应目标。NIMS提供了一个系统性、前瞻性的方法，指导各级政府的部门和机构、非政府组织和私营部门的无缝合作，实现对突发事件（无论其起因、规模、地点或复杂性）的预防、保护、响应和缓解，降低生命和财产损失及环境损害。NIMS自发布经历了数次更新，2017年最新版NIMS主要由资源管理、通信和信息管理、指挥与协调组成（图2-1-1）。

NIMS三个组成部分是：资源管理、指挥与协调以及通信和信息管理。资源管理描述了在突发事件发生前和突发事件发生期间系统管理资源（包括人员、装备、物资、队伍和设施）的标准机制，以便允许组织在需要时更有效地共享资源。指挥与协调描述了在突发事件应急操作和支持层面，突发事件管理的领导角色、流程和推荐的组织结构，并解释了这些结构如何相互作用以有效和高效地管理突发事件。通信和信息管理描述了有助于确保突发事件中的人员及决策者拥有做出和沟通决策所需的手段和信息的系统和方法。

图 2-1-1　美国突发事件管理系统（NIMS）组成部分

2.2　应急资源管理

应急资源管理是美国突发事件管理系统（NIMS）的三个重要组成部分之一。NIMS 应急资源管理系统描述了系统管理资源的标准机制，包括人员、设备、供应品、队伍和设施，在突发事件发生之前和发生期间，以便允许组织在需要时更有效地共享资源。为可能的灾害风险做好资源准备提供指南。大多数行政管辖区或组织机构并不具备能够处理所有潜在威胁和灾害所需的所有资源。为了准备和应对各种各样的紧急情况，需要利用辖区内部所有可用的资源，包括区域内外部，政府和非政府组织、社区、私营企业及志愿者的资源，这需要与其他司法管辖区或组织签订互助协议来调用所需资源，这就需要对不同突发事件情况下的资源类别和级别的定义。美国应急资源管理系统的核心就是建立了一套全国统一的标准化的应急资源（人、队伍、装备、设施、物资）的分类分级体系。将突发事件发生后所有需要的资源在全国范围内开展标准化分类分级定义，为统筹全国各级政府、部门、企业及社区的应急资源，实现资源的共享和调用提供基础。人力资源是应急管理工作中的核心力量，人力资源作用发挥的大小在某种程度上决定了应急管理应对的最终结果，美国将应急资源分类与应急队伍、设施及装备等资源进行配套性的配置，并建立全国统一的应急人力资源资格认证体系。

为了使突发事件中各部门能够高效地与他人共享资源并利用他人的资源，NIMS 提供了三种方法来管理应急资源，包括：①资源管理准备要求资源所有者鉴别资源种类和级别，对应急人力资源进行资格认证和考核；进行资源规划，并获取、存储和盘点资源。②突发事件期间的资源管理包括确定资源需求；订购和获取资源；调动、跟踪和报告资源；资源复员；以及报销和补货。③互助协议主要通过在司法管辖区或组织之间共享资源和服务来提供必要的援助来满足任务需求。

为确保 NIMS 在全国范围内的标准化和权威性，美国颁发了两条国土安全局总统指令和一条总统政令，分别明确了 NIMS 在美国国内突发事件管理和应急准备时的作用：NIMS 提出的应急资源管理系统包括：资源管理计划、资源分类、资源管理信息系统、突发事件期间资源管理、协调资源、互助协议以及人力资源资质管理七个部分组成。

2.2.1 资源管理计划

NIMS 给出的资源管理准备主要包括 5 个步骤（图 2-2-1）。

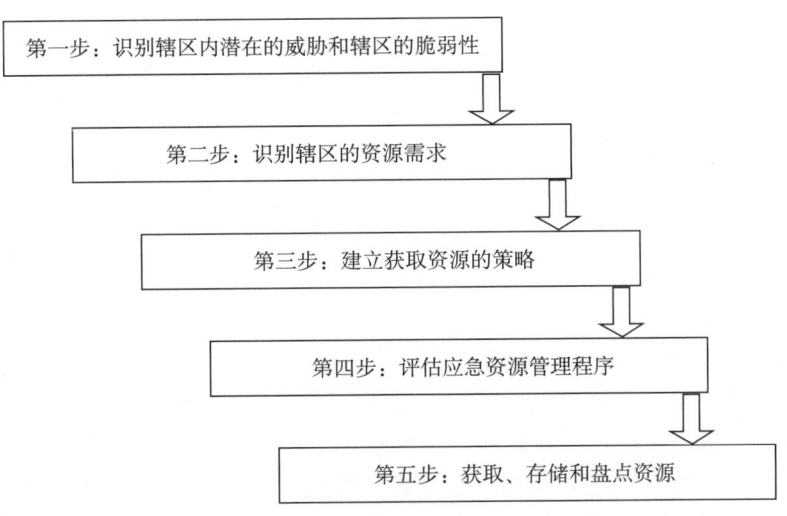

图 2-2-1　美国应急资源管理准备主要内容

2.2.1.1　识别辖区内潜在的威胁和辖区的脆弱性

首先是开展灾害风险评估，根据行政辖区或机构的易损性或面临的威胁，确定其资源需求。有多种可以识别风险的方法，但这些方法都应：

（1）确定可能会发生的突发事件种类，以及与这些突发事件相关的威胁、风险，以及突发事件的后续发展。

（2）量化每种突发事件发生的可能性。

（3）评估每种突发事件发生的量级。

（4）评估每种突发事件发生时，受威胁的人口数量。

（5）评估每种突发事件影响的严重性，或者其可能造成的后果。

（6）将最可能发生的突发事件及其可能造成的后果的分析成果在一张图中展示出来。

（7）分析判断需要对什么突发事件进行响应准备，并确定需要的应急资源。

2.2.1.2　识别辖区的资源需求

建立资源需求的第一步是考虑到行政区或机构的易损性或面临的威胁，以及这些预期的易损性或威胁造成的影响。在确定易损性或面临的威胁时，非常重要的一点是考虑突发事件的级联事件或发生突发事件后可能发生的突发情况。例如，一场地震可能造成：建筑桥梁坍塌、危险物质泄漏、公共设施损坏。

在分析易损性或面临的威胁后，接下分析判定为应对确定的突发事件需要哪些资源。资源能够解决预期易损性或面临的威胁可能造成的后果。一些资源只针对特定的易损性或面临的威胁，还有一些资源能够被用于多种易损性或面临的威胁。例如：飓风之后，城市救援资源只用于建筑物坍塌，但交通管制资源则可协助与废墟迁移、桥梁和道路的损坏和安全。还需开展突发事件研究，研究未经历过的易损性和突发事件所需的资源是非常困难的。例如，在俄克拉荷马州 A 建筑爆炸事件发生前，该地的应急管理人员没有考虑到处理大规模生物废料事件所需的资源。另一个例子，由于没有考虑到不会英语的人口，高估或低估资源的需求。发生突发事件时，这些人口需要特别的资源。研究不常见或不熟悉的突发事件是十分必要的。可以考虑在类似突发事件发生后，评估所需要的资源。

通用资源一般分为以下五类：

（1）人员：包括突发事件命令系统监管人员、技术专家、应急操作中心职员、工作人员等。

（2）队伍：一组受过训练、配备装备的人员。

（3）设施：包括避难场所、办公区域、仓库等。

（4）装备：需要或不需要人工操作的设备。

（5）供给物资：从饮用水到胶合板等大范围物品。建立和维护全部资源的清单是不可能的。最有效的办法是在综合的库存盘点下为通用资源建立清单。

辨识资源类型，提前考虑突发事件所需的资源配置和能力要求可以确保突发事件中得到正确的资源。资源分类是根据资源的能力定义和分类资源，资源类型定义是建议一种通用的术语来讨论资源，通过资源的最小能力，资源分类使社区能够计划和请求资源，并确保获得的资源是他们所需的。

2.2.1.3 建立获取资源的策略

开展资源来源分析，包括：机构和辖区已有的资源、互助援助资源、其他级别的政府的资源、志愿者组织的资源、私营企业的资源以及捐赠的资源等。

最先考虑的资源应是机构和辖区已有的资源。突发事件应急处置过程中，在获取其他级别政府的援助时，通常会先耗尽自己的资源。要分析考虑你的机构已有哪些可用于突发事件应对的资源、你的机构通常存储哪些资源、你的机构人员受过哪些培训、机构人员不止包括受过工作相关训练的人，还应包括有相关经验、因兴趣和兼职获取技能的人。

其次是互助资源，互助资源包括行政辖区和组织之间资源和服务的共享。互助资源通常是为了满足有需求的组织已确定的资源需求。这种援助可以包括日常派遣的执法部门、紧急医疗服务（EMS）和消防部门的资源，也包括当大规模意外事件发生时，州内或跨州的资源调度。互助可以为满足任务需求提供重要援助。NIMS 给出了互助协议的模板，倡导各地政府及组织之间签署互助协议。互助协议为两个及以上的实体间的资源共享提供了法律基础。美国的互助协议以多种形式存在于所有级别的政府之间和之中。这些协议提供了有效且高效的资源管理。比如美国的 EMAC 是一项国会批准的互助契约，它定义了一个联邦不参与的、州与州之间的系统，用于在紧急情况或灾难期间跨州共享资源。签署成员包括所有 50 个州、哥伦比亚特区、波多黎各、关岛和美属维尔京群岛。EMAC 与州、地区、地区和联邦组织（如 FEMA 和国民警卫队）的独特关系使其能够调度各种资源，以满足各司法管辖区的需求。

第三是其他级别的政府的资源，公共部门的应急管理者应该清楚的知道能从各级政府处获得的资源、能力、提供支持的需求、响应时间等。考虑到不能保证一定能获取到资源。计划制定者应该确认多个行政区而不只依赖同一行政区的资源。还要考虑到有些资源可能在其他地区被使用，例如，当国民警卫队被派遣到海外或已在其他地区执行任务时，是不能在该地区当作突发事件响应资源使用的。同时要设想到是突发事件发生地区以外的（州及联邦的资源）资源在72小时到达。同时必须强制所有向其他级别政府发出的资源请求必须遵循现有的资源请求程序。

第四是志愿者组织的资源，许多非政府志愿组织（NGOs）在应急响应中扮演重要角色，要了解在你的地区有哪些活跃的志愿者组织，它们可以提供哪些资源，有效地激活和整合这些资源对你的资源分析过程是非常重要的。将这些组织的资源包括在资源计划中是非常有帮助的。

第五是私营企业或组织的资源，私营部门或组织在突发事件发生前、过程中和发生后起到重要作用。首先，他们一定会为自己的职工提供福利，并在工作场所为职工提供保护。另外应急管理人员必须与提供水电、通信网络、交通、医疗、安保，以及许多其他在响应阶段和恢复阶段的应急管理工作都特别依赖的公司紧密合作。在突发事件过程中，关键的私营部门应该被纳入当地危机决策过程中，或至少与核心应急管理人员有直接的联系。与这些私营企业没有紧密合作关系的社区很难有效地响应和处置突发事件，并从突发事件造成的损失里快速恢复。NIMS还明确了私营企业或部门的责任．重要的私营部门有以下责任：为保护员工、基础设施和设备做预案；为保护信息和商业的持续运营作预案；为突发事件响应和恢复他们自己的基础设施和设备做预案；在突发事件未发生时与应急管理人员合作，明确私营部门可以提供哪些援助，以及如何援助；在突发事件未发生时对现有的应急预案进行改进和演习；要建立互助协议来提高特定的响应能力、在整个应急响应和恢复过程中，为支持当地应急管理工作和公众意识提供援助。

第六是捐赠的资源，在突发事件期间，私营部门资源通常希望能够免费捐赠商品和服务，或以更低的价格提供商品和服务。然而，清晰地确定和记录下来捐赠的服务和商品也是很有必要的。通常行政区不会在之后为最开始宣称"免费"提供给应急响应的资源支付账单。确定情况有助于确保捐赠者带有善意，避免之后带来误解。

2.2.1.4 评估应急资源管理程序

资源管理程序评估，资源管理程序和协议应该详细说明实施计划或系统的具体行动。应急管理/反应组织应制定程序和协议，将其转化为具体的、面向行动的清单，供事故反应行动期间使用。您可能希望确保您的过程解决以下资源管理问题：

（1）夜晚和周末，当资源拥有者不在的时候如何获取资源？

（2）你有资源获取必需的电话和地址吗？

（3）你需要为资源支付吗？如果需要的话，费用是多少？应急处置使用后会需要支付额外的价格吗？

（4）财务部门有指派合适的人员来满足应急响应需求吗？

（5）资源如何获取突发事件现场准入权限？

有效的资源管理包括：

信息管理系统：信息管理系统收集、更新、处理资源数据，追踪资源的状态和地点。在初始系统损坏或不能使用的情况下，启用其它系统或备用系统是非常重要的。

互助协议：准备组织建立请求资源、按优先级划分资源请求、在突发事件中激活和动员资源，将资源恢复到一般状态的一系列标准协议。

获取资源的策略：高效地资源管理包括建立资源获取程序。考虑权衡（保质期、花销、库存等），做出获取资源的最佳决策是十分重要的。包括：

（1）提前获取重要资源，加强库存。

（2）"及时"供应资源，通常基于提前制定的合约。

为资源的获取、存储和盘点作预案时，应该同时考虑这两条策略。

保质期或特殊保存环境：资源管理的重要一环是根据资源的保质期或特殊保存环境管理资源。过于依赖库存引发了保质期和持久度的问题；然而，过于依赖"及时送达"的资源会引发配送时间问题。

需要被"及时送达"的资源：需要准确计算需要被"及时"送达的资源，以确保多个司法管辖区或私营部门组织不会只依赖同一项应急资源，这可能导致应对期间出现资源短缺。负有资源管理责任的国家应在其预算中为定期补充、预防性维护和基本建设改进提供足够的资金。资源获取过程中一个重要的部分是制定处理和分配捐赠资源的方法和协议。

采购授权：大多数行政区将购买授权给特殊的几个人，并有一些具体的限制。每个组织必须决定组织里哪个等级的具体某个人，拥有多大的购买权限？确保各级都有合适的财务管控，确保参加和更新行政区购买和归档培训。

2.2.1.5 获取、存储和盘点资源

在确定需要什么资源、可以找到什么资源、如何采购这些资源之后，这些信息需要被管理机构完善后，传输给需要这些资源或者是拥有这些资源的个人或组织。许多组织建立了自己的"大黄页"，包括资源的拥有者，地点和采购程序。

资源的可及性同样是个问题。世界上没有最详尽的库存盘点清单。对资源的库存盘点清单应该在不同地点、以不同形式被获取。如果最初的库存盘点清单是电子形式，那么建议关键的后勤和财务/行政部门人员、派遣人员、应急操作中心职员应该保留一份纸质的清单。

保持数据更新：保持对资源的库存盘点是一件需要及时更新的工作。需呀花费时间来确认信息是及时更新的，但是没有什么比发现凌晨三点需要胶合板时，却没有下班后的供应商联系方式更令人困扰的事。大多数组织半年或一年更新一次库存清单。有些软件可以自动向资源供应商发送电子邮件，要求他们提供更新信息。

2.2.2 资源分类

资源分类是指在突发事件里对资源的请求、派遣和使用中，依据资源能力，对资源进行分类。确定资源特征和功能的可测量定义作为分类的基础。

美国联邦应急管理局 FEMA 领导开发和维护本地、州际、地区或全国范围内共享资源的资源类型定义。联邦应急管理局的国家整合中心维护着一个资源分类定义文件的资料文件库，这些文件定义了联邦应急管理局对各类各级应急资源最低能力的建议。通过资源分类可

以明确共享资源的最低能力，建立跨司法管辖区和组织的共同语言，简化和加快响应过程中订购和提供应急资源的过程，使社区能够安心地规划，请求和共享资源，利用现有的资源和团队促进互助协议，明确了解能力和能力，确保各司法管辖区和组织能够容易地发现差距等，确保能在必要时快速、准确地共享资源。

美国 NIMS 的资源分类核心要素是资源的能力、类目、类型和级别。

（1）能力：资源最有用的核心能力

（2）类目：资源最有用的功能（比如消防、执法、健康和医疗）

（3）类型：资源的广泛表征，例如人力资源、队伍、装备、设备和供给等。

（4）级别：资源能够执行其最小能力的级别

FEMA 为州际最常被请求的资源确定、推广和公布了资源分类定义。资源分类定义为应急管理人员和响应人员提供了资源信息，确保他们正确地请求和接受合适的资源。例如，资源分类定义帮助确保请求用于水泵的发电机时，不会收到用于建筑的发电机。

NIMS 鼓励州、部落和地方政府使用国家资源分类定义来定义他们的资源。NIMS 将应急资源划分为国家层面的应急资源和其他应急资源。

在国家层面，FEMA 领导整个国家范围内的 NIMS 资源分类和维护。各州应该盘点他们的资产，确定本州是否拥有国家定义的资源种类。如果有的话，该州应该保持对这些资源的库存管理，以在突发事件中使用这些资源。没有国家资源分类定义的资源的州不要求购买这些资源。例如城市搜救特勤队就是一个在国家范围内的、需要被盘点的资源。这些国家资源分类定义也可为各州为不是国家范围内的资源建立自己资源分类定义提供指导。美国 FEMA 建立的资源类型库，可在资源类型库工具中获取 NIMS 资源类型定义。

对不是国家层面的资源类型，各州、各地区、部落和地方政府应该对不是国家范围内的资源进行分类和盘点。对这些资源的分类和盘点使得互助协议和契约下的资源共享更加高效。例如叉车就是一个不在 NIMS 国家资源分类定义里的资源。

美国要求各行政区不要创造与 NIMS 资源类型定义冲突的资源类型，这样会降低国家资源定义的标准化程度。

本书的第三章和第四章将细致介绍美国应急资源和人力资源的分类分级标准。

2.2.3　信息管理系统

应急资源的信息管理系统主要用于收集、更新和处理数据、追踪资源、显示资源的准备状态。

NIMS 要求各行政管辖区建立自己的资源信息管理系统，加强信息共享，能在快节奏的工作环境中提供实时数据，并能为不同辖区和部门处理不同方面的突发事件提供支撑。该系统主要包括：地理信息系统、资源追踪系统、交通追踪系统、库存管理系统、报告系统。

2.2.4　突发事件期间的资源管理

NIMS 给出了突发事件期间资源管理的六个方面首要任务（图 2-2-2），分别是确定资源需求、订购和获取资源、资源动员、追踪和汇报、资源复员以及报销和补货。NIMS 要求每个应急资源都应该依照此流程执行这六个任务。在一次突发事件中，多种资源很有可能同

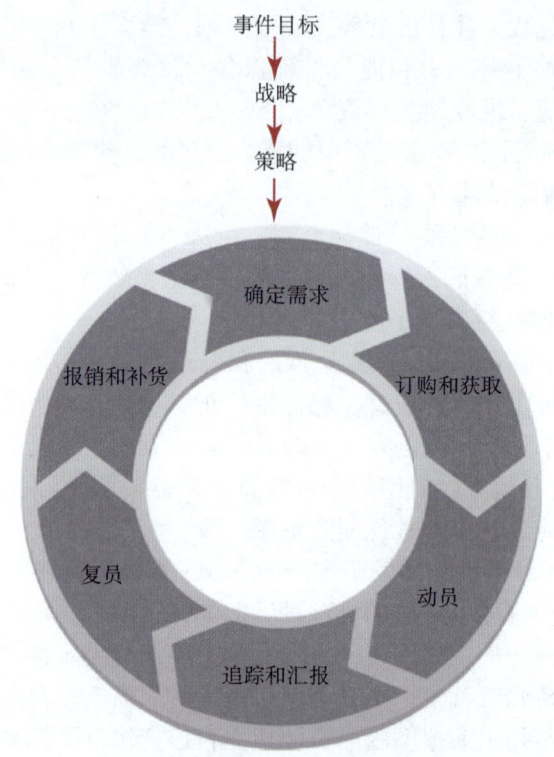

图 2-2-2 NIMS 在突发事件中应急资源管理的六个首要任务

时执行这些任务。当一种资源被订购/请求时,其他资源可处于动员或复员的状态。

2.2.4.1 确定需求

在突发事件期间,工作人员不断识别,验证和重新确认资源需求。此过程涉及识别所需资源的类型和数量,应发送资源的位置以及谁将会接收和使用资源等方面内容。

突发事件发生时,资源的需求和可获取性在不停的变化。应急管理人员和相关机构应该在突发事件发生前和过程中尽早地协调资源。确定需求通常包括以下内容:

1. 评估

决定资源需求的第一步是对当前的突发事件情况和未来可能发生的突发事件有一个整体的评估。评估为制定突发事件响应目标提供了基础,在没有评估的情况下,可能不能确定突发事件所需要的全部资源。

2. 建立突发事件响应目标

应急指挥官建立突发事件响应目标——一份突发事件中应该完成哪些工作的声明。并不是所有的突发事件响应目标都有同样的重要性。图 2-2-3 给出了 NIMS 建立突发事件响应目标的主要环节,突发事件响应一般包括如下目标:

(1) 拯救生命:应对眼前威胁到公众和响应者生命安全的事件。
(2) 保护财产和环境:处理公共或私人财产保护、环境破坏相关问题。

(3) 稳定突发事件态势：防治突发事件态势进一步扩散，控制突发事件的发展，消除或减轻其造成的危害。

(4) 提供基础生命需求：为幸存者提供食物、水、避难场所和衣物。

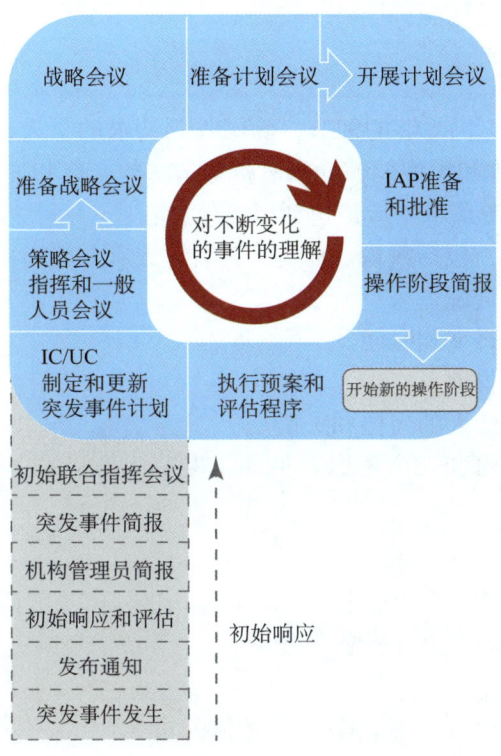

图 2-2-3　NIMS 建立突发事件响应目标

突发事件应急响应目标中的资源管理：

(1) 在响应阶段通知应急响应人员本次突发事件的应急响应目标。

(2) 为完成发事件响应目标，确定在响应阶段中，需要哪些特定的资源，需要采取哪些行动。

2.2.4.2　资源的订购和获取

应急管理人员和应急操作中心（EOC）的工作人员对资源请求做出初步和持续的评估，以请求或激活这些资源。他们可以通过执行合约，实行互助协议，或请求其他级别政府的援助（地方政府向州政府、州政府向联邦政府）来获取额外的资源。对资源的请求是基于突发事件的优先性和突发事件管理目标的。一般包括以下几个方面：

1. 建立资源订购准则

应急指挥官也许想评估和批准任何非常规需求，特别是这些资源特别昂贵，或者是要求外部机构参与到突发事件响应中。应急指挥官评估和批准的资源订单，比如日常供给、食物等，可能在大规模突发事件里不能够满足需求。

2. 建立购买准则

应急指挥官应为应急购买建立准则。财务/行政和后勤职员必须理解购买规则，特别是在应急响应期间，每天的购买规则不同的情况下。在官方授权中写明这些规则能够确保突发事件中的财务控制，也能确保应急管理队伍根据行政区的高级政府行政人员的直接命令扩充经费。

3. 资源订购：要素

请求资源的组织应该提供足够的细节，确保收到请求的个人或组织明白到底需求什么。使用 NIMS 定义的资源名称和类型能够确保对资源请求的交流和理解的明确。

请求资源的组织在资源请求中应该包括以下信息：

(1) 资源的细节描述，包括数量、种类、类目，或者对能力需求的描述。
(2) 打算如何使用该资源。
(3) 要求资源到达的日期和时间。
(4) 要求的运输或报告地点。
(5) 应该向谁报告，此人的岗位和头衔。
(6) 突发事件中的健康和安全考虑（例如：疫苗，不利的生存或工作环境，以确定的环境危害等）。

4. 资源订购：归档

资源订购者同样应该对资源请求中所采取的行动进行记录归档，包括但不限于：

(1) 根据请求，与资源或潜在的资源联系。
(2) 响应资源的来源。
(3) 对响应资源的确定（名称、ID 号、运输公司等）。
(4) 大概的到达时间。
(5) 大概的花销。
(6) 由指挥官或下订单的职位做出的订购改变。

这些详细的信息在多个职员更换和突发事件期间，对资源状态的追踪是非常重要的。

2.2.4.3 资源动员

应急人力资源和和其他资源收到请求资源的通知后开始动员。部署动员的应急管理人员应该通知以下内容：

(1) 出发的日期、事件和地点。
(2) 前方突发事件现场的交通方式。
(3) 预计的到达时间。
(4) 报道地点（地址、联系者名字和电话号码）。
(5) 预期的突发事件分配。
(6) 预期的部署持续时间。
(7) 资源订单号。
(8) 突发事件的代码。
(9) 适用的成本和资金守则。

（10）资源在抵达现场时，必须在相关部门进行正式的登记。

2.2.4.4 追踪和汇报

应急管理者通过现有的程序，在从资源的动员到复员整个过程中，追踪资源状态。突发事件发生前、过程中和结束后都需要踪资源的状态。

资源追踪为资源在什么位置提供了清晰的图景，能够保护人员、设备和供给的安全，使得资源能够合理的协调和移动。

2.2.4.5 资源的复员

资源复员的任务是将资源有序、安全、高效地返还至原来的地点和状态。当资源在突发事件中不再被需要时，负责资源的人需要复员资源。资源的请求者和提供者可能会同意将资源进行再分配。在复员之前，负责计划和后勤工作的突发事件响应人员进行协作，以计划如何对资源进行恢复，补充，处置和/或返还或恢复到运行状态。

2.2.4.6 报销和补货

报销包括资源提供者为特定的活动所支付的费用。报销流程对于建立和维护资源准备、及时支付提供者来说非常重要。整个流程包括收集账单，更换或修复受损设备。

2.2.5 协调和动员资源

协调资源的目的是为复杂突发事件协调资源和为个人和小型突发事件的资源协调相吻合。然而，在复合突发事件中，资源协调涉及了大量的多部门间协作，包括：

（1）地方、州、联邦应急操作中心（Emergency Operations Centers，EOCs）。

（2）多部门工作协调组（Multi-Agency Coordination，MAC）。

（3）FEMA 地区响应协调中心。

（4）联合现场办公室（Joint Field Offices，JFOs）。

（5）国家响应框架机构。

（6）国土安全部（Department of Homeland Security，DHS）。

必须注意的是应急操作中心、多部门工作协调组的主权和结构因部门或辖区之间的变化而不同。然而，知道命令和协调之间的差别也很重要。

命令和协调：突发事件应急管理队伍有在突发事件中发布命令的职权。这一职权直接由机构管理者授予。突发事件应急管理队伍制定响应目标和策略，并分配资源。多部门工作协调组负责突发事件中的协调支持。包括为了分配稀缺资源，将突发事件进行优先性排序。动员资源，确保机构及辖区间的协作，制定支持突发事件响应的政策决策，但并不为地区指挥和突发事件指挥官做决策。

2.2.5.1 全面评估

协调资源需求的第一步是一个全面的评估，或者说对当前突发事件的情况和可能会发生的突发事件的评估。评估的视角和细节将根据机构的管辖层级决定。例如，县级应急操作中心必须根据当前突发事件的范围，以及它所涉及到的所有管辖层级有一个细致的理解，并对周边县也有相当的了解。应急操作中心同样应该对国家的突发事件应对条件有一个普遍的认知，特别是一些会导致资源短缺的情况。

2.2.5.2 确定突发事件处置目标

突发事件指挥官制定事件处置目标。对于支持协调实体来说，这些目标救可能是额外的资源需求。复杂事件的特征之一是，可能存在对有限的关键资源的竞争。为了适当地分配资源，应急操作中心和多部门工作协调组必须能够对同时发生的多个事件进行优先排序。

多部门工作协调组主要负责资源的优先级和分配。与统一指挥不同，它们不履行事故指挥职能，也不取代行动协调或派遣组织的主要职能。当资源竞争非常激烈时，多部门工作协调组可能会减轻协调和派遣机构在资源优先级和分配方面的责任。生命安全是资源配置决策的重中之重。

2.2.5.3 按照优先权分配稀缺资源

要根据资源需求的优先权分配稀缺资源。还要制定需要采取的附加步骤。这些附加步骤可能包括向其他组织和资源分配任务，分配捐赠的商品和服务等。例如，在应急行动结束时，也许不需要派遣武装警察就可以在生活援助中心完成交通管制和安保需求，很多事件管理公司自己就有在人群聚集和交通管制方面很有经验的职员。

2.2.5.4 动员资源

在复杂的突发事件中，由于更多的机构和各级政府的参与，更多突发事件请求援助，供应线和时间线变得更长，更多资源被动员，资源的动员也变得很复杂。不断增加的工作负担经常会被低估。

保持订购准则和协调链能够帮助避免效率的降低、过多的花销和丢失资源请求。然而，非常重要的是，必须知道在一些复杂突发事件中，州和联邦的资源会过段时间才能到达。

2.2.5.5 处理资源的聚集

资源聚集是无组织的突发事件响应结果。聚集的形成有几种原因，可能会严重的阻碍应急响应工作，并将大量后勤工作负荷到一个以及超负荷的系统里。聚集也可能导致不可预料的好处，特别是在突发事件发生到州和联邦的资源到达的这段时间内。

聚集可能包括以下任何一种：

（1）当地资源（被请求的资源，具备公益心的自由职业者，自发的应急响应者）。

（2）州和联邦机构资源（被请求的资源，未被请求的、突发事件附近的地方政府自行派遣的资源）。

（3）捐赠和志愿者资源。

（4）重要人物到访。

应急响应者聚集：即使在"正常的"突发事件环境下，突发事件现场也会因各种设备、响应人员的车辆和旁观者涌入而迅速变得拥堵。这样的拥堵：

（1）导致了不必要的暴露在危险中（包括一些相应人员本身就是首要或次要目标的突发事件）。

（2）资源数目难以确定和追踪的复杂化。

在主要响应时期，这种"一般性"的拥堵可能因为自发响应和自由职业应急响应者加剧。自发响应和自由职业应急响应会导致严重的问题。除非被请求和派遣，应急人员不可以自发响应。

除了造成前面提到的问题，应急响应者的聚集拥堵还可能造成：
(1) 耗尽需要继续为社区提供服务的储备资源。
(2) 破坏根据互助和协助协议提供的服务，并破坏有序的备份/移动覆盖范围。
(3) 难以跟踪资源或维持资源问责制。
(4) 干扰疏散。
(5) 阻碍正式请求资源的进入。
(6) 增加行动的复杂性，以保护响应者免受额外威胁。

处理应急响应者聚集的策略包括：
(1) 建立当地和地区的能力，能够扩大和支持一个最少72小时的加强的响应力量。这种能力应该伴随着对自发响应和自由职业应急响应的政策管理。自发响应可能不能被避免——管理未被请求的资源也应在预案里涉及到。
(2) 建立持续的公共安全预案。这一预案应该包括政策和程序，来有序地召回多余的人员，以及在危机时派去帮助其他组织的人员的疏散，还要建立人员备份。
(3) 建立和加强内部和外部的边界管控。不容许自发响应和自由职业应急响应资源、无授权的民间组织和志愿者组织的进入。
(4) 为授权人员建立并执行受控出入计划。这可能需要立即获取大量的围栏材料。
(5) 制定、建立和执行可协调的交通管理和疏散预案，建立和强制实施集结区。

2.2.5.6 州和联邦动员和部署

州和联邦动员： 虽然州际应急管理援助协约（EMAC系统）和国家应急响应框架为不堪重负的行政管辖区提供了至关重要的资源，但它们的到来可能导致更多的趋同问题。即使是城市搜索和救援队（USAR）这样的资源，他们可以72小时内自给自足，也需要一个安全的地点来存储设备，制定行动方案，吃饭和睡觉。其他队伍，如灾难验尸队（DMORT）或国家运输安全委员会（NTSB）事故调查队，可能需要地方政府的特定类型的支持，包括特殊设施和公用设施需求，以及安全援助。为了能够立即部署，大多数联邦资源会带着完整的人员、设备和物资抵达。对美国FEMA城市搜索和救援特勤队组成部分及能力的审查揭示了资源数量的重要性。

州和联邦部署： 管理州和联邦部署的策略包括：
(1) 确保全州范围内的互助协议，包括分期说明，确保设备和通信互操作性的标准，预期的自给自足程度以及预期的灾难行政区特定支持。
(2) 评价和评估频繁部署的联邦资源的支持需求。
(3) 制定在突发事件中，整合州和联邦资产的预案。为联合指挥和多学科战略操作制定预案。
(4) 与州和联邦响应复杂突发事件的部门，通过联合培训和演习建立关系。
(5) 确定适合远程集结区、事件基地、接收和分配中心以及动员中心的位置。

提前确定支持州和联邦动员的设施是很重要的：
(1) 事件处置现场需要包括事件处置指挥部、集结区（由行动部门管理）和事件基地（由后勤部门管理）的场所设施。
(2) 在突发事件现场外需要接收、分配和动员/复员中心场所和设施，以及在等待特定突发事件任务派遣期间,收集、安置和支持资源的场所和设施,以及灾难恢复中心、联合作战中心和联合信息中心的场所和设施。

除了设施之外,考虑资源时应包括:
(1) 安全。
(2) 停泊。
(3) 进入。
(4) 使用。
(5) 食物、卫生、住宿的商业来源。
(6) 清洁工和垃圾清理服务。

还需考虑用于以下场景的设施:
(1) 机场和直升机停机坪。
(2) 飞机库。
(3) 仓库。
(4) 大型停车场。
(5) 营地。
(6) 宾馆、汽车旅馆和宿舍。
(7) 办公区域。
(8) 会议区域。

2.2.5.7 捐赠和志愿者援助

在大灾期间,捐赠和志愿者援助带来的心理和金钱上的重要性是再怎么说都不为过的。成功地管理和追踪捐赠,协调志愿者(被请求或未经请求的)在政治上、心理上和后勤保障方面都是一个重要的机会,也可能造成问题。捐赠的形式有资金,也有捐赠物品和服务。成功管理这些资产的关键是有一个事前预案,用于征集、收集、确定优先次序和分配适当的捐赠。还必须做好准备,在不妨碍基本物品和服务分发的情况下处理不适当的捐赠。无力处理捐赠会造成突发事故中的经济情况。行政区甚至可能需要保护自身不受到无法管理的影响,或者为被称作是"捐赠"的商品和服务支付账单的情况。

独立的志愿者,同时被称作自发的志愿者,是在紧急情况下主动提供帮助或自行部署协助的个人,他们的活动缺乏充分协调。这些志愿者被认为是"不隶属"的,因为他们不是救灾组织的一部分。无关联的志愿者可能是重要的资源,但由于他们没有与应急响应组织建立预先联系,很难核实他们的培训或资质,并将他们与相当的需求领域相匹配。

管理志愿者的策略是与当地如下组织建立联系:

活跃于灾难中的国家志愿组织是一个志愿者组织们在整个灾难周期——准备,响应和恢复中分享知识和资源的论坛。

民兵组织帮助协调志愿者活动,让我们的社区更安全,更强大,能针对应急响应做更好的准备。民兵组织为人们提供了一个在一系列措施中参与的机会,在犯罪、恐怖袭击和所有灾害的威胁下保护他们的家庭和社区的安全。

志愿者如业余无线电操作人员、搜救队伍,社区应急响应队伍,警察和消防员,在很多行政辖区都是非常有价值的应急管理成员。

在突发事件中，这些数量明确的资源可在培训和演练后担任特定角色。这些志愿者有书面说明和标志操作程序下建立的长期的正式的关系。有证书和资格认证的个人由与其有协议的志愿者组织和/或应急管理部门发布。

同时要考虑：

（1）如果你的行政区没有的话，建立社区应急响应队伍能力

（2）确保与志愿者组织签订的协议中明确写出要求的训练、经验、设备，志愿者的职责和与行政区的雇佣关系。

（3）建立高效地管理机构来接受自发的志愿者，对他们的技能进行归档，提供与工作相关的训练、部署，监督他们的活动。

（4）发展公共信息和媒体发布，为那些希望成为志愿者的人提供指导。

2.2.5.8 重要人物（VIP）到访

重要人物的来访会造成了突发事件中另一种拥堵。取决于访问者是谁，他们想去哪里访问，这些访问者可能打断应急操作，造成额外的交通拥堵并吸引大量的现场媒体。

另一方面，这样的访问能使 VIP 对灾难中面临的问题有一个真实的认识，他们可能会加强对资源的供给，为响应者和幸存者鼓舞士气。大多数 VIP 知道他们的出现会对应急现场工作造成怎样的影响，并且愿意与应急管理部门协调他们的到访。

应对 VIP 访问的策略包括：

（1）可能的情况下，建议这样的访问安排在 72 小时窗口期过后，或者成功救援之后前来访问。

（2）如果访问者必须在 72 小时窗口期或者成功救援之前来访问的话，尽量安排他们去不那么敏感的救援操作现场。

（3）在访问之前，确定适合拍照的现场背景和照相机位。

（4）在访问之前，确保关键访问者能见到关键人员（公共信息官员，应急指挥官等）。

要尽量限制 VIP 在现场的时间。如有可能，尽量远离现场开展 VIP 访问业务。

2.2.5.9 管理未被请求的资源

在在突发事件处置期间，应急人员有时会在未被要求的情况下进入事件区域。这些人员聚集在一个地点，通常被称为自我调度或自我部署，可能会干扰事件管理，并给已经紧张的事件指挥组织带来额外的后勤和管理负担。

非常不鼓励使用未经请求的资源。如果您处理的事件分配了正常激活和请求流程之外的资源，那么您的机构或司法管辖区可能会对他们的行为或他们在工作时发生的任何事故或伤害负责。您的代理机构或司法管辖区也可能负责任何费用或报销。尽管这些资源可能是经过训练的和有能力的，但分配未经要求的资源的风险大于好处。

应对未被请求的资源的策略：如果必须使用未被请求的资源，应急管理部门要有组织的使用这些未被请求的资源，否则他们就会变成现场闲杂人员。指示外围人员将不需要的应急资源转给暂存区或动员地点。暂存区管理员和资源注册记录员必须准备好根据这些资源的技能和准备，对这些资源状态盘点、注册，派遣他们去突发事件现场。

2.2.6 互助协议

在美国,许多应急资源多为私有,因此政府需要和这些资源拥有者签署协议来保障突发事件应对时的资源保障。另外,地区政府之间的应急资源互助也是在签署严格的合同和协议前提下进行。通过签订应急资源协议,在突发事件应对时,一个地区(单位)可以向别的地区(单位)提供应急处置必需的资源、设施、服务和其它支持。通过互助协议,使应急资源管理更加有效和高效,保证资源保障过程的标准化,提高可操作性。互助协议在政府和毗邻地区政府、私有部门实体、非政府组织(如红十字会)之间签订。美国应急资源互助协议为两个及以上的实体间的资源共享提供了法律基础,且互助协议可以以多种形式存在于美国所有级别的政府之间。联邦层面,许多州加入应急资源互助协议(EmergencyManagement Assitance Compacts,EMAC)自动成为互助协议成员。州层面,许多州政府制定适用于本州辖区内的互助协议,下级政府和机构无需另外签署互助协议自动成为成员。

美国 FEMA 出台了《国家突发事件管理系统互助协议指南》,给出了签订资源互助协议的要素,包括协义中关键术语定义、参与互助协议的单立的角色和职责、资源需求和援助的流程、信息互通流程和机制、通信和装备的交互协议、其他的互助关系(如应急资源的支付和偿还、工人的补偿、负债和免债处理、相关资格认证等)。

美国的互助协议通常定义了参与实体的责任、赔偿金额、程序,并可能包括以下方面:

(1) 报销:互助服务分为有偿和无偿两种形式(例如,基于提供互惠服务)。一些互助协议规定了报销的参数。

(2) 许可和证书认证:确保跨地缘政治边界认可许可证的指南。

(3) 动员程序(请求,派遣和响应):各方通过互助请求和派遣资源的具体程序。

(4) 语音和数据互操作性协议:确定不同的通信和 IT 系统如何共享信息的协议。

(5) 资源管理协议:基于 NIMS 资源类型定义和/或本地库存系统打包资源的标准模板。

NIMS 给出的规范化的互助流程包括如下:

(1) 在收到互助请求后,提供援助的辖区根据其可承受短期资源的损失评估请求。例如,消防部门的资源管理者需要考虑,在向发出请求的辖区派遣人员和装备后,该部门能否依旧满足自己社区的需求。

(2) 如果提供援助的辖区确认自己可以满足其他辖区对资源的需求,该辖区确定具体的资源,并根据互助协议的条款安排部署。如果提供的资源不符合接受援助的社区的需要,那么接受援助的社区可以拒绝接收这些资源。

洲际之间的互助协议中最常用的是由美国国会批准的应急管理援助协议(Emergency Management Assistance Compact,EMAC),美国各州的应急援助工作均在 EMAC 框架下开展。EMAC 是 1996 年美国国会批准的一项国家层面的州际互助救灾协议。EMAC 定义了一个非联邦的州与州之间的在紧急情况或灾难发生时跨州共享资源系统,签署州包括美国全部 50 个州、哥伦比亚特区、波多黎各、关岛和美属维尔京群岛。EMAC 的前提假设很简单:没有任何政府、地方、州或联邦具有应对所有灾难的所有资源,州际协作比每个州单独行动更有效率。EMAC 产生于在紧急或灾难情形下跨州援助和协调应急资源的需要这一基本目的,并以促进其成员州在紧急或灾难状态下加强合作与共享资源为基本价值导向，以维持一种在灾难时刻促进各种资源在成员州之间有效共享和提高各州应对和处置各类突发灾难事件的能力的体制为主要使命。为跨州区域应急管理协作提供了合法性机制——将州际区域应急管理协作以法律的形式固定下来，为各州创建了区域应急管理合作的基本制度框架，推进跨州区域应急管理协作走向制度化、程序化与整体化，有效地开发了跨州应急管理协作行动的能力，以便在必要时根据突发事件的严重程度、影响范围及损失大小快捷、有序调动和整合各方面的资源。

我国在《中华人民共和国突发事件应对法》里规定了突发事件中履行领导职责的人民政府在必要时，可向其他人民政府、单位、个人征集应急救援所需的资源，但并未对补偿方面做出规定。美国NIMS的互助协议则分两种：有偿和无偿的互助协议。其中无偿的互助协议基于协议签订者之间互惠的原则上实施，而有偿的互助协议则明确规定对于资源的报销和补偿细节。

学习和借鉴美国EMAC的成功经验，有助于探寻和设计促进我国跨地区、跨部门应急资源联动的模式。首先，建立区域应急资源联动框架，即在区域层面构建一种稳定的、常态的、制度化和组织化的应急资源联动框架，在此框架下确立协调一致的资源联动机制，推动各主体间的自觉自愿自主协作。其次，在强调中央统一协调和属地管理原则的同时，在法律法规、组织结构和运作技术等层面加快推进我国应急资源联动的制度框架、组织载体与运作流程建设，建立跨界应急资源整合与共享的制度化平台，以协调有序和整体协同地应对各类突发公共事件，特别是跨行业、跨领域、跨地域的重特大事件，这对于健全我国突发事件综合性、协作性应急管理体系和增强地方政府的整体化应急管理能力具有重要意义。

2.3 小结

美国的国家突发事件管理系统NIMS尝试为全美的应急管理工作提供一个高效普适的资源管理系统，最大限度地调度全国的应急管理资源，使其参与到突发事件的响应中。这套资源管理系统不只是一个宽泛的框架，更是为突发事件中各部门对应急资源的请求、接受，以及如何处置不符合需求的资源给出了标准化的流程，以在突发事件中高效地进行资源管理和部署，避免造成资源的浪费，以及不符合需求的资源带来的混乱和干扰。其核心是对相关应急资源进行了标准化和细致入微的分类，通过互助协议确保资源准确及时调用和获取，成为了确保美国政府能够成功应对各类公共危机与突发事件的重要环节。

第三章 美国应急资源分类分级标准

应急资源分类是 NIMS 系统里资源管理的核心部分,美国在分析了灾害救援场景的基础上,于应急能力方面建立了可量化的"核心能力"标准,简化总结为 31 项"核心能力"。美国按照 31 项核心能力制定了的应急资源的分类和分级标准,为全国的应急资源管理提供统一的术语,也为各级响应者提供一个标准化的资源类型数据库,以支持其在制定应急预案、突发事件响应及互助协作时的工作。

2014 年发布了基于 NIMS 框架的资源类型库工具,在资源库里按照突发事件中资源的能力、资源的需求和该资源在突发事件中的用途,定义了上百种队伍、装备、设施和单元资源,并对其进行分级。资源类型库发布后,FEMA 在全国范围内征集全社会利益相关者的建议和反馈,以确保资源的定义和分类能满足实际应急工作的需求。此外每一次突发事件应对后,美国都要总结经验教训,不断修订更新应急资源的分类分级定义。经过数年的维护和动态更新,美国将应急资源定义了 17 个大类,并进一步细分出 153 类队伍、装备、设施及单元资源,对每一小类资源按照应对灾害的能力进行分级定义。在人力资源方面。配套各类应急资源(图 3-1-1),定义了 310 个关键的人力岗位资源。各级政府、企业及社区在灾害风险评估的基础上,对照分类分级标准对其辖区内的应急资源进行分类和定义,并按照分类向其他部门申请、订购资源。NIMS 对应急资源的标准化分类很大程度地提升了应急资源常态管理的效率及各部门间应急资源交流交互的准确性,为非常态时应急资源的调度和交互做好准备。

3.1 应急资源一、二级分类

美国将应急资源按照预防、动物应急响应、突发事件管理、紧急医疗服务、消防及危化品、通信、执法与行动、公共工程、搜索与营救、群众安置设施、应急管理、后勤和物流、医疗和公共卫生、网络安全、地理信息系统和信息技术、减灾、损失评估等方面划分 17 大类(图 3-1-1),在一级分类的基础上,NIMS 进一步地细分出 153 类二级资源。其中包括:

(1)预防类资源细分出 6 类队伍和装备资源(图 3-2-1);
(2)动物应急响应类细分出 9 类队伍资源(图 3-3-1);
(3)突发事件管理类资源细分出 8 类队伍和交通运输资源(图 3-4-1);
(4)紧急医疗服务类细分出 10 类队伍和交通运输资源(图 3-5-1);
(5)消防及危化品类细分出 17 类队伍和交通运输资源(图 3-6-1);
(6)通信类细分出 2 类队伍资源(图 3-7-1);

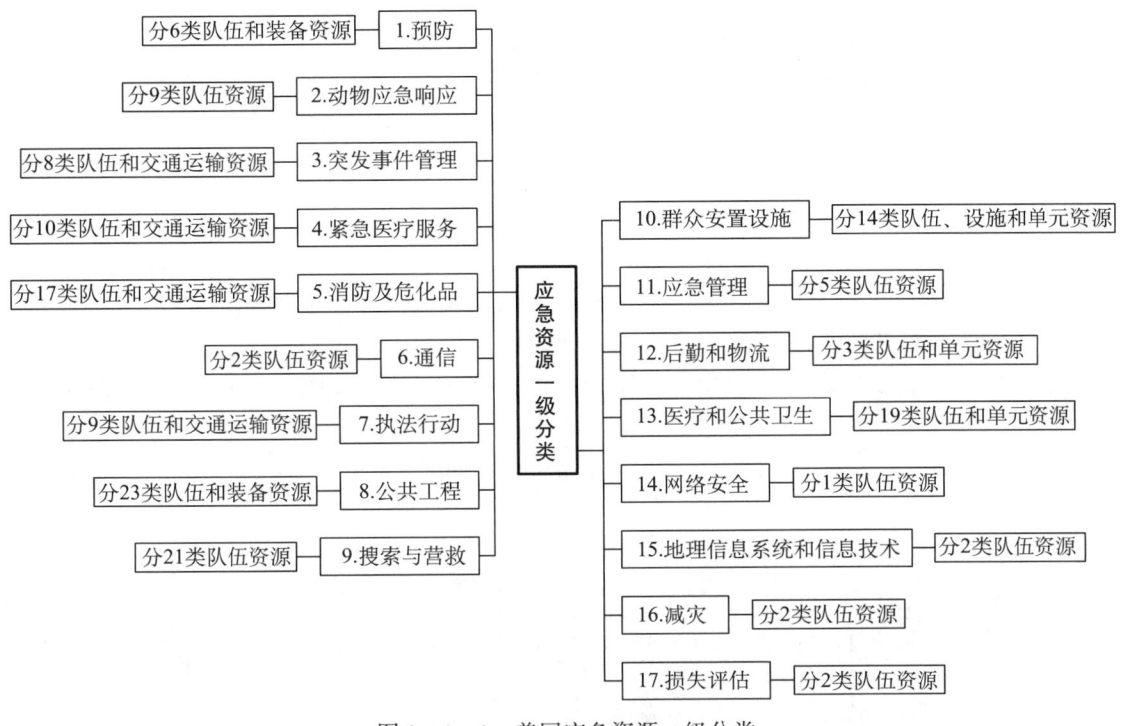

图 3-1-1 美国应急资源一级分类

(7) 执法行动类细分出 9 类队伍和交通运输资源（图 3-8-1）；

(8) 公共工程类细分出 23 类队伍和装备资源（图 3-9-1）；

(9) 搜索与营救类细分出 21 类队伍资源（图 3-10-1）；

(10) 群众安置设施类细分出 14 类队伍、设施和单元资源（图 3-11-1）；

(11) 应急管理类细分出 5 类队伍资源（图 3-12-1）；

(12) 后勤和物流类细分出 3 类队伍和单元资源（图 3-13-1）；

(13) 医疗和公共卫生类细分出 19 类队伍和单元资源（图 3-14-1）；

(14) 网络安全类细分出 1 类队伍资源（图 3-15-1）；

(15) 地理信息系统和信息技术类细分出 2 类队伍资源（图 3-16-1）；

(16) 减灾类细分出 2 类队伍资源（图 3-17-1）；

(17) 损失评估细分出 2 类队伍资源（图 3-18-1）。

配套这 17 大类队伍、装备、设施及单元资源，定义了 310 个关键的人力岗位资源。

美国针对现场任务应对能力要求，对每一小类资源从资源能力、人员组成、装备配置、安全防护等方面对每一小类资源进行了标准化的分级，以便高效和精细化的针对现场处置需求部署合适的资源。队伍、装备和设施及单元的分级都是基于其能力进行的，但由于队伍资源的核心是其队内的人力资源，而装备和设施类资源的能力差异则体现在其自身的能力，如其功率、荷载等，因此对这些资源的分级标准有所差异。

3.2 应急资源分类分级标准——预防类

预防类共分 2 类队伍资源和 4 类装备资源。6 类资源都专门针对放射性物质和辐射的检测，以应对化学、生物、核辐射和爆炸相关的事件发生后，相关物质的喷溅、扩散和辐射对搜救工作造成的影响。

预防类资源的分类名称及分级情况参见（图 3-2-1）。其中海上预防性放射性核探测队分 3 级（详见表 3-2-1），预防放射性核检测队分 4 级（详见表 3-2-2），便携式辐射探测器分 4 级（详见图表 3-2-3），个人辐射探测器分 2 级（详见表 3-2-4），放射性同位素识别器分 2 级（详见表 3-2-5），车载放射性核探测器分 4 级（详见表 3-2-6）。

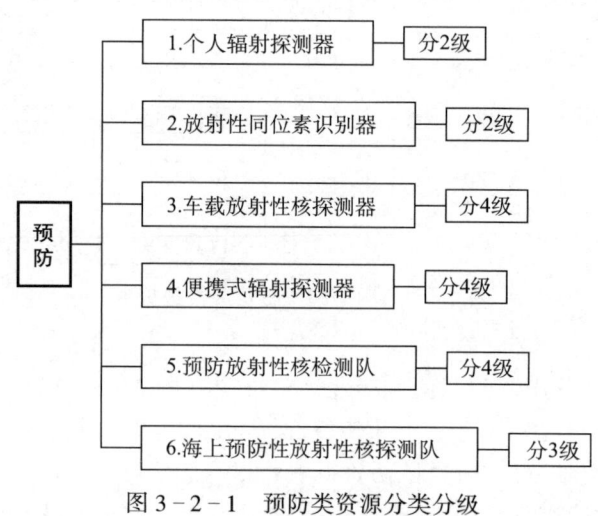

图 3-2-1　预防类资源分类分级

表 3-2-1　预防类资源——海上预防性放射性核探测队分级标准

资源名称	海上预防性放射性核探测队		
首要核心能力	筛选、搜索和检测		
简要描述	检测放射性物质和核物质的队伍		
整体功能	使用预防放射性核探测工具检测海洋环境中不受控制的放射性核物质，根据实际情况进行一次筛选、二次检查和广域搜索		
分级情况	3 级		
级别	1 级	2 级	3 级
队伍最小配员	3	3	3
队伍监管人员	同 2 级	同 3 级	1 名 2 级放射性核物质预防探测队队长

续表

级别	1级	2级	3级
队伍支持人员	同2级	同3级	2名2级放射核物质预防探测队操作员
检测和识别能力	同2级,可进行高级广域检测	同3级,可进行二次检查	初步筛选
交通设备	同2级	同3级	1艘船
辐射检测装备	同2级,另加1台1级或2级便携式辐射探测器、1台1级或2级车载检测系统	同3级	2台1级或2级个人辐射探测器
大范围辐射探测设备	1台辐射测量仪	无特殊要求	无特殊要求
同位素识别设备	同2级	1台1级或2级放射性同位素识别器	无特殊要求
通讯设备	同2级	同3级,另加笔记本电脑或卫星电话	两路手持对讲机

表3-2-2 预防类资源——预防放射性核探测队分级标准

资源名称	预防放射性核探测队			
首要核心能力	筛选、搜索和检测			
简要描述	检测放射性核物质			
整体功能	使用预防性放射性核检测(预防放射性核物质)工具和培训来检测超出监管控制范围的放射核物质,在工作中根据需要支持一次筛选、二次检查、广域搜索、高级广域搜索和高级二次检查			
分级情况	4级			
级别	1级	2级	3级	4级
队伍最小配员	8	6	同4级	3
队伍监管人员	同2级	同3级	同4级	1名2级预防放射性核物质队队长
队伍支持人员	同2级,另加2名2级预防放射性核物质队操作员	同3级,另加3名2级预防放射性核物质队操作员	同4级	2名2级预防放射性核物质队操作员
辐射检测和识别能力	同2级,另加高级广域搜索和高级二次检查	同3级,另加广域搜索	同4级,另加二次检查	一次筛选

续表

级别	1级	2级	3级	4级
辐射检测设备	同2级，另加2台1级或2级个人辐射探测器，1台1级或2级车载检测系统	同3级，另加3台1级或2级个人辐射探测器，2台1级或2级便携式辐射探测器	同4级	3台1级或2级个人辐射探测器
大范围辐射检测设备	1台辐射测量仪	无特殊要求	无特殊要求	无特殊要求
同位素识别设备	同2级，另加1台NIMS 1级放射性同位素识别器	同3级	1台NIMS 2级放射性同位素识别器	无特殊要求
电子和通讯设备	同2级	同3级	同4级，另加笔记本电脑和卫星电话	手持对讲机

表3-2-3 预防类资源——便携式辐射探测器分级标准

资源名称	便携式辐射探测器			
首要核心能力	筛选、搜索和检测			
简要描述	该仪器包括几个放置在背包或外壳内的辐射检测组件，以及一个可选的外部控制设备			
整体功能	可检测操作员周围区域中的放射性核物质；由于更大的探测器元件和电源，该设备的探测范围可能大于个人辐射探测器或放射性同位素识别器			
分级情况	4级			
级别	1级	2级	3级	4级
辐射检测设备	同2级	同3级，另加中子	同4级	伽马射线
同位素检测设备	同3级	同4级	同位素	无功能

表3-2-4 预防类资源——个人辐射探测器分级标准

资源名称	个人辐射探测器
首要核心能力	筛选、搜索和检测
简要描述	戴在身体上的警报个人辐射检测器，用于检测光子，有时还检测中子
整体功能	可在设备操作员附近的有限区域内检测到辐射的存在

续表

分级情况	2级	
级别	1级	2级
辐射检测设备	伽马射线及中子	伽马射线

表 3-2-5　预防类资源——放射性同位素识别器分级标准

资源名称	放射性同位素识别器	
首要核心能力	筛选、搜索和检测	
简要描述	一种便携式辐射探测器,也称为放射性核素识别器,具有伽马光谱功能和中子指示	
整体功能	可识别放射性核物质的放射性同位素;操作人员也可以将其用于放射性核物质的初步检测	
分级情况	2级	
级别	1级	2级
同位素识别设备	高分辨率 小于1.0% 662 keV FWHM 时的能量分辨率	中或低分辨率 1.0%~9.0% 662 千电子伏(keV)全宽一半最大值(FWHM)时的能量分辨率

表 3-2-6　预防类资源——车载放射性核探测器分级标准

资源名称	车载放射性核探测器			
首要核心能力	筛选、搜索和检测			
简要描述	一种车载运输(例如卡车、轮船或飞机)的仪器,用于检测放射性核物质			
整体功能	检测放射性核物质的存在,识别车载平台周围大范围内的放射性同位素;用户可以将系统永久地安装在卡车、轮船或飞机等车载平台上;由于探测器元件和电源更大,因此该设备的探测范围可能大于个人辐射探测器、放射性同位素识别器或便携式辐射探测器			
分级情况	4级			
级别	1级	2级	3级	4级
辐射检测设备	同2级	同3级,另加中子	同4级	伽马射线
同位素检测设备	同3级	同4级	同位素	无功能

3.3 应急资源分类分级标准——动物应急响应类

动物应急响应类共分7类队伍资源，处理灾害中各类动物的安置和医疗问题，并对动物尸体进行消毒和掩埋工作。动物应急响应类资源分类名称及分级情况见图3-3-1。共分7类资源，其中动物和农业损害评估队不分级；动物消灭队不分级；动物疏散、运输和再入圈队分4级；动物搜救队分3级；陪伴动物洗消队分3级；动物收容所队伍又分为3类，包括陪伴动物收容所分4级，动物专用收容所分4级，临时安置收容所分4级；兽医医疗队分4级。表3-3-1给出了动物搜救队的分级标准，动物搜救队按照功能要求、人员配置、设备配置分成3级。表3-3-2给出了动物和农业损害评估队分级标准，动物和农业损害评估队按照队伍最小配员、队伍监管人员、队伍支持人员、评估设备、个人防护设备、通讯装备、交通设备几个方面要素确定配置标准。

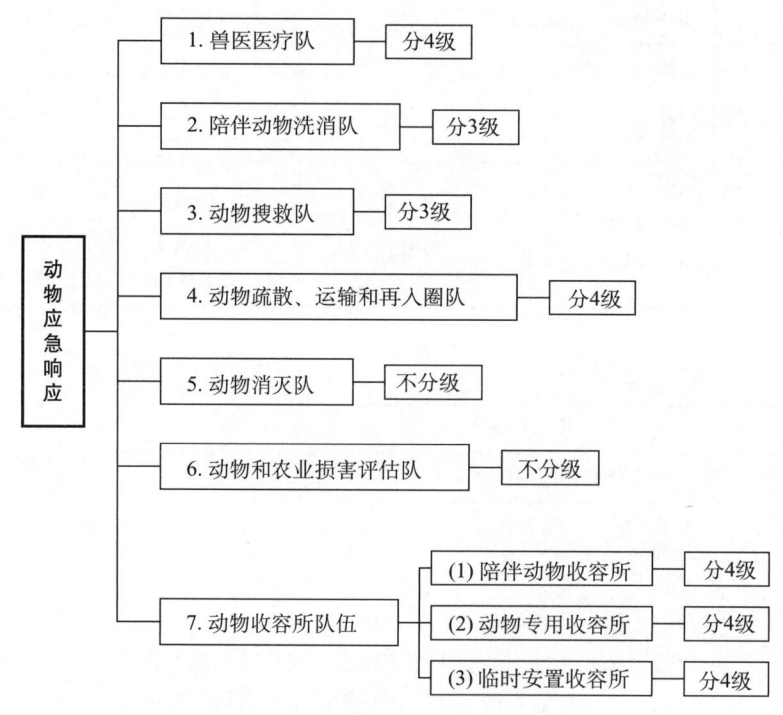

图3-3-1 动物应急响应类资源分级

第三章 美国应急资源分类分级标准

表 3-3-1 动物应急响应类——动物搜救队分级标准

资源名称	动物搜救队		
首要核心能力	大规模搜救行动		
简要描述	在灾难环境中定位、稳定、释放和疏散动物		
整体功能	必要时与其他动物应急队进行协调和合作；协调并计划动物搜寻和救援工作；在灾区内找到、捕获并收容流离失所的动物；准备运输动物；识别动物，记录救援地点，并记录其他相关数据，以方便其与主人团聚；根据需要协调现场诱捕和化学捕获；对被救援的动物进行分级。 对以下一种或多种动物执行上述职责：伴侣动物，包括宠物、服务性动物和辅助动物；牲畜，包括食用动物或纤维动物和驯养的马种；野生动物，圈养的野生动物或动物园里的动物；实验动物		
分级情况	3级		
级别	1级	2级	3级
队伍最小配员	26	8	4
队伍监管人员	同2级，另加4名1级动物应急队队长，同时是3级动物搜救技术员	1名1级动物应急队队长，同时是3级动物搜救技术员	无特殊要求
队伍支持人员	同2级，另加4名1级动物搜救技术员，9名2级或3级动物搜救技术员，1名NIMS 2级兽医	7名2级动物搜救技术员	1名3级动物搜救技术员，3名2级动物护理和处理专家、1级动物控制或人员专员或3级动物搜救技术员
队伍搜救能力	同2级，同时可以执行高级救援操作，例如高角度和低角度救援以及急流水救援	同3级，同时可以进行水上救援，并可以使用导航技术来定位流浪的动物	仅地面搜救
队伍搜救量	应对多个辖区的多个地理区域，每12小时轮班管理大约50只同伴动物或25只牲畜；可以远程提供整体管理和协调	对具有多个地理区域（或单个大型复杂站点）的单个辖区做出响应，每12小时轮班管理大约24只动物	对单个管辖区做出响应，管理一个区域，每12小时轮班管理大约12只动物
电子设备	同2级，另加用于将动物数据输入并传输到动物疏散、运输和返回队以及动物庇护队的系统	同3级，另加GPS	数码相机

级别	1级	2级	3级
动物处理设备	同2级	同3级	针对所服务人群的动物捕获和处理设备
个人防护设备	同2级	同3级	防护鞋、皮肤接触防护服、眼睛和耳朵的保护设备、呼吸器、手套、口罩、防护帽
通讯设备	同2级	同3级	便携式对讲机，手机

表3-3-2 动物应急响应类——动物和农业损害评估队分级标准

资源名称	动物和农业损害评估队
首要核心能力	情况评估
简要描述	进行初步和持续的情况评估和需求评估，确定涉及动物和农业问题的突发事件中必要的紧急救援类别
整体功能	拍摄并记录灾难现场的损坏情况，调查损坏位置，分析受影响的动物和农业基础设施、农作物和动物的重要性，估计损害程度，确定动物和农业问题的潜在连锁效应，建议应对和恢复的首要事项
分级情况	不分级
级别	不分级
队伍最小配员	3
队伍监管人员	1名1级动物应急队队长
队伍支持人员	2名动物和农业损害评估队队员
评估设备	笔记本电脑、数码相机、GPS功能、办公用品、测量装置、合适的软件、切割或修剪装置、标记油漆或其他标记材料、交通管制装置（或安全标志）、清洁和消毒用品
个人防护设备	防护鞋、皮肤接触防护服、眼睛和耳朵的保护设备、呼吸器、手套、口罩
通讯装备	3台无线对讲机，3部手机
交通设备	1辆汽车

3.4 应急资源分类分级标准——突发事件管理类

突发事件管理类共分8类队伍和交通运输资源,负责突发事件中的行动协调、通信联通,紧急逃生等,并关注救援人员的心理状态问题。突发事件管理类资源分类名称及分级情况见图3-4-1。共分了8小类资源,其中航空通信中继队(固定翼)分4级(分级标准详见表3-4-1),机载通信中继(固定翼)分4级(分级标准详见表3-4-2),突发事件压力管理队不分级(标准详见表3-4-3),紧急撤离逃生协调队不分级(标准详见表3-4-4),突发事件管理队分3级(分级标准详见表3-4-5),移动通信中心分4级(分级标准详见表3-4-6),无人机系统队分2级(分级标准详见表3-4-7),移动通信中心管理支持队分4级(分级标准详见表3-4-8)。

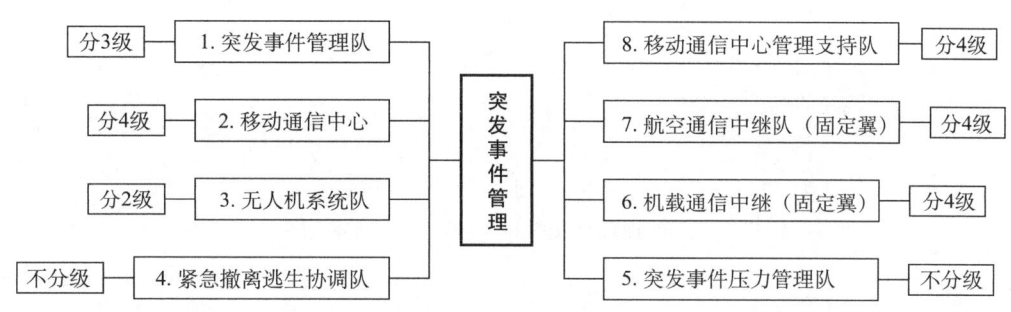

图3-4-1 突发事件管理类资源分级

表3-4-1 突发事件管理类——航空通信中继队(固定翼)分级标准

资源名称	航空通信中继队(固定翼)			
首要核心能力	操作通讯			
分级情况	4级			
级别	1级	2级	3级	4级
人员	仪表(IFR)级的飞行员或副驾驶员	非仪表级的飞行员或副驾驶员	仪表级(IFR)的飞行员或副驾驶员	目视级(VFR)的飞行员或副驾驶员
设备	同4级	同4级	最高能在海平面10000m高空飞行	最高能在海平面10000m高空飞行,携带机载中继器(或跨频带中继器)
固定翼飞机	同3级	可在晴天条件下飞行	可在阴天条件下飞行	可在阴天和晴朗天气下飞行

表 3-4-2 突发事件管理类——机载通信中继（固定翼）分级标准

资源名称	机载通信中继（固定翼）			
首要核心能力	操作通讯			
分级情况	4级			
级别	1级	2级	3级	4级
固定翼飞机	同2级	配备仪表飞行规则所需的仪器的固定翼CAP飞机	固定翼民航巡逻飞机	固定翼飞机
容量	同2级	同3级	同4级	2~4名乘员，其货物不得超过飞机的设计规格
飞行包设备	同2级	同3级	同4级	适当的个人防护装备
通讯设备	同3级，另加能够跨多个工作无线电频段跳线的机载中继器	同3级，另加机载中继器支持联邦频率	同4级，另加VHF无线电	标准FAA FM无线电
人员训练和评级	同2级	飞行员——私人飞行员（仪器）或更高级别的证书	同4级，且最好为仪器等级，但不是必需的	飞行员——私人飞行员或更高级别的证书
人员权限	同2级	同3级	同4级	空勤人员可进行短期操作（1周或更短）
人员管理支持——协调能力	同2级	能够管理空中业务部门的突发事件工作人员	能够进行独立航班放行的突发事件工作人员	发布单位级任务

表 3-4-3 突发事件管理类——突发事件压力管理队分级标准

资源名称	突发事件压力管理队
首要核心能力	公共卫生、保健和急诊服务
简要描述	负责缓解应急人员严重的心理压力，并增强其心理适应能力。辖区也可以将该队伍称为同伴支持队伍或急救人员压力支持队伍
整体功能	(1) 评估突发事件第一响应者的行为健康需求并确定其优先级； (2) 提供以同伴为主导的、以精神卫生为基础的干预措施，以减轻常见的压力反应并促使工作人员重返工作岗位。干预措施包括： ①个人心理急救或危机干预； ②通过信息小组，进行有关正常压力应对的心理教育和应对策略，例如针对第一响应者的休息信息和过渡服务，以及危机管理简报等； ③小组干预，讨论响应者的经历并获得社会支持，包括交互式队过程，例如压力化解、关键突发事件压力汇报和心理急救（PFA）； (3) 提供对社区资源的推荐，以跟进或解决对更高级别护理的需求

分级情况	不分级
队伍最小配员	4
队伍监管人员	1名1级行为健康队队长
队伍支持人员	1名1级行为健康专家，2名同伴支持人员
容量能力	每次行动服务5至7位突发事件响应者
信息设备	笔记本电脑，筛选及转介表格，关于复原力的心理教育讲义，当地可用资源的讲义（若可能）
个人防护设备	防护服，手套
通讯设备	适当的队伍通讯设备，例如对讲机、手机或卫星电话

表3-4-4　突发事件管理类——紧急撤离逃生协调队分级标准

资源名称	紧急撤离逃生协调队
首要核心能力	关键运输
简要描述	通过组织保护行动（与疏散、就地避难和重新进入有关），为受影响、经过和收容社区提供支持。行动包括协调使用私人车辆的自行疏散，并为有关键交通需求的人（CTN）简化点对点和轮辐式疏散程序
整体功能	作为EOC的技术专家，支持撤离和重新进入行动；就撤离或就地避难行动向决策者提供战略指导；进行疏散区域和路线的分析，并确定路线可行性；提供有关公共疏散命令和其他与保护措施有关的消息的建议；为运输协调、交通控制和具有CTN的人员提供指导；必要时与支持队伍进行协调，包括动物疏散队、避难队伍和动物庇护队
分级情况	不分级
队伍最小配员	6
队伍监管人员	1名1级疏散队队长
队伍支持人员	1名1级新闻负责人，1名1级运输专家，1名1级交通控制专家，1名1级群体关怀专家，1名信息技术专家
电子设备	5台笔记本电脑，1台支持地理信息系统的笔记本电脑
通讯设备	6部手机

表3-4-5　突发事件管理类——突发事件管理队分级标准

资源名称	突发事件管理队（IMT）
首要核心能力	业务协调
简要描述	在超出辖区或机构能力范围的突发事件中，提供突发事件管理或支持

续表

整体功能	管理比请求的辖区所提供的能力级别更高的紧急响应;在自然和人为原因的所有危害突发事件期间协助突发事件管理活动;承担对请求辖区的突发事件管理,或支持本地突发事件指挥官(IC)或统一司令部及其IMT管理突发事件;指导和跟踪司法管辖权机构(相关部门)和其他支持组织提供的战术资源;根据突发事件需要执行指挥、操作、计划、后勤、财务或行政、安全、公共信息和联络职能;与紧急行动中心(EOC)人员、相关部门和机构管理员就突发事件管理目标和支持进行协调;通常支持具有相应复杂性的突发事件管理活动,例如,2级突发事件管理队通常支持2级的突发事件;具有和大队配置;大队配置包括其他职位和能力,可以根据复杂性分析的结果满足突发事件的需求		
分级情况	3级		
级别	1级	2级	3级
队伍最小配员	同2级	15	12
队伍监管人员	1名1级突发事件指挥官	1名2级突发事件指挥官	1名3级突发事件指挥官
队伍支持人员	1名1级新闻负责人,1名1级安全主任,1名1级联络官,2名1级操作队队长,1名1级计划队队长,1名1级物流队队长,1名1级财务或行政队队长,1名1级空中操作部门主管,1名1级通信部门负责人,1名1级情况主管,1名1级资源部门负责人,1名1级地理信息系统专家,1名计算机技术专家	1名2级新闻负责人,1名2级安全员,1名2级联络官,2名2级操作队队长,1名2级规划队队长,1名2级物流队队长,1名2级财务或行政队队长,1名1级空中操作部门主管,1名2级通信部门负责人,1级情况主管,1名1级资源部门负责人,1名1级地理信息系统专家,1名计算机技术专家	1名3级新闻负责人,1名3级安全主任,1名3级联络官,2名3级操作队队长,1名3级计划队队长,1名3级物流队队长,1名3级财务或行政队队长,1名3级通信部门负责人,1名1级情况主管,1名1级资源部门负责人
人员管理能力	>500人	<500人	>200人
电子设备和办公设备	同2级	同3级	符合任务要求的电子和办公设备
个人防护设备	同2级	同3级	必要时使用合适的个人防护设备(PPE)
通讯设备	同2级	同3级	符合任务要求的通信设备
行政支持用品	同2级	同3级	在72小时连续工作中,支持IAP、地图和其他任务需求的程序开发所需的基本办公用品和电子设备

移动通信中心按照车辆底盘、内部设备、一级通信设备配置、计算机、服务器功能等方面分成4级（详见表3-4-6）。

表3-4-6 突发事件管理类——移动通信中心分级标准

资源名称	移动通信中心（同样被称作"移动EOC"）			
首要核心能力	操作通讯			
分级情况	4级			
级别	1级	2级	3级	4级
底盘	48′~53′定制拖车，公共汽车底盘，常规驾驶室或货车底盘或带或不带滑出室的柴油房车底盘	35′~40′房车底盘，带或不带滑出室	25′~35′汽油或柴油房车底盘，或定制拖车（拖车不需要额外的拖动设备）	转换后的SUV或旅行拖车，或25′~40′定制拖车（拖车不需要额外的拖动设备）
内部设备	6~10个工作站，为指挥官提供私人会议区	4~6个工作站，为指挥官提供私人会议区	2~4个工作站	1~2个工作站
设备无线电频率收发器	通过互助收发器和任何其他频率与相邻机构、国家机构进行RF通信	通过互助收发器和任何其他频率与相邻机构，国家机构进行RF通信	通过互助收发器与相邻机构、国家机构进行RF通信	管辖范围内以及与相邻机构的RF通信
设备互联网访问速度高速传真速度	通过卫星（如INMARSAT或V-Sat）的高带宽能力	通过卫星（如INMARSAT或V-Sat）的高带宽能力，通过蜂窝或卫星系统进行传真（4800 bps）	蜂窝系统，通过蜂窝或卫星系统进行传真（4800 bps）	通过蜂窝系统（便携式）
系统类别的设备	PBX办公电话系统和蜂窝PBX系统（ML500或级似产品）	PBX办公电话系统和蜂窝PBX系统（ML500或级似产品）	PBX办公电话系统	仅通过个人手机
设备现场视频监控	通过摄像头或视频系统	通过摄像头或视频系统	无特殊要求	无特殊要求
设备计算机辅助调度	是	是	是	无特殊要求

设备计算机或服务器功能	同3级	同3级	有线和无线局域网。工作站应具有以太网连接和120 VAC保护的插座。预安装所有基于计算机的软件包	仅基本计算机系统（必须从外部车辆提供电源）
人员功能	同2级，除了具有CDL认证的驾驶员或操作员	同3级，另加IT支持和通讯支持	同4级	司机或操作员

表3-4-7 突发事件管理类——无人飞行系统队分级标准

资源名称	无人飞行系统队	
首要核心能力	情况评估	
简要描述	无人飞行系统（UAS）队是指没有机上载人飞行员（也称为无人机）的飞机操作队伍。地面上的飞行员获得了联邦航空局（FAA）或军事许可，可通过遥感收集数据以提高态势感知能力	
整体功能	通过使用摄影测量、实时视频、热成像和激光雷达等多种技术传输实时或近实时图像、数据来提供态势感知，以帮助突发事件行动计划（IAP）的制定。根据联邦航空局联邦法规（CFR）第107部分的规定，根据任务的需要使用各种平台，包括：55磅以下的固定翼飞机，55磅以下的旋转翼飞机，空中无人机	
分级情况	2级	
级别	1级	2级
队伍最小配员	同2级	3
队伍监管人员	同2级	2名1级远程飞行指挥官，1名1级无人机系统技术专家
队伍飞机系统	同2级	55磅以下的固定翼飞机旋转翼无人机的组合
信息收集设备	同2级，另加专门的信息收集设备，例如：专业传感器，例如摄影测量、声纳、雷达、红外、激光雷达和高光谱，红外热成像（IRT）	能拍摄动态影像的摄影机
成员通讯设备	同2级	便携式对讲机，手机

表 3-4-8 突发事件管理类——移动通信中心管理支持队分级标准

资源名称	移动通信中心管理支持队			
首要核心能力	突发事件管理			
分级情况	4 级			
级别	1 级	2 级	3 级	4 级
人员	信息官	信息官	信息官	信息官
人员	联络官	联络官	联络官	联络官
人员	安全官	安全官	无要求	无要求
突发事件指挥员	操作级	操作级	操作级	无要求
辅助管理	需要	不需要	不需要	不需要

3.5 应急资源分类分级标准——紧急医疗服务类

紧急医疗服务类分了10类队伍资源，主要负责空中及陆地上伤员的紧急转移，这些队伍都具有一定的急救能力。紧急医疗服务类二级资源分类名称及分级情况见图3-5-1。共分10类资源，其中固定翼救护飞机（非危重病运输）分5级（分级标准详见表3-5-1），旋转翼救护飞机（非危重病护理）分6级（分级标准详见表3-5-2），地面救护车队分4级（分级标准详见表3-5-3），救护车突击队分4级（分级标准详见表3-5-4），救护车特勤队不分级（标准详见表3-5-5），紧急护理特勤队不分级（标准详见表3-5-6），多用途医疗运输车分3级（分级标准详见表3-5-7），固定翼救护飞机（重症监护运输）分3级（分级标准详见表3-5-8），旋转翼救护飞机（重症监护运输）分2级（分级标准详见表3-5-9），紧急医疗服务特勤队分3级（分极标准详见表3-5-10）。

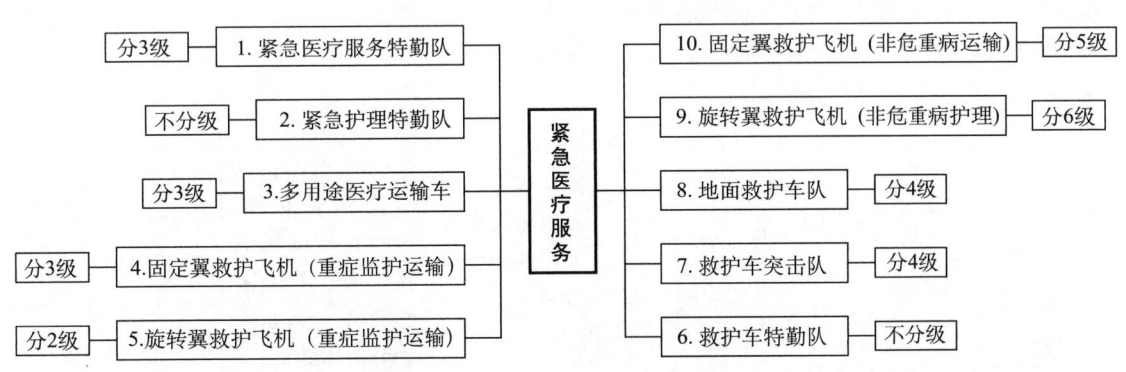

图 3-5-1 紧急医疗服务类资源分级

表 3-5-1　紧急医疗服务类——固定翼救护飞机（非危重病运输）分级标准

资源名称	固定翼救护飞机（运输非重症患者）				
首要核心能力	公共健康，保健和急诊服务				
简要描述	空中固定翼医疗救护飞机是一种单一资源，该资源内包括单引擎或双引擎、喷气式或螺旋桨飞机、飞行员和机组人员。此资源可提供对非重症患者的医疗护理，并可以将患者从灾害现场、已建立的中转地点快速运送到医疗设施（通常位于灾区 150 英里之内）				
整体功能	通过固定翼飞机从现场、既定的接送地点到医疗设施的过程中，为病人提供运输、疏散和紧急医疗服务；还可将医务人员，设备，物资，血液和液体产品运送到需要的区域；根据航空医疗运输管理员的决定，也可以在必要时将重症监护病人从灾区运送到医疗机构				
分级情况	5级				
级别	1级	2级	3级	4级	5级
队伍最小配员	9	7	5	4	1
队伍监管人员	同2级	同3级	同4级	1名2级航空医疗运输负责人	无特殊要求
队伍支持人员	同2级，另加2名2级护士，1级航空医学护理人员或1、2或3级航空医学负责人	同3级，另加2名2级注册护士，1级航空医学运输护理人员或1、2或3级航空医学运输负责人	同4级，另加1名飞行员	同5级，另加2名2级注册护士，1或2级航空医疗运输护理人员或1、2或3级航空医疗运输负责人	1名飞行员
病人装载容量	9名或以上需要担架运送的病人	最多8名需要担架运送的病人	最多2名需要担架运送的病人	同5级	无需要担架运送的病人，任意数量门诊病人
病人护理和医疗设备	同2级	同3级	同4级，另加高级生命支持所需的耗材和设备	基础的医疗护理用品和设备；机载功率逆变器，能够转换飞机电流以用于专用医疗设备（例如主动脉内球囊泵）	不配备医疗用品或设备
个人防护设备	同2级	同3级	同4级	同5级	防护鞋，防护服，手套，口罩，呼吸器，听力保护器

表 3-5-2 紧急医疗服务类——旋转翼救护飞机（非危重病护理）分级标准

资源名称	旋转翼救护飞机（非危重病护理）					
首要核心能力	公共健康、保健和急诊服务					
简要描述	一种螺旋翼直升飞，可提供基础生命支持（BLS）级和高级生命支持（ALS）级护理，并从灾害现场、既定的接载地点、特定的医疗设施将患者转移到医院里（这些医院通常距离灾区不超过 150 英里）					
整体功能	通过螺旋翼飞机在灾害现场、既定的接载地点提供紧急医疗护理、疏散和运输服务；可以将人员、医疗设备和医疗物资（包括血液制品）运输到需要的区域					
分级情况	6 级					
级别	1 级	2 级	3 级	4 级	5 级	6 级
队伍最小配员	6	5	4	3	3	1
队伍监管人员	同 2 级	同 3 级	同 4 级	同 5 级	1 名 2 级航空医疗运输负责人	无特殊要求
队伍支持人员	同 2 级，另加 1 名 2 级注册护士、1 级航空医疗运输护理人员或 1、2 或 3 级航空医疗运输负责人	同 3 级，另加 1 名 2 级注册护士、1 级航空医疗运输护理人员或 1、2 或 3 级航空医疗运输负责人	同 4 级，另加 1 名飞行员	同 5 级	同 6 级，另加 1 名 2 级注册护士、航空医疗运输护理人员或 1、2 或 3 级航空医疗运输负责人	1 名飞行员
病人装载容量	10 名需要担架运送的病人	4 名需要担架运送的病人	1 名需要担架运送的病人	2 名需要担架运送的病人	1 名需要担架运送的病人	无需要担架运送的病人，任意数量门诊病人
病人护理和医疗设备	同 2 级	同 3 级	ALS 耗材和设备	同 5 级	基础的医疗护理用品和设备；机载功率逆变器，能够转换飞机电流以用于专用医疗设备（例如主动脉内球囊泵）	无特殊要求
个人防护设备	同 2 级	同 3 级	同 4 级	同 5 级	同 6 级	防护鞋，防护服，手套，口罩，呼吸器，听力保护器

表 3-5-3　紧急医疗服务类——地面救护车队分级标准

资源名称	地面救护车队			
首要核心能力	公共卫生、保健和急诊服务			
简要描述	提供紧急医疗服务（EMS），部署人员、设备和物资，为转运中的患者提供紧急医疗服务			
整体功能	提供医院外的紧急医疗、疏散和患者转运服务；可作为单个资源或作为工作队的一部分进行部署			
分级情况	4级			
级别	1级	2级	3级	4级
队伍最小配员	同2级	同3级	同4级	2
队伍支持人员	同2级	1名1级护理人员，1名1级救护车操作员	同4级	1名1级EMT，1名2级救护车操作员
护理能力等级	同2级	ALS	同4级	BLS
病人容量	同2级	同3级	同4级	2名非门诊病人
病人护理设备	同2级	同3级，另加高级心血管生命支持药物、心脏监护仪、针头、注射器、无菌静脉溶液和导管，能够使用车辆供电以用于专用医疗设备的车载功率逆变器	同4级	氧气管、氧气、氧气面罩、绷带和敷料、夹板和垫板、颈圈、胶带、抽吸装置、自动体外除颤器、脉搏血氧仪、床单和毯子、以及治疗EMS患者所需的其他设备
个人防护设备	同3级	同4级	同4级，另加符合任务要求的个人防护设备，包括适用于B级危险物质威胁的个人防护设备	符合OSHA法规的个人防护设备
通讯设备	同2级	同3级	同4级	具有可编程的便携式无线电（每个队伍成员1个），手机（每队1部）

表 3-5-4 紧急医疗服务类——救护车突击队分级标准

资源名称	救护车突击队			
首要核心能力	公共卫生、保健和急诊服务			
简要描述	由五辆救护车组成的队，它们是高级生命支持（ALS）或基础生命支持（BLS），具有共同的通信功能，并在单独的指挥车中担任领导。该队伍提供了一个由组织负责指挥和控制的监督部门组成的救护车操作队			
整体功能	由 EMS 人员组成，提供院外紧急医疗护理、疏散和运输服务			
分级情况	4 级			
级别	1 级	2 级	3 级	4 级
队伍最小配员	同 2 级	同 3 级	同 4 级	11
队伍监管人员	同 2 级	同 3 级	同 4 级	1 名 1 级救护车突击队负责人
队伍支持人员	同 2 级	5 名 1 级护理人员，5 名 1 级救护车操作员	同 4 级	5 名 1 级紧急医疗技术员（EMT），5 名 2 级救护车操作员
护理能力水平	同 2 级	ALS	同 4 级	BLS
车辆设备	5 辆 1 级救护车（地面），1 辆指挥车	5 辆 2 级救护车（地面），1 辆指挥车	5 辆 3 级救护车（地面），1 辆指挥车	5 辆 4 级救护车（地面），1 辆指挥车
病人护理设备	不适用	同 3 级，另加高级的呼吸设备、监测和除颤设备、静脉（IV）耗材和溶剂、药物	不适用	基本的呼吸，病人固定装置。自动体外除颤器（AED）。敷料和绷带，患者约束设备
个人防护设备	同 3 级	同 4 级	同 4 级，另加符合任务要求的个人防护设备，包括适用于 B 级危险物质威胁的个人防护设备	符合 OSHA 法规的个人防护装备
通讯设备	同 2 级	同 3 级	同 4 级	短程、便携式对讲机（每个队员 1 个），手机（1 台）

表 3-5-5　紧急医疗服务类——救护车特勤队分级标准

资源名称	救护车特勤队
首要核心能力	公共卫生、保健和急诊服务
整体功能	在单独的指挥车中，由 5 辆不同类别的救护车（ALS 和 BLS）与共同的通讯和一名队长组成的任意组合。此资源类别用于区分救护车工作队和紧急医疗工作队（资源的任何组合）
分级情况	不分级
级别	不分级
能力	能够为各种患者提供临床和运输服务，包括车辆、人员、设备和耗材
经验丰富并积极参与 EMS 患者的护理和运输的员工队伍	EMS 员工（每辆车 2 名）和主管或负责人，在单独的指挥车中。（每 5 辆救护车 1 组）
交通设备	5 辆救护车的任意组合

表 3-5-6　紧急医疗服务类——紧急护理特勤队分级标准

资源名称	紧急护理特勤队
首要核心能力	公共卫生、保健和急诊服务
简要描述	在医院、独立的急诊科或紧急护理诊所等现有医疗机构中提供情况评估、分级、初步诊断、稳定和治疗疾病和伤害；移动医疗单位；或由移动临时医院设置，以增加或替换现有人员或建立新的队伍
整体功能	根据任务、资源和部署设置为患者提供适当的护理；与设施或现有的突发事件指挥系统（ICS）结构协调工作队的分配、护理、活动和患者处置
分级情况	不分级
级别	不分级
队伍最小配员	17
队伍监管人员	1 名 1 级医疗队伍或工作队负责人，1 名 1 级医务人员，1 名 1 级注册护士
队伍支持人员	2 名 2 级医务人员，1 名 3 级医疗干事，6 名 3 级注册护士，1 名 1 级药剂师，4 名 1 级护理人员
操作或诊断设备	患者监护，呼吸和心脏支持，药物，疼痛管理，IV 泵和耗材，紧急复苏设备，加温装置，程序套件或设备，血管通路装置，抽吸装置，即时检验，其他生命维持和应急设备及用品
个人防护设备	防护鞋，皮肤接触防护服，眼睛和听力保护装置，呼吸器，手套，口罩
通讯设备	便携式对讲机，手机（每位成员 1 部）

表 3-5-7 紧急医疗服务类——多用途医疗运输车分级标准

资源名称	多用途医疗运输车		
首要核心能力	公共卫生、保健和急诊服务		
整体功能	能够在大规模疏散期间提供基本的医疗运输服务		
分级情况	3 级		
级别	1 级	2 级	3 级
医疗能力	基础生命支持,在门诊病人的护理和运输方面经验丰富的队伍	基础生命支持,在门诊病人的护理和运输方面经验丰富的队伍	基础生命支持,在门诊病人的护理和运输方面经验丰富的队伍
队伍支持人员	驾驶员（有执照且能够操作车辆）并通过 EMT 认证,特定于特派团或与特派团任务相称的紧急医护人员	驾驶员（有执照且能够操作车辆）并通过 EMT 认证,特定于特派团或与特派团任务相称的紧急医护人员	驾驶员（有执照且能够操作车辆）并通过 EMT 认证,特定于特派团或与特派团任务相称的紧急医护人员
病人运输能力	受气候影响,至少 10 位就诊患者和 1 个轮式救护床	受气候影响,至少 10 位就诊患者	受气候影响,至少 6 位就诊患者
病人护理设备	同 2 级	同 3 级	压缩氧气,符合任务分配、符合 OSHA 1910.134 和 1910.1030 要求的 PPE 的最少设备和用品

表 3-5-8 紧急医疗服务类——固定翼救护飞机（重症监护运输）分级标准

资源名称	固定翼救护飞机（重症监护运输）		
首要核心能力	公共卫生、保健和急诊服务		
简要描述	一种单一资源,包括单引擎或双引擎、喷气或螺旋桨飞机、飞行员和机组人员。此资源可在医院之间快速运送重症监护患者		
整体功能	通过固定翼飞机从一个医疗机构向另一个医疗机构为患者提供运输、疏散和紧急医疗服务		
分级情况	3 级		
级别	1 级	2 级	3 级
队伍最小配员	8	5	3
队伍监管人员	同 2 级	同 3 级	1 名 2 级航空医疗运输负责人

续表

队伍支持人员	同2级，另加1名2级注册护士，1级航空医学运输护理人员或1、2或3级航空医学运输负责人	同3级，另加1名飞行员，1名2级注册护士，1级航空医疗运输护理人员或1、2或3级航空医疗运输负责人	1名飞行员，1名2级注册护士，1级航空医疗运输护理人员或1、2或3级航空医疗运输负责人
病人运输能力	3名担架病人或摇篮	2名担架病人或摇篮	1名担架病人
病人护理设备	同2级	同3级	重症监护用品和设备，机载功率逆变器，能够转换飞机电流以用于专用医疗设备（例如主动脉内球囊泵或新生儿胰岛）
个人防护设备	同2级	同3级	防护鞋，防护服，手套，口罩，呼吸器，听力保护器

表3-5-9 紧急医疗服务类——旋转翼救护飞机（重症监护运输）分级标准

资源名称	旋转翼救护飞机（重症监护运输）	
首要核心能力	公共卫生、保健和急诊服务	
简要描述	直升机资源，可为重症患者提供医疗监护并将患者从现场、既定的接送地点快速运送到医疗设施	
整体功能	通过旋翼飞机从现场、既定的接载地点到医疗设施的过程中，为患者提供重症监护、疏散和运输服务	
分级情况	2级	
级别	1级	2级
队伍最小配员	5	3
队伍监管人员	同2级	1名2级航空医疗运输官
队伍支持人员	同2级，另加1名飞行员，1名2级注册护士，1级航空医疗运输护理人员或1、2或3型航空医疗运输官员	1名飞行员，1名2级注册护士，1级航空医疗运输护理人员或1、2或3型航空医疗运输官员
病人运输能力	2名担架病人	1名担架病人
病人护理设备	同2级	重症监护、高级生命支持（ALS）和基础生命支持（BLS）相关的耗材和设备，机载功率逆变器，能够转换飞机电流以用于专用医疗设备（例如主动脉内球囊泵岛）
个人防护设备	同2级	防护鞋，防护服，手套，口罩，呼吸器，听力保护器

表 3-5-10 紧急医疗服务类——紧急医疗服务特勤队分级标准

资源名称	紧急医疗服务特勤队		
首要核心能力	公共卫生、保健和急诊服务		
简要描述	是一个用于执行常规医疗任务的紧急医疗服务队伍资源,与支持的医疗资源进行交互		
整体功能	利用一系列的车辆、人员、设备,为重症患者在内的广大患者提供一系列紧急医疗服务,例如病情评估、治疗和病人转运;在能力范围内提供紧急医疗服务,例如:大规模集会等		
分级情况	3级		
级别	1级	2级	3级
队伍最小配员	29	25	11
队伍监管人员	同3级,另加1名1级EMS医务人员,1名1级EMS操作官	同3级,另加1名2级EMS医疗主任,1名2级EMS操作官	1名1级EMS工作组队长
队伍支持人员	同2级,另加2名2级注册护士	同3级,另加5名1级护理人员,5名1型救护车操作员,1名1级EMS后勤干事,1名1级通信部门负责人	2名1级紧急医疗技术员(EMT),2名2级救护车操作员,3名1级护理人员,3名1型救护车操作员
EMS能力	同2级,另加重症监护能力	同3级,另加指挥与后勤能力	ALS和BLS
交通设备	同2级	同3级,另加5辆救护车,1辆物流车,1辆指挥车	5辆救护车,1辆指挥车
急诊设备	同2级	同3级	符合任务要求的、包括药品在内的各种物资
个人防护设备	同2级	同3级	手套,防护服,防护鞋
通讯设备	同2级	同3级	短程、便携式对讲机(每个队伍成员1个),手机(1台)

3.6 应急资源分类分级标准——消防及危化品类

消防及危化品类该类下共有17类资源。主要负责执行任务时的通讯,发生火灾和其他紧急情况下提供消防管理和灭火支持以及处理与危化品相关的突发事件。

消防及危化品类二级资源分类名称及分级情况见图3-6-1。共分17类资源,其中空中消防设备分4级(详见表3-6-1),消防区域指挥中心不分级(详见表3-6-2),消防巡逻(Ⅵ型发动机)分6级(详见表3-6-3),消防员运输车分3级(详见表3-6-4),消防发动机(泵)分5级(详见表3-6-5),消防船分3级(详见表3-6-6),泡沫运输车

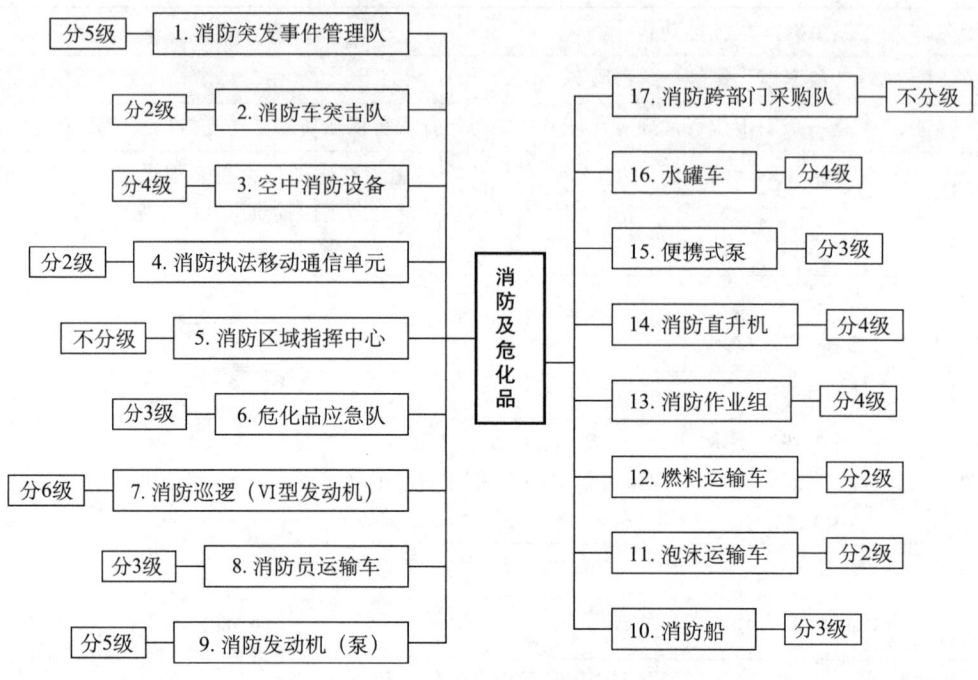

图3-6-1 消防及危化品类资源分级

分2级（详见表3-6-7），燃料运输车分2级（详见表3-6-8），消防作业组分4级（详见表3-6-9），消防直升机分4级（详见表3-6-10），消防突发事件管理队分5级（详见表3-6-11），消防跨部门采购队不分级（详见表3-6-12），消防执法移动通信单元分2级（详见表3-6-13），便携式泵分3级（详见表3-6-14），消防车突击队分2级（详见表3-6-15），水罐车分4级（详见表3-6-16），危化品应急队分3级（详见表3-6-17）。

表3-6-1 消防及危化品类——空中消防设备分级标准

资源名称	空中消防设备			
首要核心能力	消防管理与灭火			
简要描述	配备有空中梯子或高架平台的专业消防装置			
整体功能	提供更高的水流能力和/或工作平台，从中可以执行救援或其他与消防有关的任务			
分级情况	4级			
级别	1级	2级	3级	4级
设备满足NFPA标准	同4级	同4级	同4级	1901

航空设备	同2级	76~100英尺或更高的高空作业平台或直梯	同4级	55~75英尺的高空作业平台或直梯
泵设备	750~1250GPM	无泵设备	750~1250GPM	无泵设备
地面梯子设备	同4级	同4级	同4级	115英尺
每个设备的人员编制	同4级	同4级	同4级	4名人员：1名4级消防官，1名1级消防设备驱动器或操作员，2名2级消防员

表3-6-2 消防及危化品类——消防区域指挥中心分级标准

资源名称	消防区域指挥中心
首要核心能力	消防管理与灭火
分级情况	不分级
级别	不分级
（ACDR）	是
区域指挥官计划助理（ACPC）	是
区域司令部物流助理（ACLC）	是
区域命令航空协调员（ACAC）	是

表3-6-3 突发事件管理类——消防巡逻（Ⅵ型发动机）分级标准

资源名称	消防巡逻（Ⅵ型发动机）					
首要核心能力	消防管理与灭火					
分级情况	6级					
级别	1级	2级	3级	4级	5级	6级
泵设备	不适用	不适用	不适用	不适用	不适用	15GPM
软管设备	不适用	不适用	不适用	不适用	不适用	1英寸，150英尺
罐设备	不适用	不适用	不适用	不适用	不适用	75加仑
人员数量	不适用	不适用	不适用	不适用	不适用	1

表3-6-4 消防及危化品类——消防员运输车分级标准

资源名称	消防员运输车		
首要核心能力	消防管理与灭火		
分级情况	3级		
级别	1级	2级	3级
乘员	30	20	10

表3-6-5 消防及危化品类——消防发动机（泵）分级标准

资源名称	消防发动机（泵）				
首要核心能力	消防管理与灭火				
分级情况	5级				
级别	1级	2级	3级	4级	5级
泵容量	1000GPM	500GPM	120GPM	70GPM	50GPM
罐容量	400加仑	400加仑	500加仑	750加仑	500加仑
2.5英寸软管	1200英尺	1000英尺	无特殊要求	无特殊要求	无特殊要求
1.5英寸软管	400英尺	500英尺	1000英尺	300英尺	300英尺
1英寸软管	200英尺	300英尺	800英尺	300英尺	300英尺
人员	4	3	3	2	2

表3-6-6 消防及危化品类——消防船分级标准

资源名称	消防船		
首要核心能力	消防管理与灭火		
分级情况	3级		
级别	1级	2级	3级
泵容量（GPM）	5000	1000	250

表3-6-7 消防及危化品类——泡沫运输车分级标准

资源名称	泡沫运输车	
首要核心能力	消防管理与灭火	
分级情况	2级	
级别	1级	2级
B级泡沫	500加仑	250加仑

表 3-6-8 消防及危化品类——燃料运输车分级标准

资源名称	燃料运输车（汽油、柴油、航空汽油，又名气罐车）	
首要核心能力	消防管理与灭火	
分级情况	2 级	
级别	1 级	2 级
燃料供给	1000 gal	100 gal

表 3-6-9 消防及危化品类——消防作业组分级标准

资源名称	消防作业组			
首要核心能力	消防管理与灭火			
分级情况	4 级			
级别	1 级	2 级	3 级	4 级
人员火线能力	初始响应任务；可以分解为小队，防火线构筑，复杂的灭火行动（逆火）	初始响应任务；可以分解为小队，防火线构筑，包括燃尽物的灭火	初始响应任务；防火线构筑，包括燃尽物的灭火	防火线构筑，防火线改进、清扫和修复
人员数量	18~20	18~20	18~20	18~20
人员经历	80%的一次灾季或更多	60%的一次灾季或更多	40%的一次灾季或更多	20%的一次灾季或更多
全职人员	是	否	否	否

表 3-6-10 消防及危化品类——消防直升机分级标准

资源名称	消防直升机			
首要核心能力	消防管理与灭火			
分级情况	4 级			
级别	1 级	2 级	3 级	4 级
包括飞行员的座位数量	16	10	5	3
仪器重量容量	5000 磅	2500 磅	1200 磅	600 磅
燃料（加仑）	700	300	100	75
直升机举例	Bell 214	Bell 205	Bell 206	Bell 47

表 3-6-11 消防及危化品类——消防突发事件管理队分级标准

资源名称	消防突发事件管理队				
首要核心能力	消防管理与灭火				
分级情况	5级				
级别	1级	2级	3级	4级	5级
队伍监管人员	同2级	同3级	同4级	同5级	突发事件指挥官（ICT1-5）
队伍支持人员	同2级，另加4名部门或组主管，1名航空操作处处长，1名航空支援队主管，1名空中战术组主管，1名情况负责人，2名资源部门负责人，1名火灾行为分析师，1名通讯队长，1名供应单位主管，1名设施主管，1名地面支援队队长，1名时间单位负责人，1名赔偿或索赔部门负责人，1名采购主管	同3级，另加2名行动部门主管，1名规划部门主管，1名后勤部门主管，1名财务或行政部门主管	1名安全主任，1名信息主管	无特殊要求	无特殊要求

表 3-6-12 消防及危化品类——消防跨部门采购队分级标准

资源名称	消防跨部门采购队
首要核心能力	消防管理与灭火
分级情况	不分级
级别	不分级
人员	6人队伍，由队长，4位成员和1个实习职位组成
人员培训（推荐）	（1）I-200，基本突发事件指挥系统（12个课时） （2）S-260，突发事件命令业务管理（自学） （3）D-110，调度记录器（16个课时） （4）J-252，订购经理 （5）J-253，接收和分发 （6）国家机构间采购队伍指南（自学）或研讨会 （7）在职培训 （8）购卡和便利检查培训 （9）采购单位负责人培训（S-360单位负责人）
设备采购资源	Internet/Intranet 网站、参考资料、耗材、表格、日志表样本

表 3-6-13 消防及危化品类——消防执法移动通信单元分级标准

资源名称	消防执法移动通信单元（法律或消防）	
首要核心能力	操作通讯	
分级情况	2级	
级别	1级	2级
控制台或工作站	2	2
频率	多范围	多范围
电力来源	内部	内部
电话系统	6卡车或16扩展	无特殊要求
人员	2	2

表 3-6-14 消防及危化品类——便携式泵分级标准

资源名称	便携式泵		
首要核心能力	消防管理与灭火		
分级情况	3级		
级别	1级	2级	3级
泵容量（GPM）	500	250	50

表 3-6-15 消防及危化品类——消防车突击队分级标准

资源名称	消防车突击队	
首要核心能力	消防管理与灭火	
分级情况	2级	
级别	1级	2级
队伍最小配员	同2级	11
队伍监管人员	同2级	1名2级消防负责人或突击队负责人
队伍支持人员	1名1级消防（结构），1名1级消防设备操作员	1名2级消防员，1名1级消防设备操作员
车辆消防能力	符合国家消防协会（NFPA）1901的1级泵消防设备；汽车消防设备标准	符合NFPA 1901的2级泵式消防设备；汽车消防设备标准

表 3-6-16 消防及危化品类——水罐车分级标准

资源名称	水罐车
首要核心能力	消防管理与灭火

续表

分级情况	4级			
级别	1级	2级	3级	4级
水容量	2000加仑	1000加仑	1000加仑	2000加仑
泵容量（GPM）	5000磅	2500磅	1200磅	600磅

表 3-6-17 消防及危化品类——危化品应急队分级标准

资源名称	危化品应急队		
首要核心能力	环境响应或健康与安全		
简要描述	负责对危险品突发事件进行响应，包括涉及大规模毁灭性武器的突发事件		
整体功能	检测危险品和毁灭性武器的存在并识别其相关的化学和物理性质；确定并建立控制区；通过中和、堵塞和修补等干预措施，遏制并减轻固体、液体、气体和蒸汽的泄漏；使用标准协议收集并标记物质和证据，以准备运输；解释辐射探测设备的读数并进行地理调查以寻找可疑的污染或放射源；采取措施限制接触并控制污染扩散；进行与危险品和毁灭性武器有关的研究，以为突发事件行动计划（IAP）做出贡献；开发预测模型以告知保护措施并支持IAP		
分级情况	3级		
级别	1级	2级	3级
队伍最小配员	8	8	8
队伍监管人员	同2级	同3级	1名有害物质技术员
队伍支持人员	同2级	同3级	7名有害物质技术员
队伍能力	所有危险，包括毁灭性武器	未知和已知化学品	已知化学品
现场鉴别测试和公共安全检查能力	同2级，且能使用专门的检测设备应对未知或可疑的大规模杀伤性武器材料和物质	同3级，且能使用多种先进的化学和放射学检测设备对未知物质进行识别和分级	能够使用多种来源进行已知化学物质的推测性测试、鉴定和分级，以识别相关的化学和物理性质
气体监测能力	同2级，且具备先进的检测和监视功能，包括使用毁灭性武器检测仪器的能力	同3级，且能使用先进的检测设备检测已知或未知气体或蒸汽的存在；能够操作复杂的仪器，进行先进的检测和监视功能，可以区分两种或多种危险蒸汽，并且可以通过名称识别出特定的危险或有毒蒸汽	使用设备检测已知气体或蒸汽的能力，包括监测缺氧率、易燃气体爆炸下限（LEL）、一氧化碳和硫化氢

续表

采样能力	同2级,且能够使用可能需要的特殊资源来收集空气样本和处理生物材料	同3级,且能够按照标准收集和产销监管链协议,对未知的有毒工业化学品或有毒工业材料(液体和固体)进行采样、收集、包装、标记和准备运输;能够收集、处理和跟踪用作证据的样本	根据已建立的协议,能够使用已知的有毒工业化学品或有毒工业材料执行以下活动:标准采样,收集,容器化,贴标签以及运输和分配准备,包括用于实验室分析的标准环境采样程序
物质检测和监控设备	同2级,另加先进的测试仪器,例如气相色谱仪和质谱仪;用于周边空气监测的高级直接读取仪器,例如表面声波(SAW)或纳米技术设备;先进的放射学检测仪器,例如X射线和中子检测监测仪以及同位素鉴定仪器	同3级,另加中间测试设备,例如傅立叶变换红外(FTIR)光谱仪或拉曼光谱仪;中度挥发性有机化合物(VOC)仪器,最小灵敏度为十亿分之一(ppb);中间放射学检测仪器,例如具有调查能力的阿尔法辐射检测仪	用于测试化学物质以识别化学和物理性质的工具,包括:基本测试设备和用品,例如化学测试套件和测试条;直读仪器,例如至少包括O_2,LEL,H_2S和CO感应功能的多气表;光电离检测器(PID),最低灵敏度为百万分之一(ppm);放射学检测仪器,例如贝塔和伽马射线检测仪和调查监测仪;印刷和电子参考资料;安全数据表;个人剂量计(针对每个队伍成员)
辐射监测能力	同2级,且能识别和建立禁区;能够识别某些但不是全部放射性核素的能力,包括中子探测;进行环境和人员调查的能力;拥有累积的自读剂量(每个调查队队员)	同3级,且能够检测和调查α、β和γ辐射	能够准确解释来自β和γ射线检测设备的读数;具有对可疑放射源或污染扩散进行地理调查的能力
个人防护设备	同2级	同3级,另加蒸汽防护化学防护服(CPC),闪火蒸汽防护CPC,WMD兼容CPC	完整的CPC集成,包括:套装(密封或非密封连身裤,多件;规格取决于所需的防护等级)、靴子、手套、液体飞溅防护、自给式呼吸器(SCBA)或其他适当的呼吸保护装置

续表

技术参考能力	同 2 级，另加访问 WMD 参考资料、数据库或后备帮助	同 3 级，且至少可以使用技术参考资料或外包的后备支持功能，以及至少一种具有地图叠加功能的空中建模资源	能够访问和使用各种数据库、化学物质数据存储库、其他准则和安全数据表（印刷或电子版）、独立的计算机程序以及可通过电信获得的数据；能够解释从电子设备和化学测试程序收集的数据并选择响应选项
突发事件干预能力	同 2 级，且能够介入和限制或控制涉及毁灭性武器的突发事件	同 3 级，且能够使用化学手段（例如中和已知和未知化学物质的封装）以及机械手段（气动和标准修补系统）	能够使用机械手段进行干预和产品控制，以及使用环境手段；使用各种手动工具
通讯设备	同 2 级，另加卫星数据和语音服务；GPS 追踪与测绘	同 3 级，另加无线数据通信，2 台笔记本电脑，远程光学设备，便携式气象站	便携式对讲机，2 部智能手机，笔记本电脑，彩色打印机
消毒能力	同 2 级	同 3 级	能够满足所有队伍消毒需求
消毒设备	同 2 级	同 3 级	与任务分配相对应的用于消毒的用品和设备的范围

3.7 应急资源分类分级标准——通信类

通信类包括 2 类队伍资源，负责在受灾地区提供和维护无线电通讯的可操作和互操作性，以支持突发事件中的紧急通讯，负责执行与网络相关的任务，包括突发事件中的事件指挥和协调组织工作。

通信类资源二级资源分类名称及分级情况见图 3-7-1。共分 2 类资源，其中陆地流动无线电支援队分 4 级（详见表 3-7-1），虚拟运营支持队分 4 级（详见表 3-7-2）。

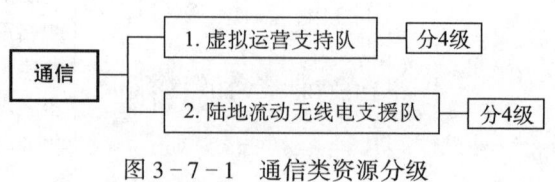

图 3-7-1 通信类资源分级

表 3-7-1 通信类——陆地移动无线电支持队分级标准

资源名称	陆地移动无线电支持队			
首要核心能力	操作通讯			
简要描述	通过在突发事件区域提供和维护可互操作的无线电通信来支持灾时的应急通信			
整体功能	(1) 从技术和操作角度支持突发事件中的通信需求； (2) 根突发事件在突发事件时组成符合资源需求的多学科复合型队伍			
分级情况	4级			
级别	1级	2级	3级	4级
队伍最小配员	13	8	4	1
队伍监管人员	1名1级通信部门负责人（COML）	1名2级COML	1名3级COML	无特殊要求
队伍支持人员	同2级，另加1名2级COML，4名2级通讯技术人员（COMT）	同3级，另加1名3级COML，3名2级COMT	同4级，另加2名3级COMT	1名3级COMT
陆地移动无线电和野外作业能力	同2级，另加广域覆盖的多站点系统	同3级，另加单站点系统，中继器，现场更换，移动天线结构	同4级，另加移动可互操作的网关和命令站	无线电缓存
功能性任务	提供额外的覆盖范围、容量和功能；或添加、修复或替换多个站点以覆盖周边或更大范围	提供单站点通信系统；或添加、修复或还原系统基站，包括移动天线结构	提供可以在多个系统之间汇聚、连接和创建互操作性的移动通信中心或通信拖车	添加供特派团人员使用的个人通信设备
电子设备	同2级，另加：全功能的无线双向语音或数据网络的设备；中继系统、具有模拟数字功能的多站点中继器系统以及其他广域无线网络	同3级，另加用于建立单站点直放站接入点的设备，移动天线农场的建设以及现有无线双向通信设备的更换	同4级，另加支持现有通信系统的设备，包括车载网关和补丁软件	能够支持突发事件和资源请求者的设备；其中可能包括小型（最多25个），中型（25至100个）或大型（100~250个）无线电广播
个人防护设备	同2级	同3级	同4级	安全帽，反光背心，手套，防护服，防护鞋
通讯设备	同2级	同3级	同4级	无线电，手机

表 3-7-2 通信类——虚拟运营支持队分级标准

资源名称	虚拟运营支持队（VOST）			
首要核心能力	操作通讯			
简要描述	监控、扩大、过滤和开发突发事件响应指挥和协作组织使用的基于 Web 的通信平台			
整体功能	完成相关部门的要求；评估社区在突发事件期间在什么平台上、以哪种方式在线共享信息；监督社交媒体和新闻机构网站上的公共信息，跟踪突发事件中的社区情绪和公共舆情；应相关部门的要求扩大或传播公共信息；过滤一些线上的内容并做出"侦听报告"；根据应急部门的要求，开发基于网络的平台			
分级情况	4级			
级别	1级	2级	3级	4级
队伍最小配员	17	12	6	3
队伍监管人员	同2级	同3级，另加1名VOST管理者	同4级	1名VOST管理者
队伍支持人员	同2级，另加5名VOST成员	同3级，另加5名VOST成员	同4级，另加3名VOST成员	2名VOST成员
信息收集能力	平台开发并进行平台管理	特定地理位置的功能；在基于Web的平台上创建和传播消息	扩大官方消息；跨平台活动	对多个主流平台进行社会监控；舆情趋势分析
通讯工具	同2级，另加5台电脑，5部手机	同3级，另加6台电脑，6部手机	同4级，另加3台电脑，3部手机	3台电脑，3部手机，评估范围内的主流平台在线账户信息

3.8 应急资源分类分级标准——执法行动类

执法行动类包括执法巡逻直升机、固定翼执法观察飞机、公共安全潜水队、水上反应队、爆炸反应队、巡逻队、危机谈判队、机动野战部队、特种武器和战术队9类资源，可在海陆空三领域提供突发事件现场保护。

执法行动类二级资源分类名称及分级情况见图3-8-1。共分了9类资源，其中执法巡逻直升机分4级（详见表3-8-1），固定翼执法观察飞机分2级（详见表3-8-2），公共安全潜水队分4级（详见表3-8-3），巡逻队分4级（详见表3-8-4），爆炸反应队分3级（详见表3-8-5），水上反应队分5级（详见表3-8-6），危机谈判队分2级（详见表3-8-7），机动野战部队分2级（详见表3-8-8），特种武器和战术队分3级（详见表3-8-9）。

第三章　美国应急资源分类分级标准

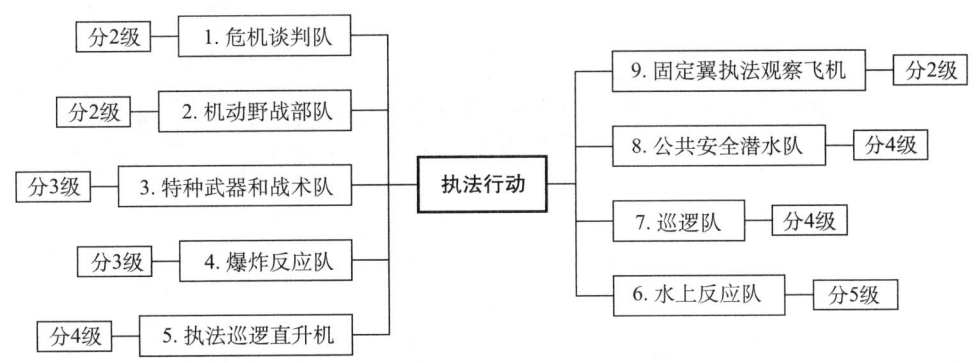

图 3-8-1　执法行动类资源分级

表 3-8-1　执法行动类——执法巡逻直升机分级标准

资源名称	执法巡逻直升机			
首要核心能力	现场安全、保护和执法			
分级情况	4级			
级别	1级	2级	3级	4级
直升机	包括飞行员在内的4个或更多座位；12000英尺或更低，已认证的飞机，喷气涡轮	同1级，另加军事盈余装备	同2级，另加2个或更多座位，包括飞行员；已认证的飞机或军事盈余装备；已认证的涡轮；或往复式发动机	同2级，另加2个或更多座位，包括飞行员；已认证的飞机或军事盈余装备；已认证的涡轮；或往复式发动机；固定式或充气式浮选装置
飞机能力	VFR	同1级	同1级	同1级
无线电设备	可编程或加密无线电（航空（2）和执法（3或更小）	VHF 或 UHF 功能；警用广播	同2级	同2级
导航设备	全球定位系统，夜视镜	无特殊要求	无特殊要求	无特殊要求
视觉辅助设备	FLIR 红外热像仪	同1级	同1级	同1级
望远镜设备	望远镜，微波下行链路视频功能	望远镜，微波下行视频功能	望远镜	望远镜
个人防护设备	头盔；飞行服；手套；皮靴（机组人员必选，其他乘员可选）	同1级	同1级	同1级
飞行员需求	商业或更高级别，旋翼或直升机，具有Ⅰ级医疗的飞行员执照，具有前TFO经验，部队经验	同1级，另加2级医疗	同2级	同2级

续表

TFO 需求	完整的单元级培训计划,至少巡逻 2 年,具有出色的野战战术能力;具有 A&P/IA 许可证的全职维护员工	同 1 级,与类别 I 相同的维护员工,但不需要 I/A	同 2 级,但维护人员可能是兼职人员或合同工	无特殊要求
飞行员培训	每 6 个月进行一次货币培训,包括所有紧急程序以及符合 FAA 许可要求的所有内容	同 1 级	同 2 级	同 2 级,另加海洋飞行证书
TFO 培训	TFO——单位级别的培训和执法 AOT;维护员工——保持每年一次的 I/A 许可证	TFO——单位级别的培训和执法 AOT	同 2 级	同 2 级

表 3-8-2 执法行动类——固定翼执法观察飞机分级标准

资源名称	固定翼执法观察飞机	
首要核心能力	现场安全、保护和执法	
分级情况	2 级	
级别	1 级	2 级
固定翼飞机	观察机	低空慢速观察机
飞机容量	2 名携带物品(物品规格不得超过飞机的设计规格)的乘员	同 1 级
飞行服	合适的个人防护设备	同 1 级
视频或电子设备	微波下行视频;FLIR	无特殊要求
无线电设备	VHF 收音机;警用广播	同 1 级
飞行员要求	商业或更高级别的飞行员,ASEL,具有 I 级或 II 级医疗的飞行员执照,全职	同 1 级
TFO 要求	完成单位级别的培训计划,对执法人员进行培训	同 1 级
飞行员培训	商业飞行员认证或更高(仪器评级),每 6 个月更新一次。具有紧急程序并符合所有 FAA 许可要求;目前的医疗飞行回顾(FAA)	同 1 级
TFO 培训	单元级别的培训	同 1 级

表 3-8-3 执法行动类——公共安全潜水队分级标准

资源名称	公共安全潜水队			
首要核心能力	现场安全、保护和执法			
简要描述	从事水下作业，包括搜查、找回证据和遗体			
整体功能	水下搜索、定位、识别和检索物体，包括遗体和证据；帮助找到并追回溺水受害者、被遗弃的车辆和刑事案件中的证据（如果经过适当培训）；为特别活动提供安全潜水员；能够协助水上搜救队			
分级情况	4 级			
级别	1 级	2 级	3 级	4 级
队伍最小配员	同 2 级	同 3 级	9	6
队伍监管人员	1 名 1 级潜水队长	同 3 级	同 4 级	1 名 2 级潜水队长
队伍支持人员	4 名 1 级潜水员，2 名 1 级招标人员，1 名 1 级护理人员或 EMT，1 名潜水队助理安全主任	4 名 2 级潜水员，2 名 2 级招标人员，1 名 1 级护理人员或 EMT，1 名潜水队助理安全主任	4 名 3 级潜水员，2 名 2 级招标人员，1 名 1 级护理人员或 EMT，1 名潜水队助理安全主任	4 名 4 级潜水员，2 名 2 级招标人员，1 名 1 级护理人员或 EMT，1 名潜水队助理安全主任
潜水深度能力	潜水深度超过 130 英尺	潜水深度达 130 英尺	潜水深度达 100 英尺	潜水深度达 60 英尺
技术能力	同 2 级，且能够进行专业潜水，冰潜	同 3 级，总起重量为 4000 磅（包括大型车辆）；能够使用水下金属探测器；能够执行网格搜索；能够使用侧扫声纳设备；能够执行基于船的搜索模式	同 4 级，且能够进行证据标记和恢复；总起重量为 2000 磅。（包括小型车辆和重物）；能够绘制水底地面；能够记录水下场景	额能够执行基本的搜索模式；能够与系留潜水员一起操作；能够进行受害者救援和复健；能够在黑暗的水环境中操作
队伍潜水设备	同 2 级	同 3 级，另加带潜水通讯的全面罩，疏通设备，面罩照明系统	同 4 级，另加用于将提包固定在物体上的齿轮，地面或声纳测绘设备，摄录机	潜水旗，各种浮标，各种绳子和袋子，证据容器，GPS 跟踪或标记设备，空气压缩机，基本急救箱，固定桅杆，尸体袋，网状收集袋，水下照明系统，所有人员的个人漂浮设备

续表

个人潜水设备	同2级，另加用于特殊潜水条件的设备，例如：适用于危险品环境的潜水服和全面罩，在危险品环境中潜水的检测和监测设备，循环呼吸器，冰服	同3级，另加全面罩，面罩照明	同4级，另加干衣物	潜水衣，潜水装备，适合水下深度的额外气源，浮力补偿装置（BCD），潜水调节器，配重带的重量，面罩，适合潜水条件的手套，鳍，浮潜，潜水靴，切割装置，计时装置，口哨或表面发出噪音的装置
个人防护设备	同2级	同3级	同4级	救生圈，头盔，防护手套，防护鞋
通讯设备	同2级	同3级	同4级，另加有线或基于无线电的"潜水员到地面"和"潜水员到潜水员"通信设备	4台短程手持便携式对讲机，4部手机或卫星电话
交通设备	同2级，另加1辆支持车辆	同3级，另加1辆支持车辆，1艘用于船基搜索模式和运输的船	同4级	1辆支持车辆

表3-8-4 执法行动类——巡逻队分级标准

资源名称	巡逻队			
首要核心能力	现场安全、保护和执法			
简要描述	提供巡逻职能以促进公共安全			
整体功能	预防、发现和制止犯罪活动，提供执法协助，回应服务电话，促进交通安全，促进和平与内部秩序，逮捕违规者，运输囚犯			
分级情况	4级			
级别	1级	2级	3级	4级
队伍最小配员	86	57	28	12
队伍监管人员	同2级，另加2名1级巡逻队主管	同3级，另加2名1级巡逻队主管	同4级，另加2名1级巡逻队队长，1名1级巡逻队主管	1名1级巡逻队主管

队伍支持人员	同2级，另加22名1级巡逻队成员，2名物流专家，2名支持人员，1名规划专员	同3级，另加22名1级巡逻队成员，2名物流专家，2名支持人员，1名规划专员	同4级，另加11名1级巡逻队成员，1名物流专家，1名规划专员	11名1级巡逻队成员
武器系统设备	同2级	同3级	同4级，另加战术装备	头盔，有水平用弹道板的二级防弹衣，防护手套，全脸空气净化呼吸器（APR），反光背心，护眼仪器，防护靴，护耳仪器，战术医疗用品，包括止血带和凝结绷带
通讯设备	同2级，另加29台外短程便携式对讲机，29部手机	同3级，另加29台外短程便携式对讲机，29部手机	同4级，另加16台外短程便携式对讲机，16部手机	12台外短程便携式对讲机，12部手机
交通设备	同2级，另加10辆巡逻车，4辆多功能车	同3级，另加14辆巡逻车	同4级，另加5辆巡逻车，3辆多功能车	6辆巡逻车

表3-8-5 执法行动类——爆炸反应队分级标准

资源名称	爆炸反应队		
首要核心能力	阻截与干扰		
简要描述	调查可疑物品，并提供安全的危险设备		
整体功能	调查，提供安全并处置可疑的危险装置、爆炸物、爆炸性材料、烟火和弹药；与其他地方、州和联邦合作伙伴协调调查；进行炸弹犯罪现场调查；收集并保存证据；为特殊行动，尊严保护和特殊突发事件提供技术支持		
分级情况	3级		
级别	1级	2级	3级
队伍最小配员	同2级	同3级	2
管理、操作和支持人员	同2级	同3级	2名1级炸弹专家
检测和诊断设备	同2级	同3级	1套便携式X射线系统，1台辐射探测器

续表

通讯设备	同2级	同3级	1台便携式对讲机，1台无线设备
访问和拆除设备	同2级，另加1台一般服务炸弹反应机器人	同3级	1组索具套件，1套手动工具
处置设备	同2级，另加1台毁坏机	同3级	1台毁坏机，1套拆卸工具
个人防护设备	2套与自给式呼吸器（SCBA）兼容的全覆盖炸弹服	1套全覆盖炸弹服	无特殊要求
交通设备	同2级	1辆车	无特殊要求

表3-8-6 执法行动类——水上反应队分级标准

资源名称	水上反应队				
首要核心能力	现场安全、保护和执法				
简要描述	一种海上安全和响应资产，用于为位于水上或附近的港口、船只、设施和关键基础设施提供安全和保护				
整体功能	执行关键的响应功能，例如救生援助和快速影响评估；保护并控制灾难和严重突发事件现场以及受大规模毁灭性武器（WMD）影响的区域；为高风险的海上战术行动提供水上保护；进行搜索、救援和恢复				
分级情况	5级				
级别	1级	2级	3级	4级	5级
队伍最小配员	4	3	2	2	1
队伍监管人员	同2级	同3级	同4级	同5级	1名操作员（LE）
队伍支持人员	同2级，另加1名船员（LE）	同3级，另加1名船员（LE）	同4级	1名船员（LE）	无特殊要求
操作设备	1艘船：长度超过30英尺，带有2台发动机，能够在高达8英尺的海中航行，风速为40节，速度超过25节	1艘船：长度超过20英尺，带有2台发动机，能够在最大4英尺的海中运行，风速为30节，速度超过25节	1艘船：适用于18英寸或以上的水中	1艘船：适用于18英寸或以下的水中	1艘船：适用于特殊条件下的操作

续表

照明和警告设备	同2级	同3级，另加1台蓝灯，1台警笛	同4级	同5级，另加1台聚光灯	1个手电筒，1台发声装置，导航灯（如果在夜间运行）
拖曳设备	同2级	同3级	拖曳绳	无特殊要求	无特殊要求
船舶保护设备	同2级	同3级	同4级	2个挡泥板	无特殊要求
个人防护设备	同2级	同3级	同4级	同5级	个人漂浮装置（PFD），在水温低于60℃的环境下工作时，要穿着防毒连体工作服或防寒服
安全设备	同2级	同3级	同4级	同5级	视觉困扰信号，灭火器，适当的安全设备
导航设备	同2级	同3级	同4级	1台GPS	无特殊要求
通讯设备	同2级	同3级	同4级，另加1台VHF-FM海上广播	同5级	1部手持对讲机
人员保护（武器）设备	同2级	1把步枪（0.223口径或更大）	无特殊要求	无特殊要求	无特殊要求
电子航道监视设备	一台雷达	无特殊要求	无特殊要求	无特殊要求	无特殊要求
急救设备	同2级	同3级	同4级	同5级	基本急救箱

表3-8-7 执法行动类——危机谈判队分级标准

资源名称	危机谈判队
首要核心能力	现场安全、保护和执法
简要描述	由与积极参与犯罪、家庭或精神健康突发事件的个人或一群人进行谈判的个人组成
整体功能	使用口头危机管理技术，避免可能威胁生命的情况；应对涉及自杀、武装或路障、情绪不佳和劫持人质的突发事件；挽救生命并减轻危机突发事件，同时努力避免对管理者、公民、受害者和主体造成不必要的风险
分级情况	2级

续表

级别	1级	2级
队伍最小配员	6	3
队伍监管人员	同2级	1名1级危机谈判队队长
队伍支持人员	同2级,另加1名情报官,1名记录器,1名执法设备专家	2名1级危机谈判队谈判员
操作设备	同2级,另加视频功能	必要武器和弹药,战术电话,录音设备,笔记本电脑
个人防护设备	同2级	部门批准的防弹衣,用于防弹衣的防弹金属或陶瓷插件,防弹头盔
通讯设备	同2级	适当的队伍通讯,例如对讲机、手机或卫星电话
交通设备	同2级,另加1辆部门签发的谈判行动中心的车辆	1辆部门签发的车辆

表3-8-8　执法行动类——机动野战部队分级标准

资源名称	机动野战部队	
首要核心能力	现场安全、保护和执法	
简要描述	一支机动部队,能够为各种警务职能和任务提供快速有效的排或小队规模的战术部队	
整体功能	提供人群管理和人群控制,包括:严密巡逻、区域搜索、周边控制、交通管制站人员配备、关键设施的安全、示威者护送、保护性前线编队;维护秩序与和平;逮捕违反法律的人;促进交通安全并执行车辆和交通法规;提供以下支持:各级风险和突发事件、自然灾害、火灾、恐怖突发事件、犯罪现场防护	
分级情况	2级	
级别	1级	2级
队伍最小配员	57	27
队伍监管人员	同2级,另加1名1级机动野战部队主管	1名1级机动野战部队队长,2名1级移动野战部队主管
队伍支持人员	同2级,另加25名1级机动野战队成员,1名物流专家	23名1级机动野战队成员,1名物流专家

续表

个人防护设备	同2级	相关部门批准的制服，防暴或防弹头盔，护眼装备，护耳装备，带防弹板的防弹衣，反光背心，防弹盾，N95防护口罩，防护手套，防护靴，手电筒，全脸空气净化呼吸器（APR），必需武器，必需安全带，弹药，警棍，束缚设备（如手铐），战术医疗用品（包括止血带和止血绷带）
额外设备	同2级	可拍摄静止图像和视频的相机；扩音器
通讯设备	同2级，另加30台短程便携式对讲机，30部手机	27台短程便携式对讲机，27部手机
交通设备	同2级，另加7辆紧急执法巡逻车，1辆囚犯运输车	7辆紧急执法巡逻车，2辆囚犯运输车

表3-8-9 执法行动类——特种武器和战术队分级标准

资源名称	特种武器和战术队		
首要核心能力	现场安全、保护和执法		
简要描述	由经过特殊培训和配备精良的战术人员组成，可以提高执法能力，以预防或应对高风险的紧急突发事件		
整体功能	特种武器战术队进行如下任务： （1）高风险的搜查和逮捕行动。 （2）对方主动射击或造成威胁的情况。 （3）封锁情况下。 （4）人质救援行动。 （5）恐怖主义威胁。 （6）保护重要人物。 （7）特殊突发事件外围控制需求。 （8）狙击和反狙击操作		
分级情况	3级		
级别	1级	2级	3级
队伍最小配员	26	19	15
管理、操作和支持人员	同2级，另加1名1级特警队队长	同3级	1名1级特警队指挥官，2名1级特警队队长
检测和诊断设备	同2级，另加6名1级特警队成员	同3级，另加4名1级特警队成员	12名1级特警队成员

续表

武器系统设备	同2级	同3级	必需武器，特种武器，弹药，致命性较低的武器
战术工具设备	同2级	同3级，另加弹药和非致命化学药剂输送系统，弹药和非致命化学药剂	散弹枪，撞锤，破坏设备，闪光弹，夜视工具，防弹盾，监视设备
个人防护设备	同2级	同3级	3级防弹衣，带有防弹夹板，头盔，防火罩，护眼装备，手套，护膝，全脸空气净化呼吸器（APR），战术医疗用品，包括止血带和止血绷带
通讯设备	同2级，另加7台短程便携式对讲机，7部手机	同3级，另加4台短程便携式对讲机，4部手机，1部卫星电话	15台短程便携式对讲机，15部手机
交通设备	同2级	同3级	部门指派的车辆

3.9 应急资源分类分级标准——公共工程类

公共工程类分23类装备资源和队伍资源，主要用于公共基础设施的建设，特别是突发事件中基础设施及生命线工程的抢修及灾后的重建。

公共工程类二级资源分类名称及分级情况见图3-9-1。共分了15类资源，其中污水系统清洁队分3级；公共工程损坏评估队不分级；废墟处理队又细分为评估队（不分级）（详见表3-9-1）、监控队（不分级）（详见表3-9-2）；公共工程支援队不分级；水部门基础设施又细分为定位队（不分级）、工厂公用事业控制系统队（分3级）；水处理设施运营队不分级；废水处理设施维修和启动队不分级；分级机分5级；污水升降机和泵站损坏评估维修和启动队分2级；损失评估和维修队又细分为水泵设施（分3级）、污水管道（分3级）、水处理设施（不分级）、配水系统（分4级）；污水处理设施营运队不分级；系统冲洗和流量测试队——配水不分级；水管漏水排查组不分级；下水道闭路电视队不分级。篇幅所限，仅列出废墟评估队、废墟监控队以及废墟清理队的分级标准。

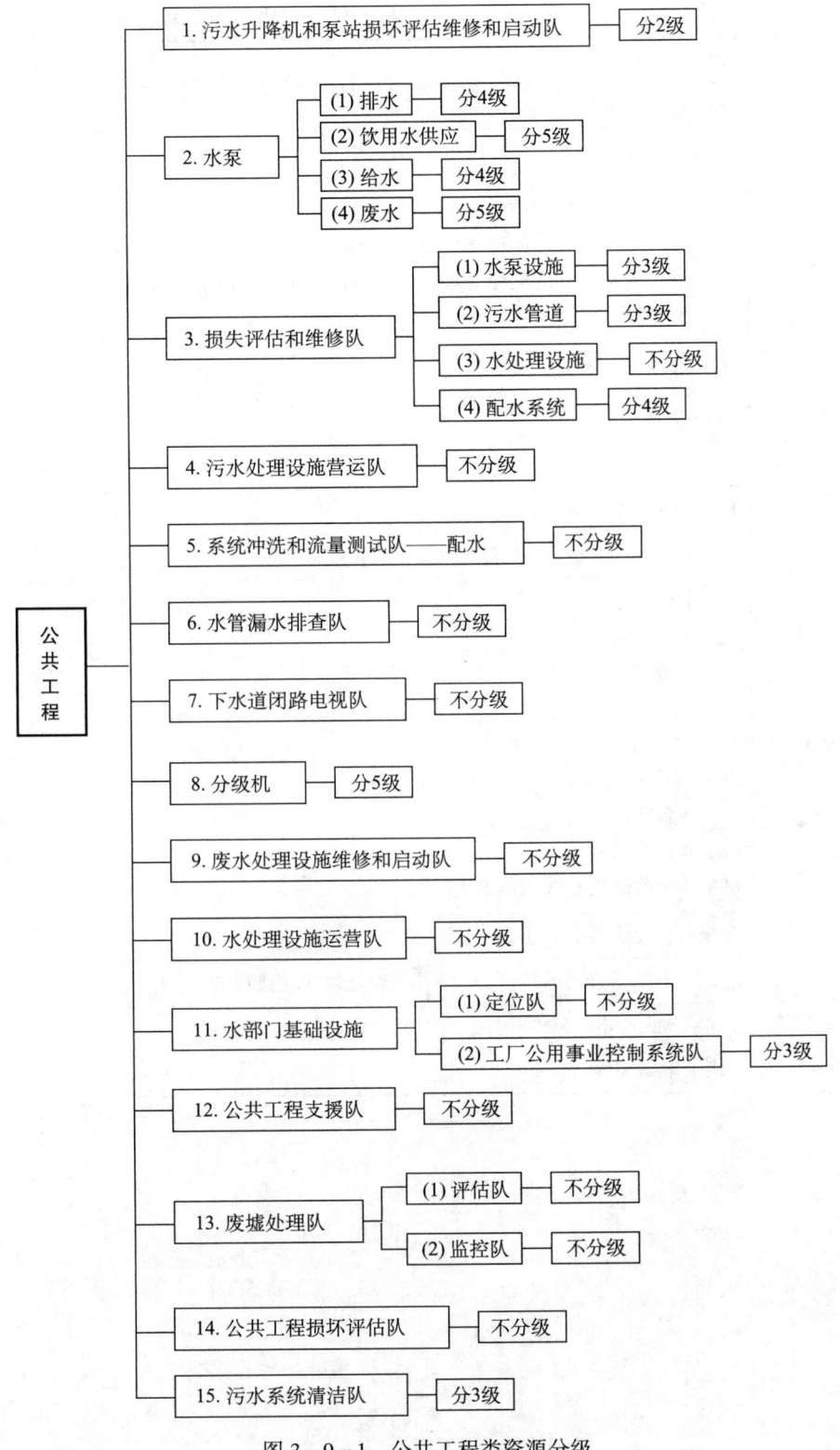

图 3-9-1 公共工程类资源分级

表 3-9-1　公共工程类——废墟处理队——评估队分级标准

资源名称	废墟评估队
首要核心能力	基础设施系统
简要描述	在突发事件发生后进行初步的废墟评估
整体功能	(1) 评估突发事件中产生的废墟。 (2) 计算预计要拖运的废墟数量；这是废墟估算技术专家的工作。 (3) 制定清除碎片的废墟管理计划，包括所需清除设备的数量和类别；这是废墟计划官和废墟操作官的工作
分级情况	不分级
级别	不分级
队伍最小配员	3
队伍监管人员	1 名 1 级废墟行动干事
队伍支持人员	1 名 1 级废墟规划官，1 名 1 级废墟估算技术专家
特殊装备	(1) GPS。 (2) 手提电脑。 (3) 合适的软件。 (4) 基本急救箱。 (5) 计算器。 (6) 参考资料。 (7) 3 台数码相机。 (8) 3 台测量装置。 (9) 3 个剪贴板和数据记录表
个人防护设备	安全帽，反光背心，手套，防护服，防护鞋，手电，呼吸器，防护罩
电子设备	笔记本电脑，合适的软件，GPS，无线互联网连接设备
通讯设备	3 部双向无线电，3 部手机，1 部卫星电话
交通设备	1 辆卡车或 SUV

表 3-9-2　公共工程类——废墟处理队——监控队分级标准

资源名称	废墟监控队
首要核心能力	基础设施系统
简要描述	根据废墟管理计划，监督废墟清除队的操作
整体功能	（1）监控野外和杂物现场的杂物清除操作。 （2）测量并证明卡车的容量。 （3）确保设备操作员或搬运者在路边隔离杂物。 （4）确保设备操作员或运输者不要将危险废物与其他废物类别混合。 （5）确保设备操作员或运输者仅拾取合格的碎片并适当跟踪碎片。 （6）指示财产所有人是废墟中的私人财产转移到路边。 （7）支持数字摄影记录的观察。 （8）向碎片监测主管报告任何违规情况。 （9）确保遵守承包商的工作范围。 （10）保留合格的碎片和所用设备的文件
分级情况	不分级
级别	不分级
队伍最小配员	4
队伍监管人员	1 名 NIMS 1 级废墟行动干事
队伍支持人员	3 名监测员
特殊装备	（1）GPS。 （2）手提电脑。 （3）合适的软件。 （4）基本急救箱。 （5）计算器。 （6）参考资料。 （7）3 台数码相机。 （8）3 台测量装置。 （9）3 个剪贴板和数据记录表
个人防护设备	安全帽，反光背心，手套，防护服，防护鞋，手电，呼吸器，防护罩
电子设备	笔记本电脑，合适的软件，GPS，无线互联网连接设备
通讯设备	4 部双向无线电，4 部手机，1 部卫星电话
交通设备	1 辆卡车或 SUV

3.10 应急资源分类分级标准——搜索与营救类

搜索与营救类包括17类专业的搜救队伍，这些搜救队覆盖海陆空三方面，以应对灾难中各种环境的搜救需求。搜索与营救类资源分类名称及各类资源分级情况见图3-10-1。其中城市搜救特勤队分4级（分级标准详见表3-10-1，分级要素见图3-10-2）；突发事件城市搜救支持队分4级（分级标准详见表3-10-2，分级要素见图3-10-3）；固定翼搜索灾难侦察飞行队分4级（分级标准详见表3-10-3，分级要素见图3-10-4）；空中搜索队（固定翼）分4级（分级标准详见表3-10-4，分级要素见图3-10-5）；航空侦察队（固定翼）分4级（分级标准详见表3-10-5，分级要素见图3-10-6）；直升机及旋翼搜救队分5级（分级标准详见表3-10-6，分级要素见图3-10-7）；倒塌建筑物搜索队分3级（分级标准详见表3-10-7，分级要素见图3-10-8）；倒塌建筑物救援队分3级（分级标准详见表3-10-8，分级要素见图3-10-9）；搜救犬队又细分为5类，其中灾难及结构倒塌现场人类遗体搜索队分2级（分级标准详见表3-10-9.1，分级要素见图3-10-10.1）、灾难及结构倒塌现场幸存者搜索队分2级（分级标准详见表3-10-9.2，分级要素见图3-10-10.2）、陆地人类遗体搜索队不分级（标准详见表3-10-9.3，要素见图3-10-10.3）、陆地人类幸存者搜索队不分级（标准详见表3-10-9.4，要素见图3-10-10.4）、水上人类遗体搜索队分2级（分级标准详见表3-10-9.5，分级要素见图3-10-10.5）；矿山搜救队分2级（分级标准详见表3-10-10，分级要素见图3-10-11）；山岳搜救队不分级（标准详见表3-10-11，要素见图3-10-12）；洞穴搜救队分2级（分级标准详见表3-10-12，分级要素见图3-10-13）；陆地搜救队分2级（分级标准详见表3-10-13，分级要素见图3-10-14）；静止水域及洪水搜救队分3级（分级标准详见表3-10-14，分级要素见图3-10-15），湍流及洪水搜救队分3级（分级标准详见表3-10-15，分级要素见图3-10-16）；水上搜救队分5级（分级标准详见表3-10-16，分级要素见图3-10-17）；无线电测向队分3级（分级标准详见表3-10-17，分级要素见图3-10-18）。

第三章　美国应急资源分类分级标准

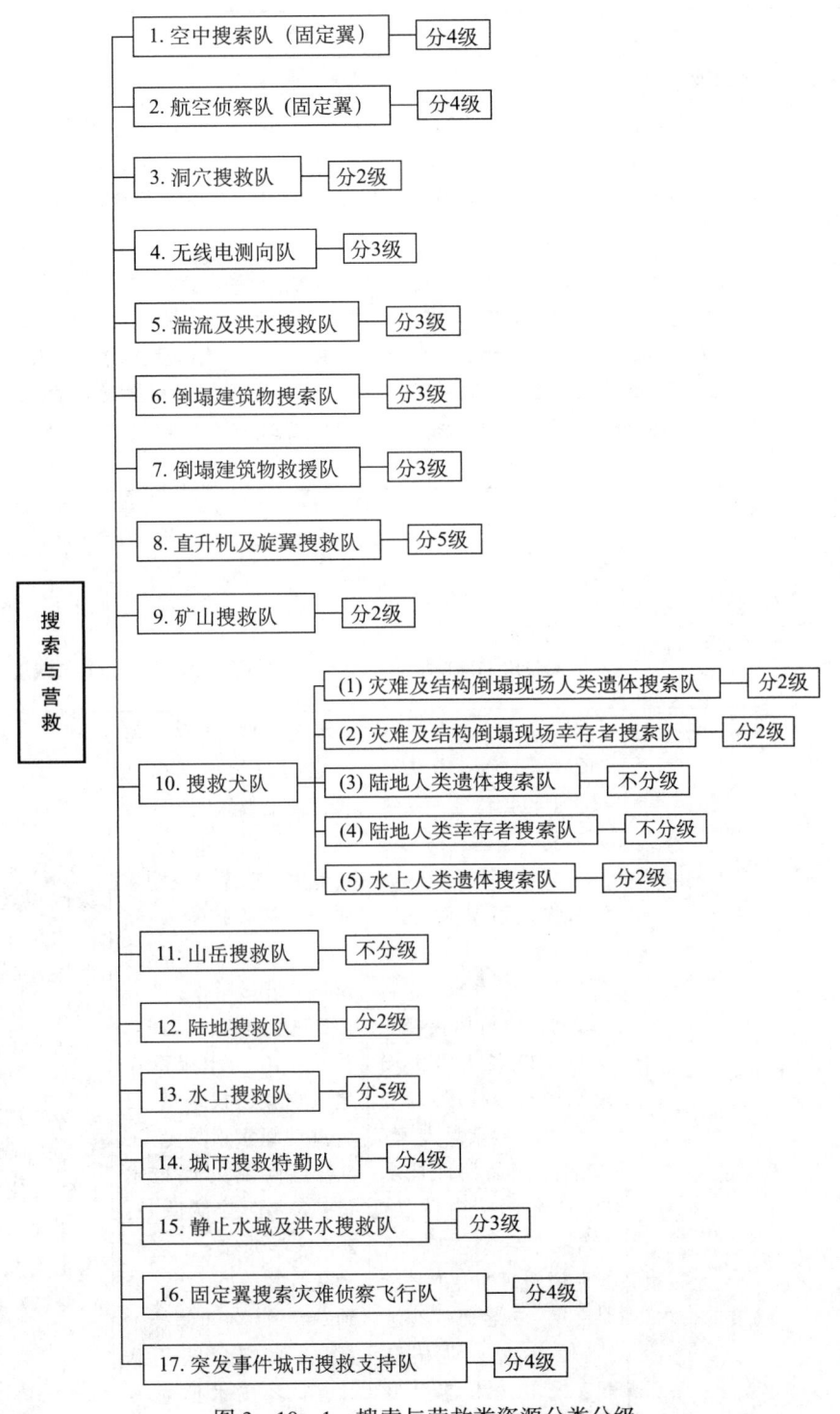

图 3-10-1　搜索与营救类资源分类分级

表 3–10–1 搜索与营救类——城市搜救特勤队分级标准

资源名称	城市搜索与营救特勤队			
首要核心能力	大规模搜索和营救			
简要描述	是一个复合学科，在技术救援学科中进行搜索、救援和恢复，包括倒塌建筑物救援、绳索救援、车辆救援、机械救援、受限空间（许可要求、非洞穴环境、非矿井环境）救援、沟渠救援、废墟挖掘、水中作业，以及在美国国内环境中响应涉及到化学、生物、放射性、核和炸药等危险物质的突发事件			
整体功能	进行搜索、救援和恢复，包括：进行大范围搜索，对倒塌建筑物进行评估、搜索、救援，相关技术绳索救援（包括高空作业），密闭空间搜救（许可证、非地雷、非洞穴），壕沟救援，大众运输车辆救援（地铁、铁路、公共汽车），转运获救的被困人员和动物；在存在危险的情况下进行搜索和救援工作，包括从废墟中搜索和营救幸存者，并对其进行医疗护理；能够在各种环境中开展作业，包括受到灾害或被恐怖主义影响，公共设施、交通设施受损，住所、食物和供水有限的环境			
分级情况	4 级			
级别	1 级	2 级	3 级	4 级
队伍最小配员	70 人	70 人	35 人	22 人
队伍监管人员	2 名城搜特勤队队长	2 名城搜特勤队队长	1 名城搜特勤队队长	1 名城搜特勤队队长
队伍支持人员	同 2 级	2 名安全官；2 名 1 级倒塌建筑物搜索队队长，他也被认证为 1 级灾害及倒塌建筑物犬搜索专家；2 名 1 级倒塌建筑物搜索技术人员；4 名 1 级灾害及倒塌建筑物犬搜索专家；6 名 1 级倒塌建筑物救援队队长；20 名 1 级倒塌建筑物救援技术员；2 名重型绳索索具专家；10 名危险品处理技术员；2 名医疗队队长；4 名医学专家；2 名后勤队伍管理员；4 名后勤专家；2 名通信技术员；2 名规划队伍队长；2 名技术信息专家；2 名结构专家	1 名安全官；1 名 1 级倒塌建筑物搜索队队长，他也被认证为 1 级灾害及倒塌建筑物犬搜索专家；1 名 1 级倒塌建筑物搜索技术人员；2 名 1 级灾害及倒塌建筑物犬搜索专家；3 名 1 级倒塌建筑物救援队队长；10 名 1 级倒塌建筑物救援技术员；1 名重型绳索索具专家；5 名危险品处理技术员；1 名医疗队队长；2 名医学专家；1 名后勤队伍管理员；2 名后勤专家；1 名通信技术员；1 名规划队伍队长；1 名技术信息专家；1 名结构专家	1 名安全官；2 名 1 级倒塌建筑物救援队队长；10 名 1 级倒塌建筑物救援技术员；2 名危险品处理技术员；2 名护理人员，接受过应对综合挤压征的培训；2 名后勤专家 1 名通信技术员；1 名计划队伍管理员，他也有资格担任技术信息专家

续表

操作和支持能力	同2级：能够响应涉及到化学、生物、放射性、核和炸药等危险物质的突发事件	同3级	同4级： （1）操作重型锁具，对建筑物结构进行现场评估 （2）能够重型框架结构和钢筋混凝土结构中进行高角度绳索救援（能够在高空作业）和密闭空间救援（需要许可证）、沟渠或开挖、广域搜寻、静止水域、洪水中作业、大众运输工具（地铁，铁路，公共汽车）救援	（1）在轻型或中型建筑物中进行搜索，救援，医疗，后勤，计划和安全作业，包括在危险材料或受污染的环境中进行的有限操作 （2）能够框架和混凝土结构中进行绳索救援、密闭空间救援、广域搜寻
个人防护设备	同2级，另加：B级防护设备	同4级	同4级	（1）头盔，头灯，电池。 （2）眼睛和听力保护装备。 （3）呼吸防护装备，包括供气式呼吸器和数量有限的自给式呼吸器。 （4）防护服： ①手套。 ②鞋。 ③能够应对恶劣天气的衣物。 （5）个人急救箱
技术设备	同4级	同4级	同4级	（1）搜索相机。 （2）听力装置。 （3）测绘，全球定位系统（GPS）和其他受害者定位设备

续表

专业设备	同3级	同3级	同4级： (1) 混凝土破坏和破拆设备，包括： ①混凝土锯。 ②千斤顶锤。 ③混凝土钻。 ④锤钻。 (2) 用于起重机操作的重型索具	(1) 木材和预制金属支撑的支撑设备，包括锯和其他建筑设备。 (2) 混凝土起重稳定设备。 (3) 绳索救援设备，用于大角度，小角度和密闭空间救援。 (4) 车辆和机械解吸设备，包括安全气囊和液压救援设备。 (5) 被困者解救设备
医疗能力	同2级	(1) 为困在倒塌建筑物中的幸存者和70名队员提供先进的医疗服务。 (2) 提供一定数量的设备和药品，以在任务执行过程能够应对如下事件：10起严重事件，15起中度事件和25起轻度事件	(1) 为困在倒塌建筑物中的幸存者和35名队员提供先进的医疗服务。 (2) 提供一定数量的设备和药品，以在任务执行过程能够应对如下事件：5起严重事件，7起中度事件和12起轻伤事件	为困在倒塌建筑物中的幸存者和22名队员提供先进的医疗服务
有害物质处理设备	同2级，另加：可以在倒塌建筑物污染的环境中工作长达12个小时的、应对化学、生物、放射性、核和炸药等危险物质突发事件的B级防护设备，队伍在有备用设备时能工作24小时	同3级	同4级，另加： (1) 能够在倒塌建筑物内使用的C级个人防护设备。 (2) 为在密闭空间工作的救援人员提供的自给式呼吸防护装置	(1) 大气监测仪。 (2) 净化设备

续表

安全设备	同2级,另加:B级备用个人防护装备	同3级	同4级,另加: (1) 密闭空间进入设备,包括供气呼吸系统。 (2) 锁定、标记套件	安全装备包括但不限于: (1) 电流检测器。 (2) C级替换个人防护装备。 (3) 干粉灭火器。 (4) 紧急信号装置。 (5) 荧光棒。 (6) 隔离带

城市搜索与营救特勤队 — 1级

- **队伍整体功能**：进行搜索，救援和恢复，包括：进行大范围搜索、对倒塌建筑物进行评估，搜索，救援、相关技术绳索救援（包括高空作业）、密闭空间搜救（许可证，非地雷，非洞穴）、壕沟救援、大众运输车辆救援（地铁，铁路，公共汽车）、转运获救的被困人员和动物；在存在危险的情况下进行搜索和救援工作，包括从废墟中搜索和营救幸存者，并对其进行医疗护理；能够在各种环境中开展作业，包括受到灾害或被恐怖主义影响，公共设施、交通设施受损，住所、食物和供水有限的环境

- **队伍能力描述**：能连续24h行动，能在重型钢筋混凝土、危险品及污染环境中开展救援行动，具备重索具救援、静止水域及洪水救援、受限空间救援、大众运输救援、大面积搜索及结构评估的能力。还需具备应对核生化等危险事件的能力。为因在倒塌的建筑物中的幸存者和70名队员提供先进的医疗服务，能提供一定数量的设备和药品。

- **人员数量**：70人

- **管理人员**：2名城搜特勤队队长

- **支持人员**：与2级相同

- **操作和支持能力**：在2级的基础上能够响应涉及到化学、生物、放射性、核和炸药等危险物质的突发事件

- **医疗能力**：为困在倒塌建筑物中的幸存者和70名队员提供先进的医疗服务；提供一定数量的设备和药品，以在任务执行过程能够应对如下事件：10起严重事件，15起中度事件和25起轻度事件

- **技术设备**：与4级相同

- **技术设备**：与3级相同

- **有害物质处理设备**：在2级的基础上，另加可以在倒塌建筑物污染的环境中工作长达12个小时的、应对化学、生物、放射性、核和炸药等危险物质突发事件的B级防护设备，队伍在有备用设备时能工作24小时

- **个人防护设备**：在2级的基础上，另加B级个人防护设备

- **安全设备**：在2级的基础上，另加B级备用个人防护装备

- **队伍能力描述**：能连续24h行动，能在重型钢筋混凝土、危险品及污染环境中开展救援行动，具备重索具救援、静止水域及洪水救援、受限空间救援、大众运输救援、大面积搜索及结构评估的能力。为因在倒塌的建筑物中的幸存者和70名队员提供先进的医疗服务，能提供一定数量的设备和药品

- **人员数量**：70人

- **管理人员**：2名城搜特勤队队长

- **支持人员**：2名安全官；2名1级倒塌建筑物搜索队长，他也被认证为1级灾害及倒塌建筑物犬搜索专家；2名1级倒塌建筑物搜索技术人员；4名1级灾害及倒塌建筑物犬搜索专家；6名1级倒塌建筑物救援队长；20名1级倒塌建筑物救援技术员；2名重型绳索具专家；10名危险品处理技术员；2名医疗队队长；4名医学专家；2名后勤队伍管理员；4名后勤专家；2名通信技术员；2名规划队伍队长；2名技术信息专家；2名结构专家

第三章 美国应急资源分类分级标准

城市搜索与营救特勤队

2级

- 队伍能力描述：能连续24h行动，能在重型钢筋混凝土、危险品及污染环境中开展救援行动，具备重索具救援、静止水域及洪水救援、受限空间救援、大众运输救援、大面积搜救及结构评估的能力。为因在倒塌的建筑物中的幸存者和70名队员提供先进的医疗服务，能提供一定数量的设备和药品
- 人员数量：70人
- 管理人员：2名城搜特勤队队长
- 支持人员：2名安全官；2名1级倒塌建筑物搜索队队长，他也被认证为1级灾害及倒塌建筑物犬搜索专家；2名1级倒塌建筑物搜索技术人员；4名1级灾害及倒塌建筑物犬搜索专家；6名1级倒塌建筑物救援队队长；20名1级倒塌建筑物救援技术员；2名重型绳索索具专家；10名危险品处理技术员；2名医疗队队长；4名医学专家；2名后勤队伍管理员；4名后勤专家；2名通信技术员；2名规划队伍队长；2名技术信息专家；2名结构专家
- 操作和支持能力：与3级相同
- 医疗能力：为因在倒塌建筑物中的幸存者和70名队员提供先进的医疗服务；提供一定数量的设备和药品，以在任务执行过程能够应对如下事件：10起严重事件，15起中度事件和25起轻度事件
- 技术设备：与3级相同
- 操作设备：与3级相同
- 有害物质处理设备：与3级相同
- 个人防护设备：与3级相同
- 安全设备：与3级相同

3级

- 队伍能力描述：能连续12h行动，能在重型钢筋混凝土、危险品及污染环境中开展救援行动，具备重索具救援、静止水域及洪水救援、受限空间救援、大众运输救援、大面积搜索及结构评估的能力。为因在倒塌的建筑物中的幸存者和35名队员提供先进的医疗服务，能提供一定数量的设备和药品
- 人员数量：35人
- 管理人员：1名城搜特勤队队长
- 支持人员：1名安全官；1名1级倒塌建筑物搜索队队长，他也被认证为1级灾害及倒塌建筑物犬搜索专家；1名1级倒塌建筑物搜索技术人员；2名1级灾害及倒塌建筑物犬搜索专家；3名1级倒塌建筑物救援队队长；10名1级倒塌建筑物救援技术员；1名重型绳索索具专家；5名危险品处理技术员；1名医疗队队长；2名医学专家；1名后勤队伍经理；2名后勤专家；1名通信技术员；1名规划队伍队长；1名技术信息专家；1名结构专家
- 操作和支持能力：在4级的基础上，能够操作重型锁具，对建筑物结构进行现场评估，能够重型框架结构和钢筋混凝土结构中进行高角度绳索救援（能够在高空作业）和密闭空间救援（需要许可证）、沟渠/开挖、、广域搜寻、静止水域、洪水中作业、大众运输工具（地铁，铁路，公共汽车）救援
- 医疗能力：为因在倒塌建筑物中的幸存者和35名队员提供先进的医疗服务；提供一定数量的设备和药品，以在任务执行过程能够应对如下事件：5起严重事件，7起中度事件和12起轻伤事件
- 技术设备：与4级相同
- 操作设备：在4级的基础上，增加混凝土破坏和破拆设备，包括：混凝土锯、千斤顶锤、混凝土钻、锤钻；用于起重机操作的重型索具
- 有害物质处理设备：在4级的基础上，增加能够在倒塌建筑物内使用的C级个人防护设备；为在密闭空间工作的救援人员提供的自给式呼吸防护装置
- 个人防护设备：头盔，头灯，电池，眼睛和听力保护装备；呼吸防护装备，包括供气式呼吸器和数量有限的自给式呼吸器；防护服；手套；鞋；能够应对恶劣天气的衣物；个人急救箱
- 安全设备：在4级的基础上，增加密闭空间进入设备，包括供气呼吸系统；锁定、标记套件

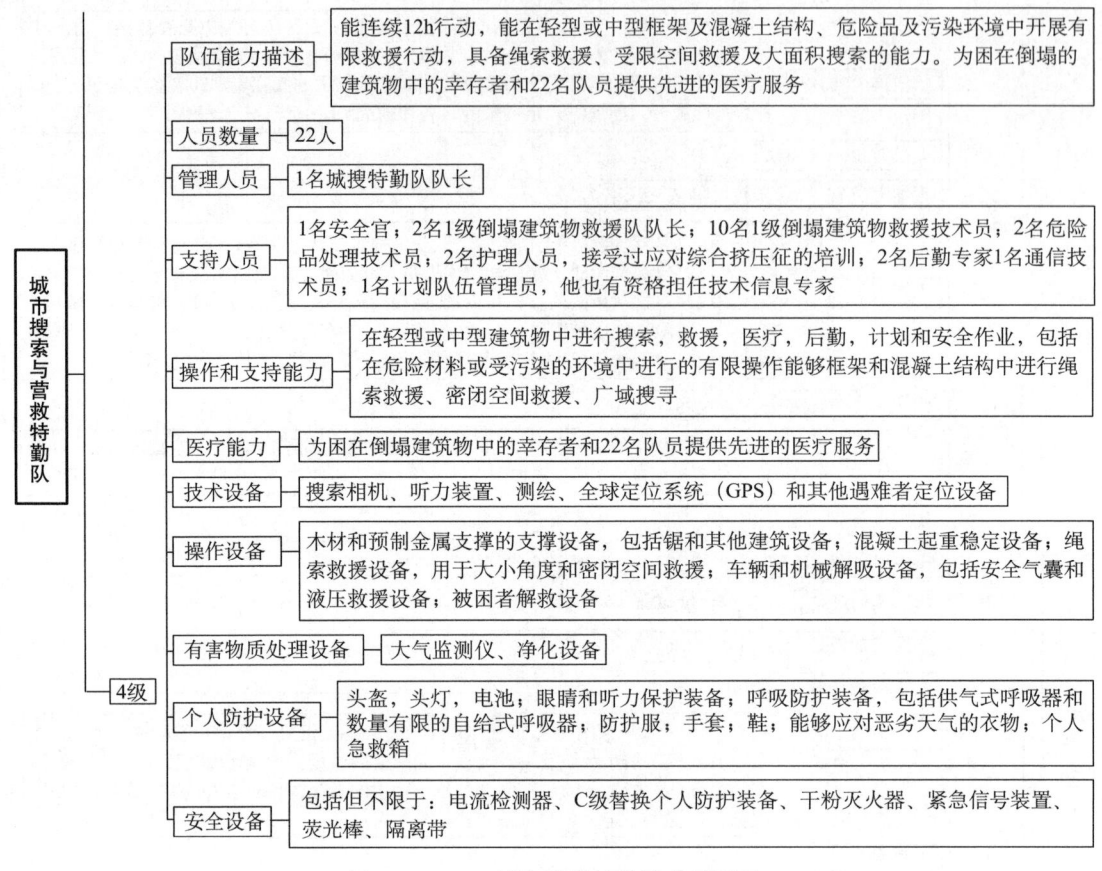

图 3-10-2 城市搜救特勤队分级要素

表 3-10-2 搜索与营救类——突发事件城市搜救支持队分级标准

资源名称	突发事件城市搜救支持队			
首要核心能力	大规模搜索和营救			
简要描述	城市搜救突发事件支持团队在可能需要大规模搜救资源的突发事件期间,为现有的指挥和控制操作提供专业知识,以增强突发事件工作的管理能力			
整体功能	城市搜救突发事件支持团队在可能需要大规模搜救资源的突发事件期间,为现有的指挥和控制操作提供专业知识,以增强突发事件工作的管理能力;支持当地突发事件指挥官、统一指挥部、事件管理团队或紧急行动中心管理突发事件应急响应;规划、管理和跟踪相关部门和其他支持机构提供的战术资源;根据突发事件的需要展开指挥、运营、规划、后勤、财务或行政、安全、公共信息和联络方面的工作;根据突发事件管理目标,与事件管理团队、紧急行动中心人员、相关部门和机构管理人员进行协调;该资源分为短期队伍和长期队伍,长期队伍配置额外的职位和能力,以满足基于复杂性分析的突发事件需求,其中包括资源数量、操作区域和操作复杂性等因素			
分级情况	4级			
级别	1级	2级	3级	4级

续表

队伍最小配员	30 人	15 人	12 人	8 人
队伍监管人员	1 名 1 级突发事件指挥官、1 名 2 级突发事件指挥官	1 名 NIMS 2 级突发事件指挥官	1 名 NIMS 3 级突发事件指挥官	1 名 3 级突发事件指挥官
队伍支持人员	同 2 级，另加：1 名 1 级公共信息官员、1 名 1 级安全官员、1 名 1 级联络官、2 名 1 级业务科科长 1 名 1 级规划科科长、1 名 1 级后勤科科长、1 名 1 级财务或行政科、1 名 1 级空中运营处主任、1 名 1 级通信部门负责人、1 名 1 级情况单位负责人、1 名 1 级资源部门负责人、1 名 1 级地理信息系统专家、1 名计算机技术专家	1 名 2 级公共信息官员、1 名 2 级安全官员、1 名 2 级联络官、2 名 2 级操作科科长、1 名 2 级规划科科长、1 名 2 级后勤科科长、1 名 2 级财务或行政科科长、1 名 1 级空中运营处主任、1 名 2 级通信部门负责人、1 名 1 级情况单位负责人。1 名 NIMS 1 级资源部门负责人。1 名 NIMS 1 级地理信息系统专家。1 名计算机技术专家	同 4 级，另加：1 名 3 级通信部门负责人。1 名 1 级情况单位负责人。1 名 NIMS 1 级资源部门负责人	1 名 3 级公共信息官员、1 名 3 级安全官员、1 名 3 级联络官、1 名 3 级操作科科长、1 名 3 级规划科科长、1 名 3 级后勤科科长、1 名 3 级财务或行政科科长
人员管理能力	通常管理超过 500 名员工	通常管理多达 500 名员工	通常管理多达 200 名员工	通常管理多达 80 名员工
电子和办公设备	同 4 级	同 4 级	同 4 级	符合任务要求的电子和办公设备
个人防护设备	同 4 级	同 4 级	同 4 级	符合任务要求的个人防护设备
通讯设备	同 4 级	同 4 级	同 4 级	符合任务要求的通信设备
行政办公设备	同 4 级	同 4 级	同 4 级	支持制定和分发计划、地图和其他 72 小时连续运营所需的基本办公用品和电子设备

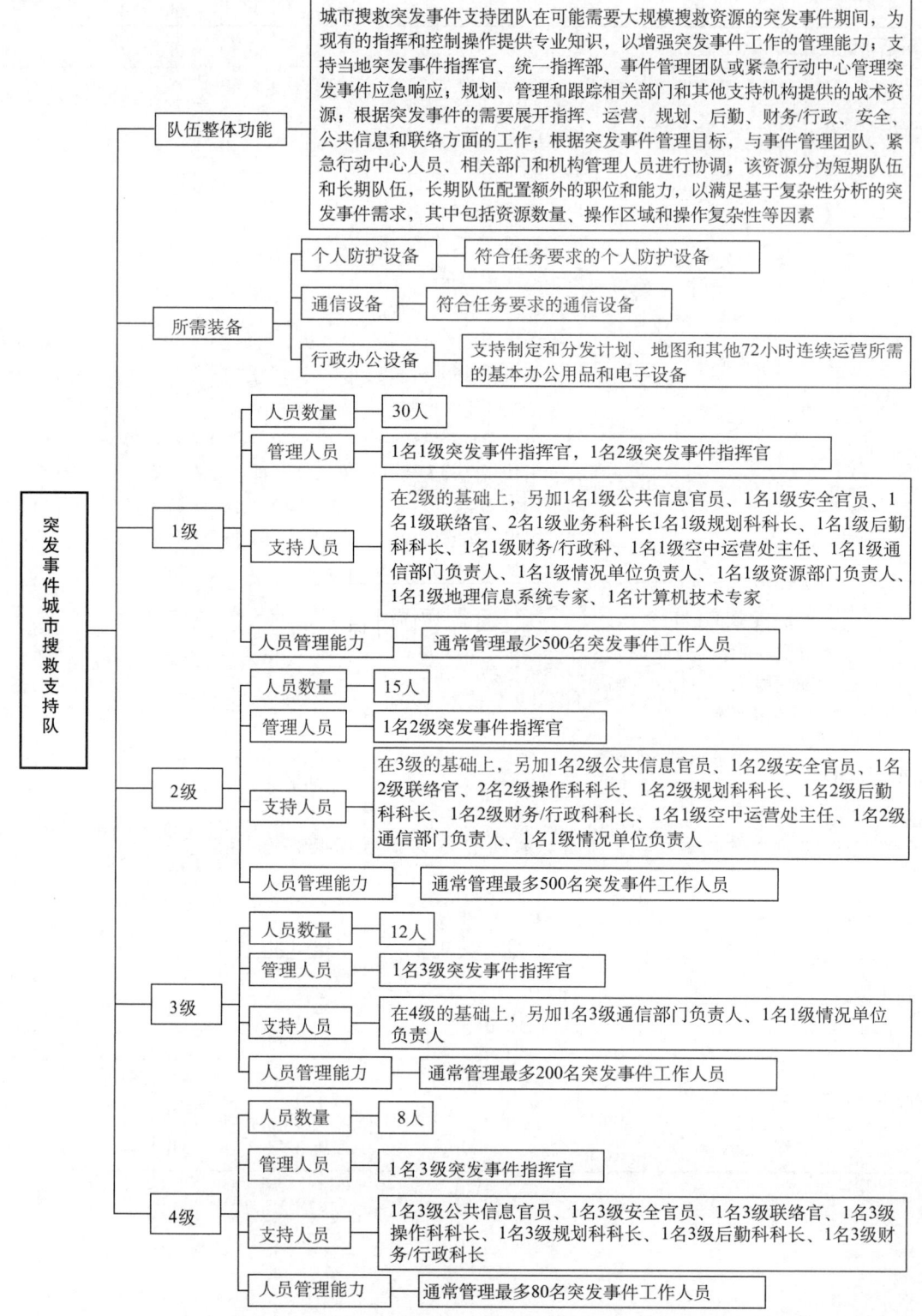

图 3-10-3 突发事件城市搜救支持队分级要素

表 3-10-3　搜索与营救类——固定翼搜索灾难侦察飞行队分级标准

资源名称	固定翼搜索灾难侦察飞行队			
首要核心能力	大规模搜索和营救			
简要描述	执行搜索和灾难侦察任务，并提供执法支持			
整体功能	在目视气象条件下，白天或晚上使用固定翼飞机进行空中侦察和搜索操作；使用视频、静止图像、前视红外图像、高光谱成像和实时视频反馈等技术进行操作；进行搜索操作，对灾前和灾后的区域进行空中搜索，寻找需要撤离或营救的人员，与移动地面和空中搜救资产的协调和指导，以帮助营救人员；进行侦察行动，包括：①对预报将经历飓风、热带风暴、洪水、火灾或其他突发事件的地区进行前期侦察，②对灾后的地区进行空中损失评估，为规划重建收集信息，③执法任务；收集有关道路和桥梁状态的信息，以确定响应人员在再入行动中进入安全的路线；收集有关大坝、河流和堤坝状况的信息，为响应者提供态势感知和安全监视			
分级情况	4级			
级别	1级	2级	3级	4级
队伍最小配员	2人	2人	2人	2人
队伍监管人员	同2级	1名民航仪表级飞行员	同4级	1名民航飞行员
固定翼飞机	同2级	配备仪表飞行规则所需仪器的固定翼观察机	同4级	固定翼观察机
飞行服	同4级	同4级	同4级	合适的个人防护设备
视频或电子设备	可电子测向，能够传送视频或静止图像	可电子测向，能够传送静止图像	可电子测向	无
个人防护设备	同4级	同4级	同4级	合适的个人防护设备
通信设备	同4级	同4级	同4级	有地面通讯功能的无线电

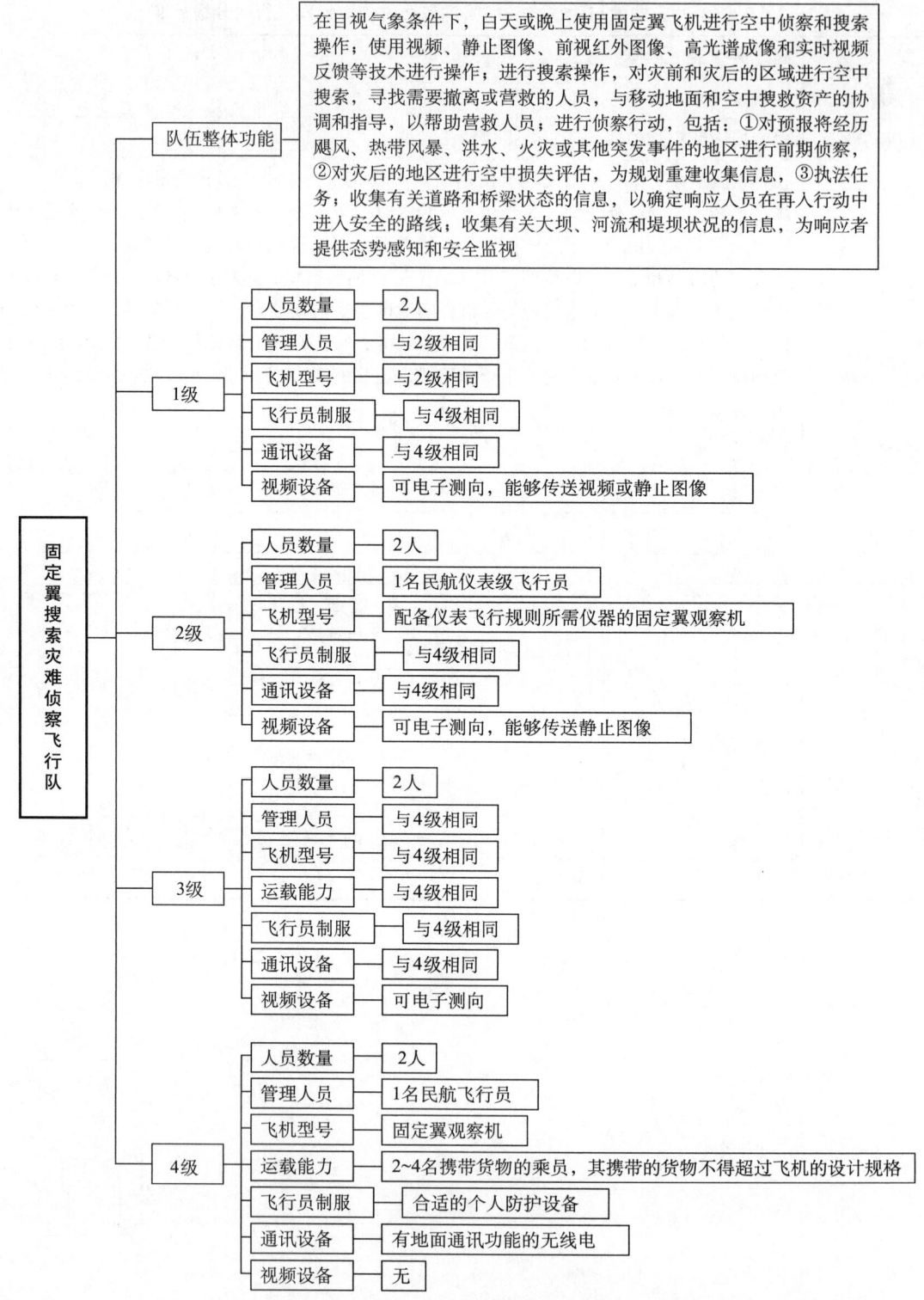

图 3-10-4 固定翼搜索灾难侦察飞行队分级要素

表 3-10-4 搜索与营救类——空中搜索队（固定翼）分级标准

资源名称	空中搜索队（固定翼）			
首要核心能力	大规模搜索和营救			
分级情况	4 级			
级别	1 级	2 级	3 级	4 级
固定翼飞机	同 2 级	配备仪表飞行规则所需仪器的固定翼观察机	同 4 级	固定翼观察机
运载能力	4~8 名携带货物的乘员，其携带的货物不得超过飞机的设计规格	同 4 级	同 4 级	2~4 名携带货物的乘员，其携带的货物不得超过飞机的设计规格
飞行服	同 4 级	同 4 级	同 4 级	合适的个人防护设备
通讯设备	标准联邦政府航空管理局 FM 无线电，VHF 甚高频无线电，卫星电话	同 3 级	标准联邦政府航空管理局 FM 无线电，甚高频无线电	标准联邦政府航空管理局 FM 无线电
视频或电子设备	可电子测向，能够传送视频或静止图像	可电子测向，能够传送静止图像	可电子测向	无
机组人员训练水平和级别	飞行员：拥有仪表级私人飞行员执照或更高级别的证书。观察员：完整的单位认证计划	飞行员：拥有仪表级私人飞行员执照或更高级别的证书。观察员：完整的单位认证计划	飞行员：拥有私人飞行员执照或更高级别的证书。观察员：完整的单位认证计划	飞行员：拥有私人飞行员执照或更高级别的证书。观察员：完整的单位认证计划
机组能力	机组成员可以工作两周以上	机组成员可以工作 8~14 天	机组成员可以工作 3~7 天	机组成员至少可以工作 2 天
突发事件管理支持	突发事件工作人员全职的突发事件指挥人员，能够管理空中搜索的所有阶段	能够管理空中业务部门的突发事件工作人员	能够支持独立飞行签放工作的突发事件工作人员	单元级航班签放；不能管理飞行搜索工作

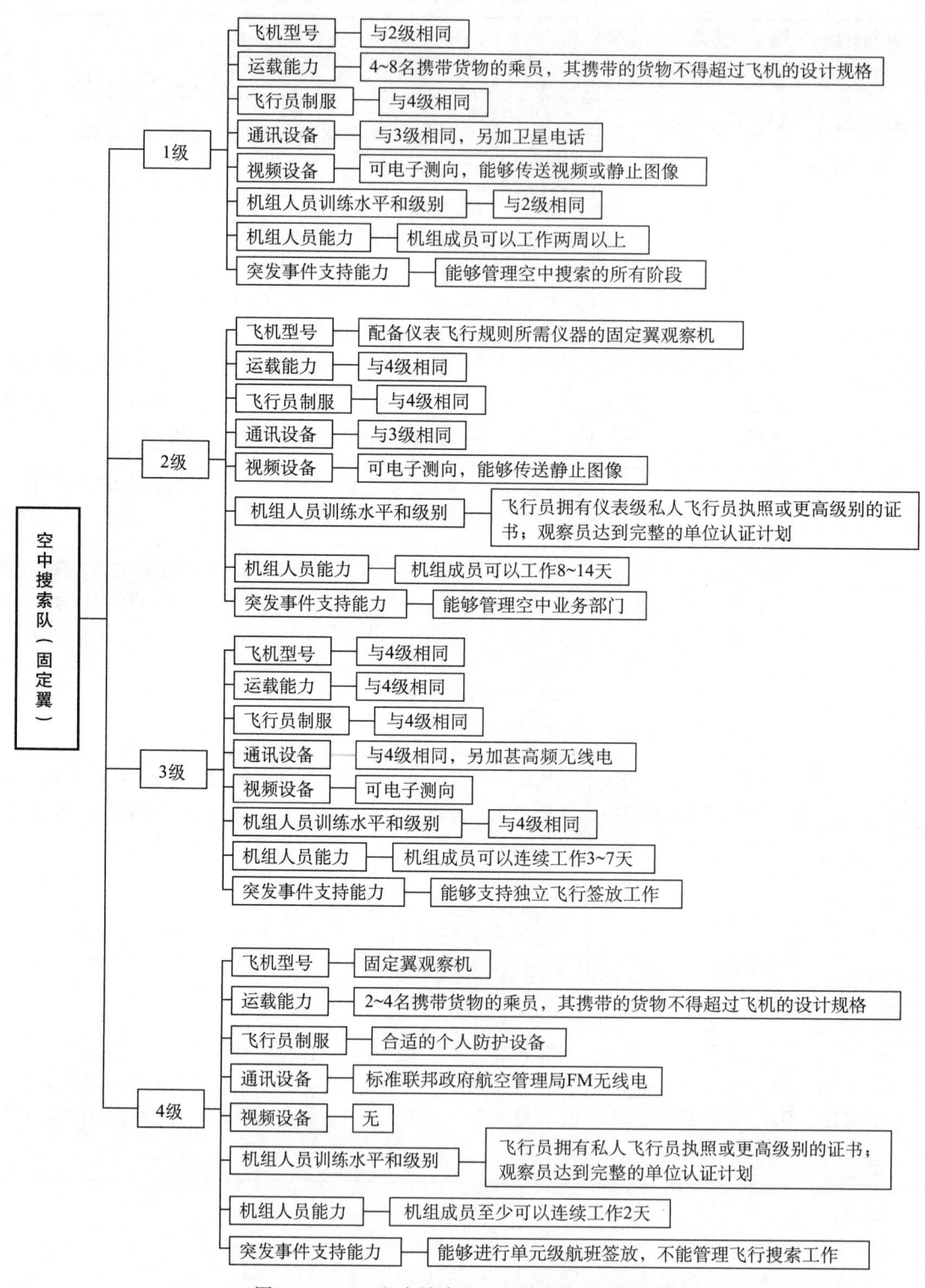

图 3-10-5 空中搜索队（固定翼）分级要素

表 3-10-5 搜索与营救类——航空侦察队（固定翼）分级标准

资源名称	航空侦察队（固定翼）			
首要核心能力	大规模搜索和营救			
分级情况	4级			
级别	1级	2级	3级	4级
固定翼飞机	同2级	配备仪表飞行规则所需仪器的固定翼观察机	同4级	固定翼观察机
运载能力	4~8名携带货物的乘员，其携带的货物不得超过飞机的设计规格	同4级	同4级	2~4名携带货物的乘员，其携带的货物不得超过飞机的设计规格
飞行服	同4级	同4级	同4级	合适的个人防护设备
通讯设备	标准联邦政府航空管理局FM无线电，VHF甚高频无线电，卫星电话	同3级	标准联邦政府航空管理局FM无线电，VHF甚高频无线电	标准联邦政府航空管理局FM无线电
视频/电子设备	能够在飞行时传输视频或图像、能够传输高分辨率视频、具有红外功能、能够支撑高光谱遥感成像	与3级相同，另外能够传输低分辨率视频、具有红外功能	能够在飞行时传输视频图像	无
机组训练和等级	飞行员：拥有仪表级私人飞行员执照或更高级别的证书。观察员：完整的单位认证计划	飞行员：拥有仪表级私人飞行员执照或更高级别的证书。观察员：完整的单位认证计划	飞行员：拥有私人飞行员执照或更高级别的证书。观察员：完整的单位认证计划	飞行员：拥有私人飞行员执照或更高级别的证书。观察员：完整的单位认证计划
机组能力	机组成员可以工作两周以上	机组成员可以工作8~14天	机组成员可以工作3~7天	机组成员至少可以工作2天
突发事件管理支持	突发事件工作人员全职的突发事件指挥人员，能够管理空中搜索的所有阶段	能够管理空中业务部门的突发事件工作人员突发事件工作人员	能够支持独立飞行签放工作的突发事件工作人员	单元级航班签放；不能管理飞行搜索工作

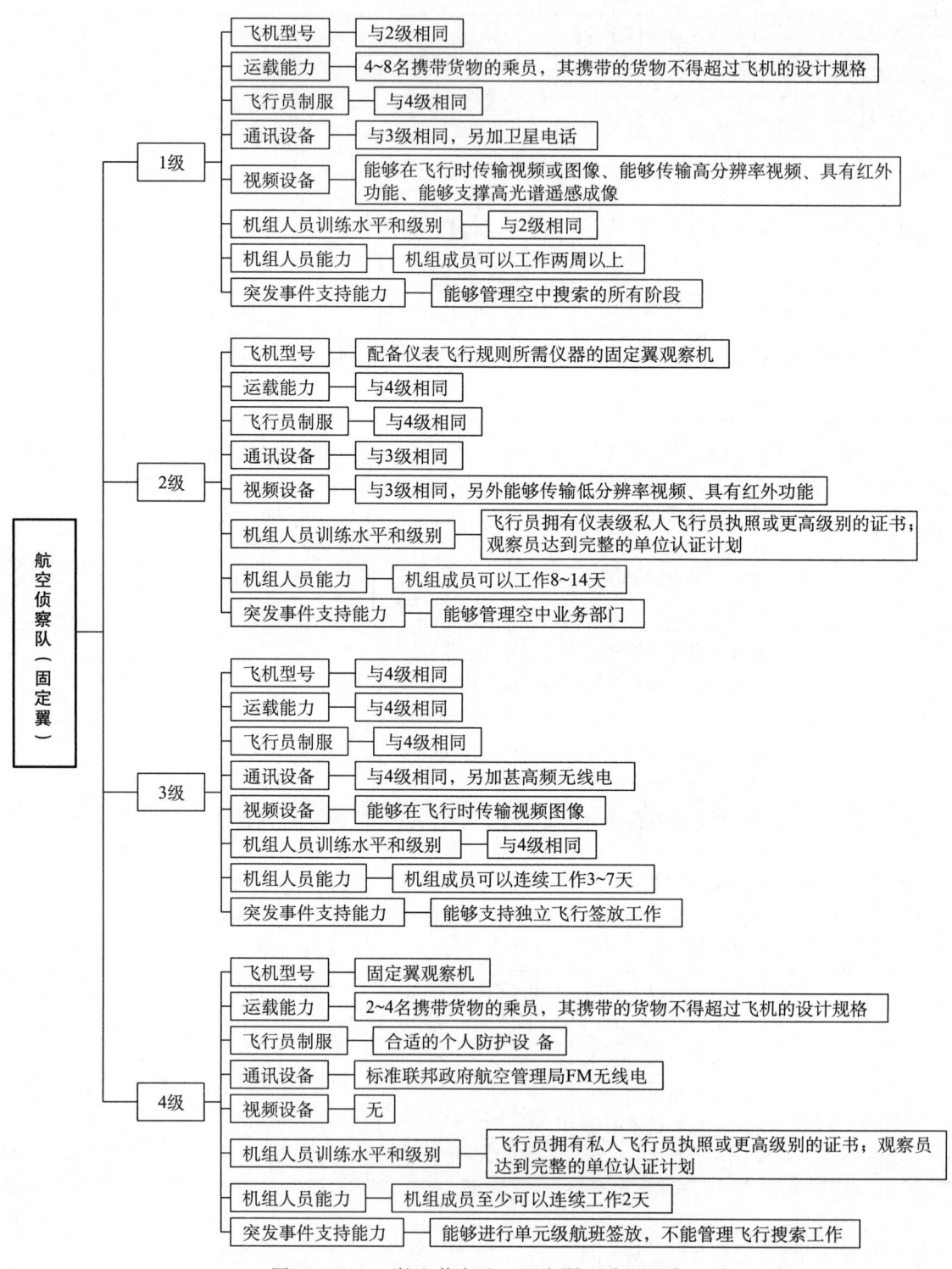

图 3-10-6 航空侦察队（固定翼）分级要素

表 3-10-6　搜索与营救类——直升机及旋翼搜救队分级标准

资源名称	直升机及旋翼搜救队				
首要核心能力	大规模搜与营救				
简要描述	用于执行基于直升机的搜索、救援和恢复行动。				
整体功能	(1) 能够在视觉气象条件（VMC）下，昼夜利用旋翼飞机进行空中搜救。 (2) 完成搜救人员的派遣或撤回，以及搜救设备的运输。 (3) 能够进行空中搜救，包括技术救援、提升或短程技术操作，并在各种水域（如急流水）中的专门直升机操作以及疏散。 (4) 提供医疗服务，包括基础生命支持（BLS）并运送到高级生命支持（ALS）救援处。 (5) 能够在各种环境中开展作业，包括受到灾害或被恐怖主义影响，公共设施、交通设施受损，住所、食物和供水有限的环境				
分级情况	5级				
级别	1级	2级	3级	4级	5级
队伍最小配员	5人	4人	3人	3人	2人
队伍监管人员	同5级	同5级	同5级	同5级	1名1级直升机搜救飞行员
队伍支持人员	1名1级直升机搜救机长，1名飞行观察员，1名1级直升机搜救技术人员，1名1级紧急医疗技术员	1名1级直升机搜救机长，1名飞行观察员，1名1级直升机搜救技术人员	1名飞行观察员，1名1级直升机搜救技术人员	1名飞行观察员，1名1级直升机搜救技术人员	1名飞行观察员
搜救能力	同2级，另加： (1) 驾驶多引擎飞机。 (2) 有能力为至少两个被运送的人提供医疗护理	同3级，另加： (1) 夜间行动能力。 (2) 支持红外操作。 (3) 支持夜航	同4级	同5级，另外： (1) 救援能力。 (2) 能够运送至少两个人，其中一个人可以放在担架中	(1) 仅搜索。 (2) 飞机可以是多引擎或单引擎。 (3) 根据视觉飞行规则操作。 (4) 仅能当天作业
救援装备	同2级	红外设备 夜视镜	空中救援担架 肩带 悬挂蓝 双外部挂钩和线束	同5级，另加： 钩和安全带	(1) 配备了航空全球定位系统（GPS）。 (2) 适合日常作业的设备。 (3) 便携式基本急救设备。 (4) 陀螺稳定的手持双筒望远镜。 (5) 备用电池

续表

个人防护设备	同5级	同5级	同5级	同5级	最低个人防护装备，包括： 符合相关部门定义并与操作环境相对应的航空生命支持设备；飞行头盔及；前照灯；眼睛和听力保护；呼吸防护设备；制服，手套和其他防护服
通讯设备	同5级	同5级	同5级	同5级	（1）双向手持无线电。 （2）具有地对空能力的便携式无线电。 （3）单甚高频航空无线电。 （4）可编程空对地通信甚高频或超高频无线电。 （5）海军波段广播。 （6）电子测向仪。 （7）手机和防水包。 （8）耳机

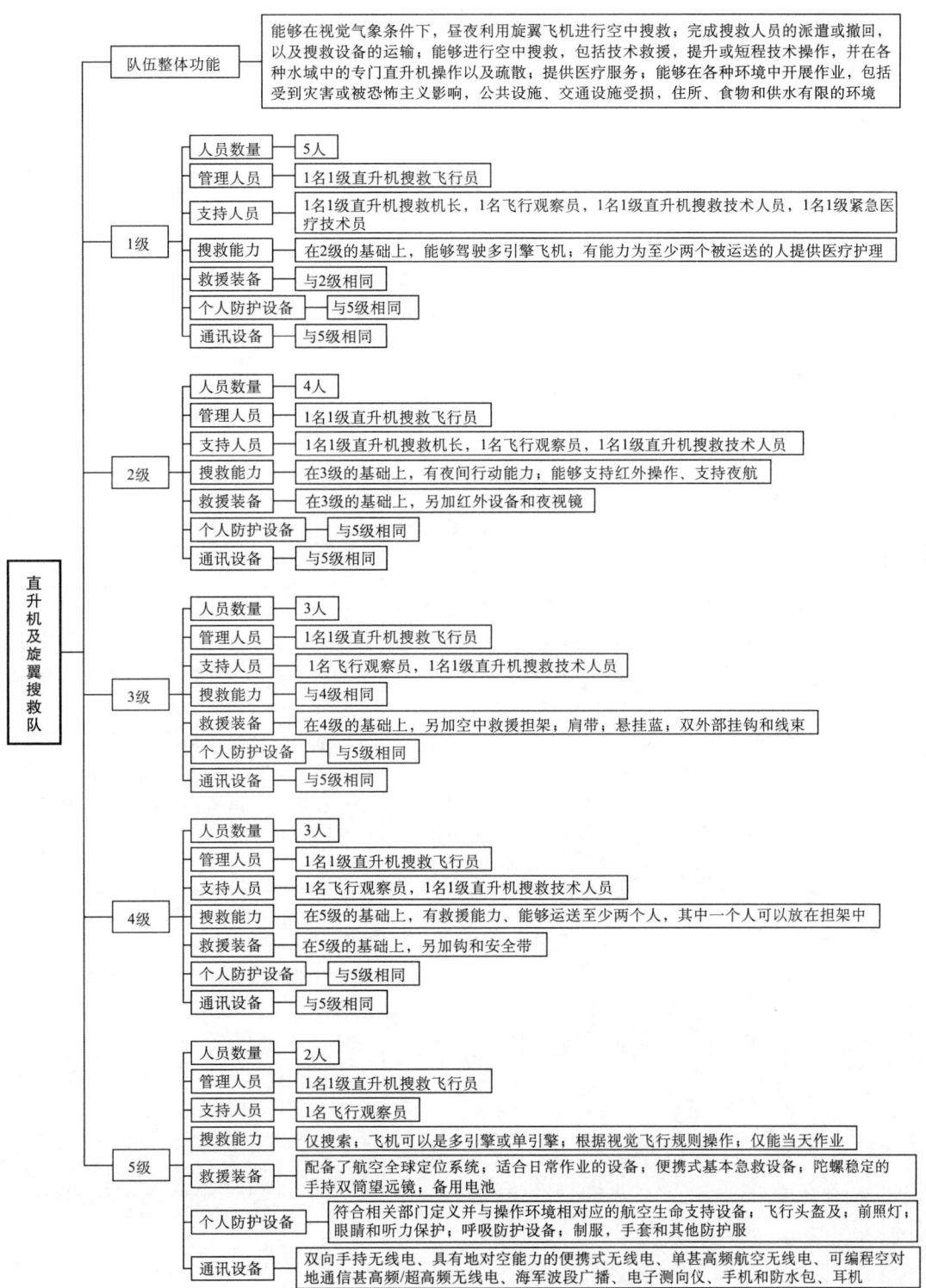

图3-10-7 直升机及旋翼搜救队分级要素

表 3-10-7　搜索与营救类——塌建筑物搜索队分级标准

资源名称	倒塌建筑物搜索队		
首要核心能力	大规模搜索和营救		
简要描述	在自然灾害和人为灾害中造成的倒塌的建筑物和废墟区域进行搜索		
整体功能	在倒塌的建筑物中搜索不明身份的人；能够进行热学、光学、声学和音频搜索；队伍能够提供包括基本生活支持的医疗服务；能够在各种环境中开展作业，包括受到灾害或被恐怖主义影响，公共设施、交通设施受损，住所、食物和供水有限的环境；在突发事件命令系统中操作		
分级情况	3 级		
级别	1 级	2 级	3 级
队伍最小配员	5 人	3 人	2 人
队伍监管人员	同 3 级	同 3 级	1 名 1 级建筑物倒塌搜索队队长
队伍支持人员	2 名 1 级建筑物倒塌搜索技术人员，2 名 1 级犬搜索专家	2 名 1 级建筑物倒塌搜索技术人员	1 名 2 级建筑物倒塌搜索技术人员
队伍建筑物	重型	中型	轻型
搜索能力	同 2 级，另外，按照联合国 INSARAG 的指南中对倒塌建筑物的定义，在"轻型""中型"和"重型"倒塌建筑物进行搜索作业。 (1) 重型楼板建筑。 (2) 能够进行全搜索	同 3 级，另外，按照联合国 INSARAG 指南中对倒塌建筑物的定义，在"轻型"和"中型"倒塌建筑物进行搜索作业： (1) 重型墙结构。 (2) 预制混凝土。 (3) 钢筋框架结构	按照联合国 INSARAG 指南中对倒塌建筑物的定义，在"轻型"倒塌建筑物进行搜索作业，执行热学、光学、声学和音频搜索，提供包括心肺复苏和自动体外除颤器的急救服务；有许可的情况下进行密闭空间中作业，该密闭空间不是洞穴环境和地雷环境
一般能力	同 3 级	同 3 级	提供以下基本的突发事件命令系统（ICS）功能： 队员和搜索操作的安全；队员和目标人员的医疗护理；小型设备的简单修理和突发事件响应中的后勤支持；制定队伍层面的策略；规划营地收容所；简单的队员洗消；为直升机操作提供基本的地面支持，可能会被要求进行更多的操作；能够使用地面和水上交通工具、飞机进行支持

续表

救援装备	同2级，另加：搜救犬、红外热像仪	同3级，另加：听力装置、搜索相机、取芯钻、低角度钢丝绳设备	手持工具、绳索
通用装备	同3级	同3级	通讯装备；进入、搜索、救援和恢复装备；被困者状况评估和治疗、转运被困者的装备；车辆；对空中行动进行地面支持的装备；建造基地和临时营地的装备；特殊的个人防护装备
个人防护设备	同3级	同3级	头盔，前照灯和电池；眼睛和听力保护设备；呼吸保护设备；防护服；手套；鞋；旅行包；初始突击包；个人紧急医疗包；急救包；其他必要的野外装备；能够应对恶劣天气的服装
通讯设备	同3级	同3级	队伍内部和队伍间通信系统；可编程的无线电；手机或卫星电话，电池和充电器；电池充电器；手持式全球定位系统设备；话筒或耳机
交通设备			2辆车

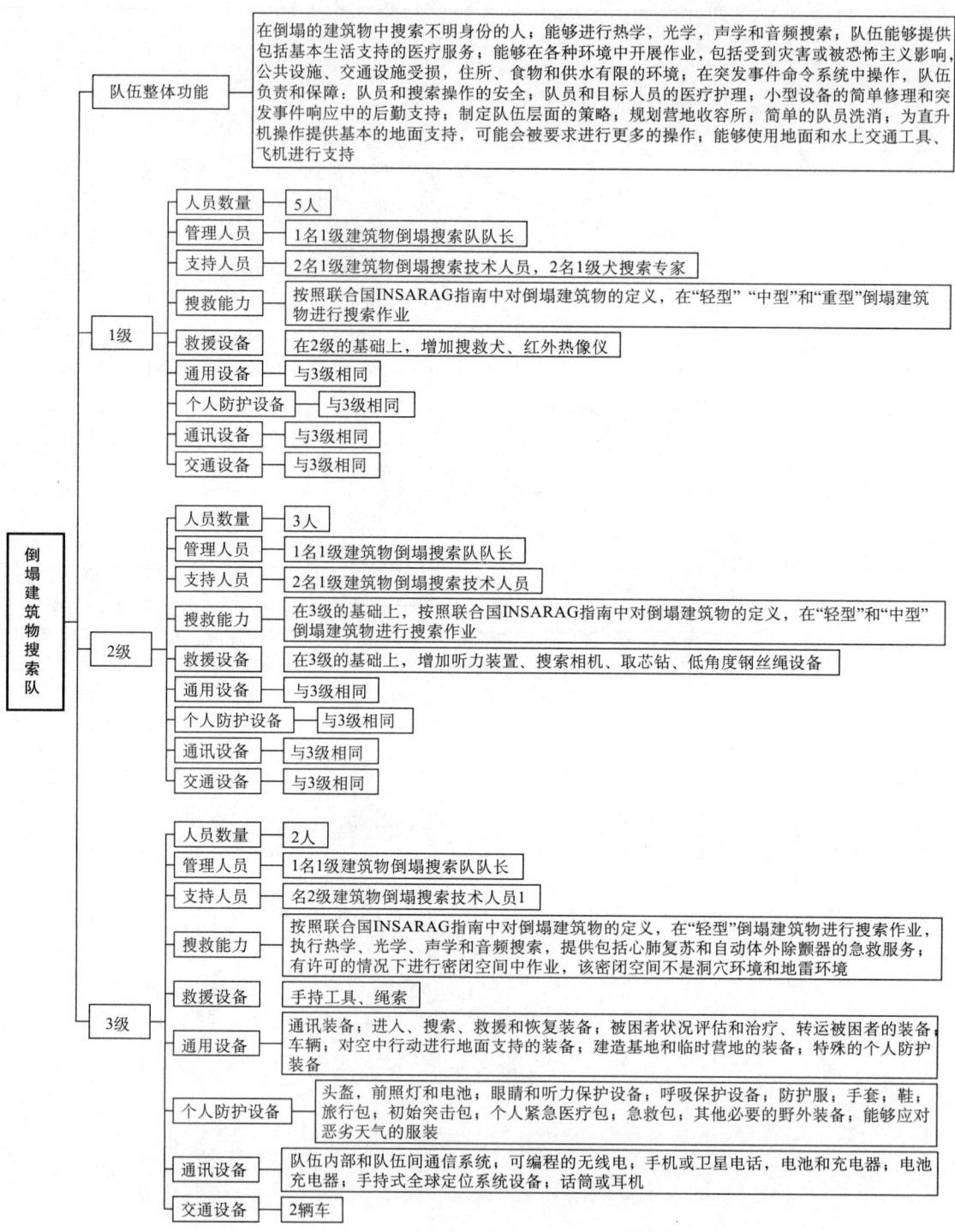

图3-10-8 倒塌建筑物搜索队分级要素

表 3-10-8 搜索与营救类——倒塌建筑物救援队分级标准

资源名称	倒塌建筑物救援队		
首要核心能力	大规模搜索和营救		
简要描述	在自然灾害和人为灾害中造成的倒塌的建筑物和废墟区域进行救援		
整体功能	(1) 在倒塌的建筑物中救援不明身份的人。 (2) 能够进行热学、光学、声学和音频搜索。 (3) 队伍能够提供医疗服务,包括基本生活支持(BLS)。 (4) 能够在各种环境中开展作业,包括受到灾害或被恐怖主义影响,公共设施、交通设施受损,住所、食物和供水有限的环境。 (5) 在突发事件命令系统(ICS)中操作。 (6) 主要用于救援和恢复到最近的安全区域进行空中救援,救护车或其他运输		
分级情况	3 级		
级别	1 级	2 级	3 级
队伍最小配员	6 人	6 人	5 人
队伍监管人员	同 3 级	同 3 级	1 名 1 级建筑物倒塌救援队队长
队伍支持人员	5 名 1 级建筑物倒塌救援技术人员	5 名 1 级建筑物倒塌救援技术人员	4 名 2 级建筑物倒塌救援技术人员
队伍建筑物	重型	中型	轻型
搜索能力	同 2 级,另外,按照联合国 INSARAG 的《城市搜索指南和方法》中对倒塌建筑物的定义,在"轻型""中型"和"重型"倒塌建筑物进行救援作业: (1) 重型楼板建筑。 (2) 能够进行全搜索,建筑物	同 3 级,另外,按照联合国 INSARAG 指南中对倒塌建筑物的定义,在"轻型"和"中型"倒塌建筑物进行救援作业: (1) 重型墙建筑物。 (2) 预制混凝土。 (3) 钢筋框架建筑物	按照联合国 INSARAG 的《城市搜索指南和方法》中对倒塌建筑物的定义,在"轻型"倒塌建筑物进行救援作业: (1) 轻型框架建筑物。 (2) 执行热学、光学、声学和音频搜索。 (3) 提供急救,包括心肺复苏(CPR)和自动体外除颤器(AED)。 (4) 密闭空间中作业(有相关许可证,非洞穴环境,非地雷环境)建筑物

续表

			(1) 提供以下基本的突发事件命令系统（ICS）功能： ①队员和搜索操作的安全。 ②队员和目标人员的医疗护理。 ③小型设备的简单修理和突发事件响应中的后勤支持。 ④制定队伍层面的策略。 ⑤如果需要，规划营地收容所。 ⑥简单的队员洗消。 ⑦为直升机操作提供基本的地面支持，可能会被要求进行更多的操作。 (2) 能够使用地面和水上交通工具、飞机进行支持
一般能力	同3级	同3级	
救援装备	(1) 手持工具。 (2) 绳索。 (3) 听力装置。 (4) 救援相机。 (5) 取芯钻。 (6) 低角度钢丝绳设备。 (7) 每个专家的犬。 (8) 红外热像仪	(1) 手持工具。 (2) 绳索。 (3) 听力装置。 (4) 救援相机。 (5) 取芯钻。 (6) 低角度钢丝绳设备	(1) 手持工具。 (2) 绳索
通用装备	同3级	同3级	(1) 通讯装备。 (2) 进入、搜索、救援和恢复装备。 (3) 被困者状况评估和治疗、转运被困者的装备。 (4) 车辆。 (5) 对空中行动进行地面支持的装备。 (6) 建造基地和临时营地的装备。 (7) 特殊的个人防护装备、工具、呼吸器

续表

个人防护设备	同3级	同3级	（1）头盔、前照灯和电池。 （2）眼睛和听力保护设备。 （3）呼吸保护设备。 （4）制服、防护服。 （5）手套。 （6）鞋。 （7）旅行包。 （8）初始突击包。 （9）个人紧急医疗包。 （10）急救包。 （11）其他必要的野外装备。 （12）能够应对恶劣天气的服装
通讯设备	同3级	同3级	（1）队伍内部和队伍间通信系统。 （2）可编程无线电。 （3）电话（即手机或卫星，电池和充电器）。 （4）电池充电器。 （5）手持式全球定位系统（GPS）单元。 （6）话筒或耳机
交通设备	2辆车	2辆车	2辆车

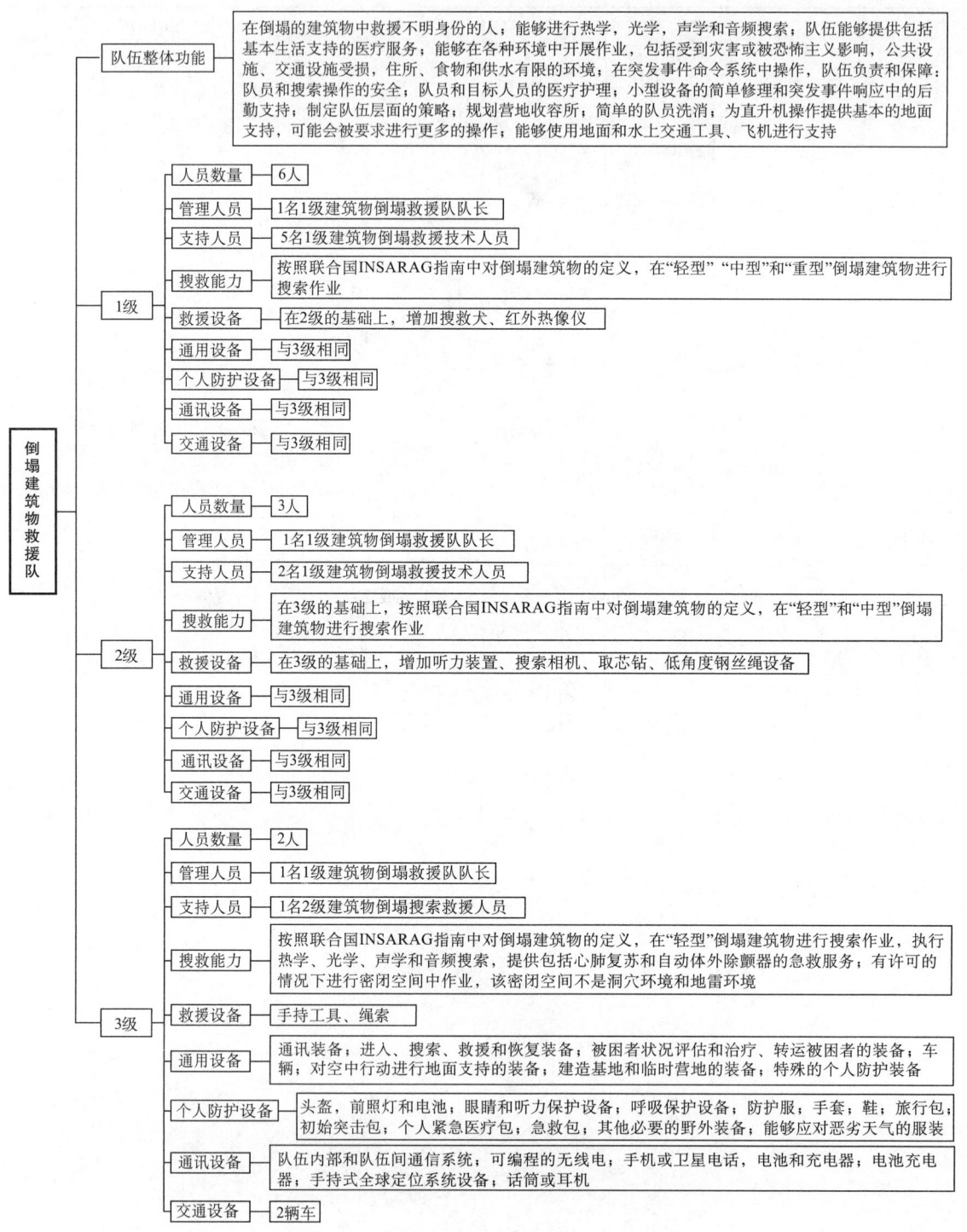

图 3-10-9 倒塌建筑物救援队分级要素

表 3-10-9.1　搜索与营救类——搜救犬队——灾难及结构倒塌现场人类遗体搜索队分级标准

资源名称	灾难及结构倒塌现场人类遗体搜索队	
首要核心能力	大规模搜索和营救	
简要描述	搜救犬搜索在倒塌的建筑物和废墟内的人类遗体	
整体功能	利用搜救犬在倒塌的建筑物和废墟内搜索人类遗体;提供包括急救在内的紧急医疗服务;对队伍的行动策略做出规划;在以下方面为人员提供基本保护:队员和搜索操作的安全、紧急避难所服务、医疗服务、简单的去污、为直升机操作提供基本的地面支持、小型设备的简单修理和突发事件响应中的后勤支持;能够在各种环境中开展作业,包括受到灾害或被恐怖主义影响,公共设施、交通设施受损,住所、食物和供水有限的环境;不提供救护车服务,也不运送人或动物到庇护所或其他地方	
分级情况	2 级	
级别	1 级	2 级
队伍最小配员	2 人	2 人
队伍监管人员	无特殊要求	无特殊要求
队伍支持人员	1 名 1 级灾难及倒塌建筑物人类遗体搜救犬专家,1 名 1 级倒塌建筑物搜索技术员或 1 级倒塌建筑物救援技术员	1 名 2 级灾难及倒塌建筑物人类遗体搜救犬专家,1 名 2 级倒塌建筑物搜索技术员或 2 级倒塌建筑物救援技术员
通用装备	同 2 级	与该资源的功能一致且需要包括以下设备:进入、搜索、救援和恢复装备;对空中行动进行地面支持的装备;建造基地和临时营地的装备;特殊的个人防护装备
搜索装备	同 2 级	手动工具,包括铲子和断线钳;生命安全绳;绳索硬件;绳索软件
个人防护设备	同 2 级	安全头盔;头灯和电池;救援安全绳索;护眼装备;听力保护装备;防护服;手套;鞋;个人医疗包;紧急救生包;适用于恶劣天气的衣物;搜救犬的防护设备
通讯设备	同 2 级	便携式和移动队伍内部通信;具有地对空能力的便携式无线电;设备充电器;手持式全球定位系统单元;双向手持无线电;手机
交通设备	同 2 级	车辆

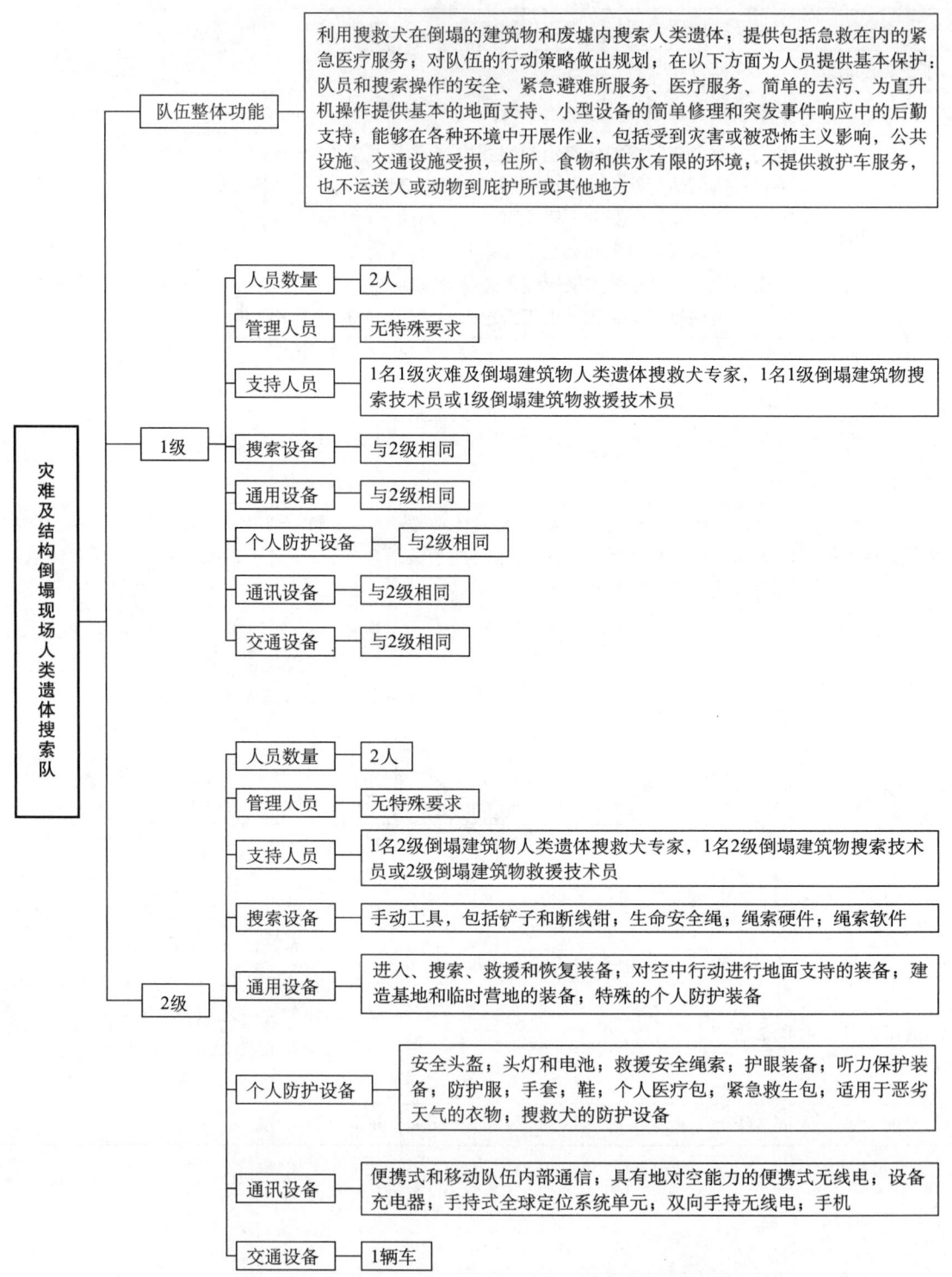

图 3-10-10.1 搜救犬队——灾难及结构倒塌现场人类遗体搜索队分级要素

表 3-10-9.2　搜索与营救类——搜救犬队——灾难及结构倒塌现场幸存者搜索队分级标准

资源名称	灾难及结构倒塌现场人类幸存者搜索队	
首要核心能力	大规模搜索和营救	
简要描述	利用搜救犬搜索在倒塌建筑物和废墟内的幸存者	
整体功能	（1）利用搜救犬搜索在倒塌建筑物和废墟内的幸存者。 （2）提供包括急救在内的紧急医疗服务。 （3）对队伍的行动策略做出规划。 （4）在以下方面为人员提供基本保护： ①队员和搜索操作的安全。 ②紧急避难所。 ③医疗服务。 ④简单的去污。 ⑤为直升机操作提供基本的地面支持。 ⑥小型设备的简单修理和突发事件响应中的后勤支持。 （5）能够在各种环境中开展作业，包括受到灾害或被恐怖主义影响，公共设施、交通设施受损，住所、食物和供水有限的环境。 （6）不提供救护车服务，也不运送人或动物到庇护所或其他地方	
分级情况	2 级	
级别	1 级	2 级
队伍最小配员	2 人	2 人
队伍监管人员	无特殊要求	无特殊要求
队伍支持人员	1 名 1 级灾难及倒塌建筑物人类幸存者搜救犬专家，1 名 1 级倒塌建筑物搜索技术员或 1 级倒塌建筑物救援技术员	1 名 2 级灾难及倒塌建筑物人类幸存者搜救犬专家，1 名 2 级倒塌建筑物搜索技术员或 2 级倒塌建筑物救援技术员
通用装备	同 2 级	与该资源的功能一致且需要包括以下设备： （1）进入、搜索、救援和恢复装备。 （2）对空中行动进行地面支持的装备。 （3）建造基地和临时营地的装备。 （4）特殊的个人防护装备，工具，呼吸器
搜索装备	同 2 级	技术搜索设备包括： （1）手动工具（铲子和断线钳）。 （2）生命安全绳。 （3）绳索硬件。 （4）绳索软件

续表

个人防护设备	同2级	(1) 安全头盔。 (2) 头灯和电池。 (3) 救援安全绳索。 (4) 护眼装备。 (5) 听力保护装备。 (6) 防护服。 (7) 手套。 (8) 鞋。 (9) 个人医疗包。 (10) 紧急救生包。 (11) 适用于恶劣天气的衣物。 (12) 搜救犬的防护设备
通讯设备	同2级	(1) 便携式和移动队伍内部通信。 (2) 具有地对空能力的便携式无线电。 (3) 设备充电器。 (4) 手持式全球定位系统（GPS）单元。 (5) 双向手持无线电。 (6) 手机
交通设备	同2级	车

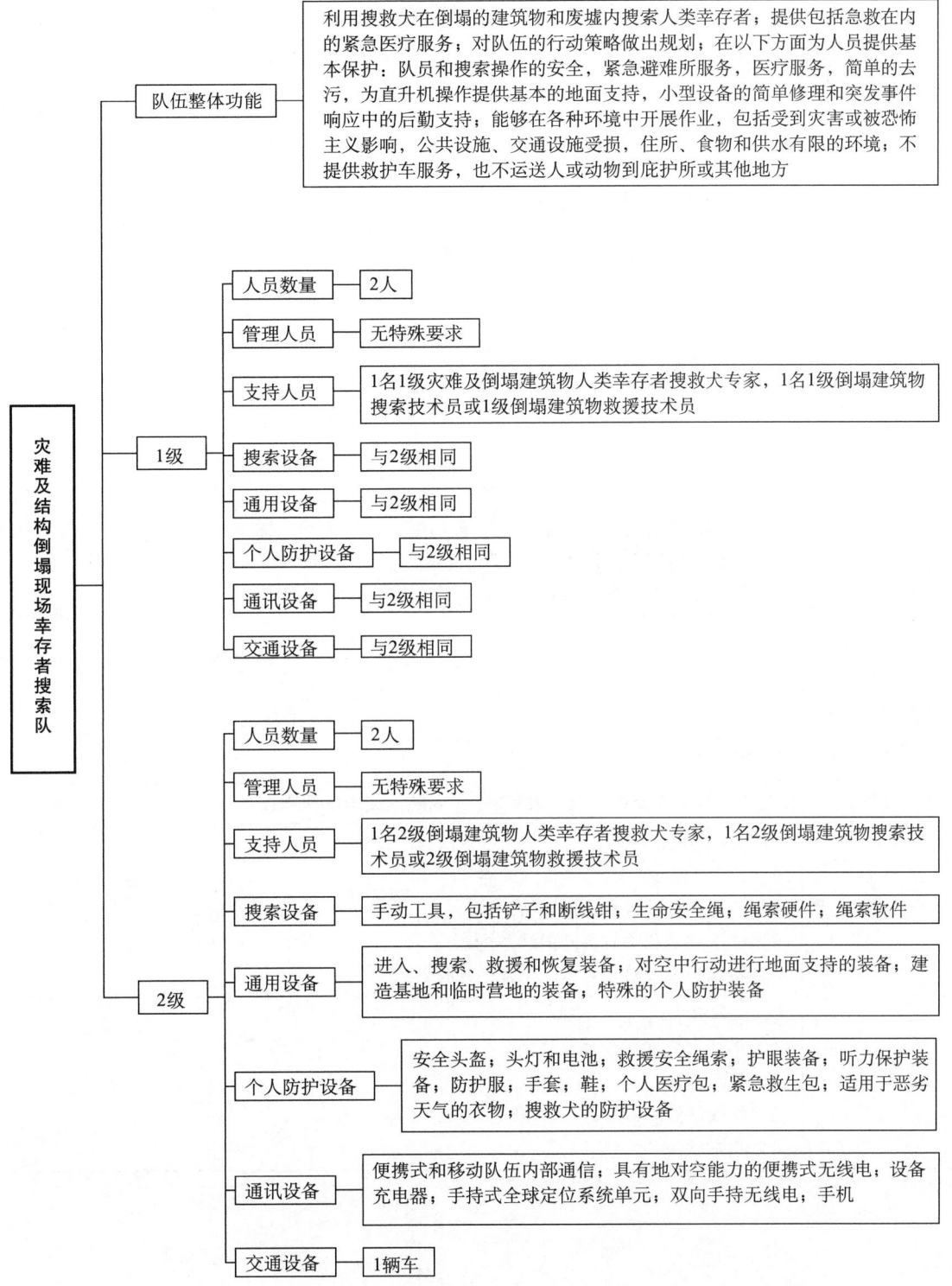

图 3-10-10.2 搜救犬队——灾难及结构倒塌现场幸存者搜索队分级要素

表 3-10-9.3　搜索与营救类——搜救犬队——陆地人类遗体搜索队分级标准

资源名称	陆地人类遗体搜索队
首要核心能力	大规模搜索和营救
简要描述	在城市倒塌建筑物环境之外，在废墟区域、地形多样、建筑物较少的区域内搜寻人类遗体
整体功能	（1）利用搜救犬搜寻人类遗体。 （2）提供包括急救在内的紧急医疗服务。 （3）对队伍的行动策略做出规划。 （4）在以下方面为人员提供基本保护： ①队员和搜索操作的安全。 ②紧急避难所。 ③医疗服务。 ④简单的去污。 ⑤为直升机操作提供基本的地面支持。 ⑥小型设备的简单修理和突发事件响应中的后勤支持。 （5）能够在各种环境中开展作业，包括受到灾害或被恐怖主义影响，公共设施、交通设施受损，住所、食物和供水有限的环境。 （6）不提供救护车服务，也不运送人或动物到庇护所或其他地方
分级情况	不分级
级别	1级
队伍最小配员	2人
队伍监管人员	无特殊要求
队伍支持人员	1名1级陆地人类遗体犬搜索专家，1名陆地或山岳搜索技术员
通用装备	与该资源的功能一致且需要包括以下内容的设备： （1）进入、搜索、救援和恢复装备。 （2）对空中行动进行地面支持的装备。 （3）建造基地和临时营地的装备。 （4）特殊的个人防护装备、工具、呼吸器
搜索装备	技术搜索设备包括： （1）手动工具（铲子和断线钳）。 （2）生命安全绳。 （3）绳索硬件。 （4）绳索软件

续表

个人防护设备	与该资源的功能和需求一致的最低PPE，包括： （1）安全头盔。 （2）头灯和电池。 （3）救援安全绳索。 （4）护眼装备。 （5）听力保护装备。 （6）防护服。 （7）手套。 （8）鞋。 （9）个人医疗包。 （10）紧急救生包。 （11）适用于恶劣天气的衣物。 （12）搜救犬的防护设备
通讯设备	（1）便携式和移动队伍内部通信。 （2）具有地对空能力的便携式无线电。 （3）设备充电器。 （4）手持式全球定位系统（GPS）单元。 （5）双向手持无线电。 （6）手机
交通设备	车

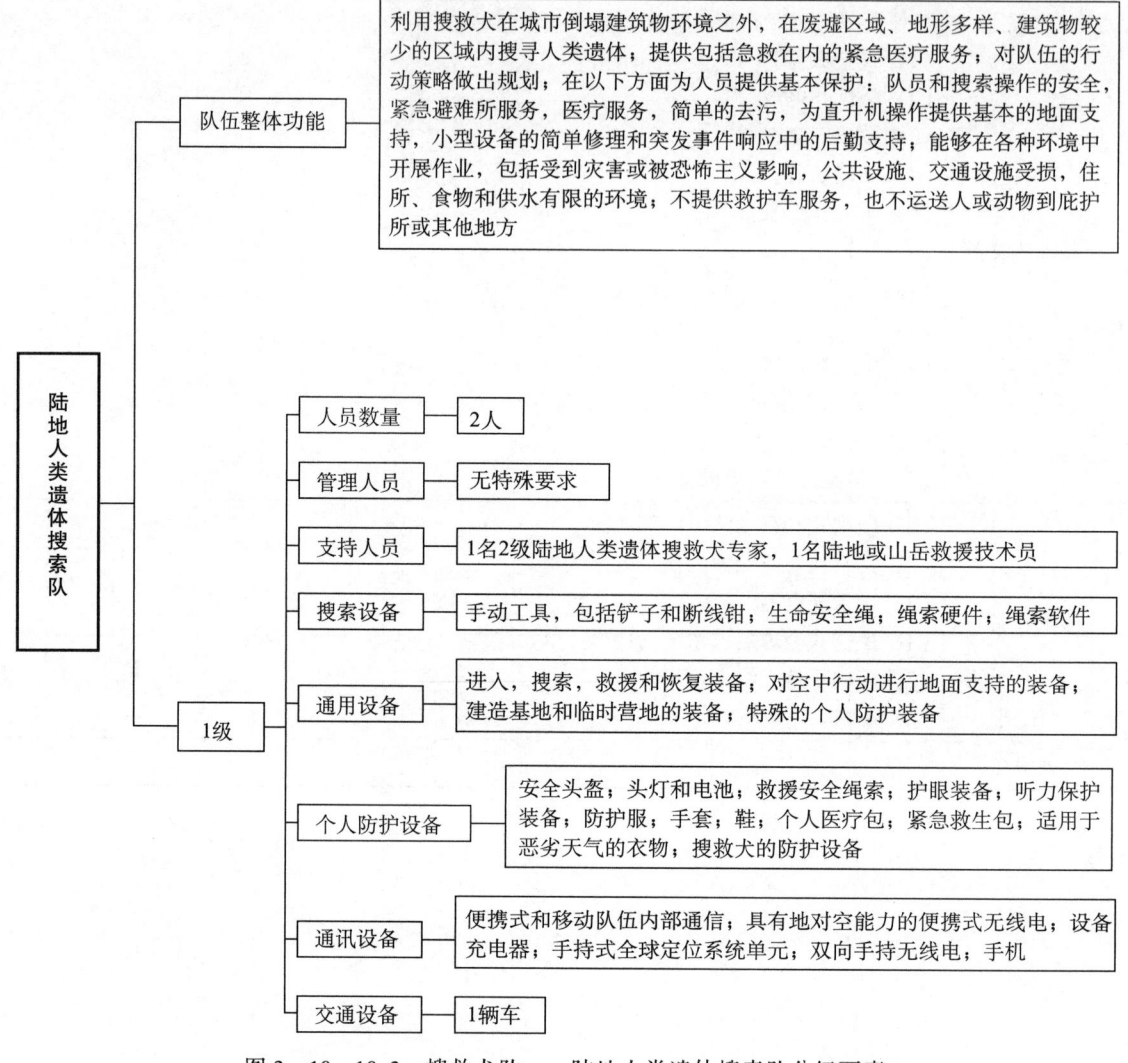

图 3-10-10.3 搜救犬队——陆地人类遗体搜索队分级要素

表3-10-9.4 搜索与营救类——搜救犬队——陆地人类幸存者搜索队分级标准

资源名称	陆地人类幸存者搜索队
首要核心能力	大规模搜索和营救
简要描述	在城市倒塌建筑物环境之外，在废墟区域、地形多样、建筑物较少的区域内搜寻幸存者
整体功能	（1）利用搜救犬搜索人类幸存者。 （2）提供包括急救在内的紧急医疗服务。 （3）对队伍的行动策略做出规划。 （4）在以下方面为人员提供基本保护： ①队员和搜索操作的安全。 ②紧急避难所。 ③医疗服务。 ④简单的去污。 ⑤为直升机操作提供基本的地面支持。 ⑥小型设备的简单修理和突发事件响应中的后勤支持。 （5）能够在各种环境中开展作业，包括受到灾害或被恐怖主义影响，公共设施、交通设施受损，住所、食物和供水有限的环境。 （6）不提供救护车服务，也不运送人或动物到庇护所或其他地方
分级情况	不分级
级别	1级
队伍最小配员	2人
队伍监管人员	无特殊要求
队伍支持人员	1名NIMS 1级陆地人类幸存者（带犬行动）犬搜索专家，1名NIMS陆地或山岳搜索技术员
通用装备	（1）进入、搜索、救援和恢复装备。 （2）对空中行动进行地面支持的装备。 （3）建造基地和临时营地的装备。 （4）特殊的个人防护装备，工具，呼吸器
搜索装备	技术搜索设备包括： （1）手动工具（铲子和断线钳）。 （2）生命安全绳。 （3）绳索硬件。 （4）绳索软件

续表

个人防护设备	与该资源的功能和需求一致的最低 PPE，包括： （1）安全头盔。 （2）头灯和电池。 （3）救援安全绳索。 （4）护眼装备。 （5）听力保护装备。 （6）防护服。 （7）手套。 （8）鞋。 （9）个人医疗包。 （10）紧急救生包。 （11）适用于恶劣天气的衣物。 （12）搜救犬的防护设备
通讯设备	（1）便携式和移动队伍内部通信。 （2）具有地对空能力的便携式无线电。 （3）设备充电器。 （4）手持式全球定位系统（GPS）单元。 （5）双向手持无线电。 （6）手机
交通设备	车

第三章 美国应急资源分类分级标准

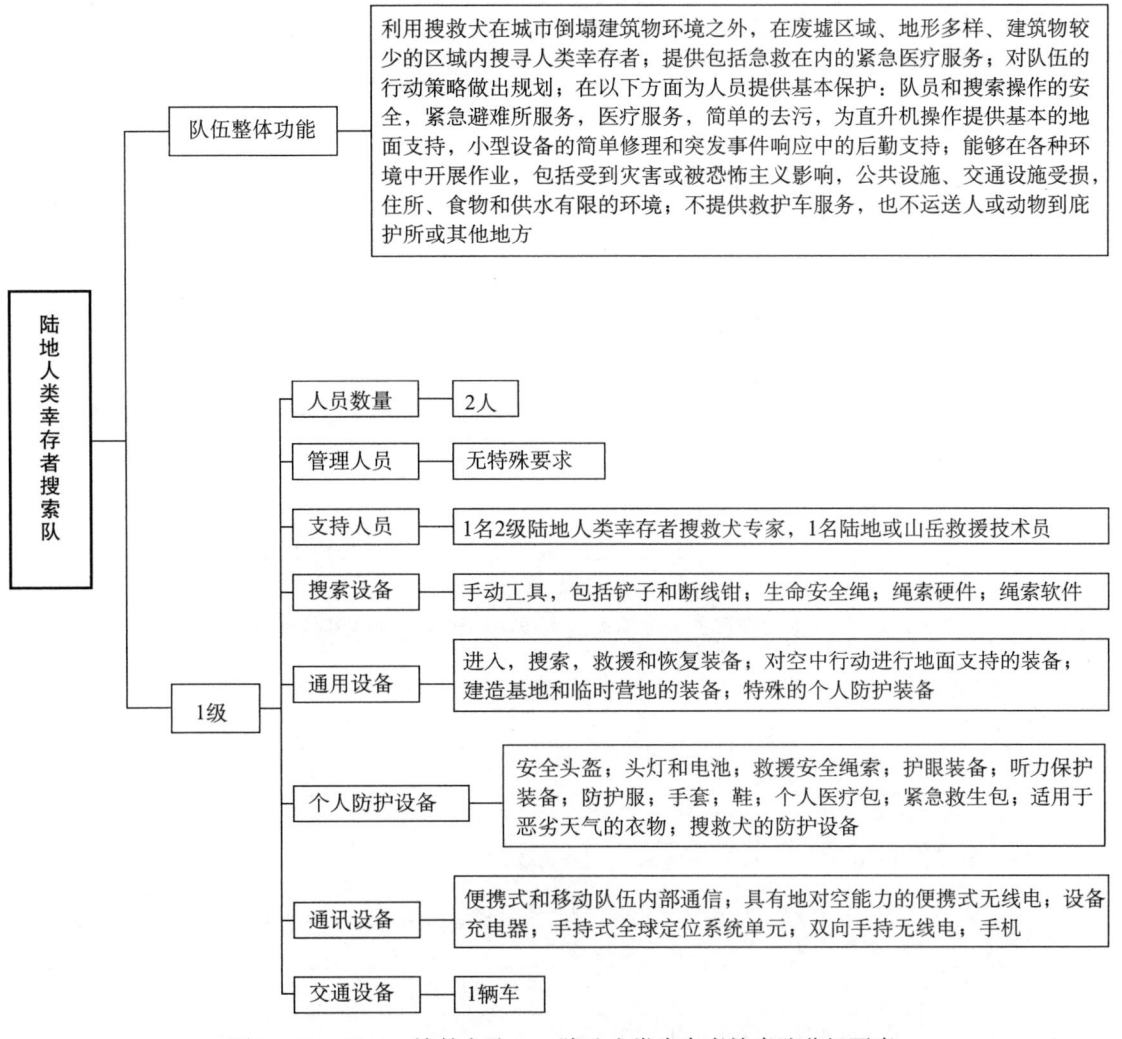

图 3-10-10.4 搜救犬队——陆地人类幸存者搜索队分级要素

表 3-10-9.5 搜索与营救类——搜救犬队——水上人类遗体搜索队分级标准

资源名称	水上人类遗体搜索队	
首要核心能力	大规模搜索和营救	
简要描述	利用搜救犬搜寻水体和水下废弃物中的人类遗体	
整体功能	（1）利用搜救犬搜寻水体和水下废弃物中的人类遗体。 （2）提供包括急救在内的紧急医疗服务。 （3）对队伍的行动策略做出规划。 （4）在以下方面为人员提供基本保护： ①队员和搜索操作的安全。 ②紧急避难所。 ③医疗服务。 ④简单的去污。 ⑤为直升机操作提供基本的地面支持。 ⑥小型设备的简单修理和突发事件响应中的后勤支持。 （5）能够在各种环境中开展作业，包括受到灾害或被恐怖主义影响，公共设施、交通设施受损，住所、食物和供水有限的环境。 （6）不提供救护车服务，也不运送人或动物到庇护所或其他地方	
分级情况	2 级	
级别	1 级	2 级
队伍最小配员	2 人	2 人
队伍监管人员	无特殊要求	无特殊要求
队伍支持人员	1 名 1 级水上人类遗体搜救犬专家，1 名 1 级陆地搜索技术员或 1 级湍流和洪水救援技术员	1 名 2 级水上人类遗体搜救犬专家，1 名 2 级陆地搜索技术员或 2 级湍流和洪水救援技术员
工作环境	湍流及洪水	湍流及洪水
队伍能力	搜索并检测湍流及洪水内人类遗体残留的气味	搜索并检测湍流及洪水内人类遗体残留的气味
通用装备	同 2 级	与该资源的功能一致且需要包括以下设备： （1）进入、搜索、救援和恢复装备。 （2）对空中行动进行地面支持的装备。 （3）建造基地和临时营地的装备
搜索装备	同 2 级	技术搜索设备包括： （1）手动工具（铲子和断线钳）。 （2）生命安全绳。 （3）绳索硬件。 （4）绳索软件

续表

个人防护设备	同2级，另加： （1）水里救援头盔。 （2）5级个人浮力装置（PFD）	（1）安全头盔。 （2）前照灯和电池。 （3）救援安全带。 （4）护眼设备。 （5）听力保护设备。 （6）防护服。 （7）手套。 （8）鞋。 （9）个人医疗包。 （10）急救救生包。 （11）恶劣天气的衣服。 （12）搜救犬的防护装备。 （13）3级个人浮力装置。 （14）绳索
通讯设备	同2级	（1）便携式和移动队伍内部通信。 （2）具有地对空能力的便携式无线电。 （3）设备充电器。 （4）手持式全球定位系统（GPS）单元。 （5）双向手持无线电。 （6）手机
交通设备	同2级	如果需要水上运输，则由湍流及洪水搜救队负责

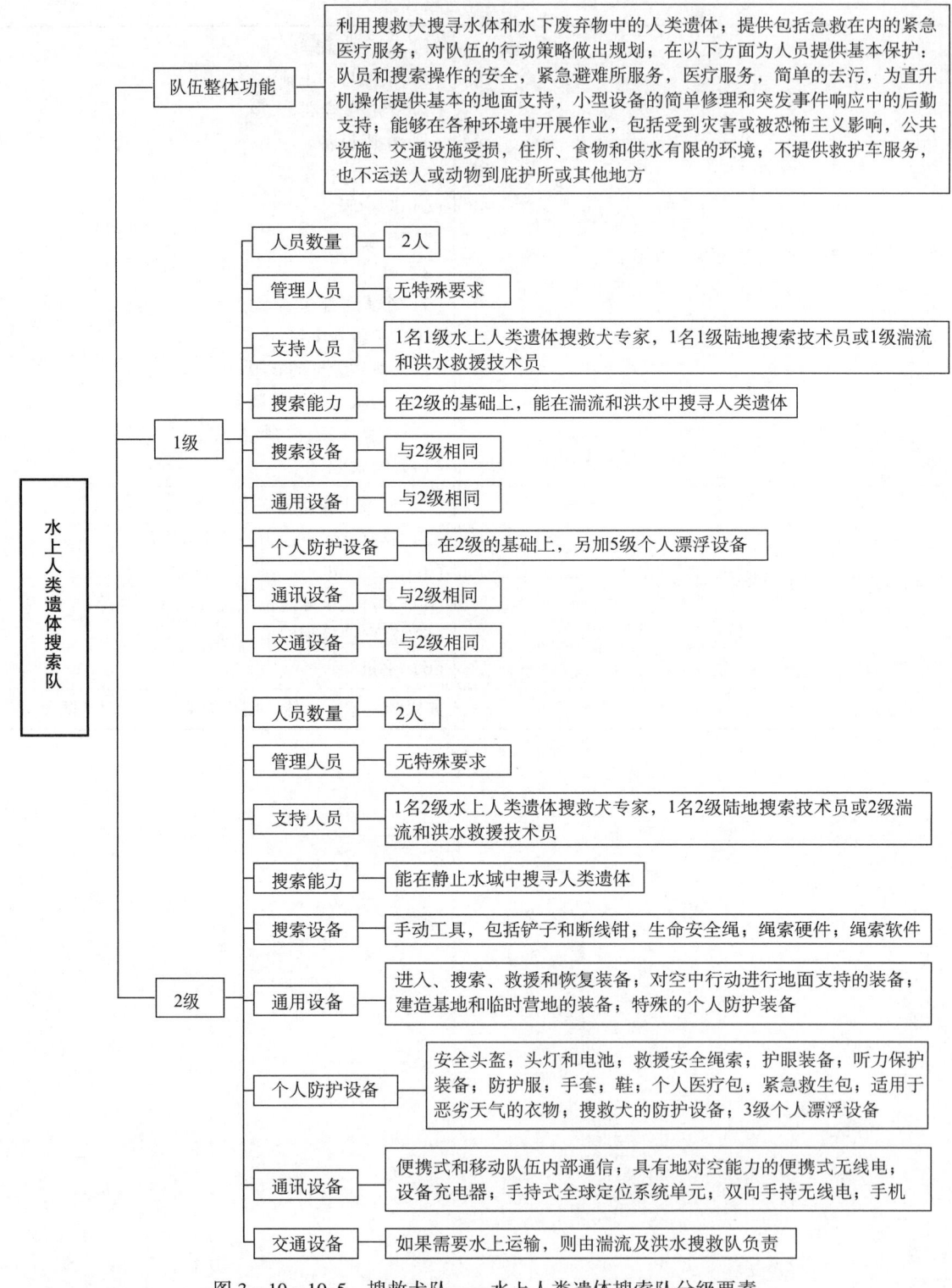

图 3-10-10.5 搜救犬队——水上人类遗体搜索队分级要素

表 3-10-10 搜索与营救类——矿山搜救队分级标准

资源名称	矿山搜救队	
首要核心能力	大规模搜索和营救	
简要描述	在地下矿井中开展搜救和恢复行动，矿井包括活动的矿井、不活动的矿井和废弃矿井	
整体功能	（1）在地下矿井中开展搜救和恢复行动，矿井包括活动的矿井、不活动的矿井和废弃矿井。 （2）提供对人员的一次主要救援，以将其运送到最近的地方进行二次空中或陆地运输，护理和庇护。 （3）根据培训水平提供急救或更高级的医疗服务。在适合患者情况和矿山环境限制的情况下可能包括心肺复苏。 （4）在突发事件命令系统中运作。 （5）能够在各种环境中开展作业，包括受到灾害或被恐怖主义影响，公共设施、交通设施受损，住所、食物和供水有限的环境	
分级情况	2级	
级别	1级	2级
队伍最小配员	7人	7人
队伍监管人员	1名1级矿山搜救队长	1名2级矿山搜救队长
队伍支持人员	6名矿山搜救技术人员	6名矿山搜救技术人员
搜救能力	（1）在活跃的地下矿井环境中进行搜索、救援和恢复工作。 （2）火灾和爆炸响应行动。 （3）舱壁建造和支架搭建操作。 （4）火灾、爆炸后响应操作	在不活跃的地下矿井环境中进行搜索、救援和恢复操作
通用装备	同2级，另加： 进入设备、火灾及爆炸抑制设备；舱壁建筑材料和木材	技术绳索救援设备；每一种气体的大气监测仪以及测试和维持运行所需的任何必要设备；防颗粒物口罩和呼吸器；锁定和标记工具；快速介入工具箱；组合或独立呼吸装置
个人防护设备	同2级	头盔、手套、消防防护服、防护靴
通讯设备	同2级	团队内部的便携式通信、具有地对空能力的便携式无线电、手持全球定位系统（GPS）装置、手机和防水包、耳机
交通设备	同2级	2辆车

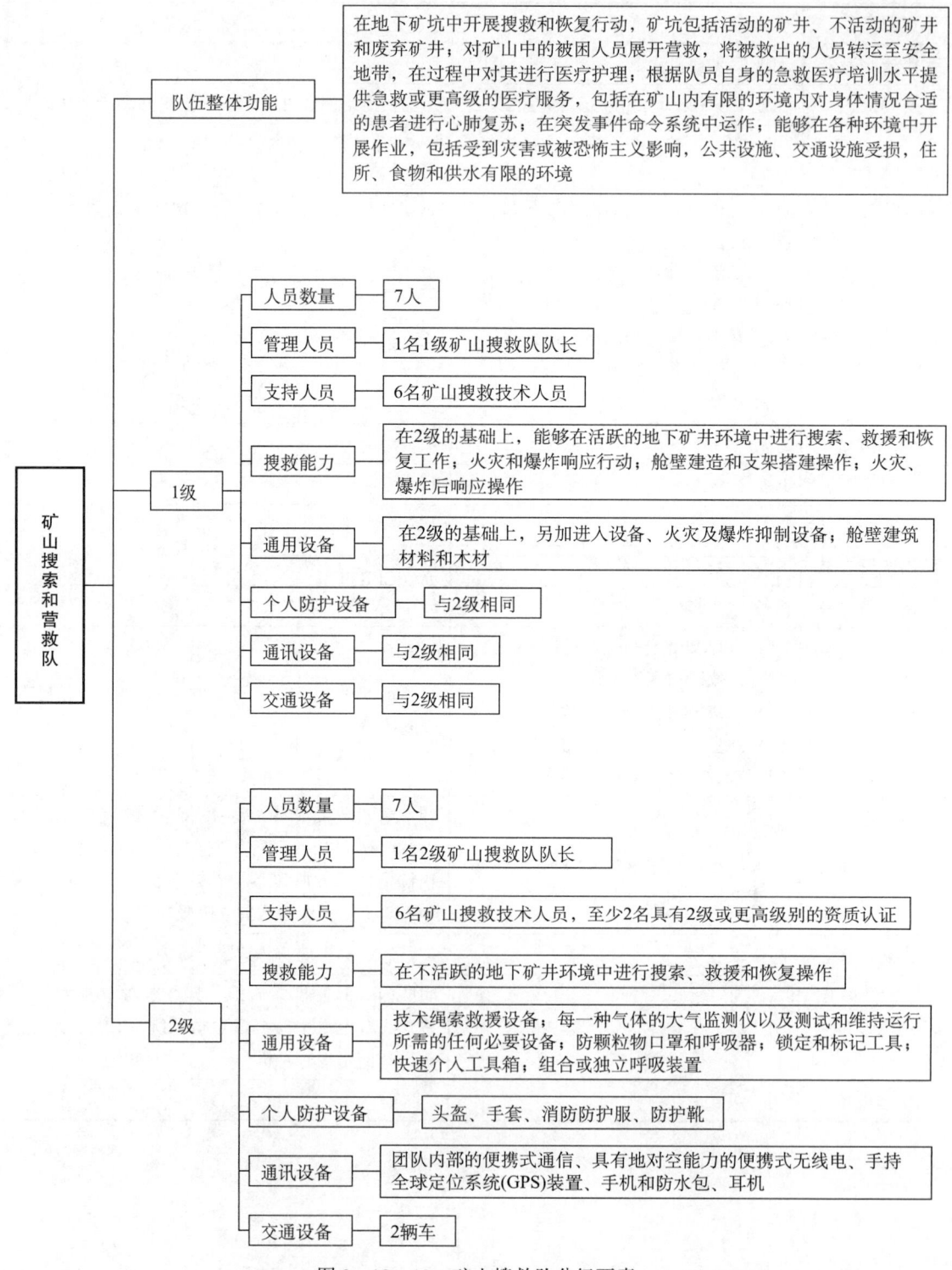

图 3-10-11 矿山搜救队分级要素

表 3-10-11 搜索与营救类——山岳搜救队分级标准

资源名称	山岳搜救队
首要核心能力	大规模搜救行动
简要描述	在低山、高山和高山的一个或多个环境中进行搜救和恢复工作,以应对自然和人为突发事件
整体功能	(1) 通过使用飞机和地面车辆进行支援、运输和撤离,包括技术和非技术地形,在低山、山区和高山环境中进行搜索、救援和恢复: ①低山:以陡坡和高程变化为特征的土地,要求能够协商等级为约塞米蒂十进位系统(YDS)1~4级(偶尔为5级)的路线,其中陡峭至垂直的岩石、陡峭的森林或灌木丛覆盖的地形、坡地、巨石场以及偶尔的冰雪障碍会限制行程,低山环境包括城市或郊区的公园。 ②山区:具有陡峭坡度和高程变化的土地,需要能够通过YDS等级2~4,偶尔是等级5的路线,以及陡峭至垂直的岩石、陡峭的森林或被灌木覆盖的地形、巨石场和偶有的冰雪障碍会限制行程。 ③高山地区:多山的地形,通常位于林线上方,队伍需要能够协商YDS等级2~5的路线的能力,高山环境中常有极端天气,且会大范围暴露于风雪和冰冻环境中,雪崩风险和裂缝会影响行程;高山环境包括3500m以上的所有山区。 (2) 能够对被救人员进行急救和心肺复苏(CPR)。 (3) 在突发事件命令系统(ICS)中操作。 (4) 能够在各种环境中开展作业,包括受到灾害或被恐怖主义影响,公共设施、交通设施受损,住所、食物和供水有限的环境。 (5) 对人类和动物进行救援,并将其运送到安全的避难所,但不会将已救出的人和动物转送至长期避难所或其他地方
分级情况	不分级
级别	1级
队伍最小配员	11人
队伍监管人员	1名山地搜救突击队队长,2名山地搜救队队长
队伍支持人员	8名山地搜救技术员
队伍能力	在高山环境中执行搜索、救援和恢复
救援装备	符合队伍的能力和需求的救援装备,达到或超过ASTMF2209和山地搜救援助(MRA)105.1标准的要求
个人防护设备	符合队伍的能力和需求的个人防护设备,达到或高于ASTM 2209中的要求
工作环境	山地

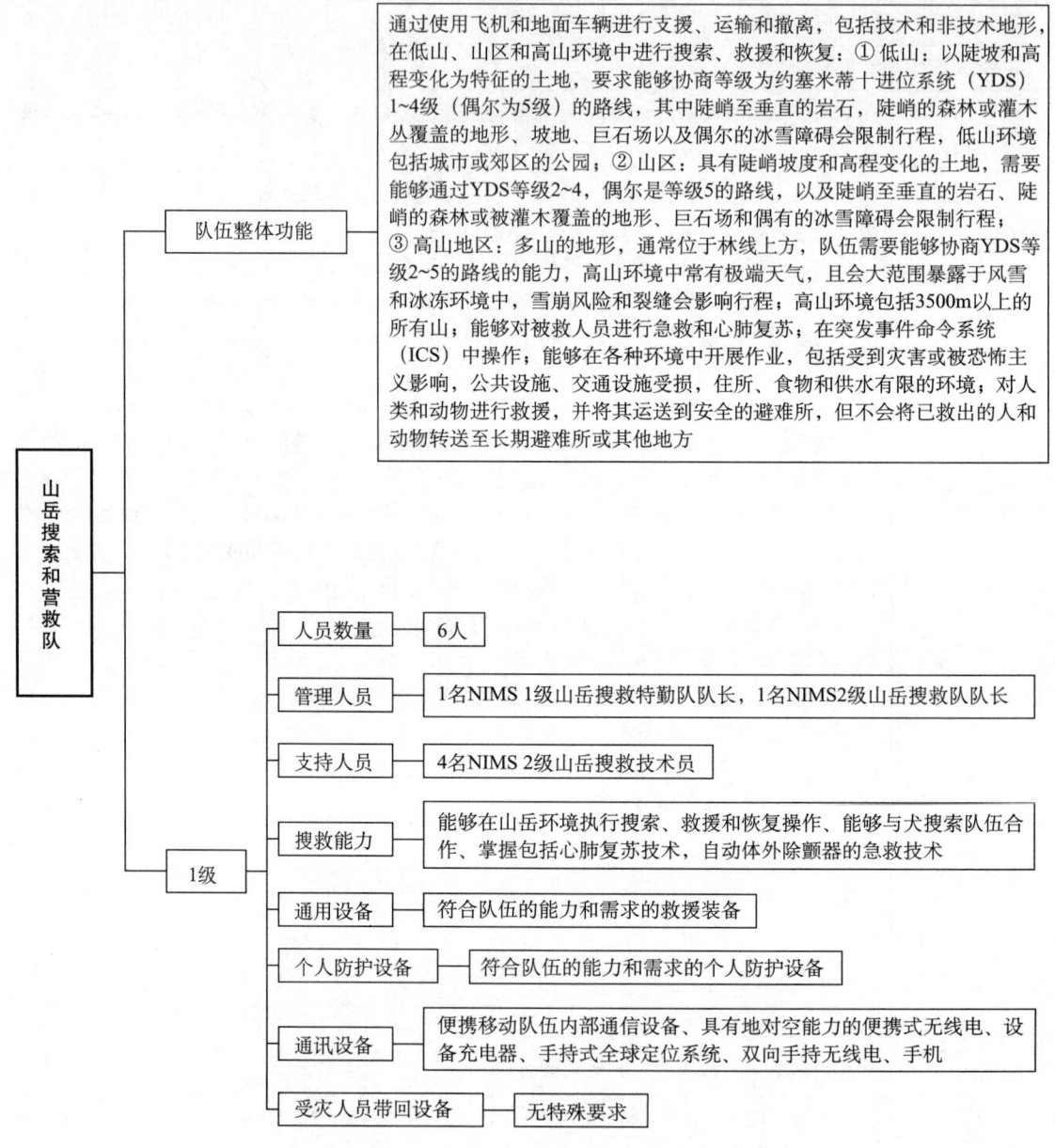

图 3-10-12 山岳搜救队分级要素

表 3-10-12 搜索与营救类——洞穴搜救队分级标准

资源名称	洞穴搜索和营救队	
首要核心能力	大规模搜索和营救	
简要描述	在自然形成的洞穴中开展搜索、救援和恢复行动	
整体功能	(1) 在水平和垂直的洞穴环境中进行搜索、救援和恢复。 (2) 对洞穴中的被困人员展开营救,将被救出的人员转运至安全地带,在过程中对其进行医疗护理。 (3) 根据队员自身的急救医疗培训水平提供急救或更高级的医疗服务,包括在洞穴内有限的环境内对身体情况合适的患者进行心肺复苏。 (4) 在突发事件命令系统中运作。 (5) 能够在各种环境中开展作业,包括受到灾害或被恐怖主义影响,公共设施、交通设施受损,住所、食物和供水有限的环境	
分级情况	2 级	
级别	1 级	2 级
队伍最小配员	7 人	7 人
队伍监管人员	1 名 NIMS 1 级洞穴搜救队队长	1 名 2 级洞穴搜救队队长
队伍支持人员	6 名洞穴搜救技术人员,其中至少 4 名具有 2 级或更高级别的资质认证	6 名洞穴搜救技术人员,至少 2 名具有 2 级或更高级别的资质认证
搜救能力	同 2 级,并且能够在有湍流的洞穴中进行搜索、救援和恢复	能够在水平和垂直洞穴中进行搜索、救援和恢复
通用装备	同 2 级	绳索技术装备;担架轮;包裹患者的材料,例如防潮层和低温防护材料;担架系带;适当的浮选设备;疏散设备,包括:至少一个柔性的塑料适形担架,用于通过各种水平和垂直的洞穴通道输送受伤人员,至少一个担架
个人防护设备	同 2 级	适合洞穴中作业的特定的内外衣物、鞋;固定安全带;单人升降设备,在腰部以上有 2 个连接点;带有三点或四点下巴悬挂系统的安全头盔;皮制手套或加厚的合成橡胶手套;3 个独立的光源,其中 2 个可以安装在安全头盔上;电池;适当量的水;刀或多功能工具;个人急救箱
通讯设备	同 2 级	适用于洞穴作业的有线通信设备、为洞穴作业而建立的无线电系统;用于将有线系统转接到无线系统,以进行命令接口的设备;用于地面通信的个人通信设备;GPS 装置,协助地面以上的定位
交通设备	同 2 级	2 辆车

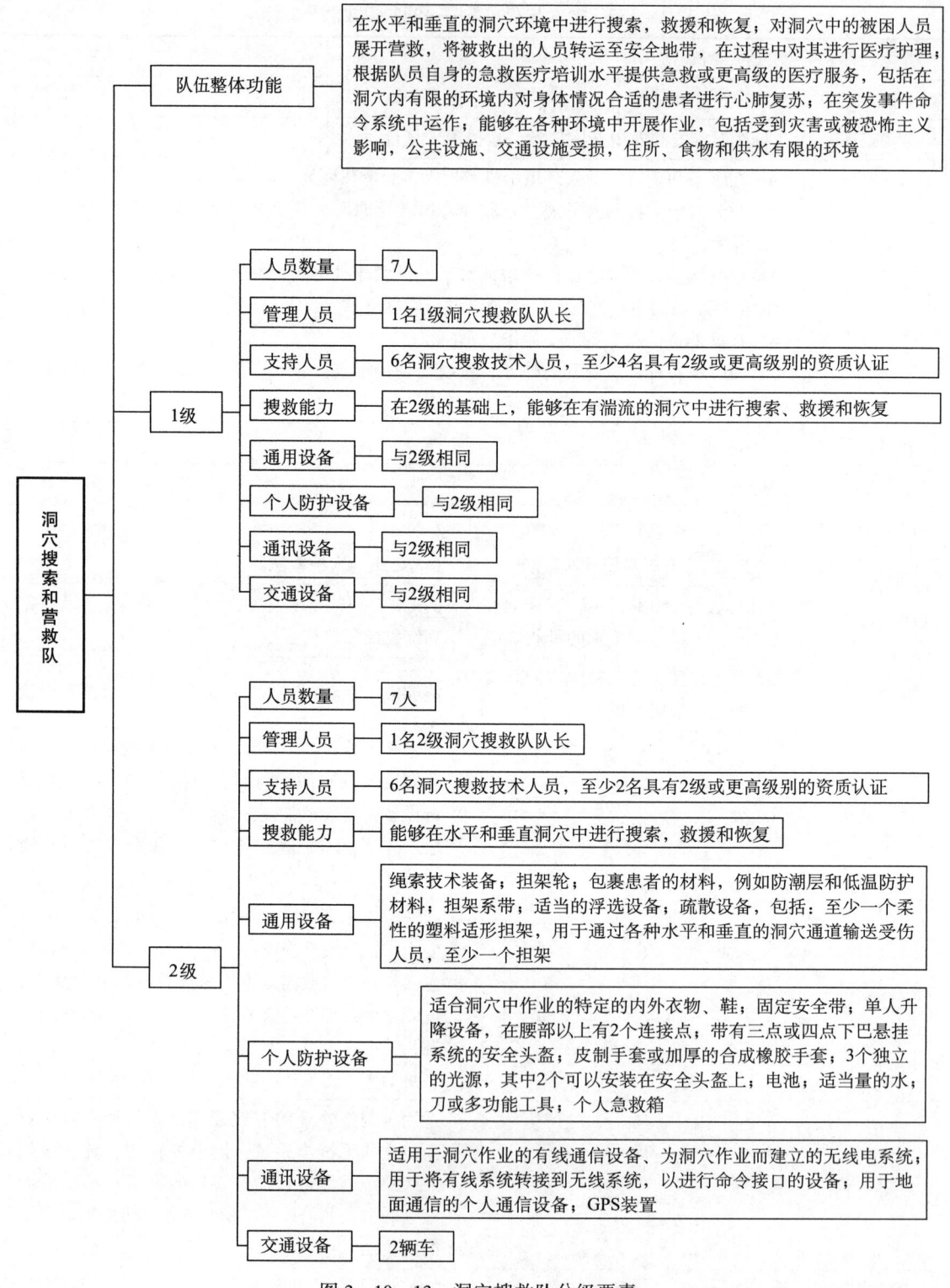

图 3-10-13 洞穴搜救队分级要素

表 3-10-13 搜索与营救类——陆地搜救队分级标准

资源名称	陆地搜救队	
首要核心能力	大规模搜救行动	
简要描述	在陆地或荒野环境中进行搜救和恢复工作，应对自然和人为因素造成的突发事件	
整体功能	（1）通过使用飞机和地面车辆，在非技术性地形中进行支持、运输和疏散，在陆地和荒野环境中进行搜索、救援和恢复：①陆地环境：位于城市边界范围内或紧邻城市边界的区域，距离紧急救援人员易于接近的道路不超过 0.5 英里（0.8km），并且可能包括公园，城市郊野，私人、州和市政拥有的土地；②荒野环境：远离城市外的区域。荒野也可以指突发事件发生后，当地基础设施受到严重影响、出现三断情况的地区。 （2）能够对被救人员进行急救和心肺复苏（CPR）。 （3）在突发事件命令系统（ICS）中操作。 （4）能够在各种环境中开展作业，包括受到灾害或被恐怖主义影响，公共设施、交通设施受损，住所、食物和供水有限的环境。 （5）对人类和动物进行救援，并将其运送到安全的避难所，但不会将已救出的人和动物转送至长期避难所或其他地方	
分级情况	分 2 级	
级别	1 级	2 级
队伍最小配员	9 人	6 人
队伍监管人员	1 名 NIMS 1 级陆地搜救特勤队队长，2 名 NIMS 1 级陆地搜救队队长	1 名 NIMS 1 级陆地搜救特勤队队长，1 名 NIMS 2 级陆地搜救队队长
队伍支持人员	6 名 NIMS 1 级陆地搜救技术员	4 名 NIMS 2 级陆地搜救技术员
队伍	同 2 级，另外： （1）掌握基本的绳索救援技术。 （2）能够在荒野环境执行搜索、救援和恢复操作荒野环境	（1）能够在陆地环境执行搜索、救援和恢复操作。 （2）能够与犬搜索队伍合作。 （3）掌握包括心肺复苏技术，自动体外除颤器的急救技术。 （4）基本的绳索救援技术
救援装备	同 2 级	符合队伍的能力和需求的救援装备，达到或超过 ASTMF2209 和山地搜救援助（MRA）105.1 标准的要求
个人防护设备	同 2 级	符合队伍的能力和需求的个人防护设备，达到或高于 ASTM 2209 中的要求
工作环境	荒野	陆地

		续表
通讯设备	同 2 级	（1）便携移动队伍内部通信设备。 （2）具有地对空能力的便携式无线电。 （3）设备充电器。 （4）手持式全球定位系统（GPS）。 （5）双向手持无线电。 （6）手机
受灾人员带回设备	担架，系带	无特殊要求

第三章 美国应急资源分类分级标准

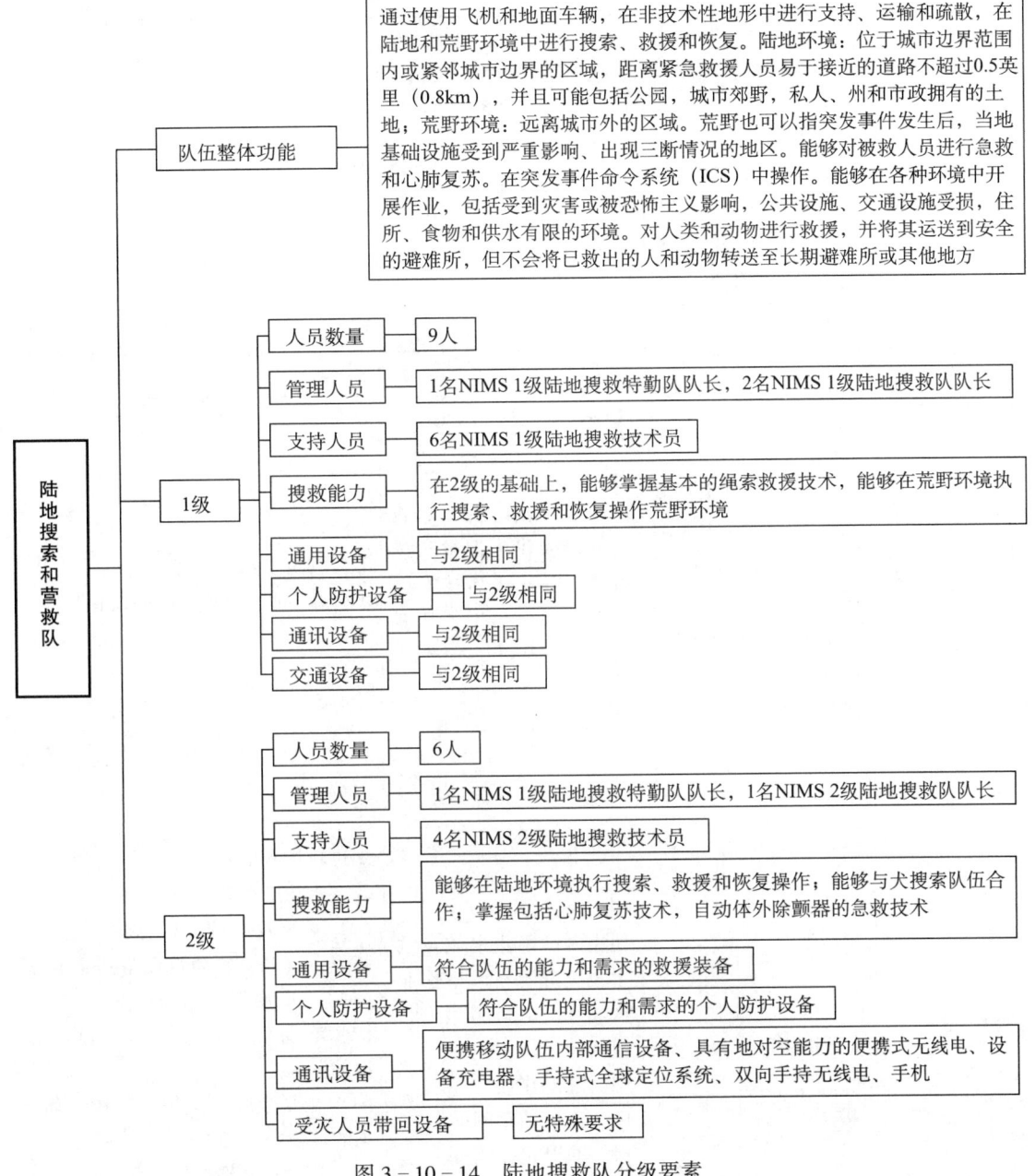

图 3-10-14 陆地搜救队分级要素

表 3-10-14 搜索与营救类——静止水域及洪水搜救队分级标准

资源名称	静止水域及洪水搜救队
首要核心能力	搜索和营救
简要描述	在静止水域及洪水的环境中对人和动物进行搜索、救援和恢复

			续表
整体功能	（1）搜索并救援可能受伤或需要医疗护理的人员。 （2）提供紧急医疗服务，包括基础的生命支持（BLS）。 （3）将人类和动物运输到距离受灾现场最近的陆地，并对他们进行空中或陆地运送。 （4）提供基于岸上或船边的水上救援。 （5）提供动物救援。 （6）在水环境中支持直升机救援行动和城市搜救。 （7）能够在各种环境中开展作业，包括受到灾害或被恐怖主义影响，公共设施、交通设施受损，住所、食物和供水有限的环境		
分级情况	3级		
级别	1级	2级	3级
队伍监管人员	16人	12人	6人
队伍支持人员	4名船舶操作员；1名静止水域及洪水搜救队技术员，其中1名技术员有后勤能力，3名掌握紧急医疗救援技术，1名掌握动物搜救技术，1名掌握通信技术	3名船舶操作员；7名静止水域及洪水搜救队技术员，其中1名技术员有后勤能力，3名掌握紧急医疗救援技术	1名船舶操作员（SAR）； 4名静止水域及洪水搜救队技术员
操作能力	同2级，并能执行动物救援	同3级，另加： 使用多种静止水域及洪水救援资源在大型作业区进行协调或作业，包括： （1）船基作业。 （2）高清洁车辆操作。 （3）直升机操作	（1）在静水中以小于1节的水流进行以下水上作业： ①桨和摩托艇操作。 ②进攻性水上救援。 ③洪水响应行动。 （2）对被救人员进行急救，包括心肺复苏（CPR）和自动体外除颤器（AED）的使用。 （3）必要时请求绳索救援和航空救援的资源。 （4）在受危险化学物品和核物质污染的环境中进行操作。 （5）管理搜索操作。 （6）提供包括基础生命支持在内的急救服务。 （7）进行低角度绳索救援。 （8）在搜救过程中自给自足
工作环境	同3级	同3级	静止水域及洪水

续表

去污设备	同3级	同3级	(1) 2条25英尺的软管、星形阀除污设备套件。 (2) 2.5加仑压力喷雾器。 (3) 5加仑桶装肥皂和漂白液。 (3) 40加仑塑料工作箱。 (4) 110V潜水泵。 (5) 110V洗衣机
救援装备	同3级	同3级	(1) 动力锯和适当的燃料。 (2) 绳索救援工具包。 (3) 可伸长的手杖。 (4) 各种手动工具，包括8磅消防撬棍、10磅平头斧头、大锤、锤子、钻头和锯子
个人防护设备	同3级	同3级	(1) 水中作业用头盔。 (2) 眼睛和听力保护设备。 (3) 呼吸保护设备。 (4) 制服、防护服。 (5) 手套。 (6) 鞋。 (7) 旅行包。 (8) 合适的个人漂浮装置（PFD）。 (9) 个人紧急医疗包。 (10) 生存包。 (11) 其他必要的野外装备。 (12) 烘干的衣服。 (13) 头灯和电池
通讯设备（队员）	同3级	同3级	(1) 防水海洋频段无线电。 (2) 具有地对空能力的便携式无线电。 (3) 手持式全球定位系统（GPS）单元
气体检测设备	同2级	多气体检测仪	无特殊要求
通讯设备（船员）	同3级	同3级	(1) 双向手持无线电。 (2) 手机。 (3) 充电器
陆地交通设备	同3级	同3级	(1) 能够运送人员、设备和船只的车辆和拖车。 (2) 束缚和捆扎用具
救援交通设备	4艘充气救生艇、平底船或适合水域类型的船只，配备补给品和燃料	2艘充气救生艇、平底船或适合水域类型的船只，配备补给品和燃料	1艘充气救生艇、平底船或适合水域类型的船只，配备补给品和燃料

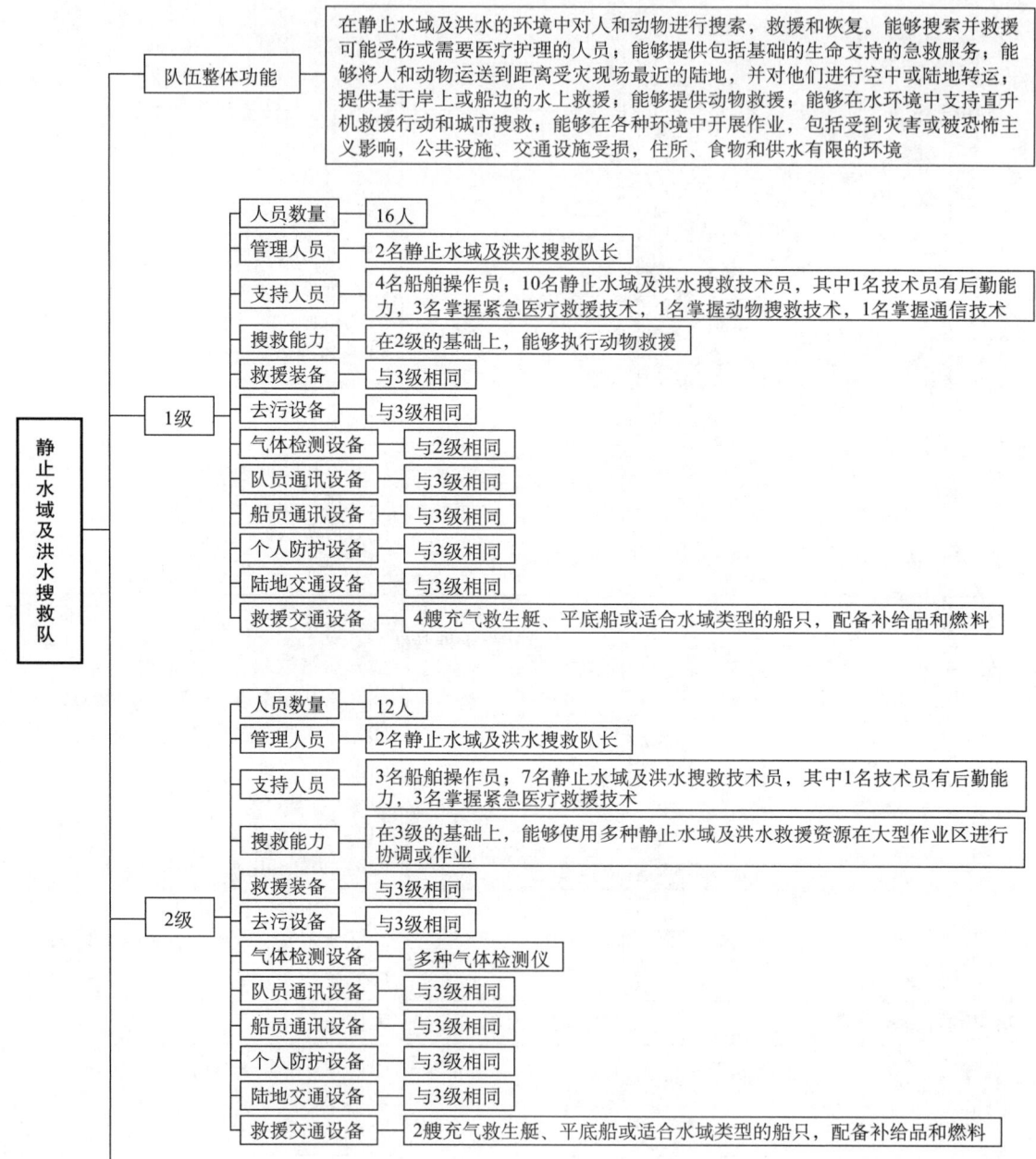

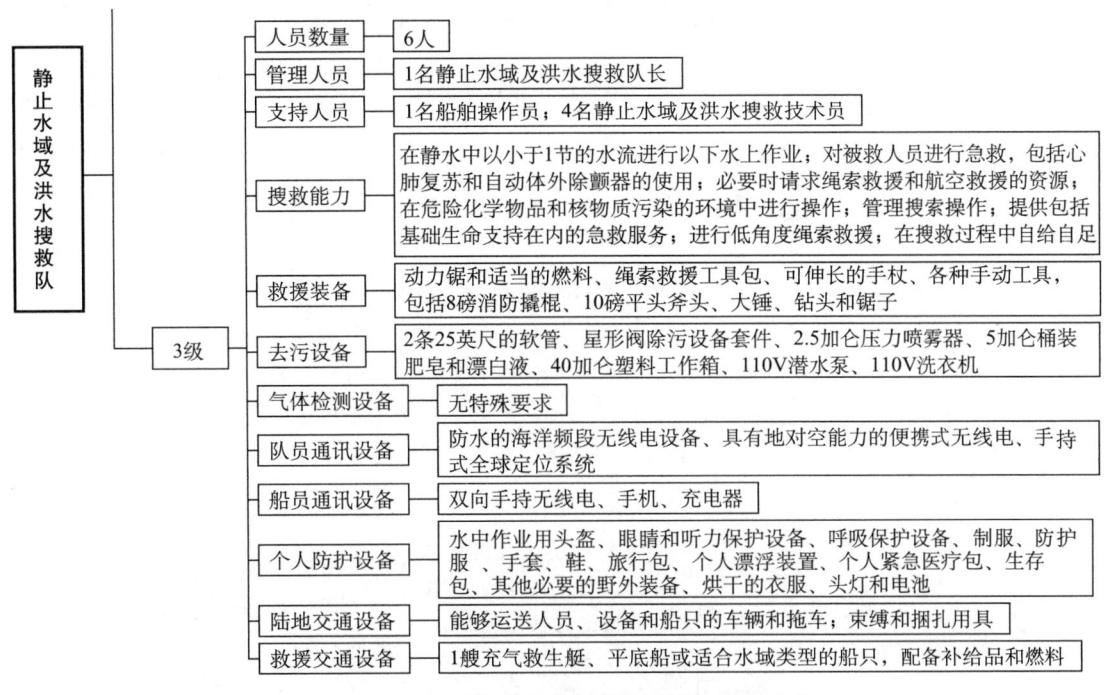

图 3-10-15　静止水域及洪水搜救队分级要素

表 3-10-15　搜索与营救类——湍流及洪水搜救队分级标准

资源名称	湍流及洪水搜救队		
首要核心能力	搜索和营救		
简要描述	在湍流及洪水的环境中对人和动物进行搜索、救援和恢复		
整体功能	（1）搜索并救援可能受伤或需要医疗护理的人员。 （2）提供紧急医疗服务，包括基础的生命支持。 （3）将人类和动物运送到距离受灾现场最近的陆地，并对他们进行空中或陆地转运。 （4）提供基于岸上或船边的水上救援。 （5）提供动物救援。 （6）在水环境中支持直升机救援行动和城市搜救。 （7）能够在各种环境中开展作业，包括受到灾害或被恐怖主义影响，公共设施、交通设施受损，住所、食物和供水有限的环境		
分级情况	3级		
级别	1级	2级	3级
队伍最小配员	16人	12人	6人
队伍监管人员	2名湍流及洪水搜救队长	2名湍流及洪水搜救队长	1名湍流及洪水搜救队长

续表

队伍支持人员	4名船舶操作员；10名湍流及洪水搜救技术员，其中1名技术员有后勤能力，3名掌握紧急医疗救援技术，1名掌握动物搜救技术，1名掌握通信技术	3名船舶操作员；7名湍流及洪水搜救技术员，其中1名技术员有后勤能力，3名掌握紧急医疗救援技术	1名船舶操作员；4名湍流及洪水搜救技术员
操作能力	同2级，并能执行动物救援	同3级，另加：使用多种湍流及洪水救援资源在大型作业区进行协调或作业，包括： (1) 船基作业。 (2) 高清洁车辆操作。 (3) 直升机操作	(1) 在静水中以小于1节的水流进行以下水上作业，包括： ①桨和摩托艇操作。 ②进攻性水上救援。 ③洪水响应行动。 (2) 对被救人员进行急救，包括心肺复苏和自动体外除颤器的使用。 (3) 必要时请求绳索救援和航空救援的资源。 (4) 在危险化学物品和核物质污染的环境中进行操作。 (5) 管理搜索操作。 (6) 提供包括基础生命支持在内的急救服务。 (7) 进行低角度绳索救援。 (8) 在搜救过程中自给自足
工作环境	同3级	同3级	湍流及洪水
去污设备	同3级	同3级	(1) 2条25英尺的软管、星形阀除污设备套件。 (2) 2.5加仑压力喷雾器。 (3) 5加仑桶装肥皂和漂白液。 (4) 40加仑塑料工作箱。 (5) 110V潜水泵。 (6) 110V洗衣机
救援装备	同3级	同3级	动力锯和适当的燃料、绳索救援工具包、可伸长的手杖、各种手动工具，包括8磅消防撬棍、10磅平头斧头、大锤、钻头和锯子

续表

				(1) 水中作业用头盔。 (2) 眼睛和听力保护设备。 (3) 呼吸保护设备。 (4) 制服、防护服。 (5) 手套。 (6) 鞋。 (7) 旅行包。 (8) 个人漂浮装置。 (9) 个人紧急医疗包。 (10) 生存包。 (11) 其他必要的野外装备。 (12) 烘干的衣服。 (13) 头灯和电池
个人防护设备	同3级	同3级	
通讯设备（队员）	同3级	同3级	防水的海洋频段无线电设备、具有地对空能力的便携式无线电、手持式全球定位系统
气体检测设备	同2级	多种气体检测仪	无特殊要求
通讯设备（船员）	同3级	同3级	(1) 双向手持无线电。 (2) 手机。 (3) 充电器
陆地交通设备	同3级	同3级	(1) 能够运送人员、设备和船只的车辆和拖车。 (2) 束缚和捆扎用具
救援交通设备	4艘充气救生艇、平底船或适合水域类型的船只，配备补给品和燃料	2艘充气救生艇、平底船或适合水域类型的船只，配备补给品和燃料	1艘充气救生艇、平底船或适合水域类型的船只，配备补给品和燃料

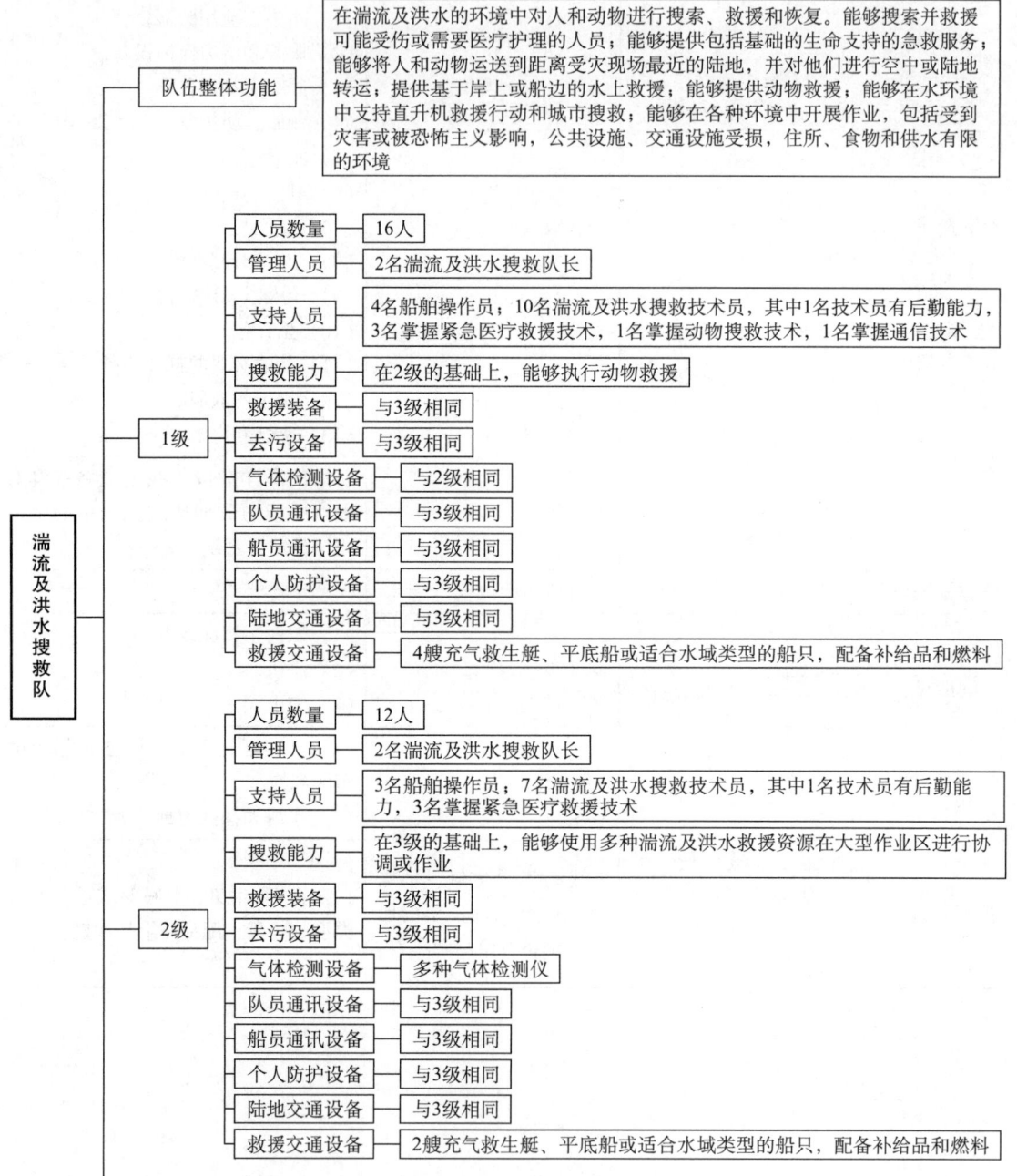

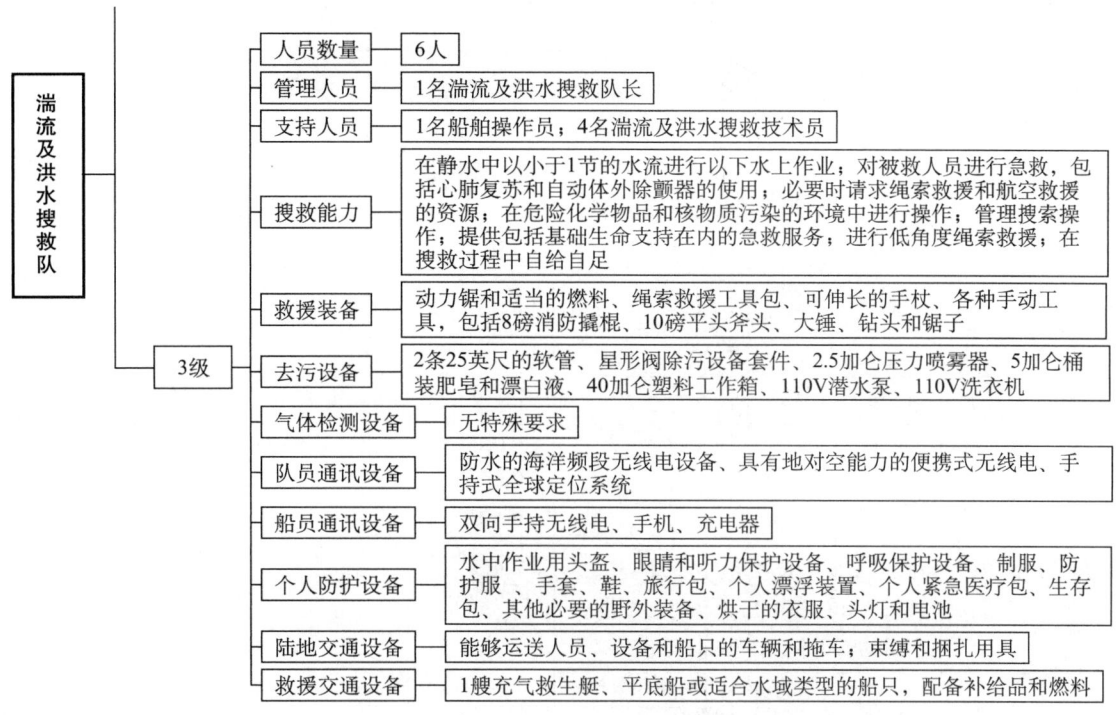

图 3-10-16 湍流及洪水搜救队分级要素

表 3-10-16 搜索与营救类——水上搜救队分级标准

资源名称	水上搜救队				
首要核心能力	大规模搜索与营救				
简要描述	在各种类内陆和沿海水道执行搜救任务				
整体功能	(1) 执行救生援助和快速影响评估等重要响应任务。 (2) 能够进行搜索、救援和恢复操作				
分级情况	分5级				
级别	1级	2级	3级	4级	5级
队伍最小配员	3人	2人	2人	2人	1人
队伍监管人员	同5级	同5级	同5级	同5级	1名1级船只操作员
队伍支持人员	2名1级船员	同4级	同4级	1名1级船员	无特殊要求
操作设备	1艘船，长度超30英尺，能够在深达8英尺，风速为40海里/小时的海上作业	1艘船，20~30英尺长，能够在深达4英尺，风速为30节的海域中运行	1艘船，适用于18英寸或更深的水中	1艘船，适用于18英寸或更浅的水中	1艘船，适用于特殊条件下的操作
照明和示警设备	同5级	同5级	同5级	同5级	1个手电筒、1个发声装置
拖曳设备	300英尺的拖缆 4条边线 4块挡泥板 2副锁 1条撇缆	200英尺的拖缆 4条边线 4块挡泥板 2副锁 1条撇缆	100英尺的拖缆 2条边线 2块挡泥板	同5级	相关部门批准的拖缆 2条边线 2块挡泥板
个人防护设备	同5级	同5级	同5级	同5级	个人漂浮装置
导航设备	同4级	同4级	同4级	1部GPS	无特殊要求
安全设备	无特殊要求	无特殊要求	无特殊要求	无特殊要求	无特殊要求
通讯设备	同5级	同5级	同5级	同5级	1部甚高FM便携式或船载航海无线电
电子航道监控设备	1部雷达	无特殊要求	无特殊要求	无特殊要求	无特殊要求
急救设备	同5级	同5级	同5级	同5级	基础急救箱

第三章 美国应急资源分类分级标准

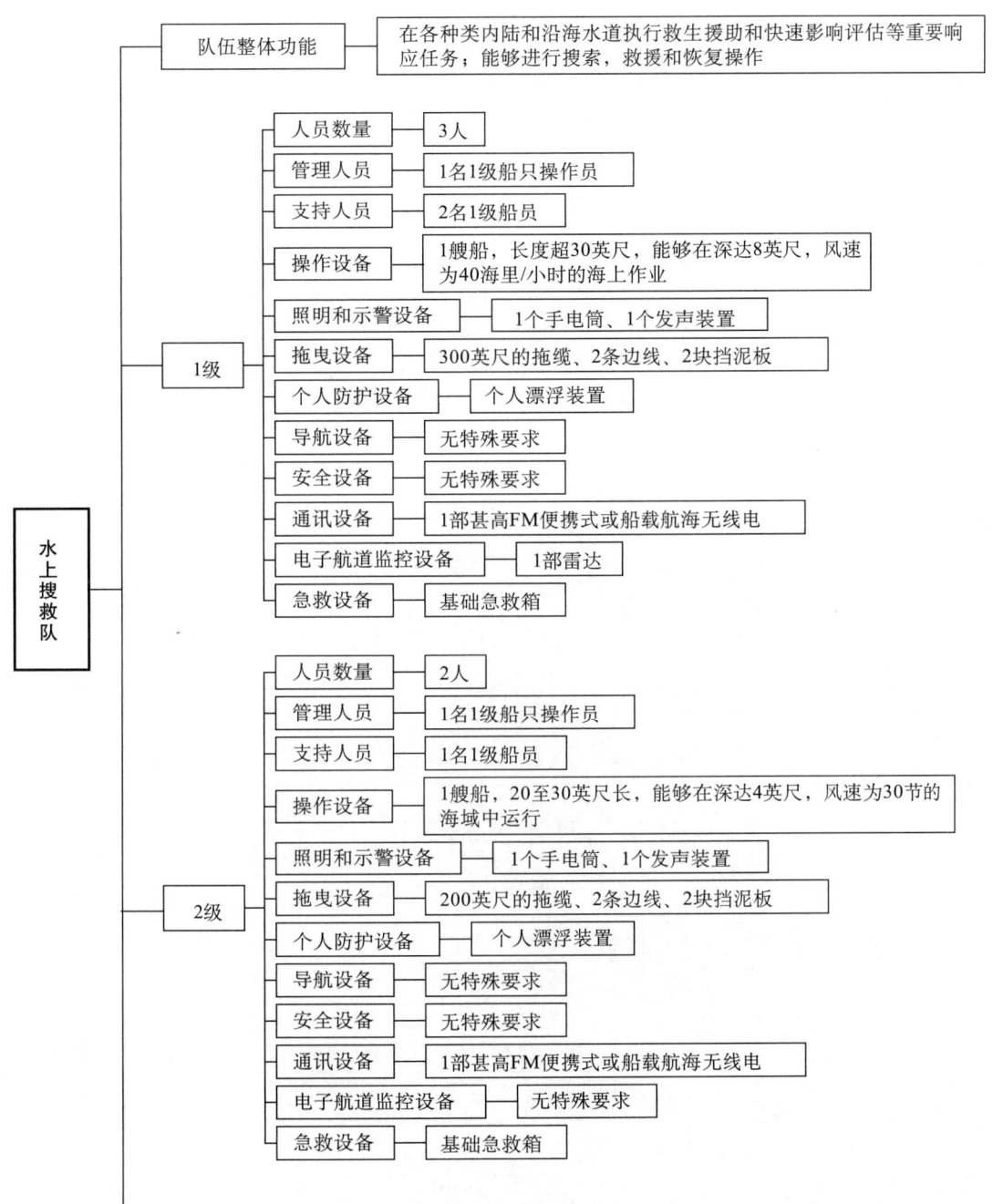

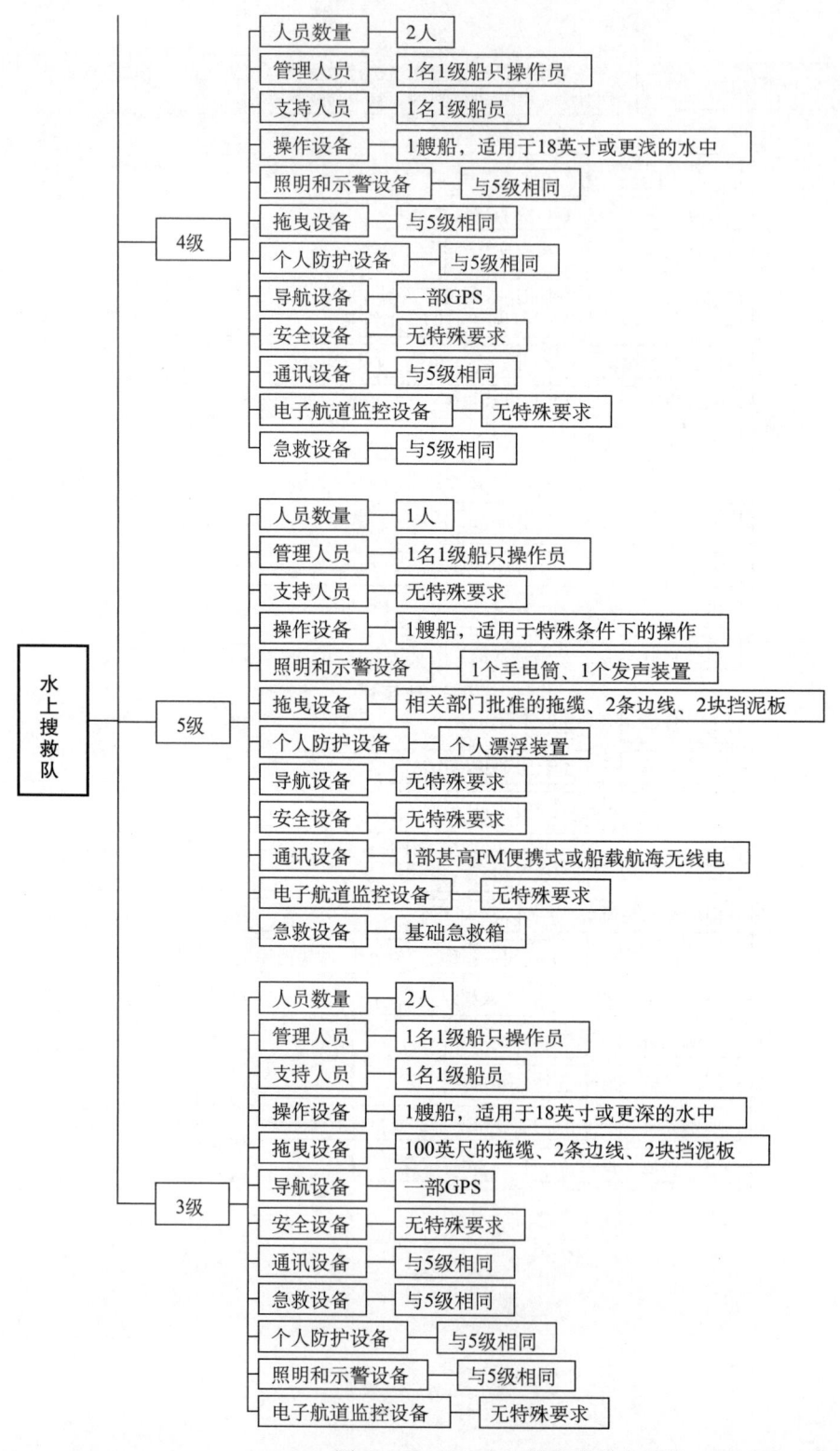

图 3-10-17 水上搜救队分级要素

表 3-10-17 搜索与营救类——无线电测向队分级标准

资源名称	无线电测向队		
首要核心能力	大规模搜索和营救		
分级情况	3级		
级别	1级	2级	3级
队伍监管人员	同2级	是能够进行电子导航操作的突发事件管理人员	是能够进行单元级别的任务发布的突发事件人员,该岗位人员没有管理搜索工作的能力
队伍支持人员	队长和队伍成员支持至少2个作战现场单位,至少1位队伍成员必须是医学专家,管理人员遵循事故管理系统模式	队长和队伍成员至少支持2个作战现场单位,管理人员遵循事故管理系统模式	队长 队员
能力	同2级,另加:队伍有一名成员必须是高级紧急医疗技术人员	同3级,另加:队伍成员必须具有与其他搜索队伍进行协调的经验;队伍成员必须接受在有限的偏远地区进行长时间操作的培训	(1) 必须能够操作队伍的设备。 (2) 队伍能在中等地形中标三角遇险信标。 (3) 队伍成员不能在偏远地区工作很长时间
救援装备	能够支持远距离的飞机失事现场中,幸存者的救援和转运的装备	无特殊要求	无特殊要求
个人防护设备	同3级	同3级	适用于工作环境的个人防护设备
通讯设备	同2级	手机,甚高频无线电	手机
电子装备	同2级	同3级	至少一台手持式便携式电子测向仪
交通设备	可以在整个搜索区域运送队伍的四轮驱动车辆	同3级	1辆可以在整个搜索区域运送队伍的车辆,不需要四轮驱动车辆,但建议使用

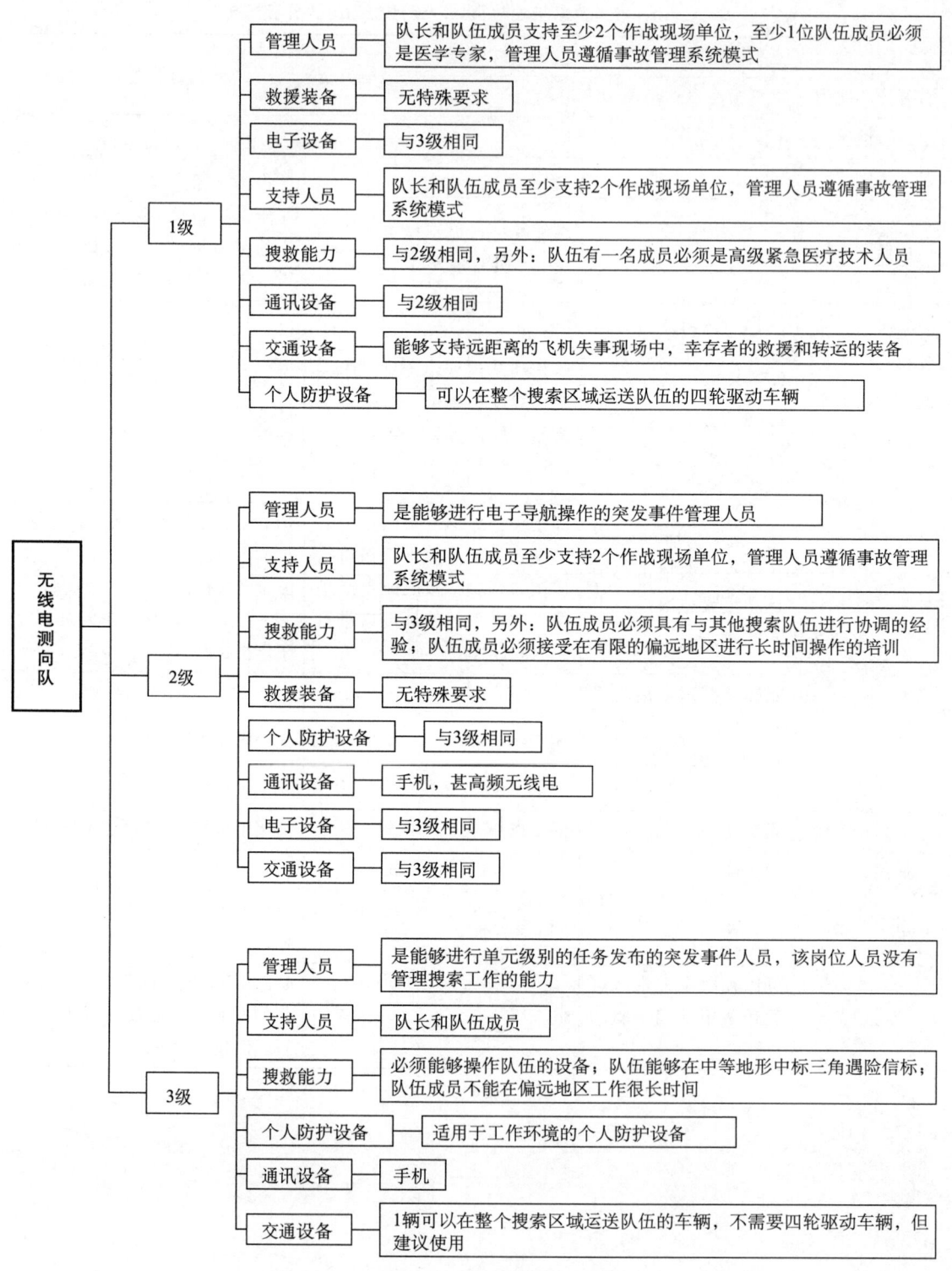

图 3-10-18 无线电测向队分级要素

3.11 应急资源分类分级标准——群众安置设施

群众安置设施类共包括 14 类队伍、设施和单元资源,为受灾群众提供长期或短期的基础生活保障。群众安置设施类资源分类名称及各类资源分级情况见图 3-11-1。共分 14 类资源,其中现场厨房单元分 4 级(详见表 3-11-1),避难所管理队分 2 级(详见表 3-11-2),应急物资分发队不分级(详见表 3-11-3),免下车物资分配点队分 3 级(详见表 3-11-4),流动分发队分 2 级(详见表 3-11-5),步行分发点队分 2 级(详见表 3-11-6),捐赠物品仓库管理队分 3 级(详见表 3-11-7),捐赠协调特勤队分 2 级(详见表 3-11-8),疏散避难所分 4 级(详见表 3-11-9),长期避难所分 4 级(详见表 3-11-10),短期避难所分 4 级(详见表 3-11-11),避难场所选址队不分级(详见表 3-11-12),大规模撤离支持队分 2 级(详见表 3-11-13),大规模撤离支持特勤队分 4 级(详见表 3-11-14)。

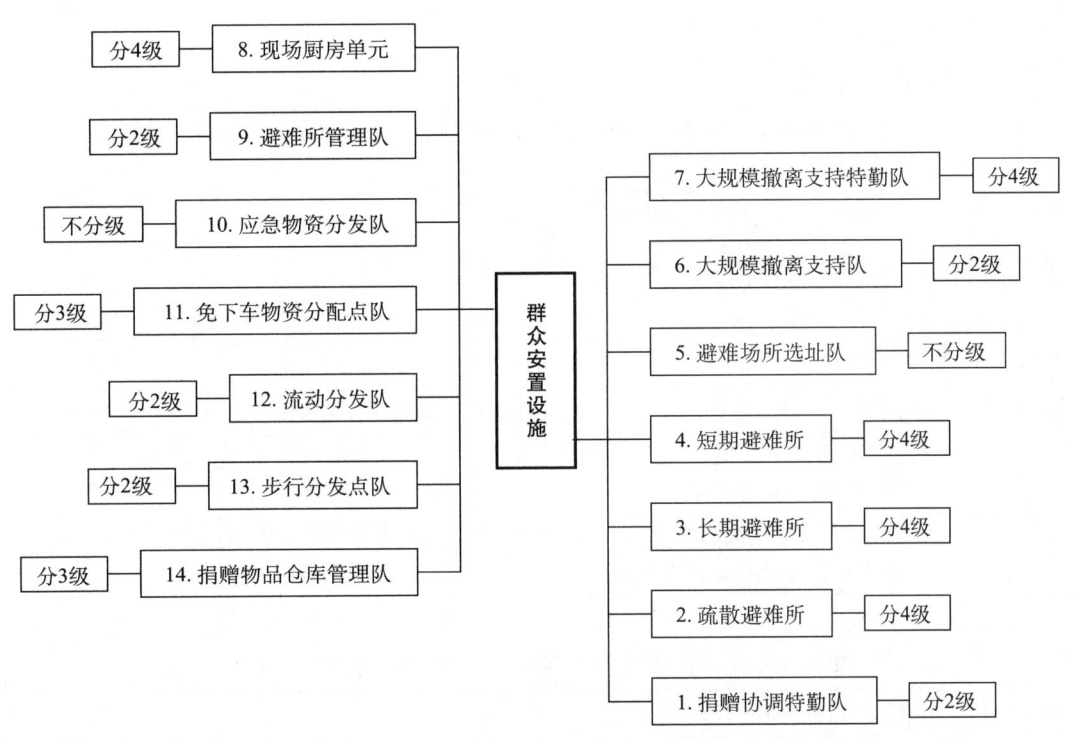

图 3-11-1 群众安置设施类资源分类分级

表 3-11-1 群众安置设施类——现场厨房单元分级标准

资源名称	现场厨房单元
首要核心能力	群众安置设施
简要描述	是可部署的供餐单元,通常是 1 辆拖车或 1 辆拖车,配有随行人员,设置在固定的位置,生产大量的食物

续表

整体功能	现场厨房提供了一个集中食品制作场所，可以为幸存者和响应者准备和提供食物，或者由食品服务提供单位进行分发。餐饮服务能力基于预定的标准餐			
分级情况	4级			
级别	1级	2级	3级	4级
每日最大餐量	能够提供20001~30000份餐食	能够提供10001~20000份餐食	能够提供5001~10000份餐食	能够提供1~5000份餐食
监管人员	同4级	同4级	同4级	1名1级现场厨房管理员
支持人员	40人	30人	20人	15人

表3-11-2 群众安置设施类——避难所管理队分级标准

资源名称	避难所管理队	
首要核心能力	群众安置设施	
简要描述	协调和管理一个集中看护设施中的资源，为灾难幸存者提供一个安全、可进入和安全的避难所环境	
整体功能	是避难所操作的核心管理队伍，包括居民和设施支持服务	
分级情况	2级	
级别	1级	2级
队伍最小配员	8人	4人
监管人员	同2级	1名2级避难所主管
支持人员	2名2级避难所主管 1名1级喂养服务管理主管 2名1级居民服务主管 2名1级住房设施支持队队长	2名3级避难所主管 1名2级喂养服务管理主管

表3-11-3 群众安置设施类——应急物资分发队分级标准

资源名称	应急物资分发队
首要核心能力	群众安置设施
简要描述	协调在突发事件发生期间和之后向公众分发应急物资。为确保紧急用品供应商之间的协调，该队能够进行固定地点或移动的分发工作

整体功能	(1) 帮助确定社区中应急物资在类别，数量和位置方面的空白。 (2) 确定战略的分配方法以填补这些空白。 (3) 标记所需的流动分发点，分发点的数量、队伍的级别和数量。 (4) 确保队伍被部署到需要进行资源分配的地方。 (5) 与后勤科、捐赠协调工作队和商业零售商联络，以确保应急物资的协调分配。 (6) 与新闻和外部事务人员进行协调，以将分发操作通知公众。 (7) 确定供应的来源，并确保将其交付到分配操作的地方。 (8) 监控社区的烧钱率并协调供应。 (9) 负责有关配送地点及其营业时间的准确信息
分级情况	不分级
队伍最小配员	8人
监管人员	1名1级应急物资分发工作队队长，3名1级大众护理专家
支持人员	1名公共信息联络员，1名后勤科联络员
通信设备	GPS、手机（每个队伍成员1个）、笔记本电脑（每个队伍成员1台）

表3-11-4 群众安置设施类——免下车物资分配点队分级标准

资源名称	免下车物资分配点队		
首要核心能力	群众安置设施		
简要描述	建立了一个公众可以通过汽车进入，在紧急情况期间和之后获得关键的紧急物资的地点。政府机构、非政府组织、私营部门组织以及这些组织的组合可以建立和运营这些点		
整体功能	(1) 按照相关部门的规定，在现场建立直通式分配业务。 (2) 与应急物资分配工作组密切合作，以规范物资的流动，并向公众告知地点和营业时间。 (3) 通过定义的车道和装载点有序，高效和安全地分配物资。 (4) 维护已分发物料的准确记录。 (5) 在现场补给用品		
分级情况	3级		
级别	1级	2级	3级
队伍监管人员	1名1级紧急用品分配工作队队长，2名2级紧急用品分配工作队队长	1名1级紧急用品分配工作队队长	2名2级紧急用品分配工作队队长
队伍支持人员	5名叉车操作员，57名1级大众护理专家	3名叉车操作员，18名1级大众护理专家	2名叉车操作员，15名1级大众护理专家
工作站大小	250′×500′，可容纳四个车道和12个装载点	250′×300′，可容纳两条车道和六个装载点	150′×300′，可容纳一条车道和三个装载点

续表

接待人数	276~550 人	141~275 人	最多 140 人
通用装备	同 3 级	同 3 级	（1）叉车。 （2）托盘千斤顶。 （3）手推车。 （4）照明。 （5）大垃圾桶。 （6）交通控制装置。 （7）便携式厕所。 （8）帐篷
通讯设备	同 3 级	同 3 级	蜂窝网络电话（每个队伍成员 1 个） 笔记本电脑（每个队伍成员 1 个） 手持双向无线电（每位队员 1 个） 1 名 GPS 单位 1 个手持式公共广播喇叭或系统 1 个国家海洋和大气管理局（NOAA）天气警报广播

表 3-11-5 群众安置设施类——流动分发队分级标准

资源名称	流动分发队	
首要核心能力	群众安置设施	
简要描述	在紧急情况期间和之后向公众分发物资。当幸存者无法访问固定的分发点（POD）或其他分发站点，或者从车辆或其他移动平台更有效地分发物资时，这种资源非常有用	
整体功能	（1）装载运送车辆，并向灾民分发紧急物资和捐赠的物品。 （2）使用分配的分配路线和确定的下车地点，例如高层建筑，住宅或停车场。 （3）跟踪并记录紧急物资和捐赠物资的分配。 （4）与应急物资分配工作队和捐赠协调工作队协调行动。 （5）遵守司法辖区（相关部门）指定的所有安全准则	
分级情况	2 级	
级别	1 级	2 级
队伍最小配员	8 人	5 人
监管人员	1 名 1 级紧急用品分配工作队队长	1 名 2 级紧急用品分配工作队队长
支持人员	7 名 1 级大众护理专家	4 名 1 级大众护理专家
运载容量	大于 24 英尺交付式卡车或拖车	24 英尺以下运送式卡车或拖车（或同等容量的车辆）

表 3-11-6 群众安置设施类——步行分发点队分级标准

资源名称	步行分发点队	
首要核心能力	群众安置设施	
简要描述	建立了一个位置，公众可以通过汽车进入，在紧急情况期间和之后获得关键的紧急物资。政府机构、非政府组织、私营部门组织以及这些组织的组合可以建立和操作这些点	
整体功能	（1）按照相关部门的规定，在现场建立直通式分配业务。 （2）与应急物资分配工作组密切合作，以规范物资的流动，并向公众告知地点和营业时间。 （3）通过定义的车道和装载点有序，高效和安全地分配物资。 （4）维护已分发物料的准确记录。 （5）在现场补给用品	
分级情况	2 级	
队伍最小配员	28 人	18 人
级别	1 级	2 级
队伍监管人员	4 名 1 级紧急用品分配工作队队长，	2 名 2 级紧急用品分配工作队队长
队伍支持人员	2 名叉车操作员，22 名 1 级大众护理专家	1 名叉车操作员，15 名 1 级大众护理专家
工作站大小	125′×150′，可容纳 4 个行人专用道和 6 个装载点	75′×150′，可容纳 2 条行人专用道和 3 个装载点
接待人数	841~1680 人	1~840 人
通用装备	同 2 级	（1）叉车。 （2）托盘千斤顶。 （3）手推车。 （4）照明。 （5）大垃圾桶。 （6）交通控制装置。 （7）便携式厕所。 （8）帐篷
通讯设备	同 2 级	蜂窝网络电话（每个队伍成员 1 个） 便携式计算机（每个队伍成员 1 个） 手持双向无线电（每位队员 1 个） 1 名 GPS 单位 1 个手持式公共广播喇叭或系统 1 个国家海洋和大气管理局天气警报广播

表 3-11-7 群众安置设施类——捐赠物品仓库管理队分级标准

资源名称	捐赠物品仓库管理队		
首要核心能力	群众安置设施		
简要描述	负责管理仓库中的捐赠物品,并与捐赠协调队协调		
整体功能	根据需要执行以下仓库操作任务: (1) 办公室管理。 (2) 楼层管理。 (3) 货运管理。 (4) 收货管理。 (5) 排序管理。 (6) 库存管理。 (7) 信息技术协调。 (8) 自愿机构联络。 (9) 志愿者协调。 (10) 安全与保障		
分级情况	3级		
级别	1级	2级	3级
队伍最小配员	12人	6人	4人
队伍监管人员	2名1级捐赠物资仓库管理队队长	1名1级捐赠物资仓库管理队队长	1名2级捐赠物资仓库管理队队长
队伍支持人员	10名1级捐赠专家	5名1级捐赠专家	3名1级捐赠专家
电子和通讯设备	同3级	同3级	1部手机,1部笔记本电脑
仓库容量	超过150000平方英尺	50000~150000平方英尺	少于50000平方英尺

表 3-11-8 群众安置设施类——捐赠协调特勤队分级标准

资源名称	捐赠协调特勤队
首要核心能力	群众安置设施
简要描述	与政府机构、非政府组织和私营部门合作,评估和协调捐赠资金、货物和服务的收集、仓储和分配。该队亦与紧急物资分配队协调,将捐赠物品纳入紧急物资分配程序,并决定捐赠物品是否可补充分配点(POD)的运作

续表

整体功能	（1）在操作的响应和恢复阶段，协调主动和主动提供的捐赠资金、商品和服务的管理和流动。 （2）指导和协调捐赠物品的收集、分配和仓储。 （3）与后勤科、应急物资分配工作组和捐赠物资仓库管理队伍进行协调，以支持分配和捐赠活动。 （4）将捐赠的物品与收件人和分发地点进行匹配。 （5）与非政府组织工作人员和志愿者接待中心协调，招募志愿者。 （6）帮助新闻官员（PIO）开发新闻稿，公共服务公告（PSA）和网站更新。 （7）与捐赠呼叫中心协调以支持捐赠活动	
分级情况	2级	
级别	1级	2级
队伍最小配员	7人	5人
监管人员	同2级	1名1级捐赠协调队队长
支持人员	1名1级捐赠呼叫中心主管，1名1级志愿者机构联络，4名1级捐赠专家	1名1级捐赠呼叫中心主管，1名1级志愿者机构联络，2名1级捐赠专家
电子和通信设备	同2级	1部手机，1部带有捐赠软件的便携式计算机
电子设备	同2级	1部GPS
工作设备	多个具有多种收集功能和分配操作功能的仓库	1个具有多种收集功能和分配操作功能的仓库

表3-11-9 群众安置设施类——疏散避难所分级标准

资源名称	疏散避难所			
首要核心能力	群众安置设施			
简要描述	在现有设施（或多个设施）中为普通民众服务，如学校、社区中心、会议中心或教堂，相关部门已临时将其转换为灾难幸存者的避难所			
整体功能	（1）提供灾难幸存者的紧急需求，通常少于72小时。 （2）提供基本的维持生命的服务，直到威胁消除，或者直到避难所居民转移或过渡到短期避难所为止，包括： ①宿舍。 ②基本食品或小吃。 ③补水。 ④基本医疗。 ⑤卫生。 ⑥灾害相关信息			
分级情况	4级			
级别	1级	2级	3级	4级

续表

每个设施的避难所居民	2000 人或更多	500~1999 人	250~499 人	249 人或以下
避难所面积	80000 平方英尺以上	20000~80000 平方英尺	10000~20000 平方英尺	低于 10000 平方英尺

表 3-11-10 群众安置设施类——长期避难所分级标准

资源名称	长期避难所			
首要核心能力	群众安置设施			
简要描述	位于一个安全的、可进入的位置,为灾难幸存者提供持续 2 周以上的支持服务。相关部门在住房供应不足或间隔时间超过两个星期和至多几个月的情况下设立住房。长期避难所是由相关部门临时改造的现有设施,提供安全、可进入和安全的住房。当现有设施不可用或不足时,可根据开放空间和支助服务的可用性,采用软面或临时结构			
整体功能	(1) 提供灾难幸存者的长期需求,通常需要两个多星期。 (2) 从便携式、临时服务到更持久、固定或永久性服务的转变,例如公用事业提供商、淋浴、厕所和水槽。 (3) 提供持续的基本服务,包括: ①宿舍。 ②馈送。 ③补水。 ④基本医疗。 ⑤卫生。 (4) 提供比居民疏散或短期避难所通常更多的基本居民服务: ①持续为残疾人士以及残疾人和功能需求提供支持。 ②健康与行为健康服务。 ③家庭团聚援助。 ④育儿。 ⑤服务动物和家庭宠物护理。 ⑥分发维持生命、舒适和其他必需品。 ⑦洗衣房。 ⑧交通便利。 ⑨灾难恢复相关信息和服务。 ⑩教育和娱乐活动			
分级情况	4 级			
级别	1 级	2 级	3 级	4 级
每个设施的避难所居民	2000 人或更多	500~1999 人	250~499 人	249 人或以下
避难所面积	160000 平方英尺以上	40000~160000 平方英尺	20000~40000 平方英尺	低于 20000 平方英尺

表 3-11-11　群众安置设施类——短期避难所分级标准

资源名称	短期避难所			
首要核心能力	群众安置设施			
简要描述	是在现有设施（或多个设施）中，如学校、社区中心、会议中心或教堂临时改建而成，为灾难幸存者提供安全、方便和安全的短期住所			
整体功能	（1）提供灾难幸存者的短期需求，通常长达两周。 （2）为维持生命的支持提供一个安全且容易接近的位置，例如： ①宿舍。 ②馈送。 ③补水。 ④基本医疗。 ⑤卫生。 （3）根据灾难幸存者的需求和相关部门可用的资源，提供一系列基本的居民服务： ①为有访问和功能需求的人提供支持。 ②保健和心理行为保健服务。 ③家庭团聚援助。 ④育儿。 ⑤服务动物和家庭宠物护理。 ⑥分发维持生命、舒适和其他必需品。 ⑦洗衣房。 ⑧交通便利。 ⑨灾难恢复相关信息和服务			
分级情况	4 级			
级别	1 级	2 级	3 级	4 级
每个设施的避难所居民	2000 人或更多	500~1999 人	250~499 人	249 人或以下
避难所面积	140000 平方英尺以上	35000~140000 平方英尺	17500~35000 平方英尺	低于 17500 平方英尺

表 3-11-12 群众安置设施类——避难场所选址队分级标准

资源名称	避难场所选址队
首要核心能力	群众安置设施
简要描述	是一个多学科队伍，职责是当传统的基于结构的避难所不足或不足以支持受影响的人口时，评估评价，并给相关部门提供特定的设备，设施，或其他计划的避难场所地点建议
整体功能	（1）提供技术专业知识，以评估潜在短期或长期避难所的适用性，重点是土木工程、环境健康、交通和功能需求以及其他生命安全考虑。 （2）评估固定设施，例如学校、宿舍、娱乐或社区中心、大型空置商店、会议中心、运动场、仓库和其他级似的永久性建筑设施。 （3）评估使用软边设施进行庇护的位置，例如帐篷或级似的临时结构。 （4）对确定的设施进行全面的现场调查，并为建立和维持避难所所需的材料、设备和人员创建详细的规范，其中包括： ①避难所的设计和布局。 ②大众护理。 ③环境因素。 ④后勤。 ⑤医疗级。 ⑥安全。 ⑦家庭宠物、服务和协助动物护理。 （5）进行初步的环境评估，以识别次要风险，例如洪水或材料安全问题，例如是否存在石棉或铅基涂料
分级情况	不分级
级别	1级
队伍最小配员	6人
监管人员	1名1级庇护管理员
支持人员	1名1级土木或现场工程师 1名1级避难所设施支持队队长 1名1级固定站点安全队伍队长 1名1级访问和功能需求协调员 1名1级环境卫生队队长

表 3-11-13 群众安置设施类——大规模撤离支持队分级标准

资源名称	大规模撤离支持队	
首要核心能力	群众安置设施	
简要描述	在个别大规模撤离支持地点为大规模照顾和紧急援助有关活动提供协调和支持	
整体功能	（1）确定提供大规模撤离支持的战略方法。 （2）汇编、分析和传播与大规模撤离者有关的信息，这些信息用于帮助迅速、有效和安全地撤离受威胁人群，包括无人陪伴的未成年人、残疾人以及有接触和功能需求的人、家庭宠物以及服务动物。 （3）与其他支持疏散工作的机构、团体或实体进行协调，已包括非政府组织和私营部门。 （4）协助查明并填补大规模撤离支助地点的人员、材料和设备空白。 （5）跟踪和报告大规模撤离现场的大规模撤离支持活动	
分级情况	2级	
级别	1级	2级
队伍最小配员	5人	3人
监管人员	1名1级大规模撤离人员支持队队长	1名2级大规模撤离人员支持队队长
支持人员	2名1级大规模疏散人员登记和跟踪专家，2名1级大众护理专家	1名1级大规模疏散人员登记和跟踪专家，1名1级大众护理专家
疏散容量	1500人以上	1500人以下
电子和通信设备	同2级	具有互联网连接能力的笔记本电脑，蜂窝或地面电话

表 3-11-14 群众安置设施类——大规模撤离支持特勤队分级标准

资源名称	大规模撤离支持特勤队
首要核心能力	群众安置设施
简要描述	在大规模撤离支援地点为灾难幸存者的登记、跟踪、移动和需求提供技术和职能方面的专门知识
整体功能	(1) 使用司法管辖区管理局（相关部门）指定的系统和过程，支持在大规模撤离者支持站点中的灾难幸存者注册。 (2) 在大规模撤离者支持站点支持对分配的注册或跟踪人员的培训。 (3) 与其他支持队伍、任务组和单一资源进行协调，在以下关键领域提供大规模撤离支持站点： ①食物和水的运送。 ②身体健康、行为健康和个人帮助服务。 ③具有残疾、交通和功能支持需求的灾难幸存者。 ④无人陪伴的未成年人。 ⑤家庭宠物、服务和辅助动物

续表

分级情况	4 级			
级别	1 级	2 级	3 级	4 级
队伍最小配员	15 人	13 人	6 人	3 人
监管人员	4 名 2 级大规模撤离人员支援特勤队队长	3 名 2 级大规模撤离人员支援特勤队队长	同 4 级	1 名 2 级大规模撤离人员支援特勤队队长
支持人员	4 名 1 级注册和追踪专家，7 名 1 级大众护理专家	4 名 1 级注册和追踪专家，6 名 1 级大众护理专家	2 名 1 级注册和追踪专家，3 名 1 级大众护理专家	1 名 1 级注册和追踪专家，1 名 1 级大众护理专家
疏散容量	5000 人或更多	1501～4999 人	500～1500 人	500 人以下
电子和通讯设备	同 4 级	同 4 级	同 4 级	（1）联网的笔记本电脑。（2）手机（移动蜂窝网络）

3.12 应急资源分类分级标准——应急管理类

应急管理类包括 5 类队伍资源，分别在经济、地质、住房方面评估灾后情况，为政府及相关部门制定可持续的灾后恢复计划。

应急管理类资源分类名称及各类资源分级情况见图 3-12-1。共 5 类资源，其中灾难成本恢复管理队不分级（详见表 3-12-1），公共事业恢复支持队不分级（详见表 3-12-2），公共事业灾害评估队不分级（详见表 3-12-3），灾后建筑安全性评估队分 2 级（详见表 3-12-4），住房工作队不分级（详见表 3-12-5）。

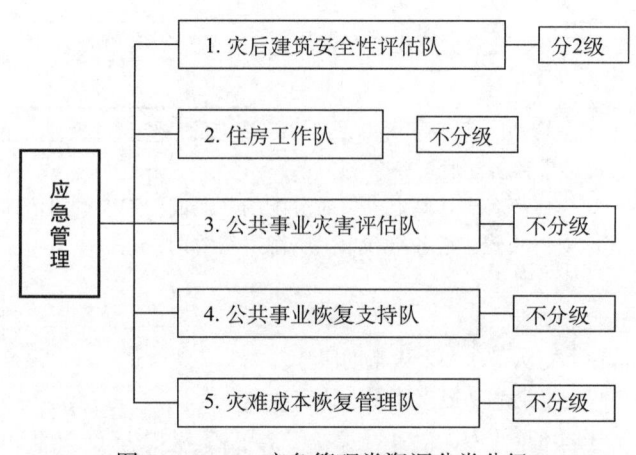

图 3-12-1　应急管理类资源分类分级

表 3-12-1 应急管理类——灾难成本恢复管理队分级标准

资源名称	灾难成本恢复管理队
首要核心能力	应急管理
简要描述	协助灾害评估和灾害损失、紧急防护措施，灾难恢复和废墟管理资金支持的费用核算。如保险，联邦应急管理局（FEMA）公共援助，联邦运输管理局紧急救援计划，联邦高速公路管理局紧急救援计划，社区发展整体补助金，和其他联邦、州、部落、地区和地方的相关项目
整体功能	灾难成本恢复管理队伍可协助进行快速需求评估队伍评估，并支持灾难恢复需求的要素，并可与联邦、州、部落、领土和地方行动进行对接
分级情况	不分级
队伍最小配员	7 人
队伍监管人员	1 名 1 级灾难成本恢复管理队队长
队伍支持人员	3 名 1 级灾难恢复数据收集专家；3 名 1 级灾难恢复财务专家
通用装备	3 部相机；7 台笔记本电脑；保险和联邦资助参考资料；州和联邦表格；测量和记录数据的工具；办公用品
个人防护设备	安全帽；反光背心；手套；防护服；防护鞋；防护罩；手电筒
通讯设备	便携式双向无线电（每个队伍成员 1 个）；手机（每个队伍成员 1 个）；全球定位系统（GPS）（每队 3 个）

表 3-12-2 应急管理类——公共事业恢复支持队分级标准

资源名称	公共事业恢复支持队
首要核心能力	应急管理
简要描述	利用公共事业灾害评估队初步评估中确定的需求，向灾难幸存者提供服务
整体功能	人类服务恢复支持队伍向联邦、州、部落、领土和地方紧急管理机构提供有关人类服务援助要求的援助，例如： （1）住房援助。 （2）灾难性失业援助。 （3）大众护理服务。 （4）其他需要协助。 （5）危机咨询。 （6）灾害法律服务。 （7）案件管理服务。 （8）粮食援助
分级情况	不分级
级别	1 级

续表

队伍最小配员	4人
队伍监管人员	1名1级公共事业恢复支持专家
队伍支持人员	1名灾难恢复中心管理员；1名2级志愿机构联络员；1名2级捐赠协调员
通用装备	办公用品；相关的人类服务参考资料和表格
个人防护设备	个人防护装备是用于特定任务的，可能包括：防护鞋；防护服；手套；口罩；护眼；呼吸器；听力保护
电子设备	4部笔记本电脑；1部GPS；1部照相机
通讯设备	4部2路便携式无线电；4部手机

表3-12-3 应急管理类——公共事业灾害评估队分级标准

资源名称	公共事业灾害评估队
首要核心能力	应急管理
简要描述	负责对灾难幸存者的需求进行灾后评估。该队还确定是否需要一个公共事业恢复支持队伍，以满足灾难幸存者在恢复过程中的需求
整体功能	协助评估由灾害引起的人类服务需求，包括： (1) 住房援助。 (2) 灾难性失业援助。 (3) 危机咨询服务。 (4) 灾害法律服务。 (5) 案件管理协助。 (6) 粮食援助。 (7) 灾难恢复中心需求。 (8) 人力服务援助的人员需求。 (9) 人员服务恢复支持队伍需求
分级情况	不分级
级别	1级
队伍最小配员	4人
队伍监管人员	1名1级公共事业灾害评估队队长
队伍支持人员	1名灾难恢复中心管理员；1名2级志愿机构联络员；1名2级捐赠协调员
通用装备	办公用品；相关的人类服务参考资料和表格
个人防护设备	个人防护装备是用于特定任务的，可能包括：防护鞋；防护服；手套；口罩；护眼；呼吸器；听力保护
电子设备	4部笔记本电脑；1部GPS；1部照相机
通讯设备	4部2路便携式无线电；4部手机

表 3-12-4 应急管理类——灾后建筑安全性评估队分级标准

资源名称	灾后建筑安全性评估队	
首要核心能力	基础设施系统	
简要描述	对受损或潜在受损的建筑物进行评估，以评估其安全性和可居住性，并评估是否需要限制进入或禁止进入	
整体功能	（1）根据应用技术委员会（ATC）ATC-20-1 和 ATC-45 指南，对突发事件区域的建筑物进行快速评估或详细评估。 （2）根据 FEMA P-2055：灾后建筑安全评估指南，执行有限的初始环境危害扫描，作为建筑安全评估的一部分，并向适当的主管、应急响应人员和专家发出警报。 （3）根据 ATC-20-1 和 ATC-45 的指导，进行有限的初始非结构危害评估。 （4）标示不安全（红色标示）、限制使用（黄色标示）或受检查（绿色标示）的建筑物。 （5）向相关部门提供适当的报告，如空中交通管制安全评估表，描述所检查的每个建筑物的条件。 （6）当标识损坏的建筑物为不安全时，立即通知相关部门，因此相关部门可以实施安全措施，并引入适当的人员或队伍	
分级情况	2 级	
级别	1 级	2 级
队伍最小配员	2 人	2 人
队伍监管人员	1 名 1 级灾后建筑安全性评估员	1 名 2 级灾后建筑安全性评估员
队伍支持人员	1 名 2 级灾后建筑安全性评估员	1 名 3 级灾后建筑安全性评估员
评估能力	根据 ATC-20-1 和 ATC-45 指南进行详细评估	根据 ATC-20-1 和 ATC-45 指南进行快速评估
通用装备	同 2 级	带备用电池的手电筒；剪贴板；测量装置；基本急救箱
个人防护设备	同 2 级	个人防护装备是用于特定任务的，可能包括：安全帽；反光背心；手套；防护服；护眼眼镜；防护鞋；带额外过滤器的呼吸器或防尘口罩
通讯设备	同 2 级	2 部带有相机和 GPS 功能的智能手机
参考资料	同 2 级	适当的参考资料，例如通过国家安全计划的参考资料

表 3-12-5 应急管理类——住房工作队分级标准

资源名称	住房工作队
首要核心能力	应急管理
简要描述	为灾难幸存者制定并协调了短期和创新的，具有复原力的长期住房恢复战略

续表

整体功能	（1）确定方向、所有权和财务要求，并确定短期和长期恢复住房任务的领导职责。 （2）在地方、州、部落、领土和联邦恢复住房计划之间提供机构间协调。 （3）监督短期和长期恢复住房的努力。 （4）确定相关的地方、州、部落、地区和联邦机构间、私营部门和非营利合作伙伴。 （5）支持司法管辖区（相关部门）制定因灾害引起的短期和长期住房需求的范围和预测。 （6）制定短期和长期的恢复住房战略以及创新的住房解决方案，以满足住房需求。 （7）支持相关部门确定短期恢复房屋的可用选项，同时规划创新和灵活的长期恢复房屋解决方案，以解决幸存者的需求。 （8）协调实施恢复性住房战略。 （9）支持、协调和加快住房采购活动。 （10）在整个房屋恢复过程中，将访问和功能需求（AFN）社区和代表整合。 （11）向联邦协调员（FCO）、州协调员（SCO）、联邦灾难恢复协调员（FDRC）、州灾难恢复协调员（SDRC）、州长授权代表（GAR）、部落提交有关恢复住房解决方案状况的报告授权代表（TAR）和其他必要的实体
分级情况	不分级
级别	1级
队伍最小配员	7人
队伍监管人员	1名住房工作队现场协调员；1名执行官；1名后勤或采购联络人员；1名规划主题专家；1名行政支持人员；1名地理信息系统专家
电子设备	1部笔记本电脑
通讯设备	1部手机

3.13 应急资源分类分级标准——后勤和物流类

后勤和物流类共分3类队伍和单位资源。后勤支持队在现场为资源管理和互助方面提供支持；后勤分期单位接收、仓储和分发应急物资和设备，并负责为应急工作人员提供临时的工作区域；分配支持队提供计划和分发服务，以支持当地政府的事件响应者。

后勤和物流类资源分类名称及各类资源分级情况见图3-13-1。共分3类资源，其中分配支持队不分级（详见表3-13-1），物流分期单位分为3级（详见表3-13-2），后勤支援队分为2级（详见表3-13-3）。

第三章 美国应急资源分类分级标准

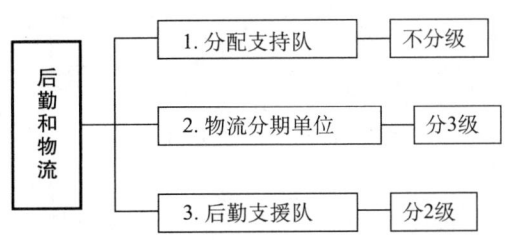

图 3-13-1 后勤和物流类资源分类分级

表 3-13-1 后勤和物流类——分配支持队分级标准

资源名称	分配支持队
首要核心能力	物流与供应链管理
简要描述	提供计划和分发服务,以支持辖区内的突发事件响应者。该队伍为紧急行动中心、国家行动中心、多机构协调组、紧急情况协调中心和物流暂存区提供支持
整体功能	(1) 为司法辖区的后勤科提供规划方面的专业知识,以帮助他们确定、查找、订购、采购和分配突发事件响应者所需的物质资源。 (2) 为传统分发点制定计划,为直接交付和移动交付制定分发点计划;比如直接交付包括与特定地点(例如避难所、餐食地点或医院)进行协调,以交付特定的物品和数量。 (3) 帮助完成需求分析。 (4) 评估当前的物资分配方法,同时跟踪分发点活动并保持库存的库存。 (5) 建议适当的供应分配,以便根据突发事件需要分配给响应者。 (6) 以电子或书面方式跟踪和核算分发点的库存。 (7) 与财务或行政科协调上下级的合同、订单和财务或行政职能
分级情况	不分级
队伍最小配员	5 人
队伍监管人员	1 名 3 级物流科科长
支持人员	1 名 3 级计划科科长;1 名 1 级资源部门负责人;1 名 1 级情况主管;1 名 1 级供应单位负责人
每个队伍的管理和库存管理用品	运作计划工作表或设备;库存表格;资源订购表;普通办公用品。
电子设备	每个成员的笔记本或平板电脑;打印机;Wi-Fi 设备
通讯设备	两用便携式无线电,手机

表 3-13-2 后勤和物流类——物流分期单位分级标准

资源名称	物流分期单位		
首要核心能力	物流与供应链管理		
简要描述	接收、仓储和分发紧急物资和设备，为应急和恢复人员提供一个临时区域，支持应急响应和恢复行动		
整体功能	（1）补充县、市和响应机构在紧急突发事件响应和恢复中遇到短缺的设备和供应清单。 （2）与已设立的后勤科协调，确定设备和供应的需求和责任。 （3）储存支持应急人员和社区基础设施所需的商品、设备。 （4）在可以容纳各种响应队伍的位置开展操作，包括搜救、消防、执法、医疗、公用事业恢复和废墟管理队伍。 （5）按照后勤科的指示执行对接操作。 （6）提供站点和操作的命令和控制： ①计划并执行地面和空中运输的所有支持活动。 ②补给应急物资并分发必要的资源。 ③协调突发事件现场的交通流量。 ④监督突发事件现场的安全。 ⑤网站布局和流量控制。 ⑥协调库存采购。 ⑦协调任务状态报告。 ⑧提供所有入站资产的运输途中的可见性		
分级情况	3级		
级别	1级	2级	3级
队伍最小配员	48人	24人	16人
队伍监管人员	4名3级物流科科长	2名3级物流科科长	2名3级物流科科长
队伍支持人员	2名1级供应单位负责人；2名类别1地面支持部门负责人；2名1级资源部门负责人；2名1级COML；4名IT专员；4名订购队队长；16名后勤专员；2名助理安全主任；2名3级计划科科长；2名1级支持部门主管；2名1级服务部门主管；2名1级设施部门负责人	1名1级供应单位负责人；1名级1地面支持部门负责人；2名1级资源部门负责人；1名1级COML；2名IT专员；2名订购队队长；8名后勤专员；1名助理安全主任；1名级计划科科长，1名1级支持部门主管；1名1级服务部门主管；1名1级设施部门负责人	1名1级供应单位负责人；1名级1地面支持部门负责人；2名1级资源部门负责人；1名1级COML；1名IT专员；2名订购队队长；4名后勤专员；1名助理安全主任；1名3级计划科科长
卸载能力	每天可卸载150辆拖车	每天可卸载75辆拖车	每天可卸载30辆拖车

续表

物料搬运设备	同2级，另外：冷藏拖车	同3级，另外：便携式装卸平台坡道（如果设施中有装卸平台），便携式装卸台（如果设施没有装卸台）	物料搬运设备和用品，包括：叉车，托盘千斤顶，托盘抓取器和链套，托盘，垃圾箱
办公装备	同3级	同3级	以下任何一项，如有必要：桌子，折叠椅，复印机，传真机，电脑及相关设备，打印机，便携式文件柜或同等文件箱，电池时钟，基本办公用品，电源盒：接地故障断路器（带开关，4位，防水），电源板500′延长线：12/3规格，指挥帐篷：15′×25′，仓库风扇：60英寸
个人防护设备	同3级	同3级	个人防护装备是用于特定任务的，可能包括：安全帽，反光背心，手套，防护服，防护鞋，防护罩
通讯设备	同3级	同3级	扩音器或公共广播系统（25W，带无线麦克风），两路便携式无线电（每个队伍成员），手机（每个队伍成员）

表3-13-3 后勤和物流类——后勤支援队分级标准

资源名称	后勤支援队	
首要核心能力	物流与供应链管理	
简要描述	队伍人员经过专业的培训，在突发事件现场、后勤部门对后勤科提供资源管理和互助方面的支持	
整体功能	（1）帮助受影响的辖区管理物流流程，帮助他们获取和分配应急物资。 （2）帮助相关部门跟踪和核算在整个操作区域中所部署的资源。 （3）帮助辖区监管其日常库存，在发现资源缺口时建议其补充缺失的资源。 （4）协调资源分配点、商品计划单位、物流暂存区和队伍。 （5）必要时与灾难中的志愿者组织、计划科、操作科以及其他突发事件指挥系统部门进行合作	
分级情况	2级	
级别	1级	2级
队伍最小配员	7人	4人

续表

队伍监管人员	同2级	2名3级物流科科长
队伍支持人员	1名1级地面支持部门负责人；1名1级资源部门负责人，1名1级服务部门主管，1名1级支持部门主管，1名3级通信部门负责人	1名1级地面支持部门负责人；1名1级资源部门负责人
通用装备	笔记本电脑，T型卡和架子，行政办公用品，打印设备，大型地图打印设备，互联网热点	笔记本电脑
个人防护设备	同2级	安全帽，反光背心，手套，防护服，防护鞋，防护罩
通讯设备	同2级	两路便携式无线电，手机

3.14 应急资源分类分级标准——医疗和公共卫生类

医疗和公共卫生类包括15类医疗及公共卫生方面的队伍和单元资源。除具备一般的急诊服务能力外，还负责对突发流行病的调查、检疫和防控，环境安全调查和突发事件中遇难者遗体的管理。

医疗和公共卫生资源分类名称及各类资源分级情况见图3-14-1。共分15类资源。其中流行病学反应队分2级（详见表3-14-1），隔离检疫队分2级（详见表3-14-2），环境健康队不分级（详见表3-14-3），接收、分期和存储工作队不分级（详见表3-14-4），专业服务队分2级（详见表3-14-5），姑息治疗队分2级（详见表3-14-6），避难所公共卫生和医疗队不分级（详见表3-14-7），公共卫生和医疗系统评估队不分级（详见表3-14-8），行为健康社区服务队分3级（详见表3-14-9），药房队分3级（详见表3-14-10），医疗资源协调和支持队不分级（详见表3-14-11），配方药取药点不分级（详见表3-14-12），实验室队不分级（详见表3-14-13），放射服务队分2级（详见表3-14-14），遇难者管理又细分为灾难便携式停尸房（分2级）、遗体回收队（分2级）、停尸房法医队（不分级）、停尸房处理单位（分4级）、受害者信息队（不分级）。

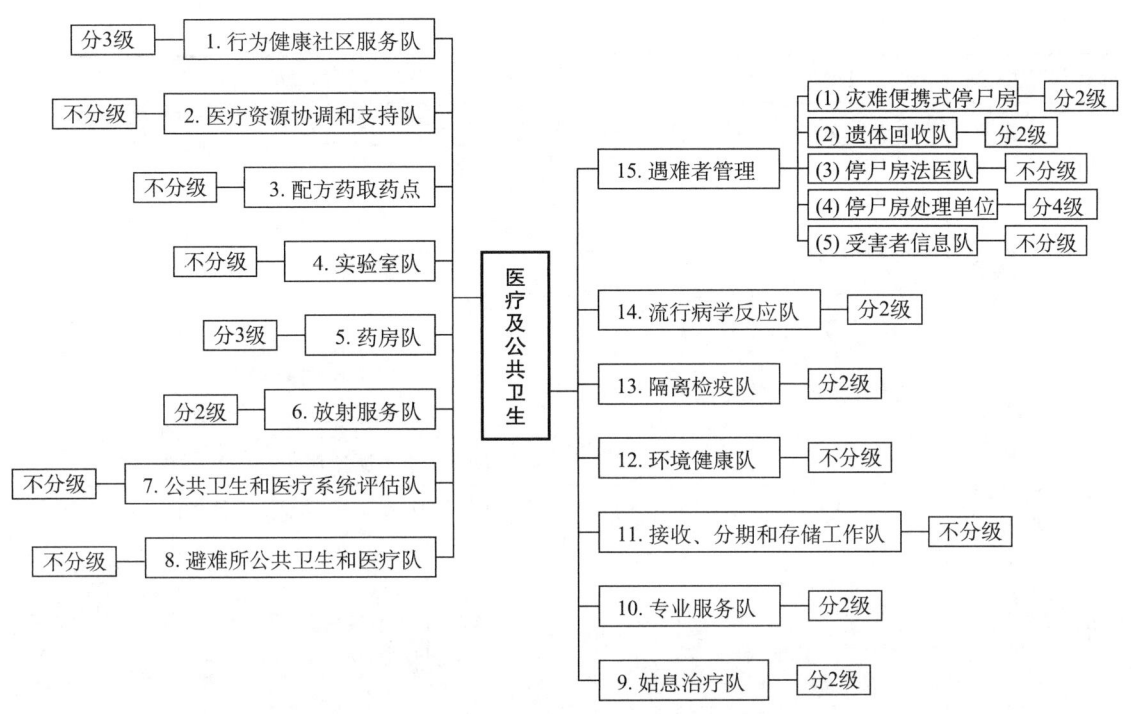

图 3-14-1 医疗和公共卫生类资源分类分级

表 3-14-1 医疗和公共卫生类——流行病学反应队分级标准

资源名称	流行病学反应队	
首要核心能力	公共卫生、保健和紧急医疗服务	
简要描述	确定、监测和调查公共卫生突发事件中对公共卫生有重要意义的疾病暴发、伤害或其他情况	
整体功能	（1）在流行病突发事件中支持当地政府的公共卫生部门应对突发事件。 （2）执行流行病学任务，包括： ①设计和进行与目标疾病或致病因子有关的数据收集。 ②进行数据分析。 ③制定和呈现定性和定量参数，描述受影响的人群和处于危险中的人群，疾病代理传播或传播的方法，以及其他有助于决策、政策和控制突发事件影响的行动的见解。 （3）管理、实施和监视有序的疾病控制措施，包括隔离等。 （4）进行密接人员的跟踪。 （5）增强当地的流行病学功能。 （6）与公共卫生机构卫生保健联盟、公共卫生评估队、环境卫生队、其他公共卫生学科以及实验室对接和协调	
分级情况	2级	
级别	1级	2级
队伍最小配员	11人	6人

续表

队伍监管人员	1名2级流行病学家	1名3级流行病学家
队伍支持人员	6名1级流行病学调查员，2名1级公共卫生数据输入专家，2名1级流行病学信息技术专家	3名1级流行病学调查员，1名1级公共卫生数据输入专家，1名1级流行病学信息技术专家
流行病学信息收集能力	能够对疾病和伤口进行更进一步的信息收集和分析，能够采集患者的临床样本进行实验室分析	能够对疾病和伤口进行基本的流行病学信息收集和分析
流行病学监测和调查设备	同2级，另加：临床标本采集装备	（1）流行病学监测调查表。 （2）流行病学数据库和分析软件
电子装备	同2级	电脑（每个队伍成员一个）
个人防护设备	同2级	个人防护装备是用于特定任务的，可能包括： （1）呼吸器。 （2）护眼。 （3）防护鞋。 （4）防护服。 （5）听力保护装备。 （6）口罩
通讯设备	同2级	（1）手机（每个队伍成员1个）。 （2）两路便携式无线电（每个队伍成员1个）

表3-14-2 医疗和公共卫生类——隔离检疫队分级标准

资源名称	隔离检疫队	
首要核心能力	公共卫生、保健和紧急医疗服务——环境反应或健康及安全	
简要描述	该队将在传染病暴发时帮助支持当地的疾病控制活动	
分级情况	2级	
级别	1级	2级
队伍能力	同2级，另外： （1）管理隔离操作。 （2）开发相关的程序和系统	经过技术培训的队伍能够在队长的领导下进行活动： （1）进行对相关人员的隔离。 （2）实施旅行限制。 （3）实施自愿或强制隔离和检疫

续表

每12个小时轮班的人员队伍构成	1名流行病学队队长 4名注册护士（公共卫生护士） 3名临床医师（医师，护士从业者或注册护士） 1名行为健康专业人员 1名公共卫生数据录入人员	1名流行病学家 1名流行病学信息技术专家 4名注册护士（公共卫生护士） 1名行为健康专业人员
设备	同2级	在安全和不安全的环境中进行通信的通信工具，相关的软件、硬件和其他可互操作的功能，合适的个人防护设备

表3-14-3 医疗和公共卫生类——环境健康队分级标准

资源名称	环境健康队
首要核心能力	公共卫生、保健和紧急医疗服务——环境反应或健康及安全
简要描述	评估、确定、建议并实施解决方案，或纠正现在不正当的行动，以应对突发事件期间在水、食品、废物、土壤、碎片、空气（室内和室外）、病媒和害虫、避难所、建筑环境和其他与环境卫生相关的领域对人类的健康和安全造成的危害和威胁
整体功能	（1）激活环境健康和安全保护、响应和恢复操作。 （2）评估灾后环境危害以及对人类健康和安全的威胁。 （3）监测水、食物、废物、土壤、碎屑、空气、住房、建筑环境和其他与环境健康相关的区域中的灾后环境健康和安全状况。 （4）评估病媒和害虫种群（例如蚊子和啮齿动物）在突发事件发生后的存在的疾病危害和威胁，并建议并采取纠正措施或控制措施
分级情况	不分级
队伍最小配员	4人
队伍监管人员	1名1级环境卫生队队长
队伍支持人员	2名1级或2级环境卫生专家，1名公共卫生数据录入专家
识别环境威胁设备	专业的环境卫生设备和用品。
个人防护设备	个人防护装备是针对危险和特定任务的，可能包括： （1）空气净化呼吸器（APR）。 （2）APR替换装。 （3）护眼设备。 （4）听力保护设备。 （5）一次性或耐化学腐蚀手套。 （6）液体防护服、化学防护服或其他皮肤防护服
电子装备	4部笔记本电脑或平板电脑，2部全球定位系统（GPS），无线数据传输功能
参考资料	与突发事件有关的印刷和电子参考资料和数据库
通讯设备	适当的队伍通讯设备，例如双向无线电、手机或卫星电话

表 3-14-4 医疗和公共卫生类——接收、分期和存储工作队分级标准

资源名称	接收、分期和存储工作队
首要核心能力	公共卫生、保健和紧急医疗服务——紧急医疗服务、计划
简要描述	接受、存储并在当地收集大量的药物、医疗用品、医疗设备,以便从战略国家储备、供应商管理库存或本地采购库存等来源进行大规模分发
整体功能	(1) 扩充现有的具有管辖权的仓库的员工。 (2) 检查、接收和存储进来的药品和其他资产,并将它们分配到配药点和其他预先计划的配药点,例如医疗机构、大学、军事设施、私营企业或非政府组织。 (3) 与具有管辖权的仓库、订购实体和最终接收者进行适当的通信。 (4) 在遣散期间,随着库存活动的减少,执行计划以回收未使用的医疗资源。 (5) 与支持机构进行协调,以盘点、重组和重组库存,以恢复到事发前的水平,并在必要时从医疗供应管理和分配职责中解雇人员。 (6) 必要时向当地辖区提供及时培训以维持操作
分级情况	不分级
队伍最小配员	6人
队伍监管人员	1名1级接收、分期和存储工作队队长
队伍支持人员	1名1级接收、分期和存储操作队队长,1名1级接收、分期和存储后勤队队长,1名1级接收、分期和存储战术通信队队长,1名1级接收、分期和存储分发队队长,1名1级接收队队长、分期和存储财务或管理队队长
信息技术设备	6台具有适当软件的便携式计算机
个人防护设备	个人防护装备是针对危险和特定任务的,可能包括: (1) 手套。 (2) 脚部保护。 (3) 护眼。 (4) 听力保护。 (5) 安全帽。 (6) 呼吸器。 (7) 防护服
通讯设备	6部双向无线电,手机及卫星电话

表 3-14-5 医疗和公共卫生类——专业服务队分级标准

资源名称	专业服务队	
首要核心能力	公共卫生、保健和紧急医疗服务	
整体功能	在现有医院设施中提供普通的医疗护理或专业的医疗服务	
分级情况	2级	
级别	1级	2级
队伍最小配员	11人	11人

队伍监管人员	1名2级流行病学家	1名医疗队队长
队伍支持人员	同2级	1位医师,1名医师助理或高级执业注册护士,6名注册护士,2位病人护理技术员
医疗能力	能够为住院患者提供临床和支持服务。人员,设备和供应能力强。	完整的基础设施的人员扩充,需要专科或人员提供广义或专科类别的临床护理
手术能力	同2级	核心外科手术队伍(即1个医疗部门负责人,2位外科医生,1位麻醉师,1位注册护士麻醉师,6位外科手术和/或麻醉医生,2位外科手术技术员) 相关部门定义的需求,除了高级创伤护理之外,还必须特别要求提供特殊服务,可能包括但不限于神经外科、骨科、ENT、心胸、血管和儿科
透析能力	同2级	1个医疗队队长,1位医师,6名注册护士,6位透析技术员
产科(劳生产,恢复和产后)能力	同2级	1个医疗队队长,2名医师(1名合格的妇产科和1名麻醉师),1名医师助理或高级执业护士,3名注册护士,1名患者护理技术员或认证的护理助理
医疗设备	同2级	设备和用品由请求当地管辖区提供。

表3-14-6 医疗和公共卫生类——姑息治疗队分级标准

资源名称	姑息治疗队	
首要核心能力	公共卫生、保健和紧急医疗服务	
整体功能	在现有医院设施中提供普通的医疗护理或专业的医疗服务	
分级情况	2级	
级别	1级	2级
队伍最小配员	17人	10人
队伍监管人员	同2级	1名1级医疗队队长
队伍支持人员	1名1级医务人员,1名1级社会工作者,2名2级注册护士,4名3级注册护士,4名1级患者护理技术员,1名1级药剂师,1名1级营养师或营养师,1名1级或2级行为健康专家,1名行为健康牧师	1名1级医务人员,1名1级社会工作者,1名2级注册护士,2名3级注册护士,4名1级患者护理技术员

续表

医疗用品	在没有建立姑息治疗或临终关怀服务的情况下，可在替代性护理场所或医疗机构中使用的专门姑息治疗和临终关怀医疗设备，用品和药物，包括： (1) 止痛药或给药。 (2) 伤口护理。 (3) 临终关怀包	无特殊要求
个人防护设备	同2级	个人防护设备（PPE）是用于特定任务的，并且可能因工作环境而异，包括： (1) 防护鞋。 (2) 皮肤接触防护服。 (3) 眼睛和耳朵的保护。 (4) 呼吸器。 (5) 手套。 (6) 口罩
通讯设备	同2级	(1) 两路便携式无线电。 (2) 手机

表3-14-7 医疗和公共卫生类——避难所公共卫生和医疗队分级标准

资源名称	避难所公共卫生和医疗队
首要核心能力	公共卫生、保健和紧急医疗服务——环境反应或健康及安全
简要描述	为流离失所的人们提供聚集设施内的公共卫生和医疗
整体功能	(1) 管理避难所中500人的基本医疗服务。 (2) 为避难所提供基本的公共卫生保护
分级情况	不分级
队伍监管人员	1名1级公共卫生和医疗系统评估队队长
队伍支持人员	1位医师，4名注册护士，2名行为健康专业人员，1名环境卫生专家，1名流行病学数据专家
医疗能力	在相关部门中可以进行以下公共卫生和医疗活动的队伍：在总体上提供基本的医疗服务和公共卫生保护
患者负荷能力	一次轮班能治疗500个病人

表 3-14-8 医疗和公共卫生类——公共卫生和医疗系统评估队分级标准

资源名称	公共卫生和医疗系统评估队
首要核心能力	公共卫生、保健和紧急医疗服务——灾情评估
简要描述	为流离失所者提供聚集设施内的公共卫生和医疗功能
整体功能	(1) 收集、分析和报告信息，以确定在 24~72 小时内支持紧急响应活动所需的关键资源的要求。 (2) 评估生命安全，患者疏散和遣返（重新入境），医疗连续性计划，医疗能力，医疗基础设施，医疗特殊需求和后勤要求。 (3) 评估、分析和报告社区范围内的卫生和医疗系统基础架构、人员和系统的总体状态。 (4) 与其他队伍（如快速需求评估队伍）就评估问题进行协调（开发状况报告，推荐资源请求，汇编数据以及制定通用的操作图）。 (5) 与相关的州和地方人员进行协调，例如国家紧急支持部门（ESF）#8，紧急情况管理人员，地方医疗保健联盟，紧急医疗服务（EMS）机构和系统，以及地方、县或州公共卫生官员。 (6) 与已经进行公共卫生和医疗系统评估的当地和州人员集成或为其提供支持
分级情况	不分级
级别	1 级
队伍最小配员	7 人
队伍监管人员	1 名 1 级公共卫生和医疗系统评估队队长
队伍支持人员	2 名 1 级公共卫生数据输入专家，1 名 1 级注册护士，1 名 1 级公共卫生系统评估专家，2 名 1 级医疗系统评估专家
电子设备	笔记本电脑
个人防护设备	个人防护装备是用于特定任务的，可能包括： (1) 呼吸器。 (2) 安全帽。 (3) 护眼。 (4) 防护鞋。 (5) 口罩。 (6) 听力保护。 (7) 一次性无乳胶手套
通讯设备	(1) 手机。 (2) 便携式双向无线电

表 3-14-9　医疗和公共卫生类——行为健康社区服务队分级标准

资源名称	行为健康社区服务队		
首要核心能力	公共卫生、保健和紧急医疗服务——灾情评估		
简要描述	由行为健康专家组成,他们能够提供行为健康干预、心理急救(PFA)、危机干预,以及在重大突发事件或灾难发生后为幸存者、反应者和公众提供转诊		
整体功能	该队伍为灾难后的幸存者、家人、响应者和公众提供与突发事件相关的行为健康服务,其中包括: (1) 行为健康需求评估。 (2) 心理急救(PFA)。 (3) 危机干预。 (4) 牧师或牧师或精神保健清单。 (5) 社区外联。 (6) 公共信息、信息传播和转介。 (7) 行为健康咨询。 (8) 筛查和转诊,包括针对持续的健康需求或突发事件相关服务范围之外的需求进行转诊		
分级情况	3级		
级别	1级	2级	3级
队伍最小配员	8人	6人	2人
队伍监管人员	同3级	同3级	1名1级行为健康专家队队长
队伍支持人员	1名1级行为健康专家,4名2级行为健康专家,1名1级社会工作者,1名1级行为健康牧师	1名1级行为健康专家,4名2级行为健康专家	1名2级行为健康专家
电子装备	同3级	同3级	笔记本电脑,筛选和递交表格
个人防护设备	同3级	同3级	个人防护装备是用于特定任务的,可能包括: (1) 呼吸器。 (2) 护眼。 (3) 一次性手套
通讯设备	8部手机,8部便携式双向无线电	6部手机,6部便携式双向无线电	2部手机,2部便携式双向无线电

表 3-14-10 医疗和公共卫生类——药房队分级标准

资源名称	药房队		
首要核心能力	公共卫生、保健和紧急医疗服务		
简要描述	为现有的住院病人、门诊病人、或通过移动接入的所有病人提供服务,包括药物和疾病信息、药物制备和分发、疫苗接种和剂量监测服务		
整体功能	(1) 向个人分发处方药,包括补充维持药物的处方。 (2) 为患者、医师和其他保健医生提供药物选择、剂量、相互作用和副作用的建议。 (3) 劝告患者使用处方药和非处方药。 (4) 就药物治疗向临床提供者进行咨询,并提供建议。 (5) 确保每个处方的准确性,并酌情适应访问和功能需求或语言需求。 (6) 保持分配记录,并确保每个班次之前,之中和之后所有库存的准确性		
分级情况	3 级		
级别	1 级	2 级	3 级
队伍最小配员	5 人	3 人	3 人
队伍监管人员	同 3 级	同 3 级	1 名 1 级医疗队长
队伍支持人员	2 名 1 级药剂师,2 名 1 级药剂技术员	同 3 级	1 名 1 级药剂师,1 名 1 级药剂技术员
能力	每 12 小时轮班 50 个住院病人处方,每 12 小时轮班 400 个门诊病人处方	每 12 小时轮班 50 个住院病人处方	每 12 小时轮班 400 个门诊病人处方
个人防护设备	同 3 级	同 3 级	个人防护装备是用于特定任务的,可能包括: (1) 护眼。 (2) 口罩,例如 N95 口罩或电动空气净化呼吸器(PAPR)。 (3) 防护鞋。 (4) 防护手套
通讯设备	同 3 级	同 3 级	适当的队伍通讯设备,例如双向无线电、手机或卫星电话
信息技术设备	同 3 级	同 3 级	笔记本电脑和软件
设施	同 3 级	同 3 级	提供的移动设备或便携式设备以及辅助设备

			续表
制药业务设备	同3级	同3级	(1) 处方药和非处方药的范围。 (2) 药柜。 (3) 药房秤。 (4) 标签打印机。 (5) 公制和药房重量设置。 (6) 温控设备。 (7) 危险药品废物容器。 (8) 静脉（Ⅳ）治疗设备。 (9) 无菌环境（通风柜）

表3-14-11　医疗和公共卫生类——医疗资源协调和支持队分级标准

资源名称	医疗资源协调和支持队
首要核心能力	公共卫生、保健和紧急医疗服务
简要描述	是一个多学科的行政队伍，协调和支持医疗后勤，包括通信、卫生信息技术（IT）、设备、用品、采购、文书和安全职能。该队还确保不断获得安全有效地支持医疗特派团任务所需的资源
整体功能	卫生资源协调和支持队伍与其他队伍、队和机构（例如后勤科、医疗保健联盟资源协调实体、非政府组织、供应商等）进行交互，以支持医疗队伍的以下职能： (1) 行政。 (2) 通讯。 (3) 卫生IT。 (4) 设备和用品采购。 (5) 医疗设备保养与维修支持服务。 (6) 文书，包括病历。 (7) 安全性
分级情况	不分级
级别	1级
队伍最小配员	7人
队伍监管人员	1名1级医疗队长
队伍支持人员	1名1级医疗队伍后勤协调员，1名1级病历协调员，1名1级医疗材料协调员，1名1级医疗设备协调员，1名1级医疗通信或IT协调员，1名1级医疗安全协调员

续表

医疗设备	医疗保健资源协调和支持队伍存储以支持替代护理设施，其中可能包括： （1）帐篷。 （2）办公设备。 （3）耗材。 （4）工具。 （5）桌子。 （6）发电机
个人防护设备	PPE是用于特定任务的，并且可能因工作环境而异，包括： （1）防护鞋。 （2）防护服。 （3）眼睛和听力保护。 （4）呼吸器。 （5）手套。 （6）口罩
通讯设备	7部短程、双向无线电，7部手机，1部卫星电话

表3-14-12 医疗和公共卫生类——配方药取药点分级标准

资源名称	医疗对策的分配管理队
首要核心能力	公共卫生、保健和紧急医疗服务
简要描述	负责监督并提供方向，协调，和咨询当地人员（从公共卫生、执法、设施管理和私营部门）提供帮助与设置、库存管理、补给，志愿者管理和培训、流量管理、质量分布和配药
整体功能	（1）在定义区域内每班管理一个或两个医疗对策大规模预防分配站点的设置、操作和复员。 （2）向本地提供的人员提供有关分配指挥和控制，分配物流和分配操作的培训，包括即时培训。 （3）关于库存管理的建议
分级情况	不分级
级别	1级
队伍最小配员	5人
队伍监管人员	1名1类医疗对策分配管理队队长
队伍支持人员	1名1级医疗对策分配物流经理，1名1级药剂师，1名1级医疗对策或分配进气或管线流量管理人员，1名医疗检查经理
电子设备	5台笔记本电脑

个人防护设备	PPE 是用于特定任务的，可能包括： （1）手套。 （2）脚部保护。 （3）护眼。 （4）护耳。 （5）安全帽。 （6）呼吸器。 （7）防护服
通讯设备	5 名短程双向无线电，5 部手机，1 部卫星电话

表 3-14-13　医疗和公共卫生类——实验室队分级标准

资源名称	实验室队
首要核心能力	公共卫生、保健和紧急医疗服务
简要描述	为医院、门诊和移动医疗单元提供大范围的临床实验室（病人诊断）服务，包括基础化学、血液学、凝血、尿液和微生物检测
整体功能	（1）提供基本的诊断服务，以帮助医疗工作者对急性和慢性疾病进行医疗。 （2）向临床护理人员报告可能影响所提供护理的发现或趋势。 （3）提供结果给特定的医疗服务提供者，保存记录，并将指示的实验室结果传达给具有管辖权的公共卫生部门。 （4）维护和操作必要的实验室设备，包括执行符合临床实验室指南的质量控制措施。 （5）管理收集到的生物样本的适当存储和处置
分级情况	不分级
级别	1 级
队伍最小配员	6 人
队伍监管人员	1 名 1 级医疗队长
队伍支持人员	3 名 1 级医学实验室技术员和医学实验室技术员（任意组合），2 名 1 级抽血医生
分析设备	与任务分配相称的设备
电子设备	适当的队伍通讯设备，例如双向无线电，手机或卫星电话
个人防护设备	PPE 是用于特定任务的，可能包括： （1）护眼。 （2）口罩，例如 N95 口罩或电动空气净化呼吸器（PAPR）。 （3）防护鞋。 （4）防护手套
通讯设备	5 名短程双向无线电，5 部手机，1 部卫星电话

标本采集设备	标本采集设备是用于特定任务的，可能包括： （1）样本采集的用品和设备。 （2）静脉穿刺工具

表 3-14-14　医疗和公共卫生类——放射服务队分级标准

资源名称	放射服务队	
首要核心能力	公共卫生、保健和紧急医疗服务	
简要描述	为现有医院或门诊部门提供基本和专业的临床影像服务；成像服务包括 X 射线、超声波、计算机断层扫描（CT）、磁共振成像（MRI）和透视研究	
整体功能	（1）按照标准的医疗规程执行诊断成像程序。 （2）根据放射防护原理，为患者提供放射线检查程序必不可少的护理。 （3）评估射线照片和其他医学影像的技术质量。 （4）为每个影像学研究提供医学解释。 （5）确保将解译后的图像传输给适当的医疗服务提供者	
分级情况	2 级	
级别	1 级	2 级
队伍最小配员	4 人	4 人
队伍监管人员	同 2 级	1 名 1 级医疗队长
队伍支持人员	同 2 级	1 名 2 级放射科医生，2 名 1 级放射技术员
监测能力	同 2 级，另外：先进的放射学服务，包括： （1）MRI 扫描。 （2）CT 扫描。 （3）荧光镜检查	基本放射服务，包括： （1）X 射线（射线照相）。 （2）超声波
个人防护设备	同 2 级	剂量计和其他用于特定任务的 PPE，可能包括： （1）护眼。 （2）口罩，例如 N95 口罩或电动空气净化呼吸器（PAPR）。 （3）防护鞋。 （4）防护手套
通讯设备	同 2 级	适当的队伍通讯，例如双向无线电，手机或卫星电话

3.15 应急资源分类分级标准——网络安全类

网络安全类资源分类分级情况见图3-15-1。分1类资源。即网络事件响应队,而且不分级,具体标准见表3-15-1。主要应对相关网络领域内的危机或紧急情况,以处理、管理和减轻当前和潜在的威胁。

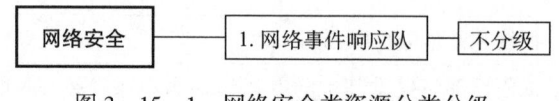

图3-15-1 网络安全类资源分类分级

表3-15-1 网络安全类——网络事件响应队分级标准

资源名称	网络事件响应队
首要核心能力	网络安全
简要描述	应对相关网络领域内的危机或紧急情况,以处理、管理和减轻当前和潜在的威胁。
整体功能	(1) 调查和分析与危机情况有关的所有相关网络和网络活动,以期尽快恢复受影响的关键基础设施服务。 (2) 根据需要使用缓解、备灾、响应和恢复方法,以最大程度地延长生命,保护财产和信息安全。 (3) 记录操作过程中采取的所有步骤和行动,并制定突发事件行动报告
分级情况	不分级
级别	1级
队伍最小配员	15人
队伍监管人员	2名1级网络突发事件响应者
队伍支持人员	1名1级网络突发事件响应者 3名1级计算机网络防御(CND)分析师 1名1级网络防御基础架构支持专家 1名1级网络防御基础架构支持专家 1名1级数据库管理专家 1名1级数字取证专家 1名1级级数字取证专家 1名语音通信操作商 1名系统管理员 2名网络管理员

续表

操作装备	13部带有无线上网卡的笔记本电脑、用于创建文档，电子表格和数据库的程序 2部带有数字取证工具套件的笔记本电脑 2部写块硬件设备 2部具有实时内存捕获功能的设备
通讯设备	1部手机

3.16 应急资源分类分级标准——地理信息系统和信息技术类

地理信息系统和信息技术包括地理信息系统现场数据采集队和地理信息系统地图支持队2类队伍，负责收集、处理与突发事件相关的地理信息数据，将这些数据集成到地图等态势感知工具中，为决策者提供参考。地理信息系统和信息技术类资源分类分级情况见图3-16-1，共分2类资源，其中地理信息系统现场数据采集队分2级（详见表3-16-1），地理信息系统地图支持队分3级（详见表3-16-2）。

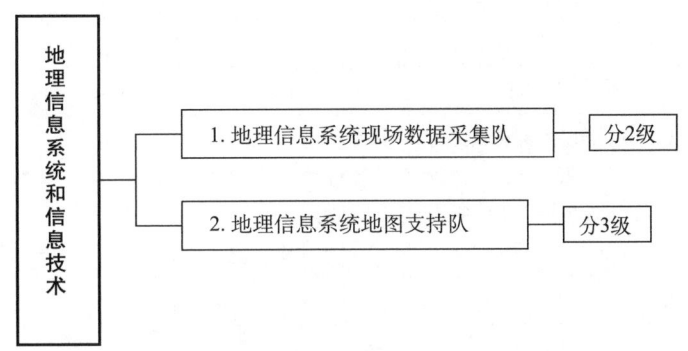

图3-16-1 地理信息系统和信息技术类资源分类分级

表3-16-1 地理信息系统和信息技术类——地理信息系统现场数据采集队分级标准

资源名称	地理信息系统现场数据采集队
首要核心能力	计划
简要描述	使用移动数据收集设备收集突发突发事件发生前、过程中和突发突发事件后现场的GIS数据。该资源还支持将GIS的字段数据集成到地图和态势感知工具中
整体功能	（1）使用硬件和软件从现场主动收集数据，或通过其他具有全球定位系统（GPS）功能的移动数据收集设备被动收集数据。 （2）收集并整合相关的GIS现场数据到地图和态势感知工具中，以供突发事件管理人员和决策者使用
分级情况	2级

续表

级别	1 级	2 级
队伍最小配员	8 人	4 人
队伍监管人员	1 名 1 级 GIS 分析员	1 名 1 级 GIS 分析员
队伍支持人员	2 名 2 级 GIS 分析员，5 名 1 级场地数据输入技术员	1 名 2 级 GIS 分析员，2 名 1 级场地数据输入技术员
信息技术设备	同 2 级	笔记本电脑
场地数据收集装备	同 2 级	移动数据收集设备
储存和分配设备	同 2 级	一个服务器
通讯设备	5 辆车	2 辆车
交通设备	同 2 级	(1) 手机。 (2) 便携式无线电

表 3-16-2　地理信息系统和信息技术类——地理信息系统地图支持队分级标准

资源名称	地理信息系统地图支持队		
首要核心能力	计划		
简要描述	负责制作基于 GIS 的计算机地图，用于决策、导航、突发事件评估、威胁和危险识别		
整体功能	(1) 支持开发该领域的地图设置和地图应用程序。 (2) 支持在现场、指挥所和紧急行动中心中使用的 GIS 硬件和软件。 (3) 编辑已连接和已断开连接的数据。 (4) 确保决策者可以访问并可以使用基于位置的信息，以增强态势感知和决策能力		
分级情况	3 级		
级别	1 级	2 级	3 级
队伍最小配员	10 人	6 人	6 人
队伍监管人员	同 3 级	同 3 级	1 名 NIMS1 类 GIS 主管
队伍支持人员	2 名 1 级 GIS 分析员，2 名 2 级 GIS 分析员，2 名 GIS 开发人员，1 名信息技术（IT）技术员，1 名 GIS 数据库管理员	同 3 级	2 名 1 级 GIS 分析员，2 名 2 级 GIS 分析员，1 名 GIS 开发人员
信息技术设备	同 3 级	同 3 级	笔记本电脑
信息技术支持设备	同 3 级	同 3 级	移动数据收集设备
通讯设备	同 3 级	同 3 级	(1) 手机。 (2) 便携式无线电

续表

储存和分配设备	同3级	同3级	一个服务器
交通设备	同2级	3辆车	2辆车
印刷设备	2台42英寸绘图仪 3台具有11×17功能的高速（每分钟36页（ppm）或更快）彩色打印机	1台42英寸绘图仪 2台具有11×17功能的高速（每分钟36页（ppm）或更快）彩色打印机	无特殊要求

3.17 应急资源分类分级标准——减灾类

减灾类包括减灾规划队和减灾行动队，为突发事件中，受到影响的地区和部门制定减灾计划，并在计划实施时提供支持。减灾类资源分类分级情况见图3-17-1，共分2类资源，其中减灾规划队不分级（详见表3-17-1），减灾行动队不分级（详见表3-17-2）。

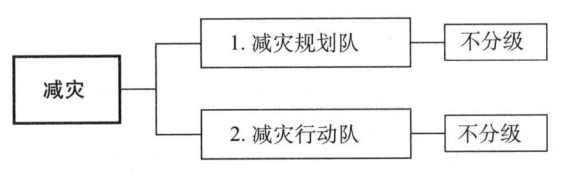

图3-17-1 减灾类资源分类分级

表3-17-1 减灾类——减灾规划队分级标准

资源名称	减灾规划队
首要核心能力	行动协调
简要描述	为发展FEMA批准的灾前或灾后的减灾计划提供技术专家、相关经验和功能管理。队伍可以同时直接协助1-4个社区或一个州范围内符合条件的社区管理减灾计划
整体功能	向另一个具有级似职位的危害缓解计划队提供全面的缓解计划帮助，以便在实际计划的制定和采用过程中建立和建立本地的危害缓解计划能力
分级情况	不分级
级别	1级
队伍监管人员	1名1级危害缓解计划人员
队伍支持人员	1名1级或2级减灾风险分析师，1名1级减灾外展专家，1名1级洪泛区管理专家

表 3-17-2　减灾类——减灾行动队分级标准

资源名称	减灾行动队
首要核心能力	行动协调
简要描述	队伍主要为社区的减灾规划队提供管理和技术方面的专家及经验，以支持社区减灾规划队完成其减灾目标。队伍里的专家可以直接或非直接地在需要时协助社区或州政府
整体功能	为当地、州和联邦组织提供全面的减灾技术援助。队伍成员是对减灾计划和实施非常重要的众多领域的专家
分级情况	不分级
级别	1 级
队伍最小配员	15 人
队伍监管人员	1 名 1 级危害缓解计划人员
队伍支持人员	1 名 2 级减灾计划员，1 名 2 级减灾风险分析师，1 名 2 级减灾外联专家，1 名 2 级洪泛区管理专家，1 名 2 级建筑法规专家，1 名建筑科学专家，1 名效益成本分析师，1 名 1 级基础结构缓解专家，1 名 1 级建筑成本估算员，1 名减灾赠款和拨款专家，1 名历史保护专家，1 名文化资源专家，1 名自然资源专家，1 名建筑师，1 名工程师

3.18　应急资源分类分级标准——损失评估类

损失评估类资源分类分级情况见图 3-18-1，共分 2 类资源，其中需求快速评估队分 2 级（详见表 3-18-1），野外地质勘探队不分级（详见表 3-18-2）。主要负责对突发事件中的涉及到的生命安全问题，关键基础设施状态和相关人员的需求进行快速评估。

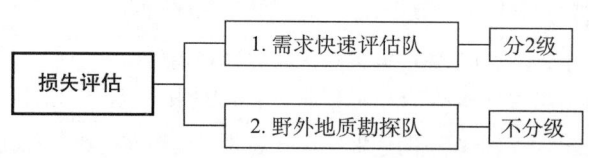

图 3-18-1　损失评估类资源分类分级

表 3-18-1　损失评估类——需求快速评估队分级标准

资源名称	快速需求评估队
首要核心能力	灾情评估
简要描述	对灾时的生命安全问题、关键基础设施的状态和人类需求进行快速评估
整体功能	(1) 收集、分析和报告信息，以确定对支持应急活动的关键资源的要求。 (2) 评估突发事件或突发事件其带来的总体影响，并确定即时响应要求

续表

分级情况	2级	
级别	1级	2级
队伍最小配员	8人	3人
队伍监管人员	同2级	1名快速需求评估队队长
队伍支持人员	2名快速需求评估队伍技术专家 1名1级医疗部门负责人 1名1级危化材料官员 1名1级土木或现场工程师 1名1级公用事业系统重构管理人员 1名2级地理信息系统（GIS）分析师	2名快速需求评估队技术专家
电子装备	3部便携式计算机，安装有文字处理，数据管理，地图绘制和其他用于特定任务的软件；3部全球定位系统（GPS）；5部数码相机	3部便携式计算机，安装有文字处理，数据管理，地图绘制和其他用于特定任务的软件；3部全球定位系统（GPS）；3部数码相机
个人防护设备	同2级	个人防护装备是用于特定任务的，可能包括：安全帽，反光背心，手套，防护服，防护鞋，防护罩
通讯设备	8部短程双向无线电；8部手机；1部卫星电话	3部短程双向无线电；3部手机；1部卫星电话
交通设备	2辆四轮驱动车	1辆四轮驱动车

表3-18-2　损失评估类——野外地质勘探队分级标准

资源名称	野外地质勘探队
首要核心能力	灾情评估
简要描述	为地质灾害相关的突发事件收集野外数据
整体功能	（1）观察、描述、拍摄并定量记录与地质灾害有关的证据，以及突发事件对人类建筑物和自然环境的影响。 （2）通过地下、地面和空中观测支持任务。 （3）记录和评估与各种地质灾害和威胁（如地震、海啸、火山、洪水和大坝溃坝）相关的地面塌陷、地面震动、土壤构造的共同作用、海啸淹没、波浪高度和速度特征的后果。 （4）为应急管理人员提供态势感知功能，可通过技术信息交换所或监督机构工作，或直接与前方操作中心合作
分级情况	不分级
级别	1级

队伍最小配员	2人
队伍监管人员	1名地质现场勘察专家
队伍支持人员	1名地质实地勘察专家
个人防护设备	个人防护装备是特定任务的，可能包括： (1) 安全帽。 (2) 反光背心。 (3) 手套。 (4) 防护服。 (5) 防护鞋。 (6) 安全眼镜。 (7) 手电筒和电池。 (8) 带额外过滤器的防尘口罩或呼吸器。 (9) 急救箱
通讯设备	2部短距离，双向便携式无线电 2部手机 1部卫星电话
交通设备	1辆四轮驱动车

3.19 小结

美国将突发事件发生后所有需要的资源在全国范围内开展标准化的分类分级定义，统筹全国各级政府、部门、企业及社区的应急资源，实现资源的共享和调用。美国为队伍、装备和单元资源单独建立了标准化的分类分级资源库，为各级用户在突发事件过程中对这些资源的调度和部署提供了统一的定义和术语。将应急资源分为两大类，一种是应对各种突发事件的响应资源，包括队伍、装备和设施及单元三种形式。另一种是对应响应资源能力的人力资源，以支撑响应资源的核心能力。分类确定了每大类资源适用的突发事件场景，在分类的基础上，根据每项资源的能力对其进行了分级，为衡量应急资源的能力级别提供了可量化的标准，使各资源能够根据突发事件的具体场景进行组合协作，来满足从交通事故这类单点的突发事件的应对，到响应造成重大影响的巨灾事故的各种应急需求。这套资源分类分级覆盖面广，针对性、实用性强，对于各级政府部门做好应急资源准备，为第一时间应急资源及时调度科发挥重要的作用。

第四章 美国应急人力资源岗位分类分级标准

应急资源的核心是人力资源。美国在建立应急资源类型库时，同步建立了应急人力资源岗位清单和资格证书，为人力资源的盘点、资格认证和资格评定提供了标准。其中对应急人员的资格认证在应急资源管理，特别是对在突发事件中验证应急人员的身份和属性（包括人员的从属关系、技能及职权）是非常重要的。美国的应急人力资源资格认证体系，包括了对突发事件人力资源的授权、证书授予和资格再认证过程（图4-0-1），以确保获得资质的人力资源可以应对突发事件中相应的工作。

美国为了在全国范围内提供一致性和支持全国范围内的互操作性，有效地指导各级政府管理好应急人力资源，FEMA出台了《国家突发事件管理体系国家资格认证体系指南》和《国家事件管理体系国家资格认证体系资格审查委员会补充指南》，为特定的与突发事件处置相关的职位制定了标准的最低资格要求。使用该指南对突发事件管理和支持人员进行资格确定、认证和证书授予，确保通过互助协议和合同部署的人员有能力履行其指定角色的职责。

美国国家应急岗位资格认证体系为国家突发事件管理、支持和应急管理人员建立基本任职资格。这些人员包括各级政府、社区、非政府组织和私营部门。

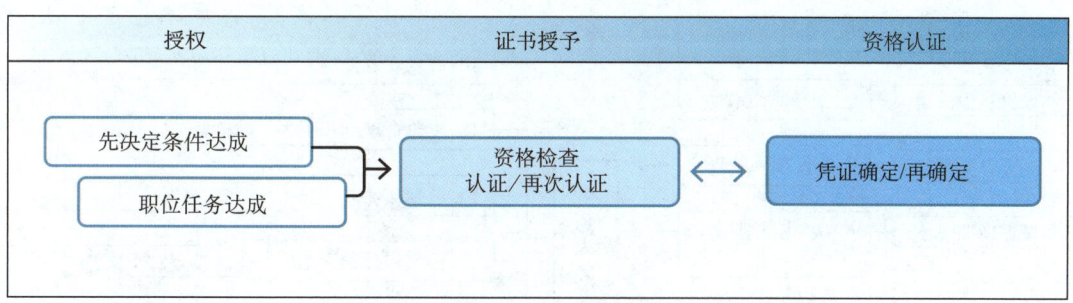

图4-0-1 突发事件人员岗位证书授予和资格认证流程

4.1 应急人力资源一、二级分类

美国对应应急资源的一级类别，即预防、动物应急响应、突发事件管理、紧急医疗服务、消防及危化品、通信、执法行动、公共工程、搜索与营救、群众安置设施、应急管理、后勤和物流、医疗和公共卫生、网络安全、地理信息系统和信息技术、减灾以及损失评估17大类配套定义了了310类关键岗位（图4-1-1）。其中：

(1) 预防类资源定义给出 4 类岗位（图 4-2-1）；
(2) 动物应急响应类定义给出 11 类岗位（图 4-3-1）；
(3) 突发事件管理类定义给出 33 类岗位（图 4-4-1）；
(4) 紧急医疗服务类定义给出 16 类岗位（图 4-5-1）；
(5) 消防及危化品类定义给出 11 类岗位（图 4-6-1）；
(6) 通信类定义给出 5 类岗位（图 4-7-1）；
(7) 执法行动类定义给出 19 类岗位（图 4-8-1）；
(8) 公共工程类定义给出 25 类岗位（图 4-9-1）；
(9) 搜索与营救类定义给出 36 类岗位（图 4-10-1）；
(10) 群众安置设施类定义给出 17 类岗位（图 4-11-1）；
(11) 应急管理类定义给出 23 类岗位（图 4-12-1）；
(12) 后勤和物流类定义给出 7 类岗位（图 4-13-1）；
(13) 医疗和公共卫生类定义给出 82 类岗位（图 4-14-1）；
(14) 网络安全类定义给出 7 类岗位（图 4-15-1）；
(15) 地理信息系统和信息技术类定义给出 4 类岗位（图 4-16）；
(16) 减灾类定义给出 8 类岗位（图 4-17）；
(17) 损失评估类定义给出 2 类岗位（图 4-18）。

美国要求所有的应急岗位达到美国国家认证体系的岗位任务要求或等效的应急管理机构的证书。并针对每类岗位分别从岗位职责，教育程度，岗位特殊培训要求、工作经历、身体素质要求、工作背景、专业认证及技术执照等进行了分级定义。

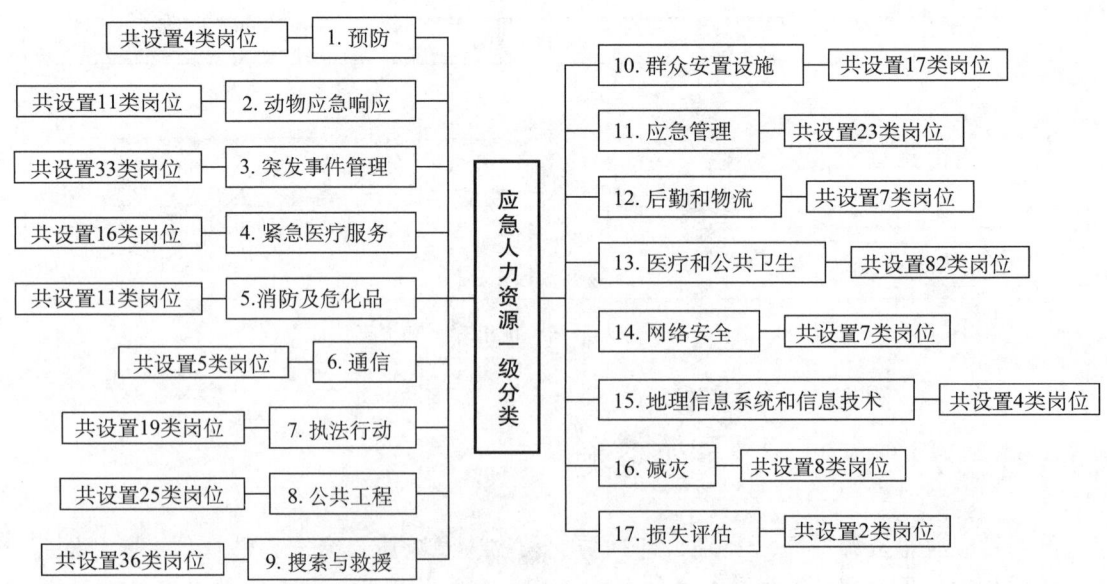

图 4-1-1 应急人力资源岗位一级分类

4.2 应急人力资源分类分级标准——预防类岗位

预防类岗位分类分级见图4-2-1，共定义了4类特定岗位，其中放射性核物质预防性检测队队长分2级，岗位分级要素详见图4-2-2；放射性核物质预防性检测队操作员分2级，岗位分级要素详见图4-2-3；放射性核物质预防性检测队筛选员分2级，岗位分级要素详见图4-2-4；放射操作支持专家分3级，岗位分级要素详见图4-2-5。可以看到放射性核物质预防性检测队队长1、2级区别主要在能否担任行政执法任务，是否具有检测行政执法资格证书。

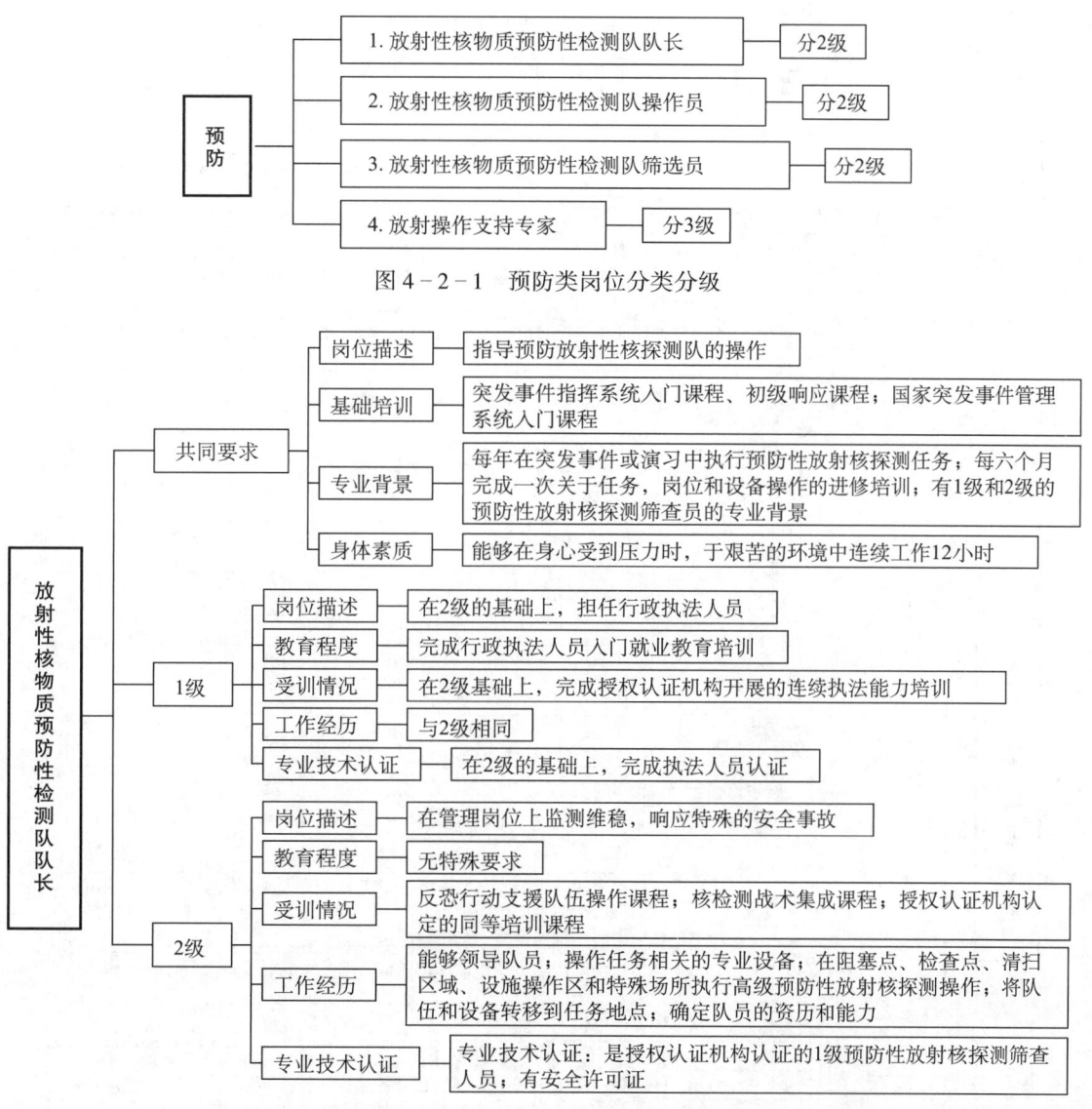

图4-2-1 预防类岗位分类分级

图4-2-2 预防类岗位分级要素——放射性核物质预防性检测队队长

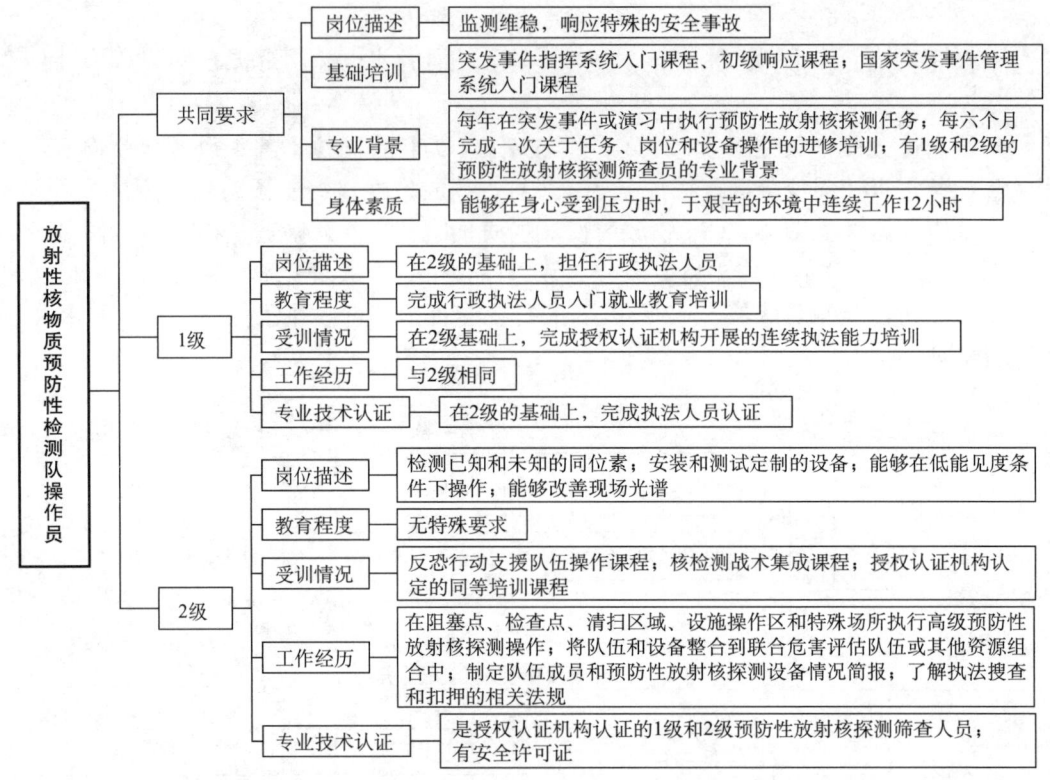

图 4-2-3 预防类岗位分级要素——放射性核物质预防性检测队操作员

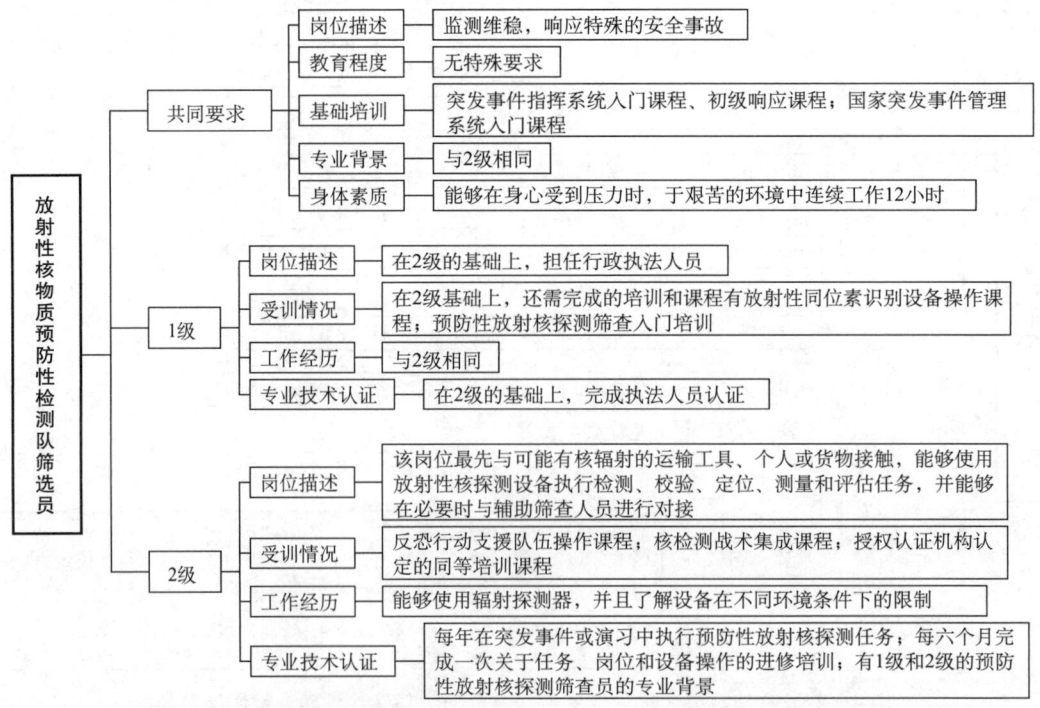

图 4-2-4 预防类岗位分级要素——放射性核物质预防性检测队筛选员

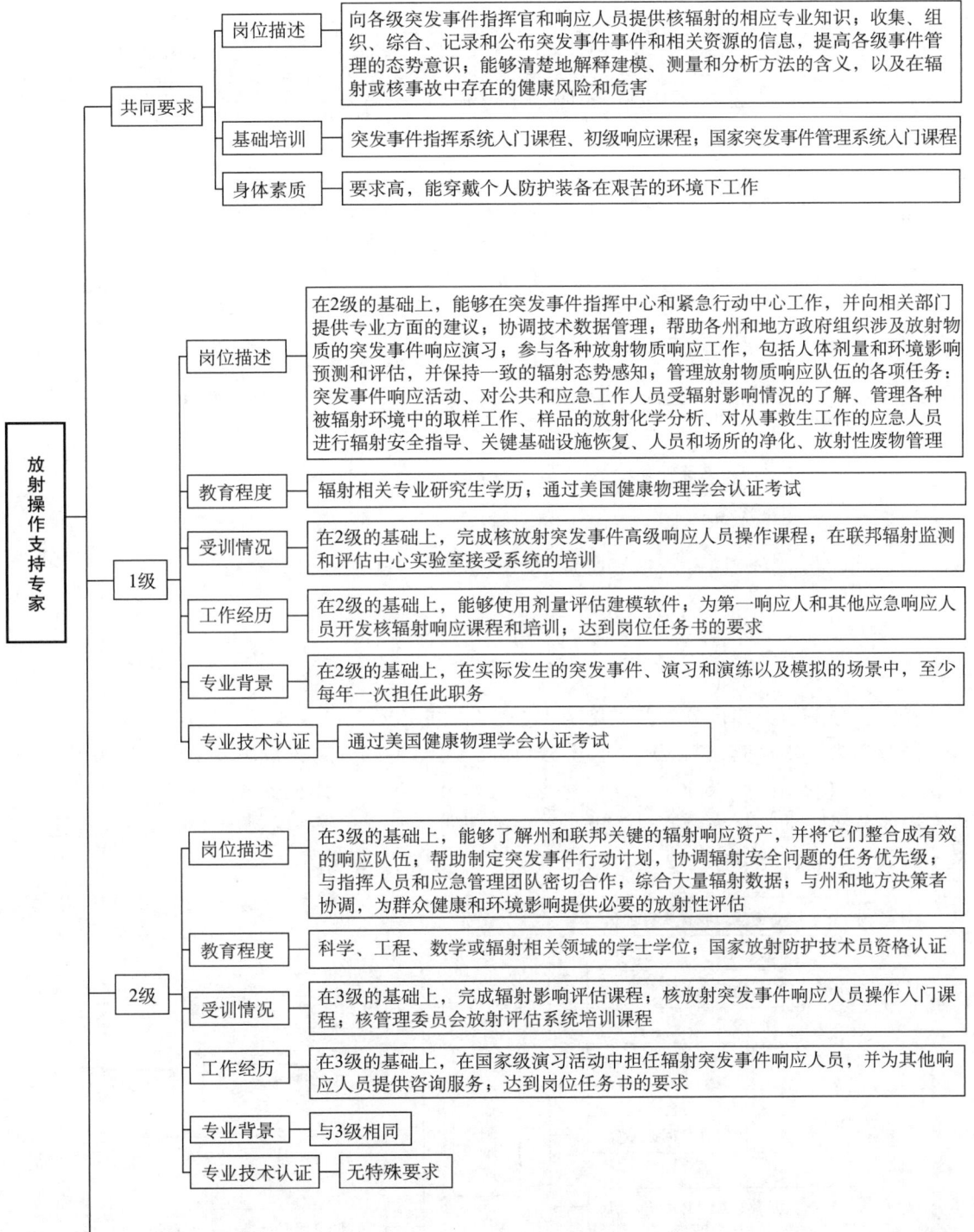

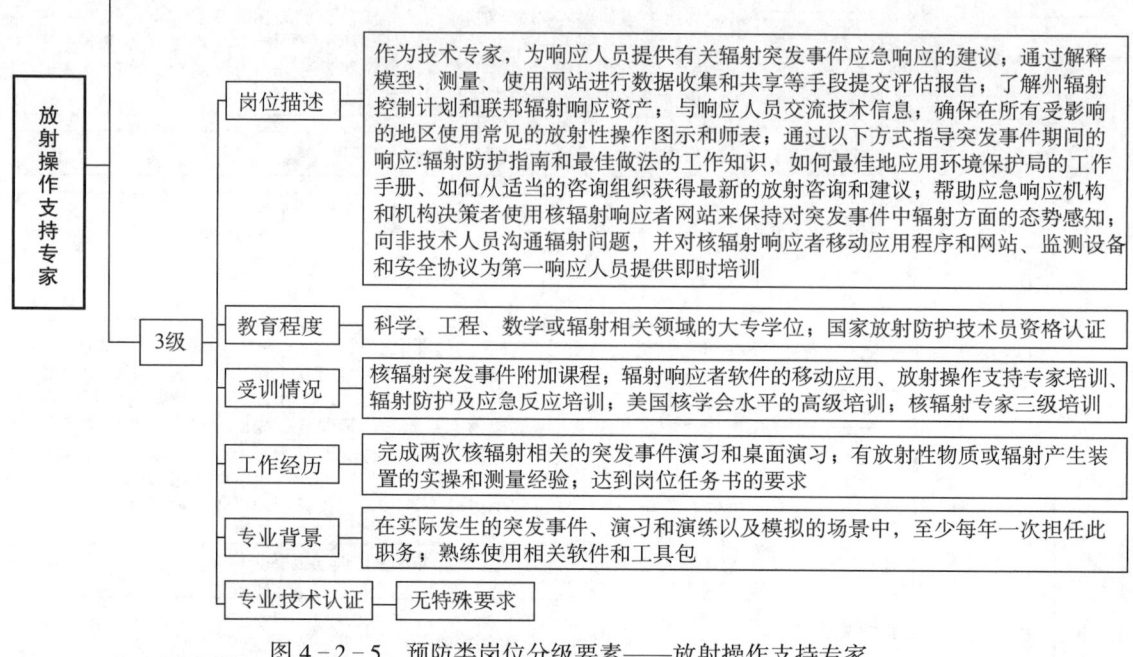

图 4-2-5 预防类岗位分级要素——放射操作支持专家

4.3 应急人力资源分类分级标准——动物应急响应类岗位

动物应急响应类岗位分类分级见图 4-3-1，共定义了 11 类岗位，其中动物应急收容所管理员分 2 级，动物应急响应队队长不分级（详见图 4-3-2），兽医分 2 级，兽医助理分 3 级，动物接收和回归专家分 2 级，动物搜救技术员分 3 级（详见图 4-3-3），动物种群减少专家不分级，动物行为专家分 2 级，动物护理和处理专家分 2 级，动物处理及人道处理官员不分级，动物净化专家分 2 级。篇幅原因，其余不再一一给出。

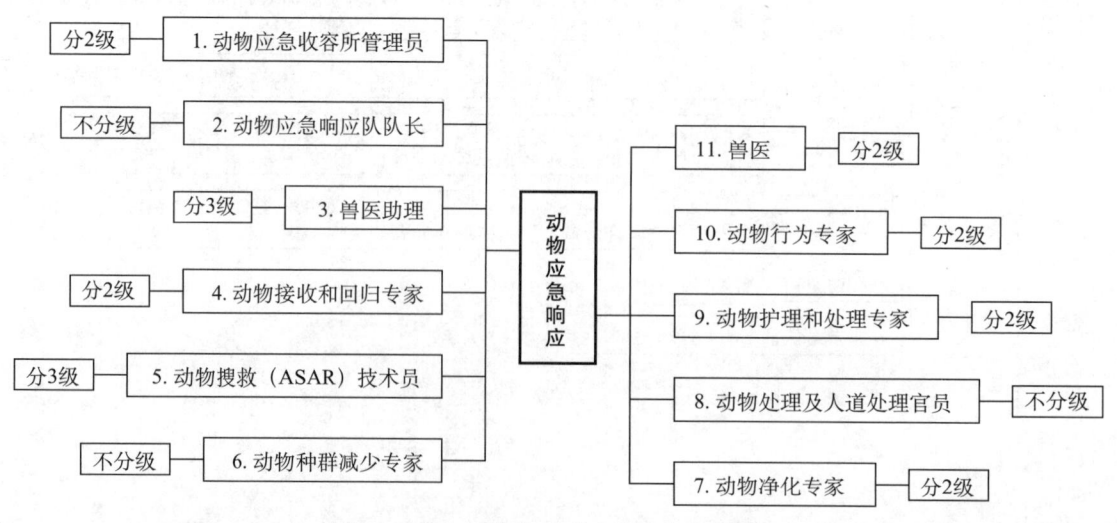

图 4-3-1 动物应急响应类岗位分类分级

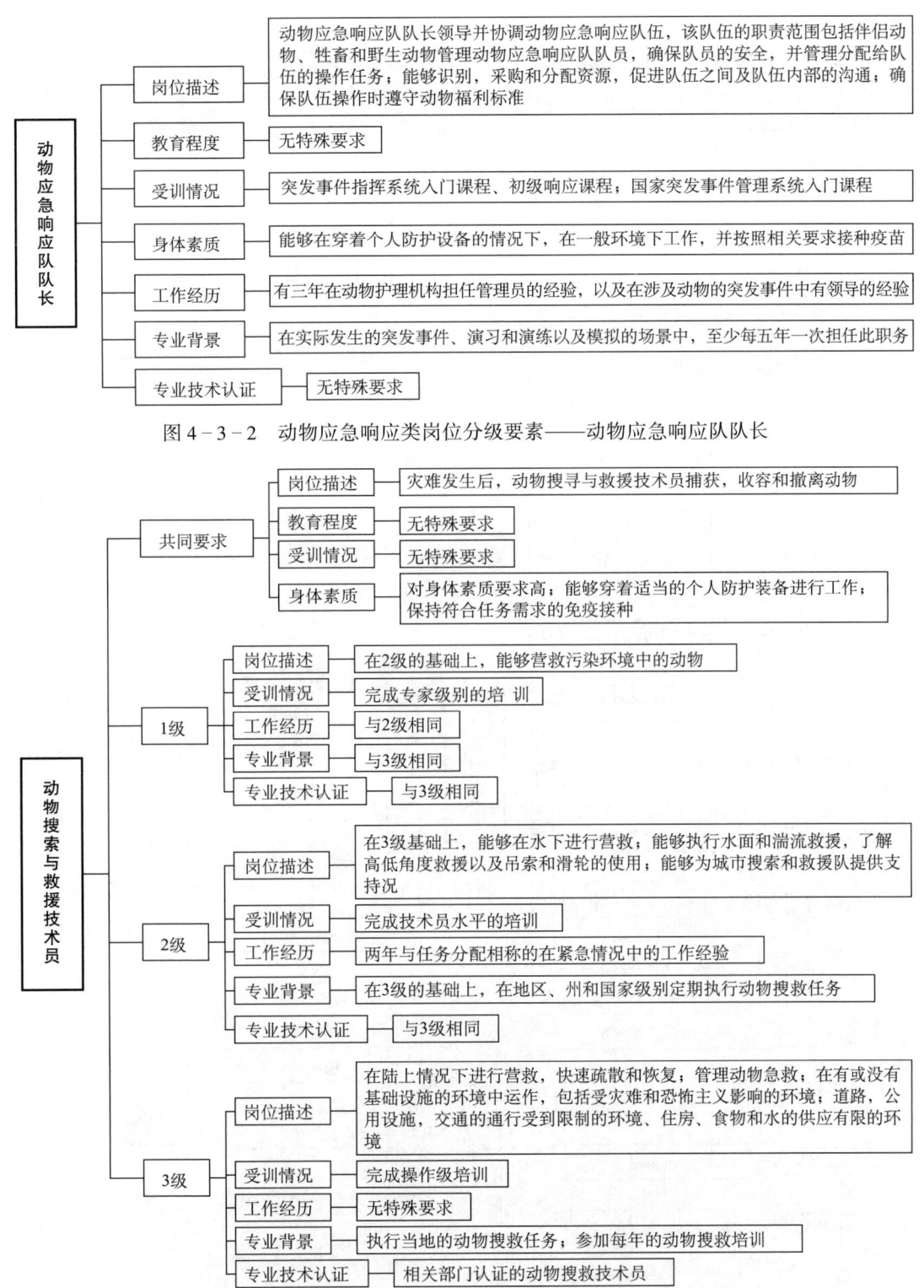

图 4-3-2 动物应急响应类岗位分级要素——动物应急响应队队长

图 4-3-3 动物应急响应类岗位分级要素——动物搜索与营救技术员

4.4 应急人力资源分级标准——突发事件管理类岗位

突发事件管理类岗位分类分级情况见图 4-4-1，共定义了 33 类岗位资源。其中：突发事件指挥官分 4 级，分级要素详见图 4-4-2；联络官不分级，岗位要求详见图 4-4-3；

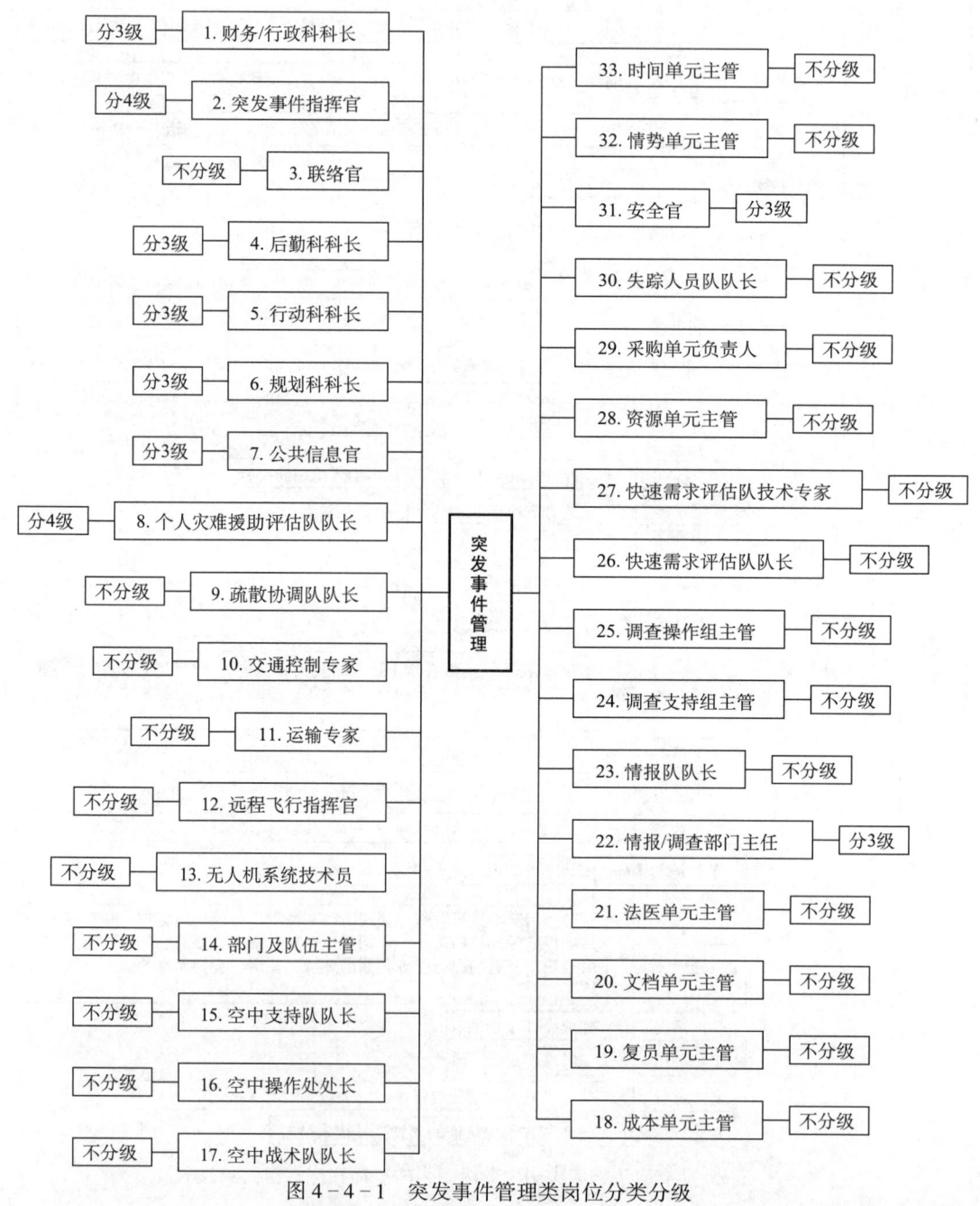

图 4-4-1　突发事件管理类岗位分类分级

后勤科科长分3级,分级要素详见图4-4-4;行动科科长分3级,分级要素详见图4-4-5;规划科科长分3级,分级要素详见图4-4-6;疏散协调队队长不分级,岗位要求详见图4-4-7;远程飞行指挥官不分级,岗位要求详见图4-4-8;无人机系统技术员不分级,岗位要求详见图4-4-9;部门及队伍主管不分级,岗位要求详见图4-4-10;空中支持队队长不分级,岗位要求详见图4-4-11;空中操作处处长不分级,岗位要求详见图4-4-12;空中战术队队长不分级,岗位要求详见图4-4-13;安全官分3级,分级要素详见图4-4-14;资源单元主管不分级,岗位要求详见图4-4-15;快速需求评估队技术专家不分级,岗位要求详见图4-4-16;快速需求评估队队长不分级,岗位要求详见图4-4-17。篇幅原因,其余不再一一给出。

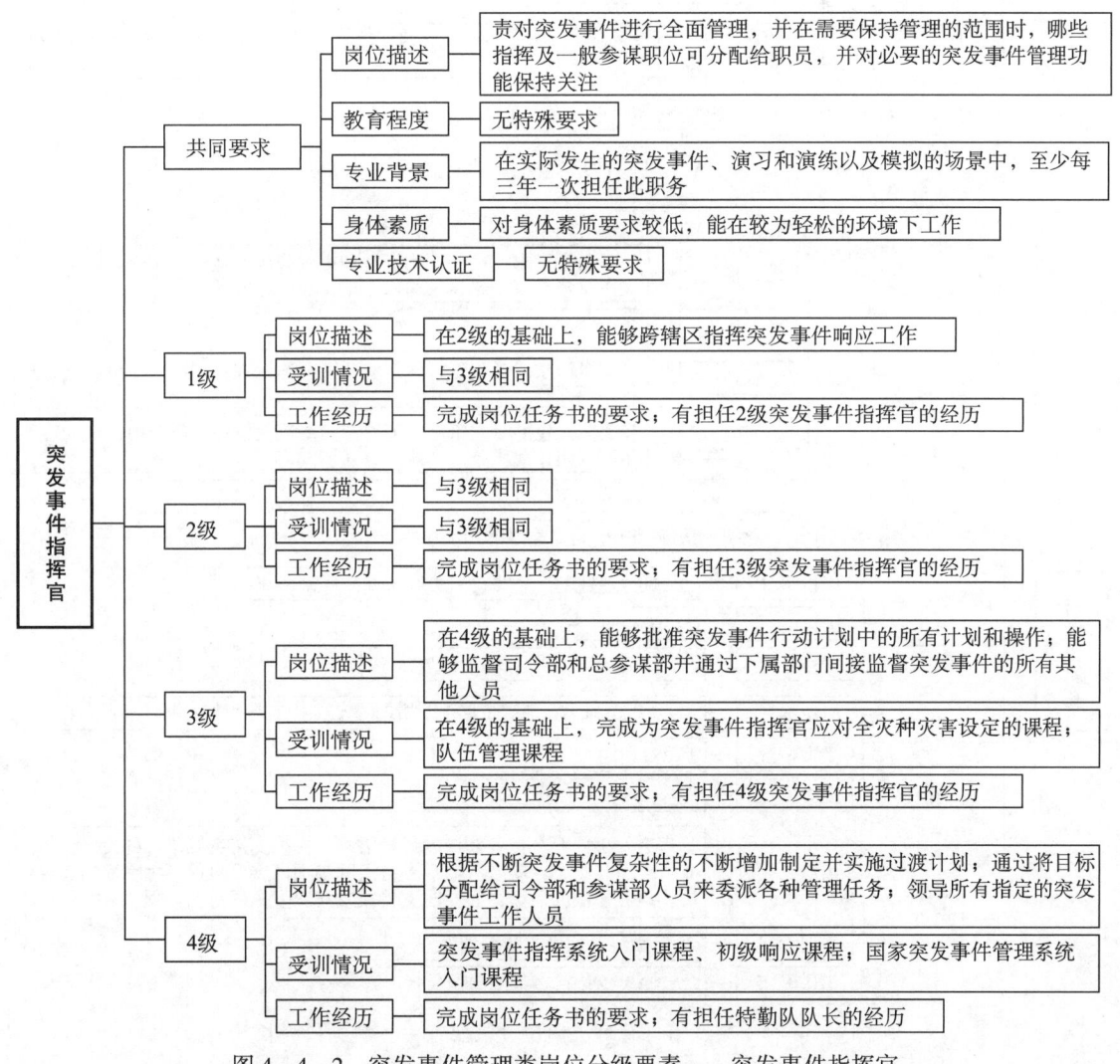

图4-4-2 突发事件管理类岗位分级要素——突发事件指挥官

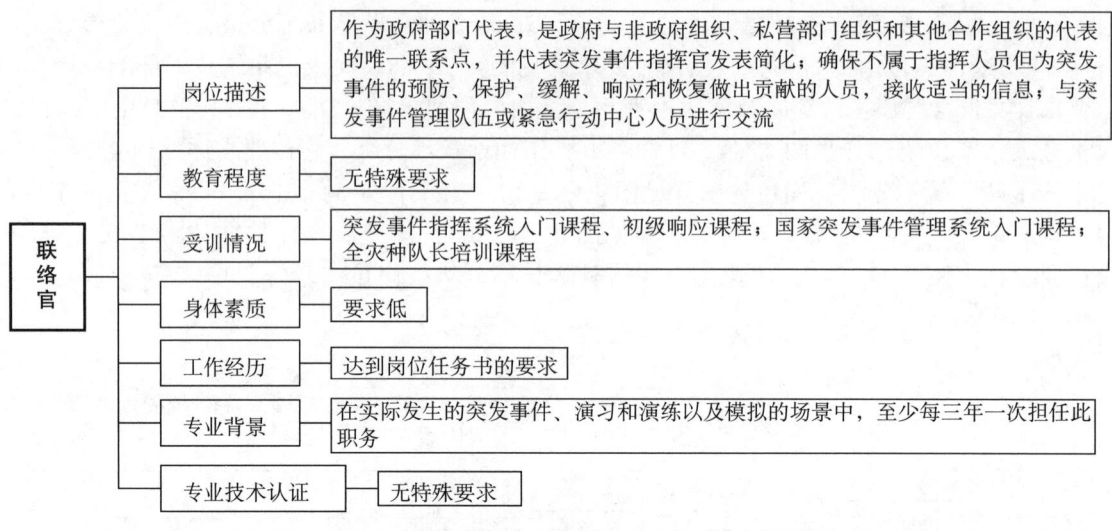

图 4-4-3 突发事件管理类岗位分级要素——联络官

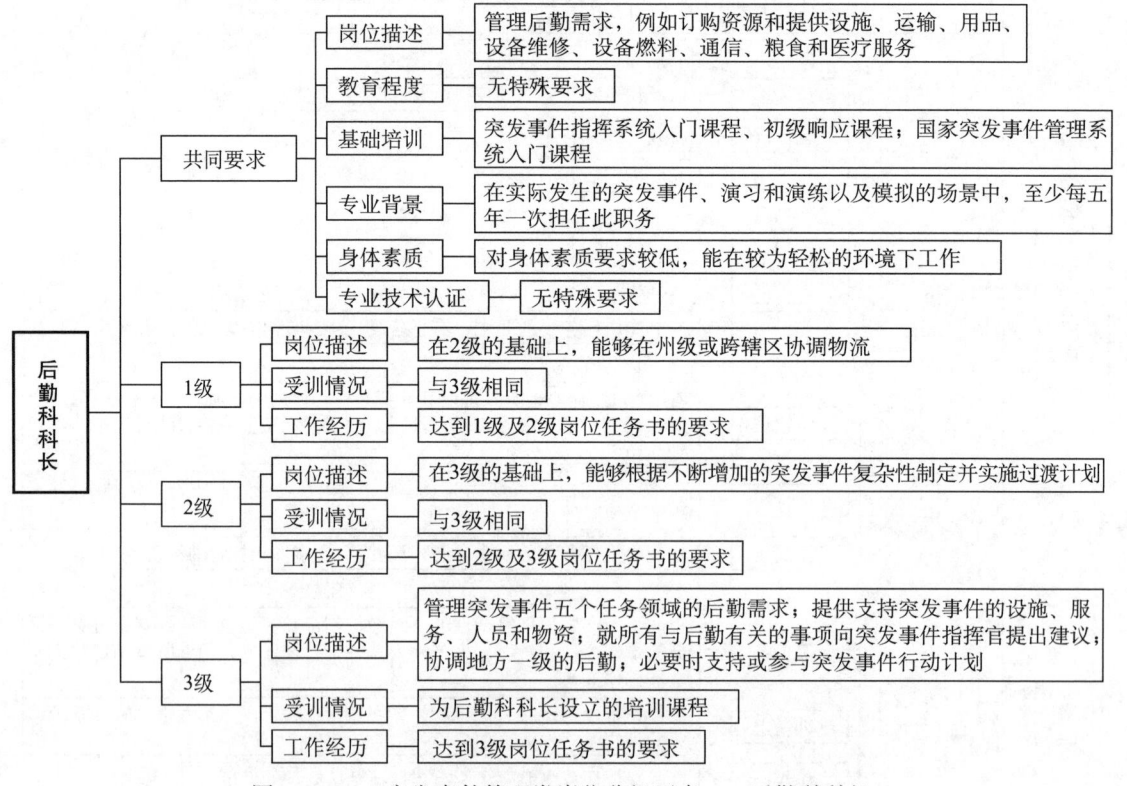

图 4-4-4 突发事件管理类岗位分级要素——后勤科科长

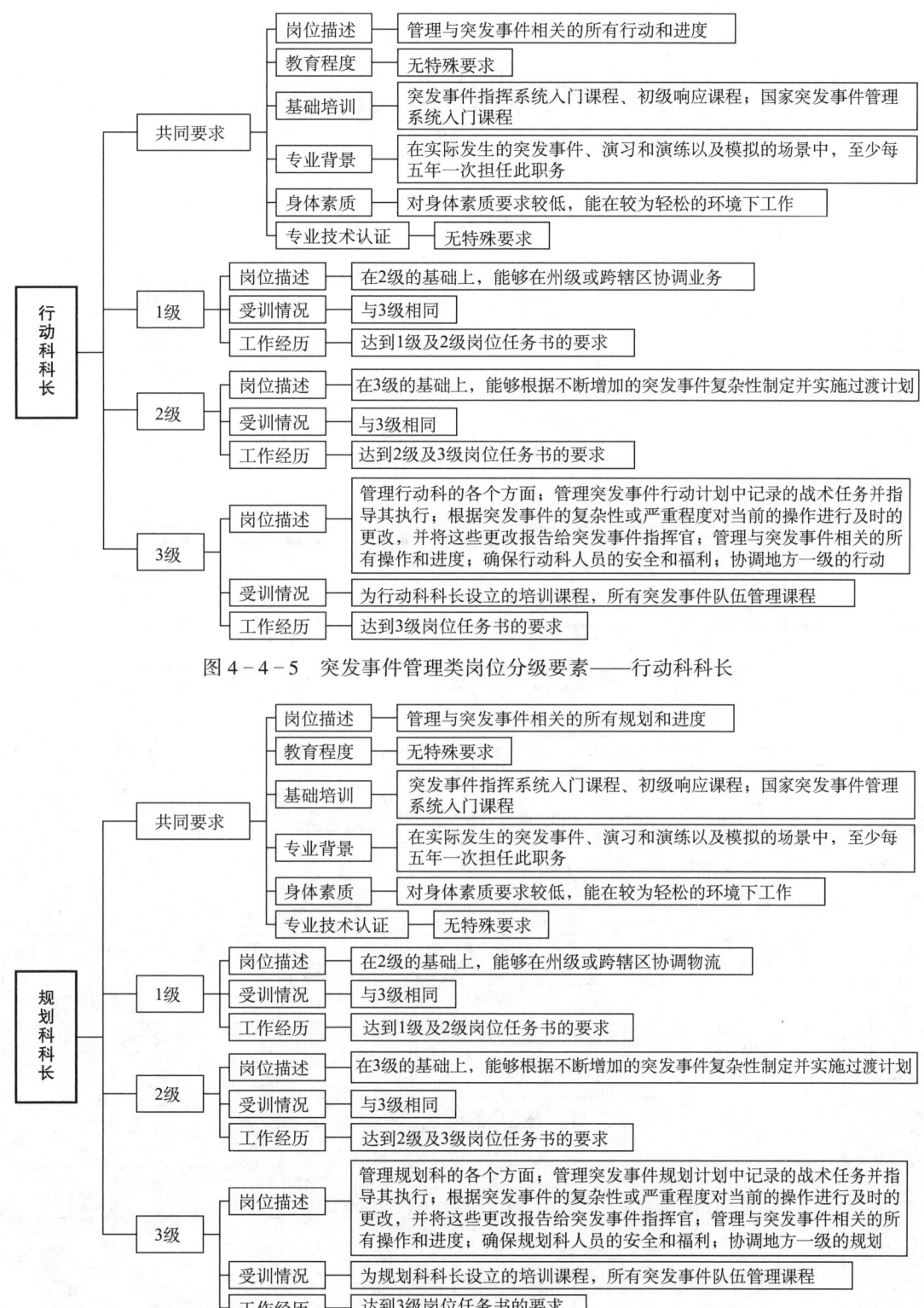

图 4-4-5 突发事件管理类岗位分级要素——行动科科长

图 4-4-6 突发事件管理类岗位分级要素——规划科科长

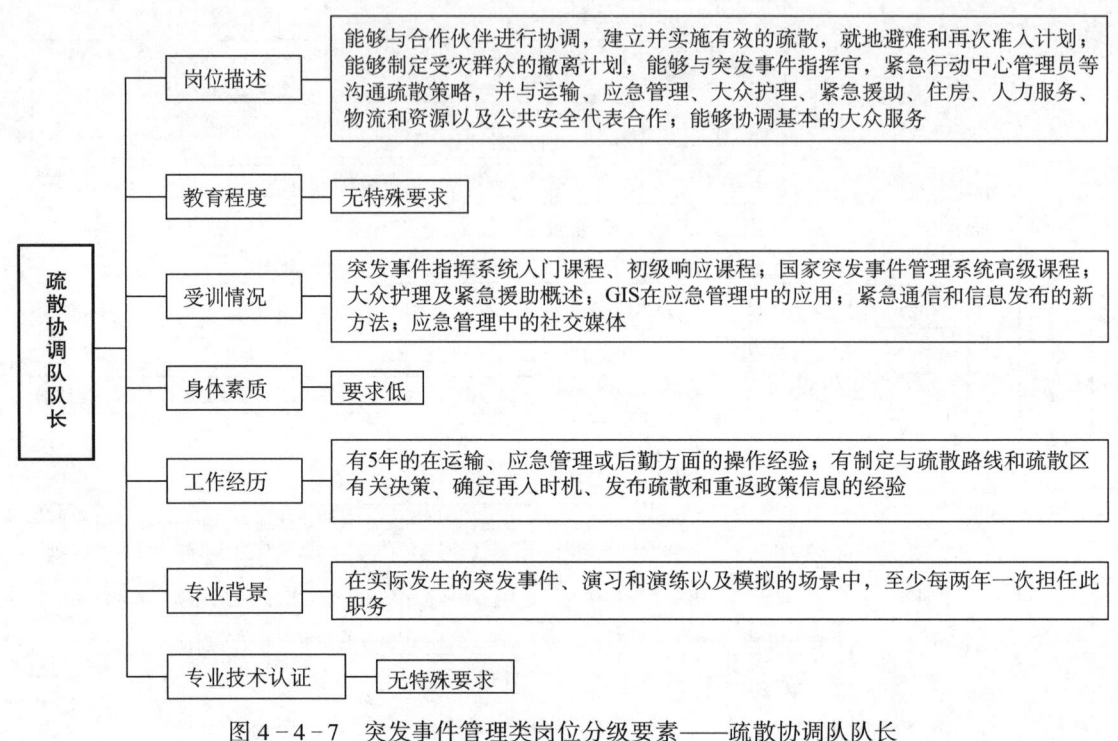

图4-4-7 突发事件管理类岗位分级要素——疏散协调队队长

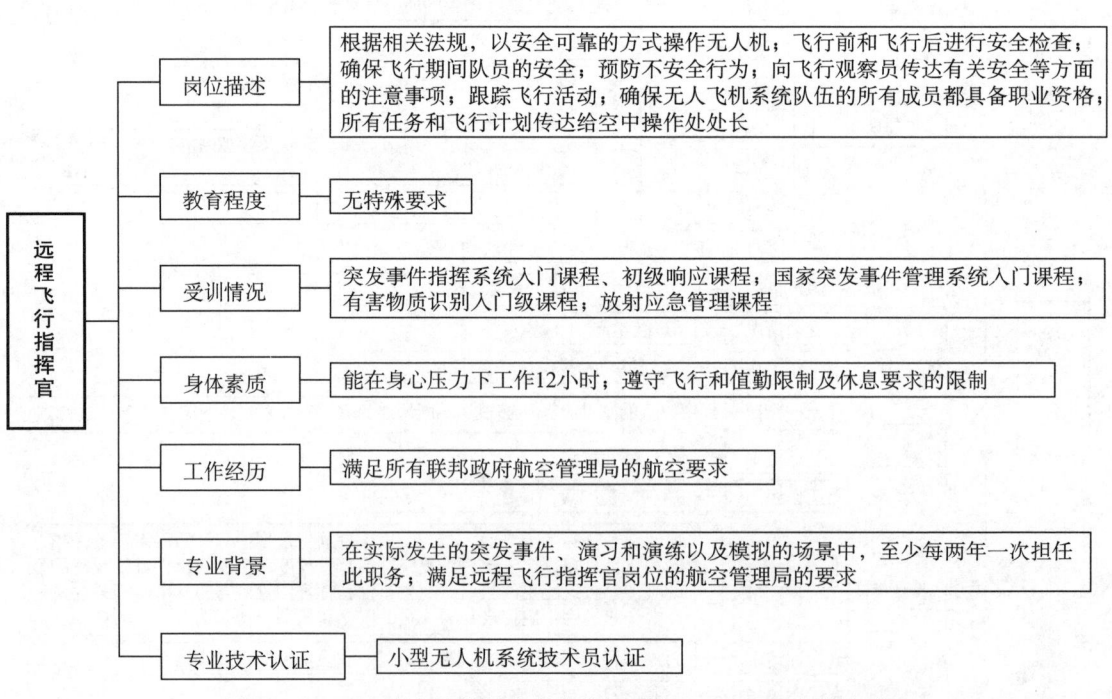

图4-4-8 突发事件管理类岗位分级要素——远程飞行指挥官

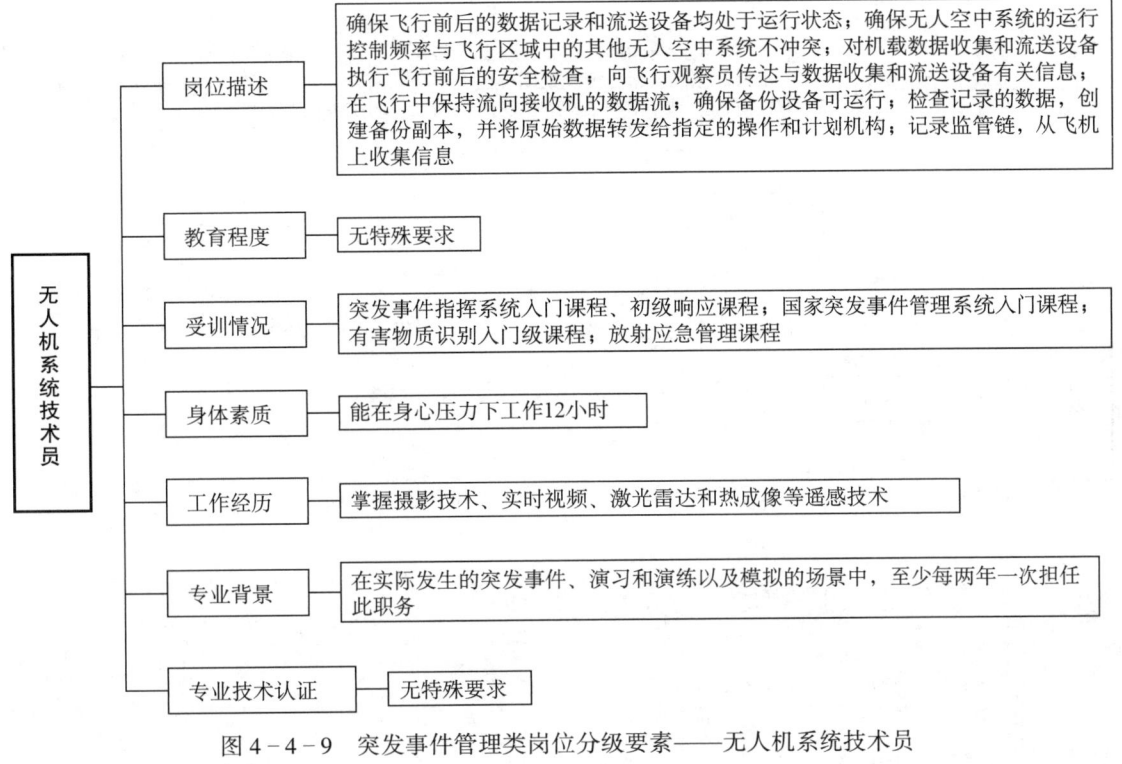

图4-4-9 突发事件管理类岗位分级要素——无人机系统技术员

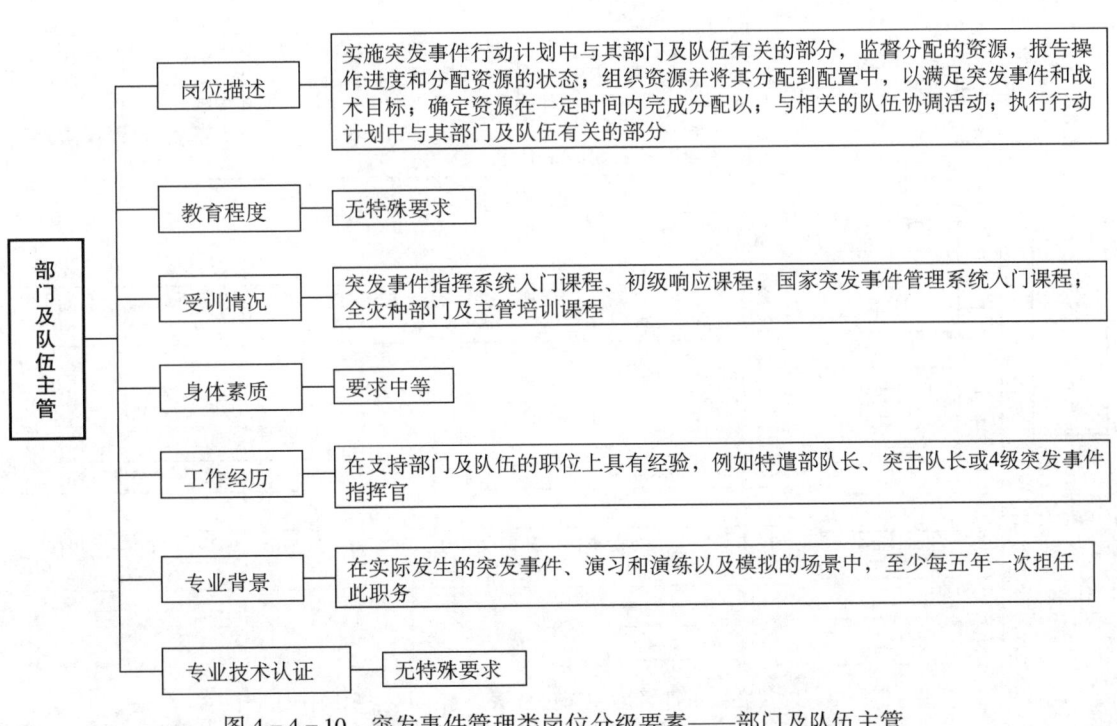

图4-4-10 突发事件管理类岗位分级要素——部门及队伍主管

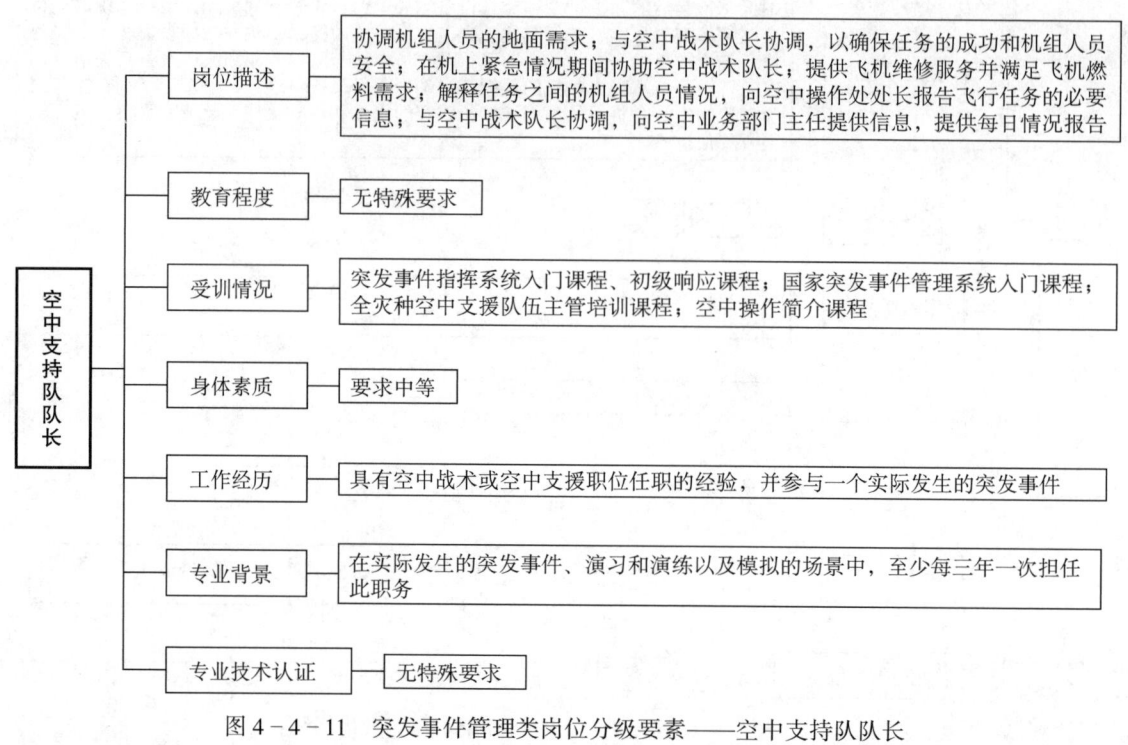

图4-4-11 突发事件管理类岗位分级要素——空中支持队队长

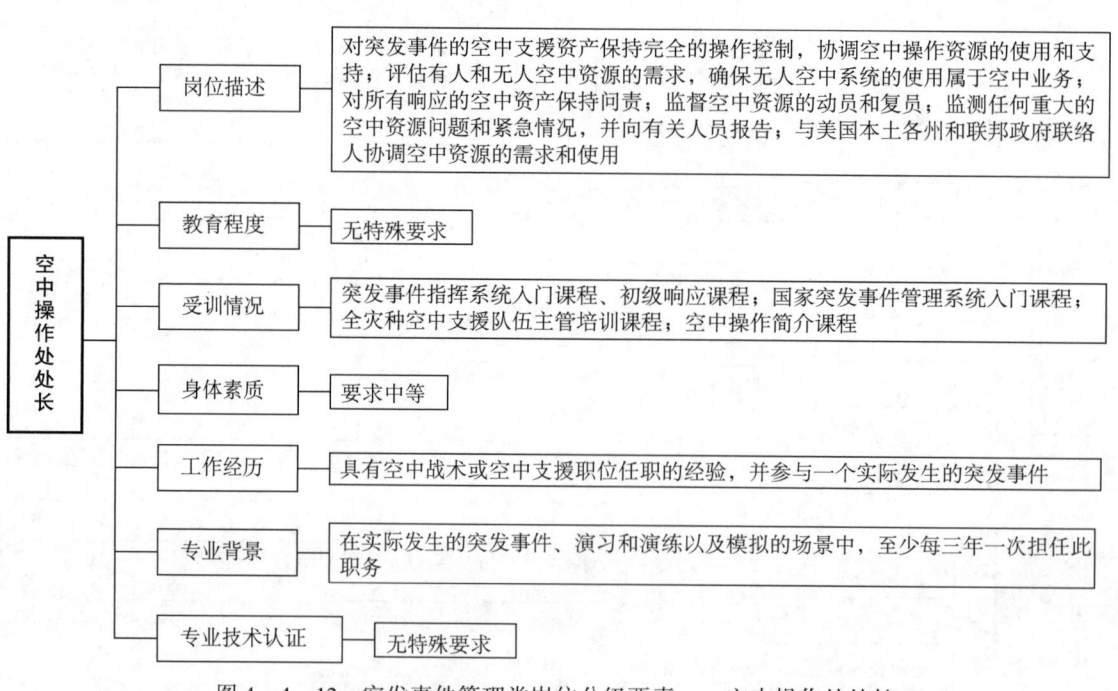

图4-4-12 突发事件管理类岗位分级要素——空中操作处处长

- 空中战术队队长
  - 岗位描述：与空中支援队队长进行协调，监视飞行中的飞行任务并负责任务过程中的安全；更新机组人员的变更，改道或召回情况；与空中支援队长协调，以根据天气，侧风或飞机或机组人员的其他特殊需要将飞机转移到备用机场
  - 教育程度：无特殊要求
  - 受训情况：突发事件指挥系统入门课程、初级响应课程；国家突发事件管理系统入门课程；全灾种空中支援队伍主管培训课程；空中操作简介课程
  - 身体素质：要求中等
  - 工作经历：具有空中战术或空中支援职位任职的经验，并参与一个实际发生的突发事件
  - 专业背景：在实际发生的突发事件、演习和演练以及模拟的场景中，至少每两年一次担任此职务
  - 专业技术认证：无特殊要求

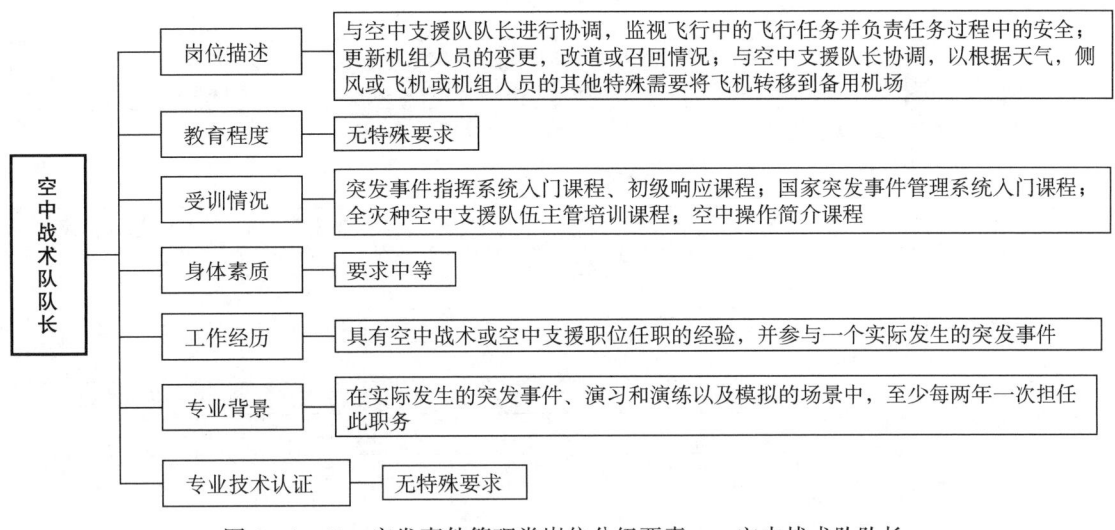

图 4－4－13　突发事件管理类岗位分级要素——空中战术队队长

- 安全官
  - 共同要求
    - 岗位描述：评估安全隐患，并确保突发事件发生期间响应人员的安全
    - 教育程度：无特殊要求
    - 基础培训：突发事件指挥系统入门课程、初级响应课程；国家突发事件管理系统入门课程
    - 专业背景：在实际发生的突发事件、演习和演练以及模拟的场景中，至少每三年一次担任此职务
    - 身体素质：对身体素质要求中等
    - 专业技术认证：无特殊要求
  - 1级
    - 岗位描述：与2级相同
    - 受训情况：与2级相同
    - 工作经历：达到该岗位的岗位任务书相关要求；在该职位的下级岗位上有突发事件管理的经验
  - 2级
    - 岗位描述：在3级的基础上，根据突发事件复杂性的不断发展制定并实施过渡计划
    - 受训情况：在3级的基础上，完成全灾种突发事件队伍管理课程；高级安全官课程
    - 工作经历：达到该岗位的岗位任务书相关要求；在该职位的下级岗位上有突发事件管理的经验
  - 3级
    - 岗位描述：监测和评估安全隐患；制定安全措施；检查设施是否存在安全隐患；参与制定有关安全隐患的突发事件行动计划；提供安全简报并发布安全信息；监视突发事件运行，并就所有与应急人员的健康和安全有关的事项向突发事件指挥官提供建议；禁止突发事件发生期间的不安全行为
    - 受训情况：完成突发事件指挥系统全灾种安全官课程
    - 工作经历：达到该岗位的岗位任务书相关要求；在该职位的下级岗位上有突发事件管理的经验

图 4－4－14　突发事件管理类岗位分级要素——安全官

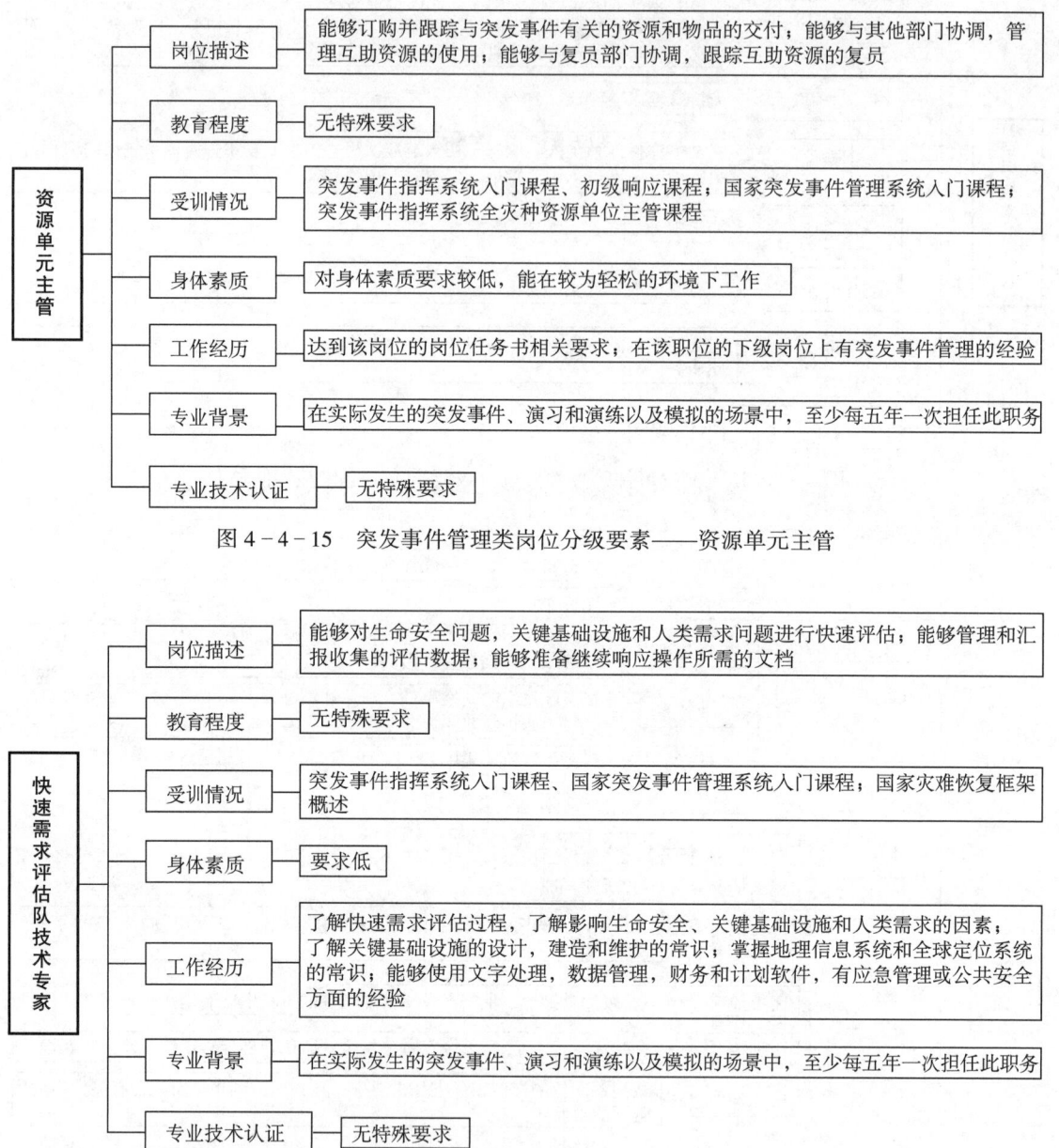

图 4-4-15 突发事件管理类岗位分级要素——资源单元主管

图 4-4-16 突发事件管理类岗位分级要素——快速需求评估队技术专家

第四章　美国应急人力资源岗位分类分级标准　　·201·

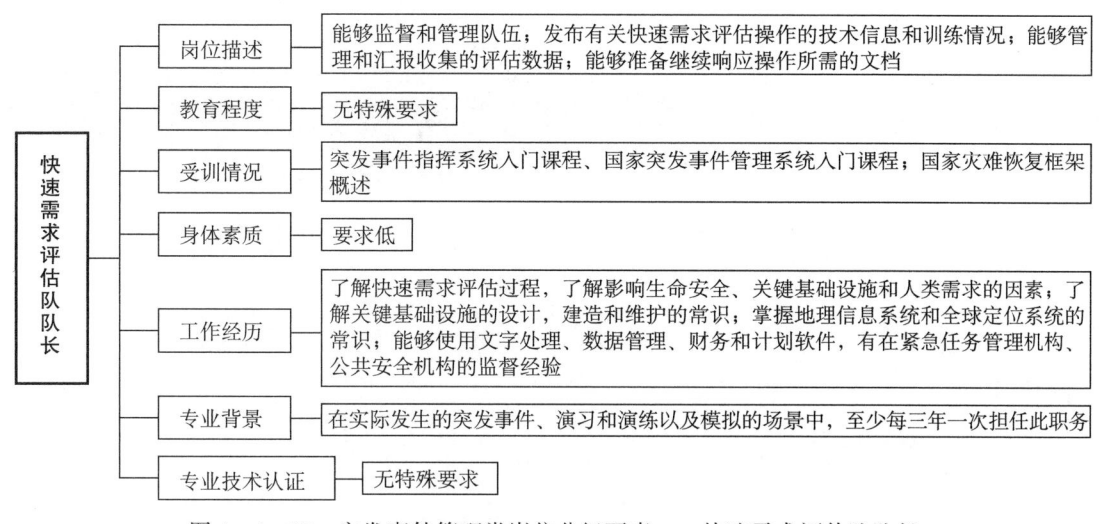

图 4-4-17　突发事件管理类岗位分级要素——快速需求评估队队长

4.5　应急人力资源分类分级标准——紧急医疗服务类岗位

紧急医疗服务类岗位分类分级见图 4-5-1，共定义了 16 类岗位。其中航空医疗运输负责人不分级，岗位要求详见图 4-5-2；高级紧急医疗技术员不分级，岗位要求详见图 4-5-3；紧急医疗响应者不分级，岗位要求详见图 4-5-4；紧急医疗服务特勤队队长不分级，岗位要求详见图 4-5-5；救护车突击队队长不分级，岗位要求详见图 4-5-6；重型应急车辆操作员不分级，岗位要求详见图 4-5-7。篇幅原因，其余不再一一给出。

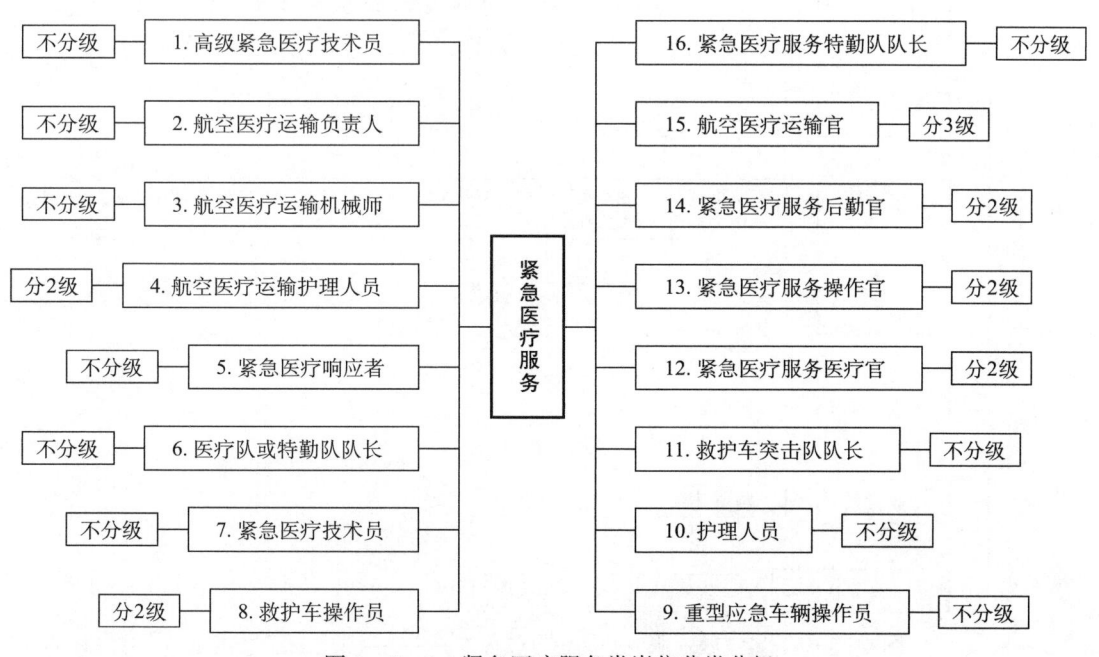

图 4-5-1　紧急医疗服务类岗位分类分级

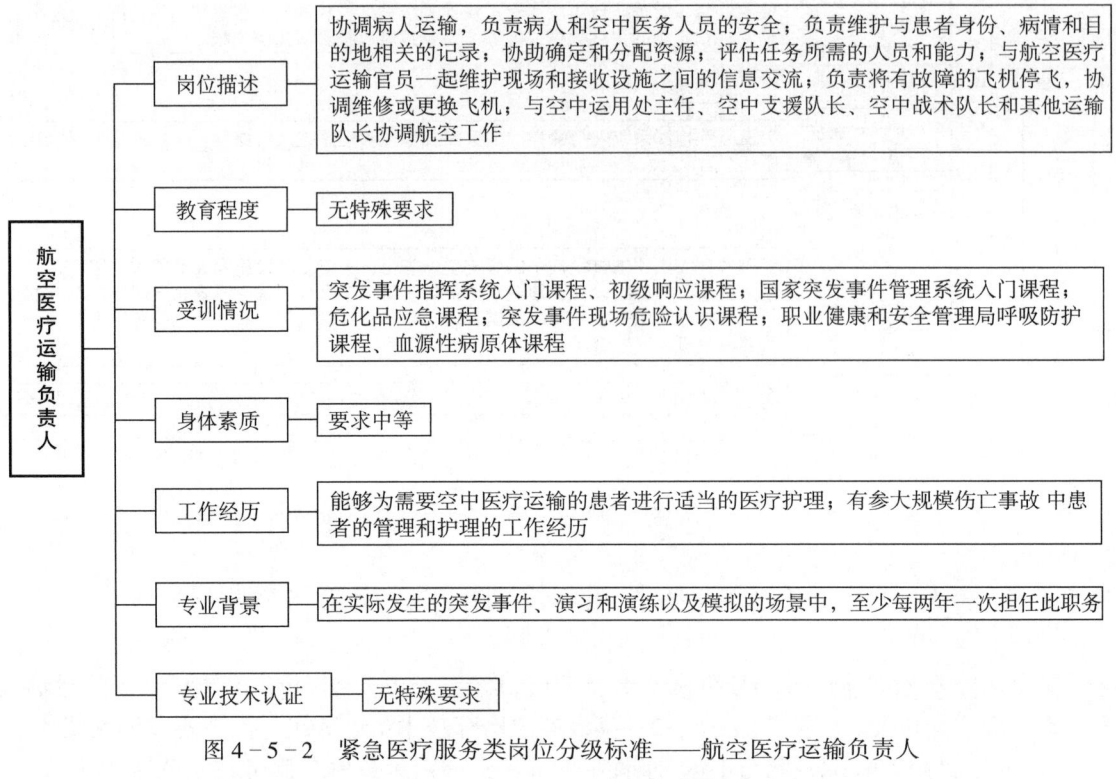

图 4-5-2 紧急医疗服务类岗位分级标准——航空医疗运输负责人

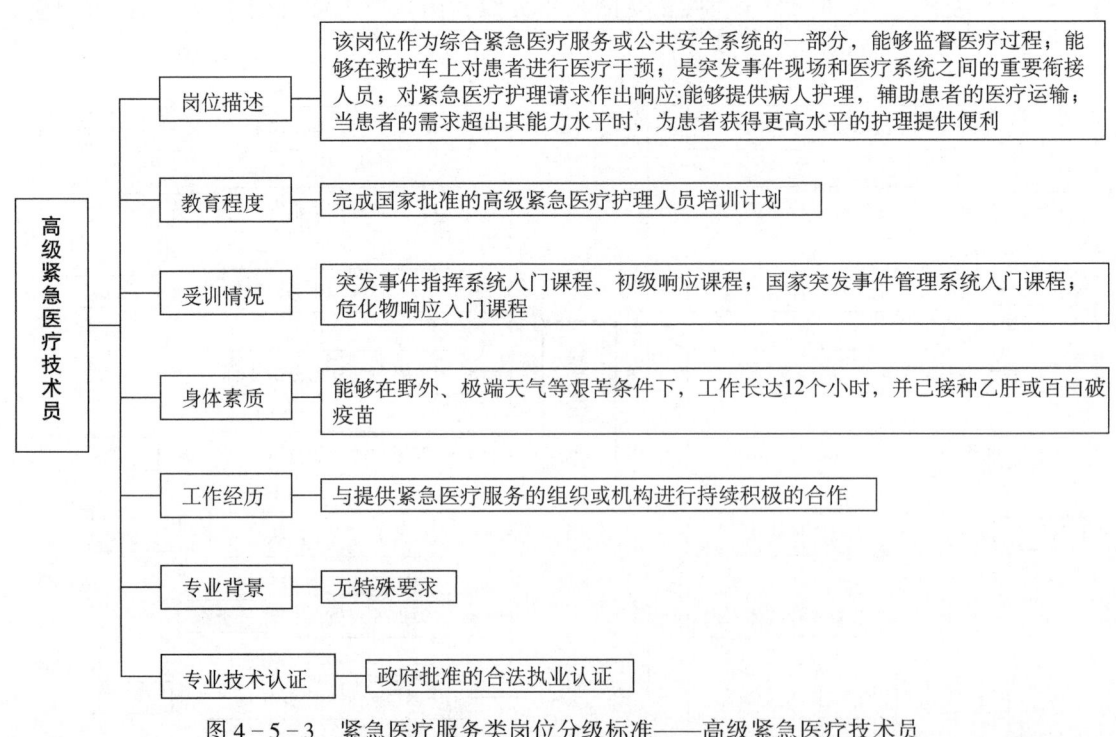

图 4-5-3 紧急医疗服务类岗位分级标准——高级紧急医疗技术员

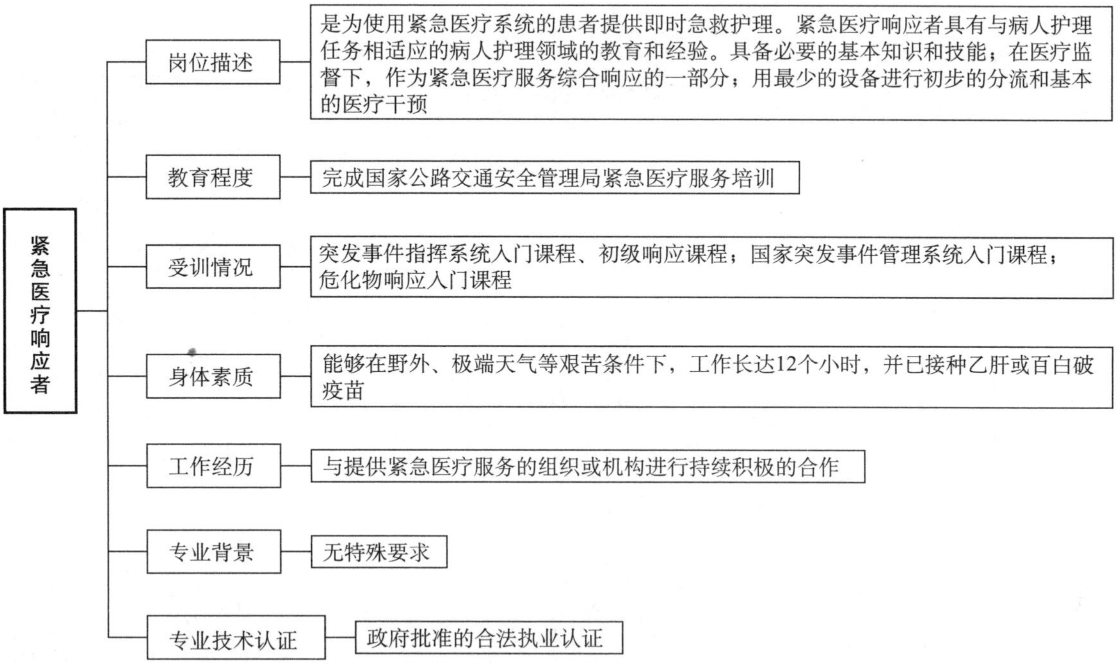

紧急医疗响应者

- **岗位描述**：是为使用紧急医疗系统的患者提供即时急救护理。紧急医疗响应者具有与病人护理任务相适应的病人护理领域的教育和经验。具备必要的基本知识和技能；在医疗监督下，作为紧急医疗服务综合响应的一部分；用最少的设备进行初步的分流和基本的医疗干预
- **教育程度**：完成国家公路交通安全管理局紧急医疗服务培训
- **受训情况**：突发事件指挥系统入门课程、初级响应课程；国家突发事件管理系统入门课程；危化物响应入门课程
- **身体素质**：能够在野外、极端天气等艰苦条件下，工作长达12个小时，并已接种乙肝或百白破疫苗
- **工作经历**：与提供紧急医疗服务的组织或机构进行持续积极的合作
- **专业背景**：无特殊要求
- **专业技术认证**：政府批准的合法执业认证

图 4-5-4　紧急医疗服务类岗位分级标准——紧急医疗响应者

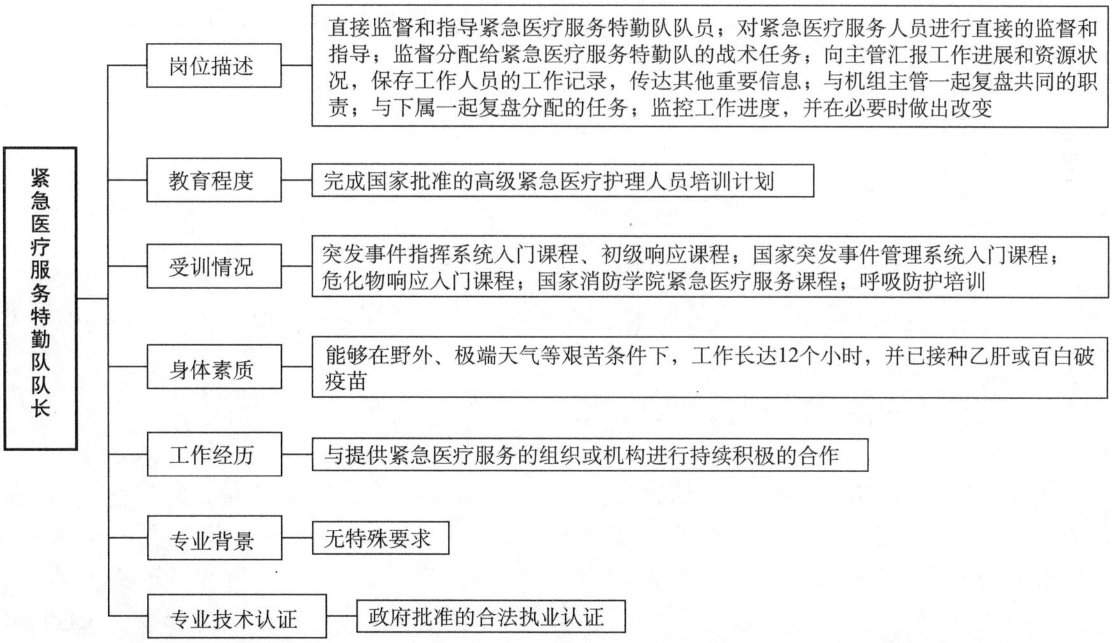

紧急医疗服务特勤队队长

- **岗位描述**：直接监督和指导紧急医疗服务特勤队队员；对紧急医疗服务人员进行直接的监督和指导；监督分配给紧急医疗服务特勤队的战术任务；向主管汇报工作进展和资源状况，保存工作人员的工作记录，传达其他重要信息；与机组主管一起复盘共同的职责；与下属一起复盘分配的任务；监控工作进度，并在必要时做出改变
- **教育程度**：完成国家批准的高级紧急医疗护理人员培训计划
- **受训情况**：突发事件指挥系统入门课程、初级响应课程；国家突发事件管理系统入门课程；危化物响应入门课程；国家消防学院紧急医疗服务课程；呼吸防护培训
- **身体素质**：能够在野外、极端天气等艰苦条件下，工作长达12个小时，并已接种乙肝或百白破疫苗
- **工作经历**：与提供紧急医疗服务的组织或机构进行持续积极的合作
- **专业背景**：无特殊要求
- **专业技术认证**：政府批准的合法执业认证

图 4-5-5　紧急医疗服务类岗位分级标准——紧急医疗服务特勤队队长

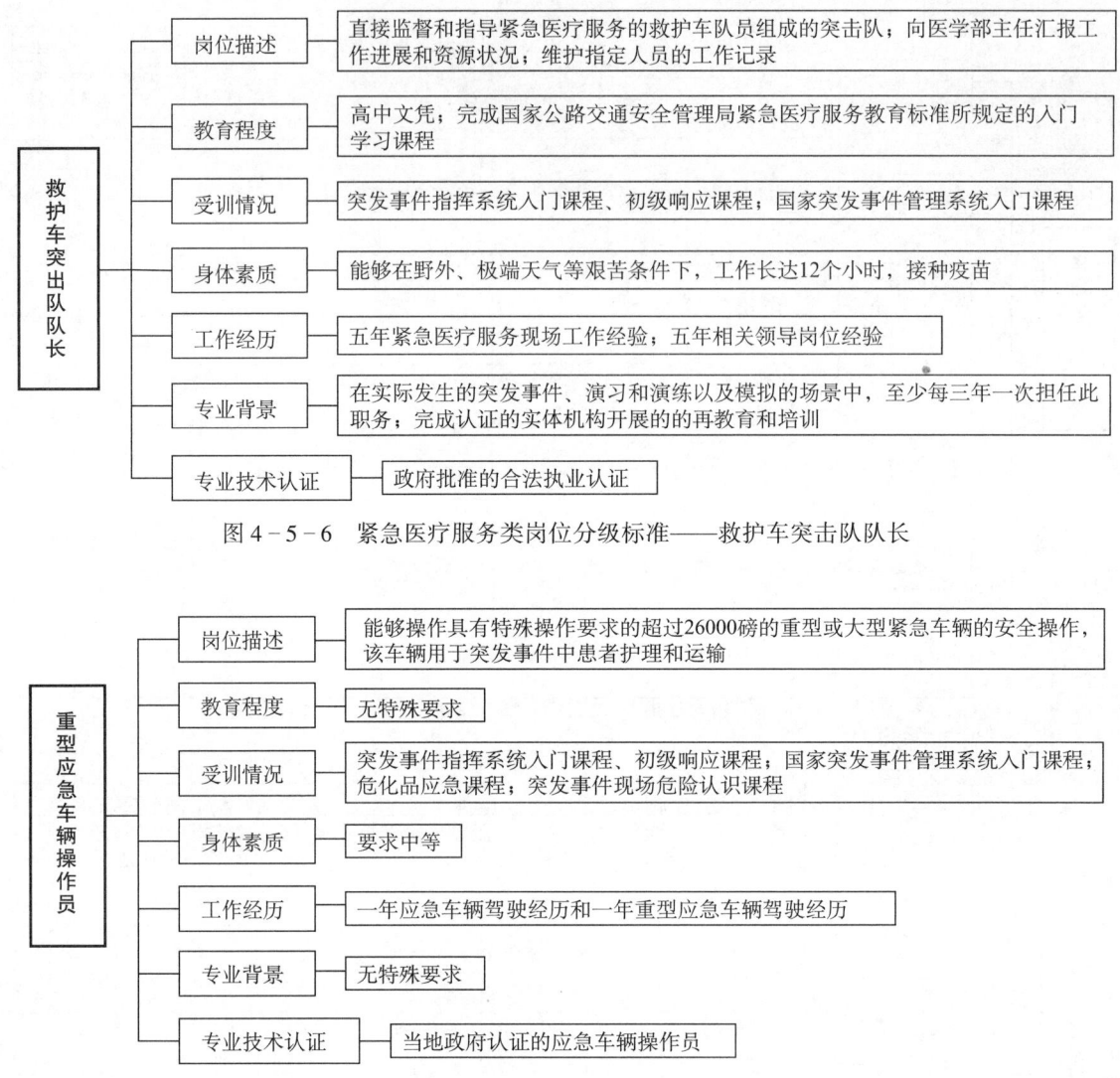

图 4-5-6 紧急医疗服务类岗位分级标准——救护车突击队队长

图 4-5-7 紧急医疗服务类岗位分级标准——重型应急车辆操作员

4.6 应急人力资源分类分级标准——消防及危化品类岗位

消防及危化品类岗位分类分级情况见图 4-6-1，共定义了 11 类岗位，其中：机场消防员不分级，岗位要求详见图 4-6-2；紧急车辆技术员不分级，岗位要求详见图 4-6-3；消防设备操作员不分级，岗位要求详见图 4-6-4；建筑消防员分 2 级，分级标准详见图 4-6-5；消防指挥官分 3 级，分组标准详见图 4-6-6；计划审查员不分级，岗位要求详见图 4-6-7，危化品技术员不分级，岗位要求详见图 4-6-8；城市野外交界处保护专家不分级，岗位要求详见图 4-6-9；野火消防员分 2 级，分级标准详见图 4-6-10；野火消防指挥官分 2 级，分级标准详见图 4-6-11；公共安全通讯员不分级，岗位要求详见图 4-6-12。

第四章 美国应急人力资源岗位分类分级标准

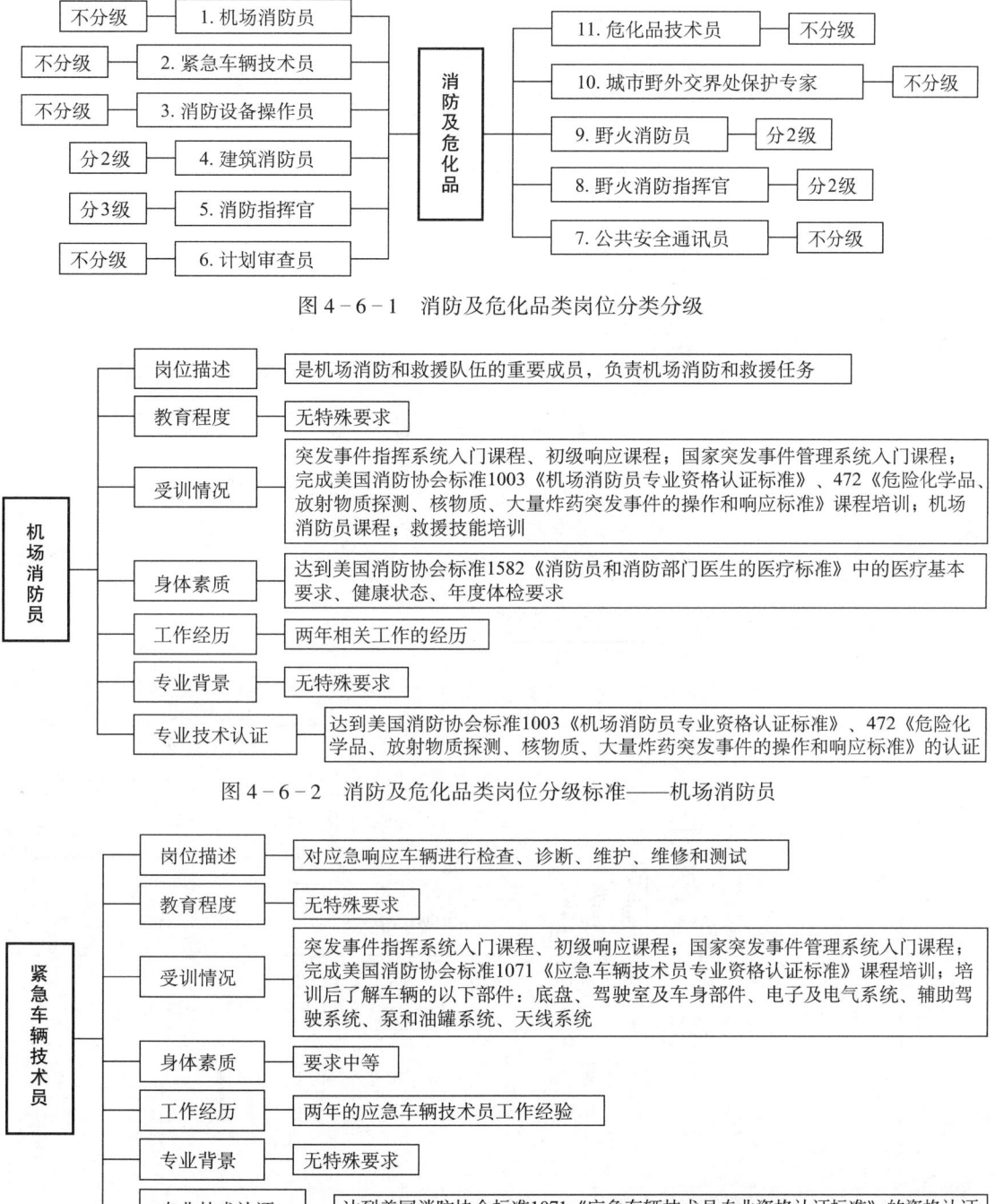

图 4-6-1 消防及危化品类岗位分类分级

图 4-6-2 消防及危化品类岗位分级标准——机场消防员

图 4-6-3 消防及危化品类岗位分级标准——紧急车辆技术员

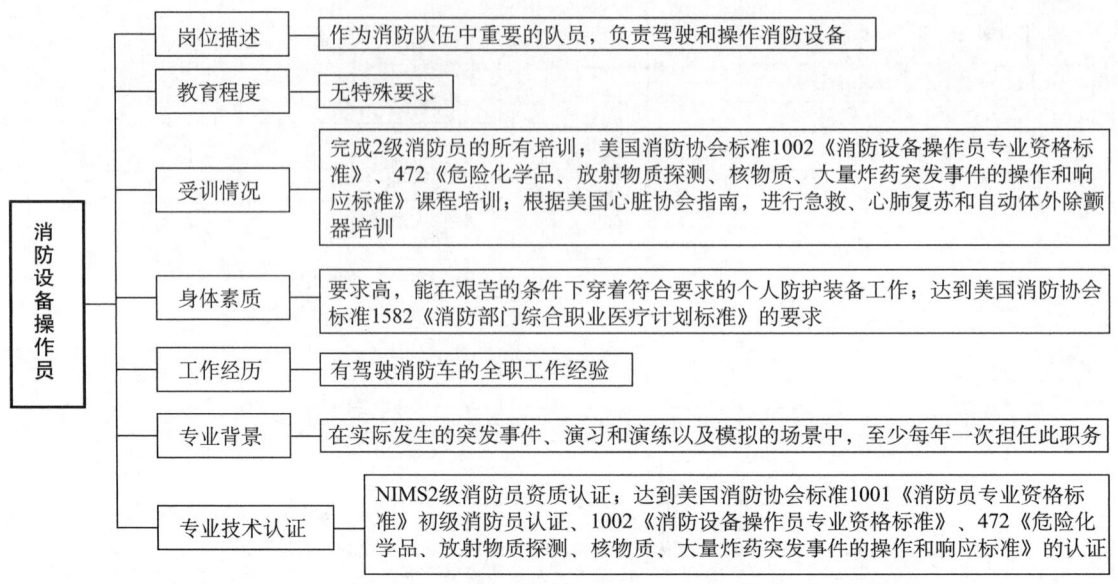

图 4-6-4 消防及危化品类岗位分级标准——消防设备操作员

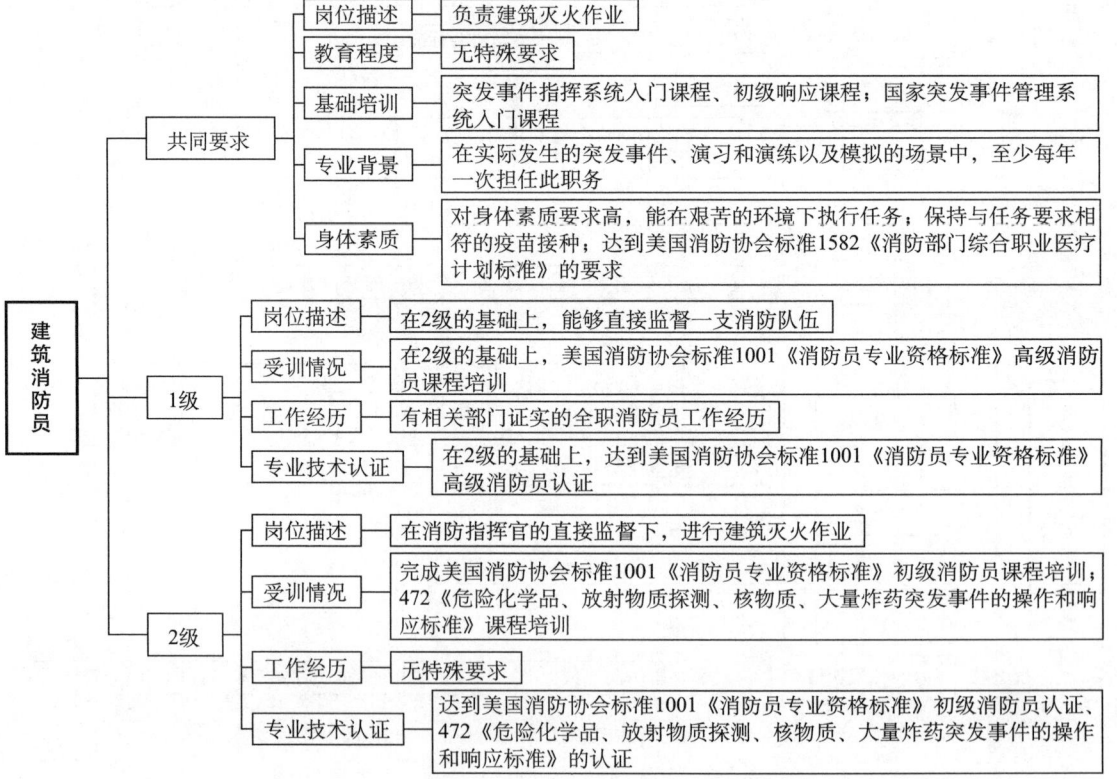

图 4-6-5 消防及危化品类岗位分级标准——建筑消防员

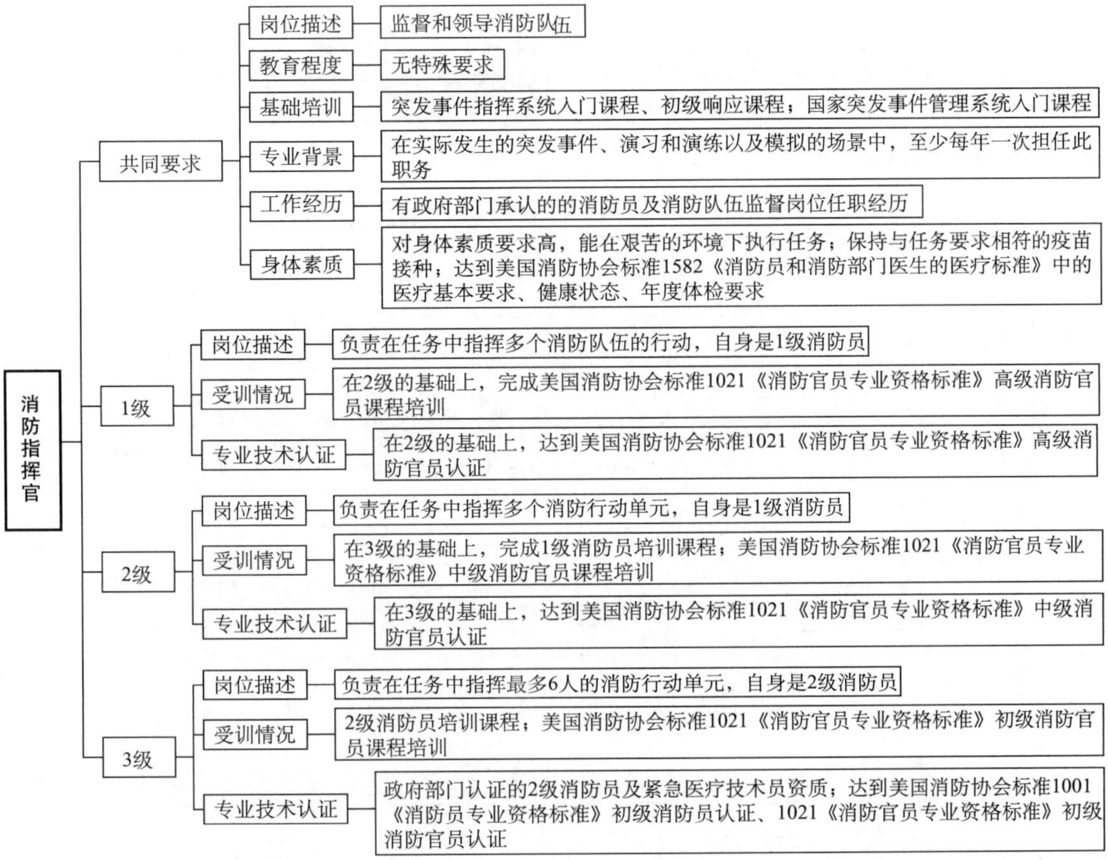

消防指挥官

共同要求
- 岗位描述：监督和领导消防队伍
- 教育程度：无特殊要求
- 基础培训：突发事件指挥系统入门课程、初级响应课程；国家突发事件管理系统入门课程
- 专业背景：在实际发生的突发事件、演习和演练以及模拟的场景中，至少每年一次担任此职务
- 工作经历：有政府部门承认的的消防员及消防队伍监督岗位任职经历
- 身体素质：对身体素质要求高，能在艰苦的环境下执行任务；保持与任务要求相符的疫苗接种；达到美国消防协会标准1582《消防员和消防部门医生的医疗标准》中的医疗基本要求、健康状态、年度体检要求

1级
- 岗位描述：负责在任务中指挥多个消防队伍的行动，自身是1级消防员
- 受训情况：在2级的基础上，完成美国消防协会标准1021《消防官员专业资格标准》高级消防官员课程培训
- 专业技术认证：在2级的基础上，达到美国消防协会标准1021《消防官员专业资格标准》高级消防官员认证

2级
- 岗位描述：负责在任务中指挥多个消防行动单元，自身是1级消防员
- 受训情况：在3级的基础上，完成1级消防员培训课程；美国消防协会标准1021《消防官员专业资格标准》中级消防官员课程培训
- 专业技术认证：在3级的基础上，达到美国消防协会标准1021《消防官员专业资格标准》中级消防官员认证

3级
- 岗位描述：负责在任务中指挥最多6人的消防行动单元，自身是2级消防员
- 受训情况：2级消防员培训课程；美国消防协会标准1021《消防官员专业资格标准》初级消防官员课程培训
- 专业技术认证：政府部门认证的2级消防员及紧急医疗技术员资质；达到美国消防协会标准1001《消防员专业资格标准》初级消防员认证、1021《消防官员专业资格标准》初级消防官员认证

图4-6-6　消防及危化品类岗位分级标准——消防指挥官

计划审查员

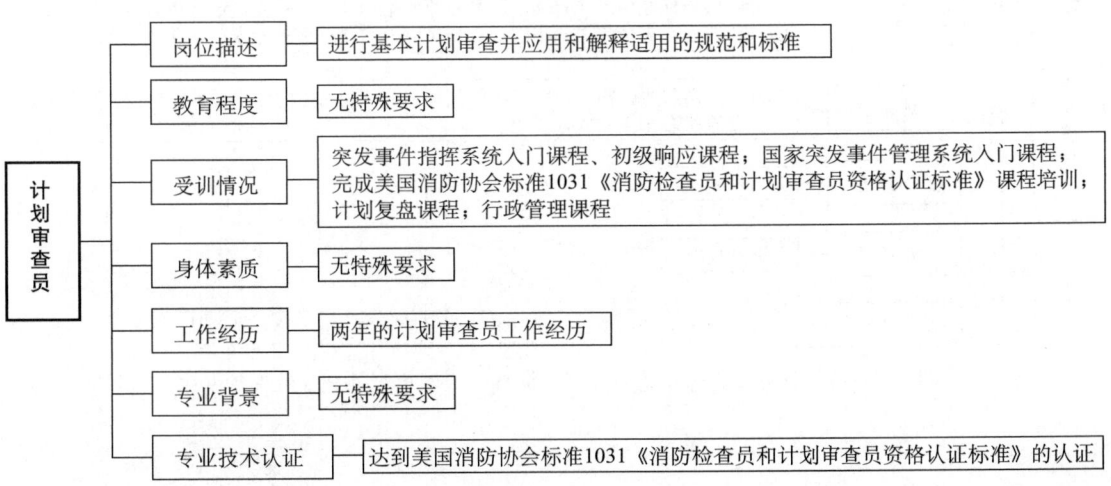

- 岗位描述：进行基本计划审查并应用和解释适用的规范和标准
- 教育程度：无特殊要求
- 受训情况：突发事件指挥系统入门课程、初级响应课程；国家突发事件管理系统入门课程；完成美国消防协会标准1031《消防检查员和计划审查员资格认证标准》课程培训；计划复盘课程；行政管理课程
- 身体素质：无特殊要求
- 工作经历：两年的计划审查员工作经历
- 专业背景：无特殊要求
- 专业技术认证：达到美国消防协会标准1031《消防检查员和计划审查员资格认证标准》的认证

图4-6-7　消防及危化品类岗位分级标准——计划审查员

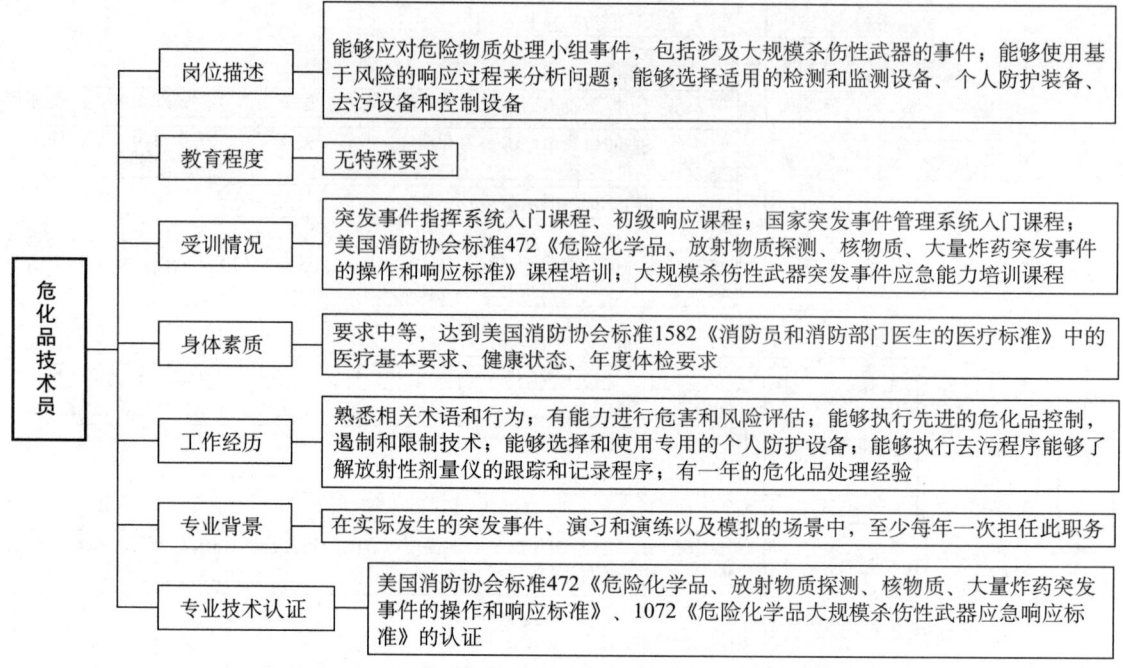

图 4-6-8 消防及危化品类岗位分级标准——危化品技术员

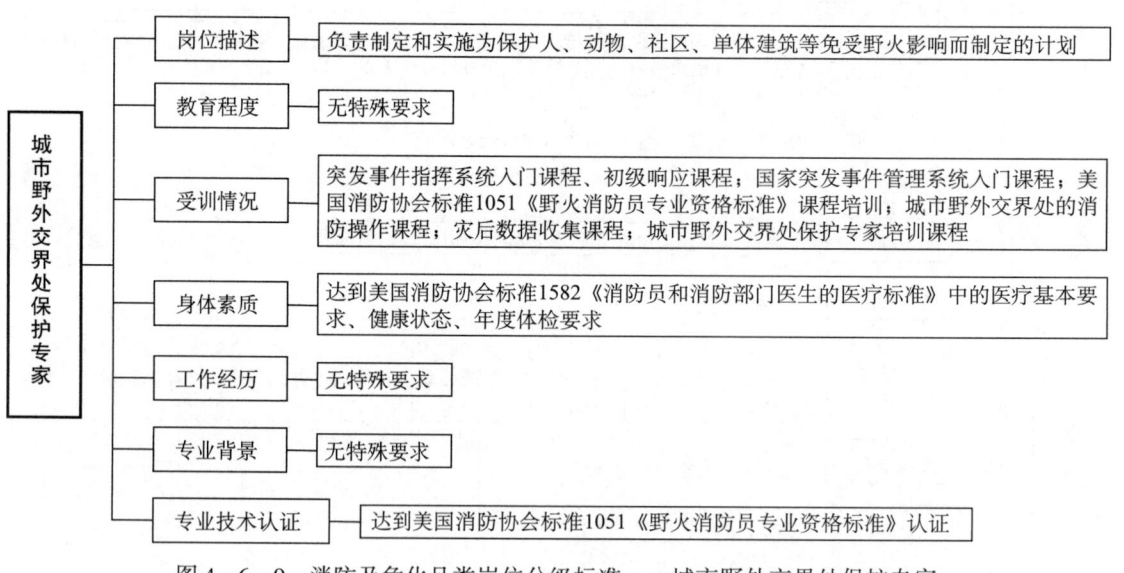

图 4-6-9 消防及危化品类岗位分级标准——城市野外交界处保护专家

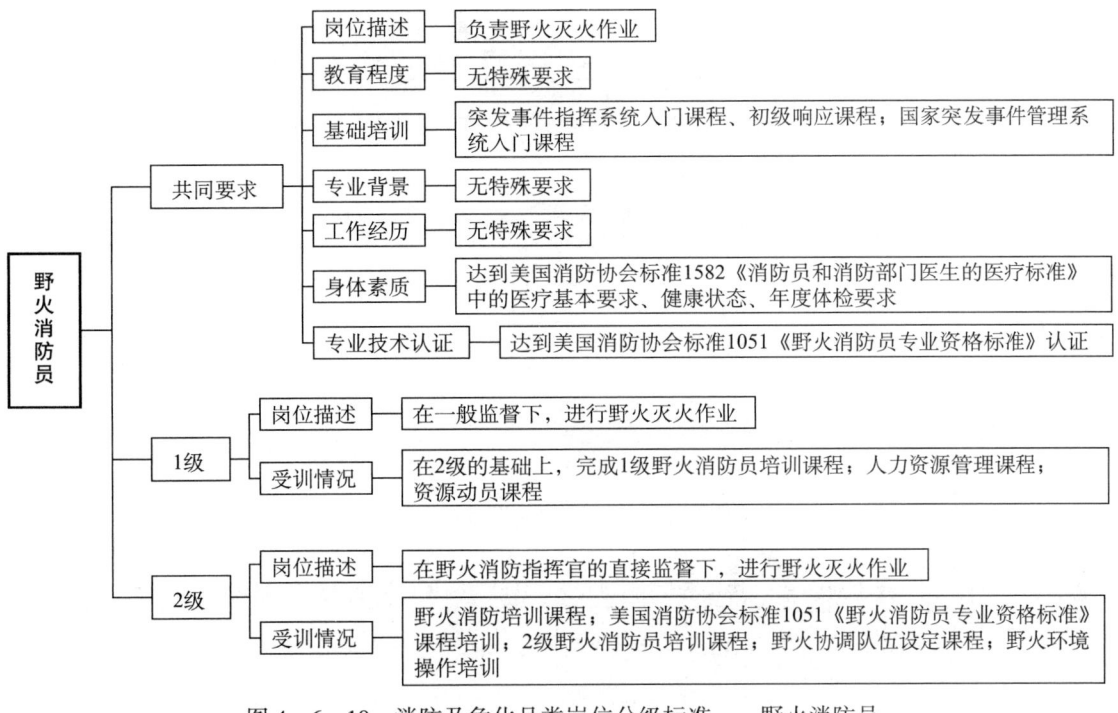

图 4-6-10 消防及危化品类岗位分级标准——野火消防员

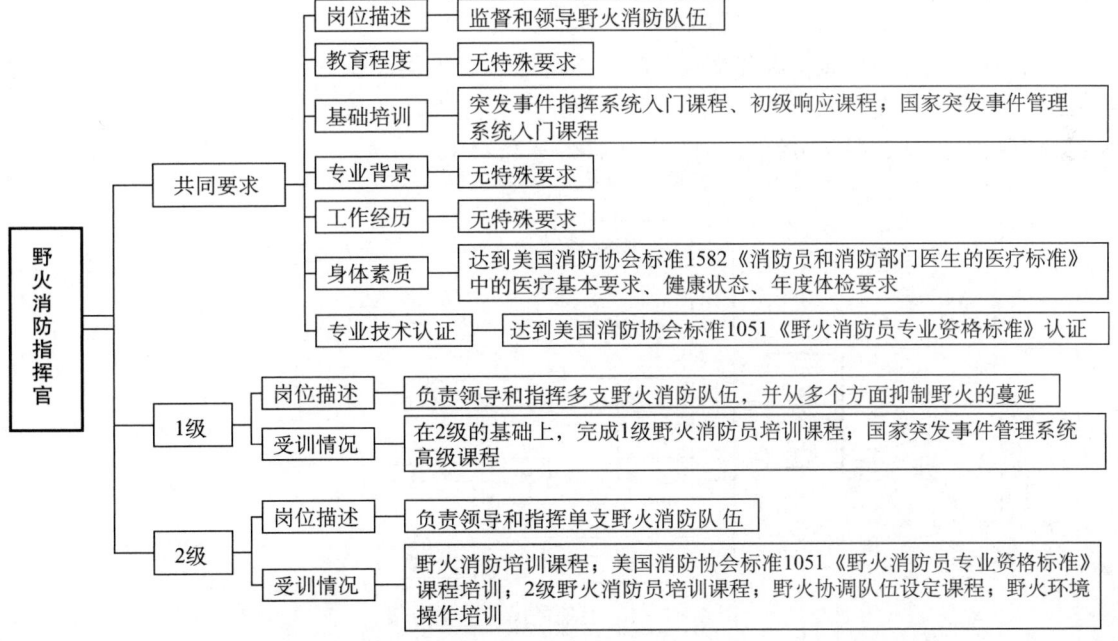

图 4-6-11 消防及危化品类岗位分级标准——野火消防指挥官

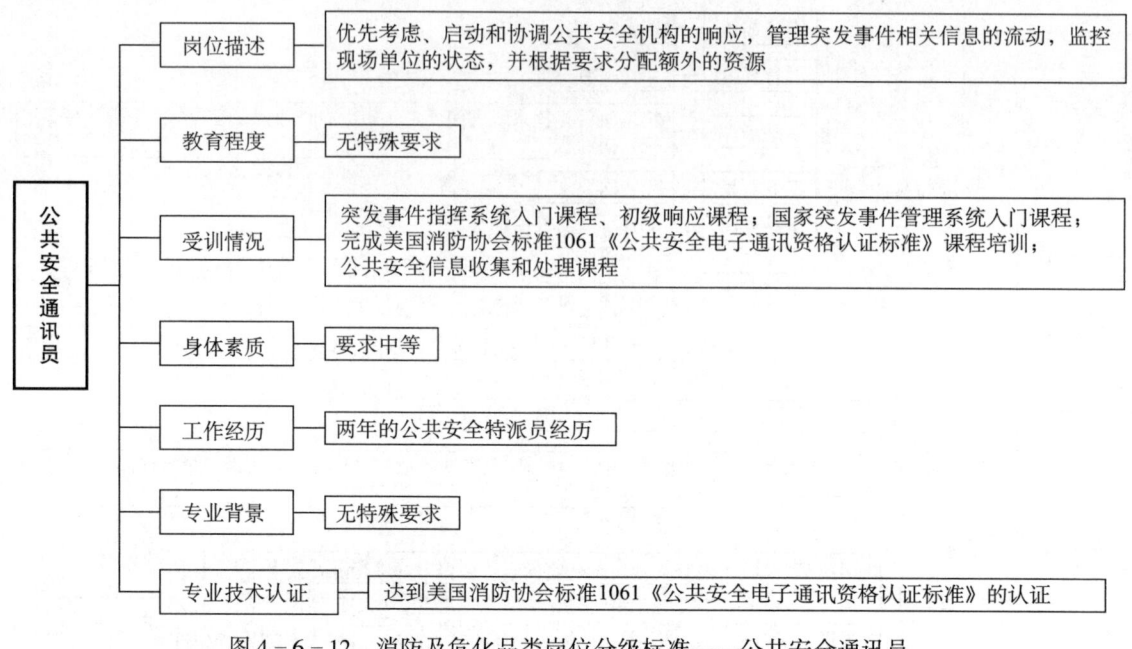

图 4-6-12 消防及危化品类岗位分级标准——公共安全通讯员

4.7 应急人力资源分类分级标准——通信类岗位

通信类岗位分类分级情况见图 4-7-1，共定义了 5 类岗位，其中虚拟运营支持队队长不分级；虚拟运营支持队队员不分级；虚拟运营支持队管理员不分级；通信单元主管分 3 级；通信技术员分 3 级，分级标准详见图 4-7-2。

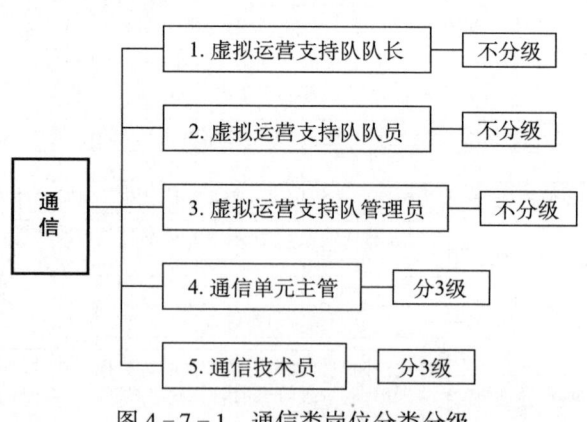

图 4-7-1 通信类岗位分类分级

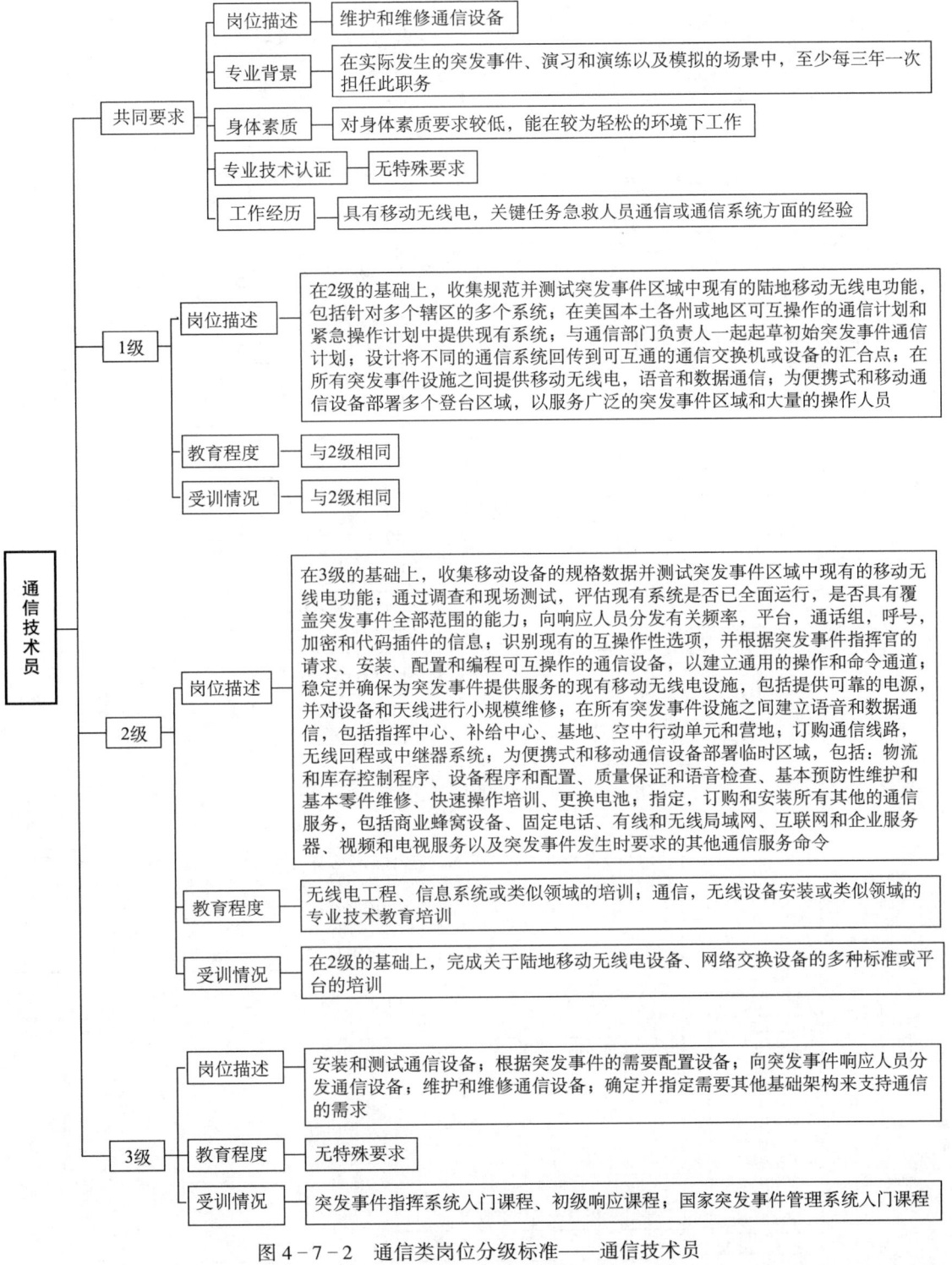

图 4-7-2 通信类岗位分级标准——通信技术员

4.8 应急人力资源分类分级标准——执法行动类岗位

执法行动类岗位分类分级情况见图 4-8-1，共定义了 19 类岗位，其中拆弹技术员不分级，岗位要求见图 4-8-2；危机谈判队谈判员不分级，岗位要求见图 4-8-3；机动野战部队队长不分级，岗位要求见图 4-8-4。篇幅原因，其余不再一一给出。

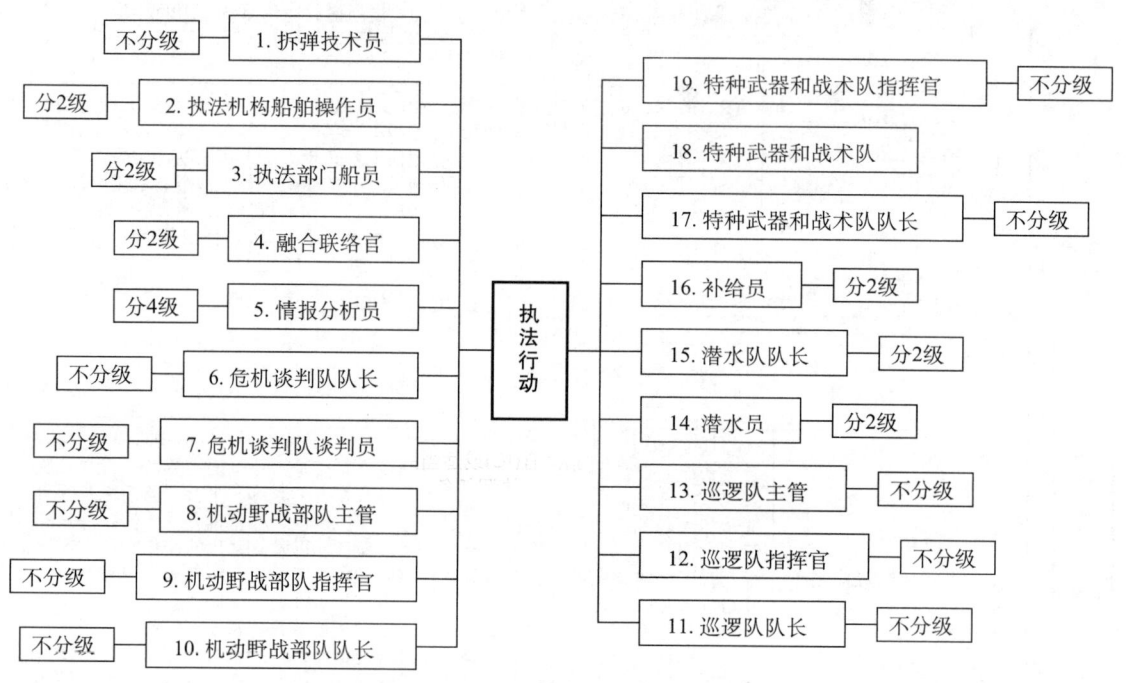

图 4-8-1 执法行动类岗位分类分级

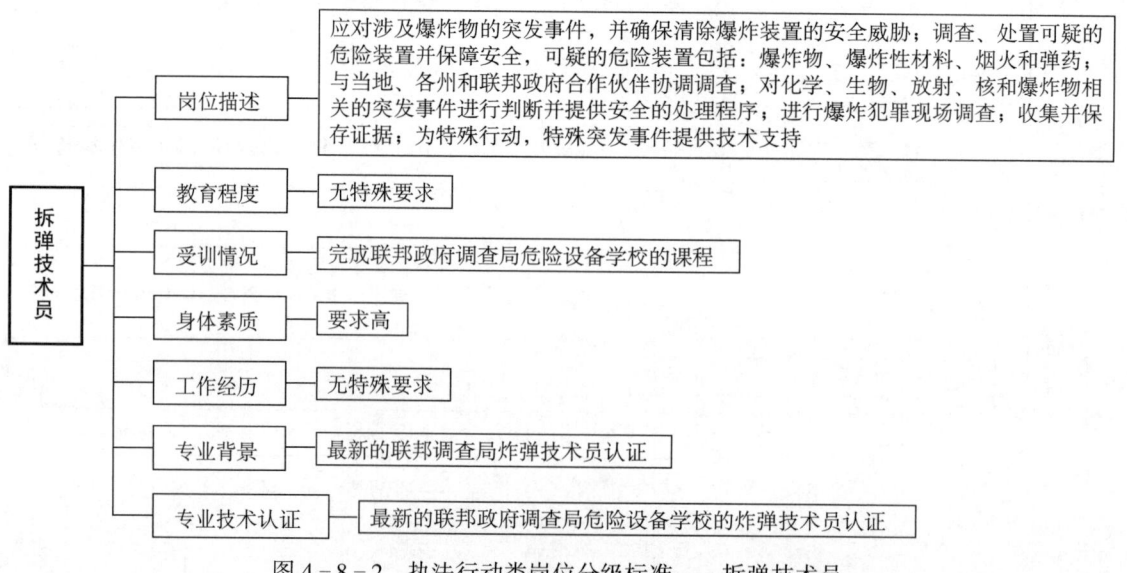

图 4-8-2 执法行动类岗位分级标准——拆弹技术员

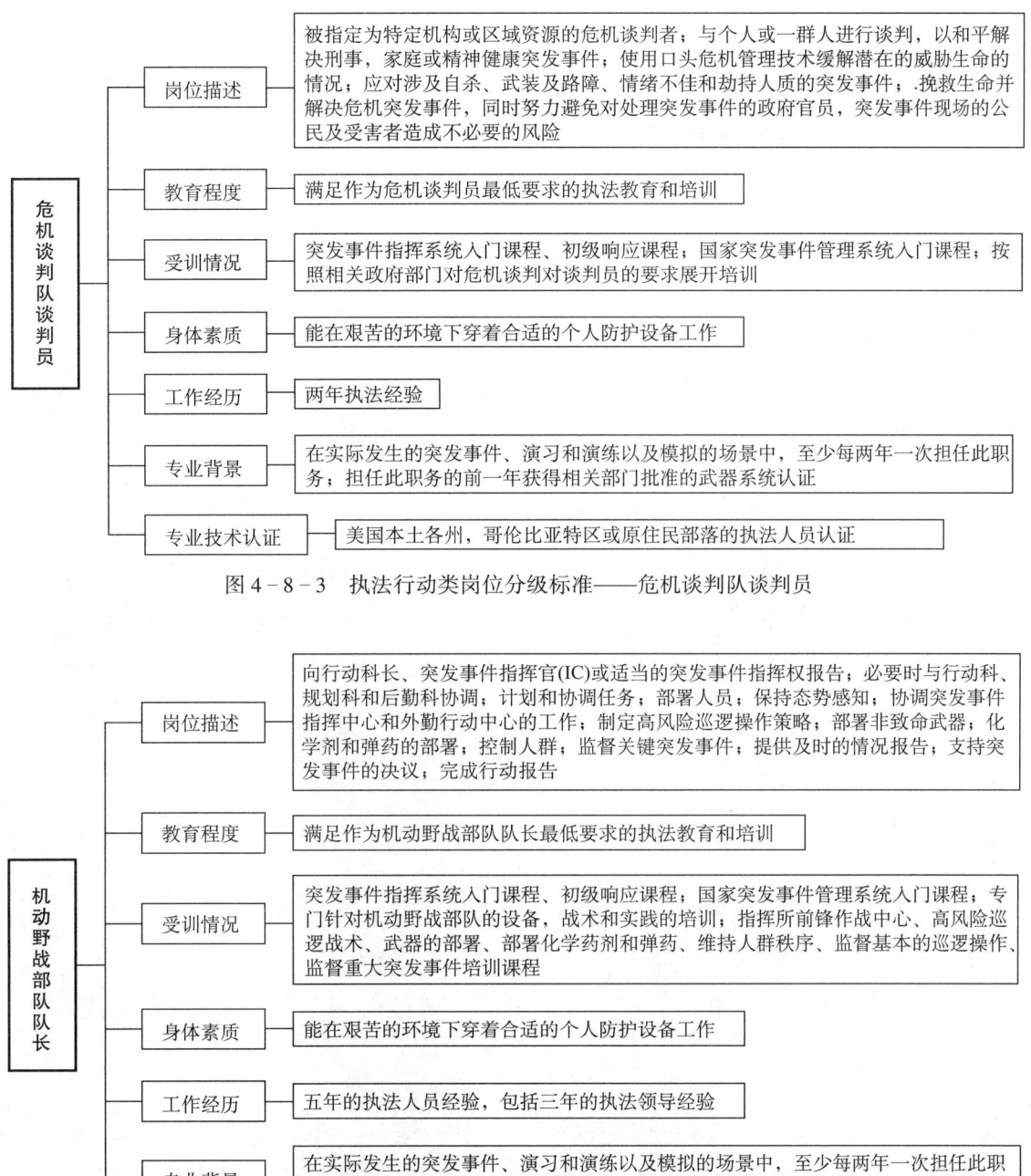

图 4-8-3 执法行动类岗位分级标准——危机谈判队谈判员

图 4-8-4 执法行动类岗位分级标准——机动野战部队队长

4.9 应急人力资源分类分级标准——公共工程类岗位

公共工程类岗位分类分级情况见图 4-9-1，共定义了 13 类 24 类岗位，其中废墟规划主管不分级，岗位要求详见图 4-9-2；废墟运营主管不分级，岗位要求详见图 4-9-3；废墟评估主管不分级，岗位要求详见图 4-9-4；废墟评估技术专家不分级，岗位要求详见图 4-9-5；结构工程师不分级，岗位要求详见图 4-9-6；土木及城市工程师不分级，岗位要求详见图 4-9-7；公共工程安全专家不分级，岗位要求详见图 4-9-8；公共工程技术员不分级，岗位要求详见图 4-9-9；液压机操作员不分级，岗位要求详见图 4-9-10。篇幅原因，其余不再一一列出。

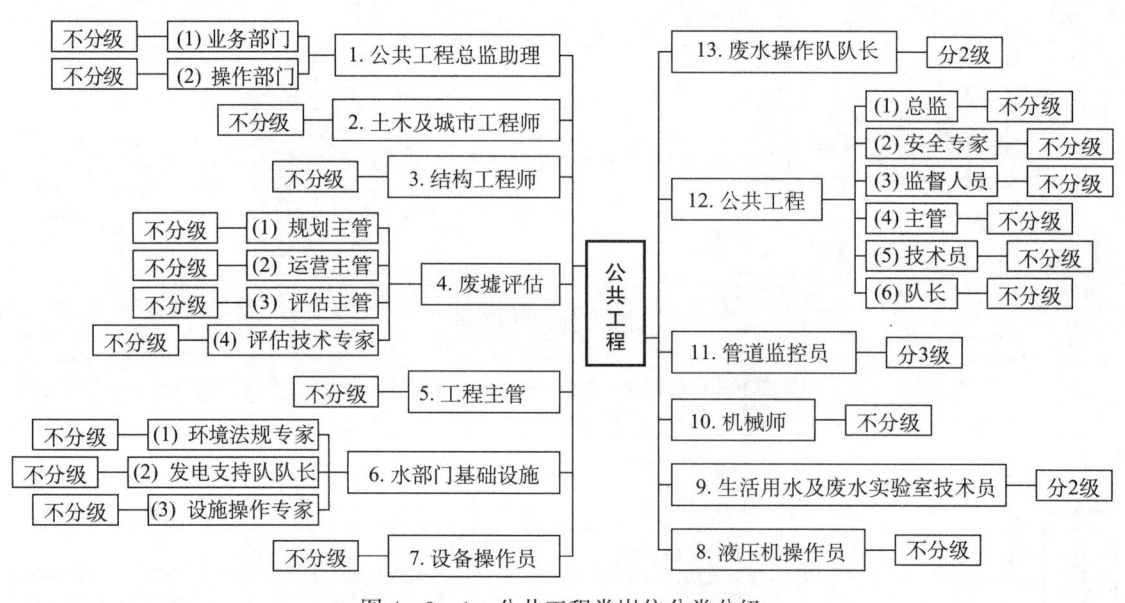

图 4-9-1　公共工程类岗位分类分级

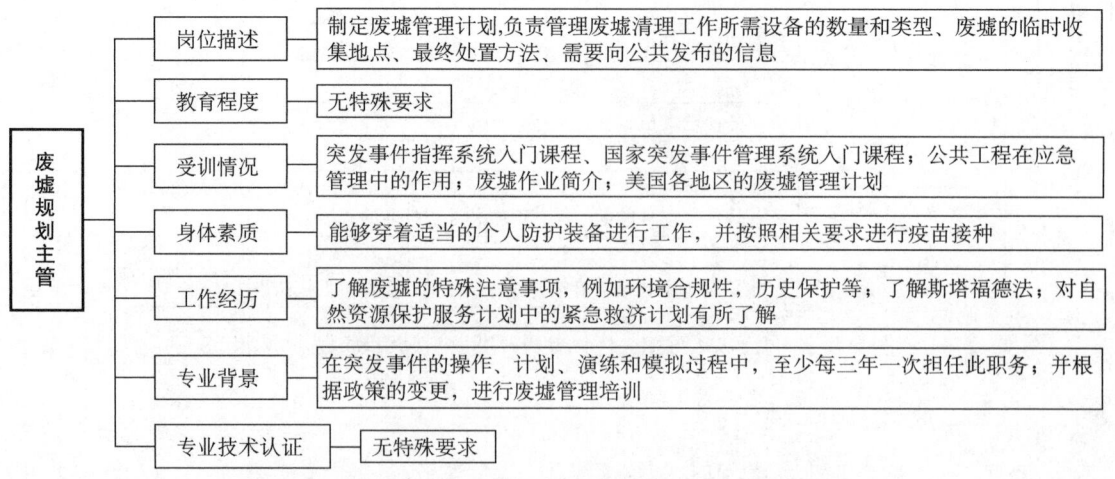

图 4-9-2　公共工程类岗位分级标准——废墟规划主管

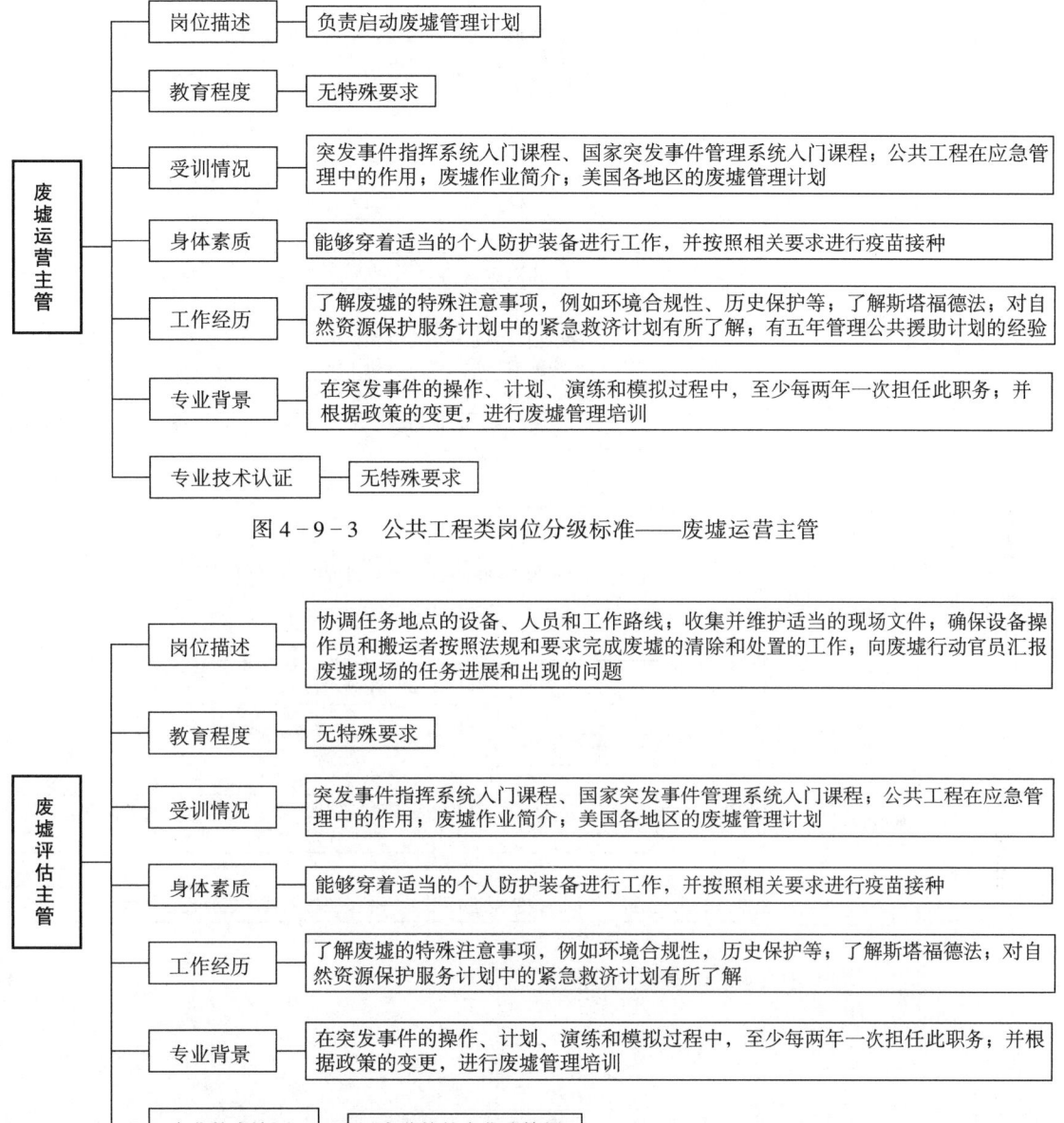

图 4-9-3　公共工程类岗位分级标准——废墟运营主管

图 4-9-4　公共工程类岗位分级标准——废墟评估主管

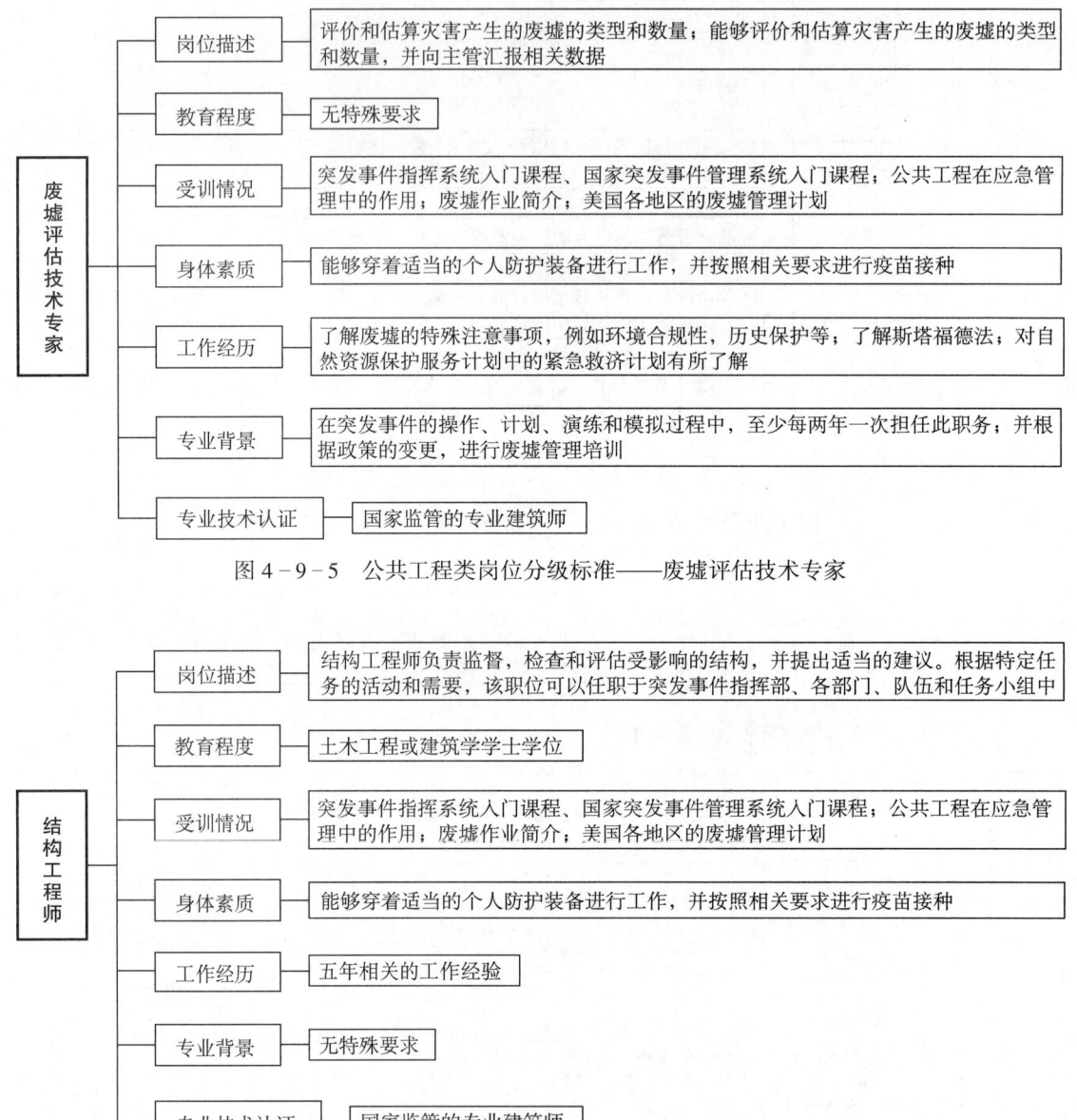

图 4-9-5 公共工程类岗位分级标准——废墟评估技术专家

图 4-9-6 公共工程类岗位分级标准——结构工程师

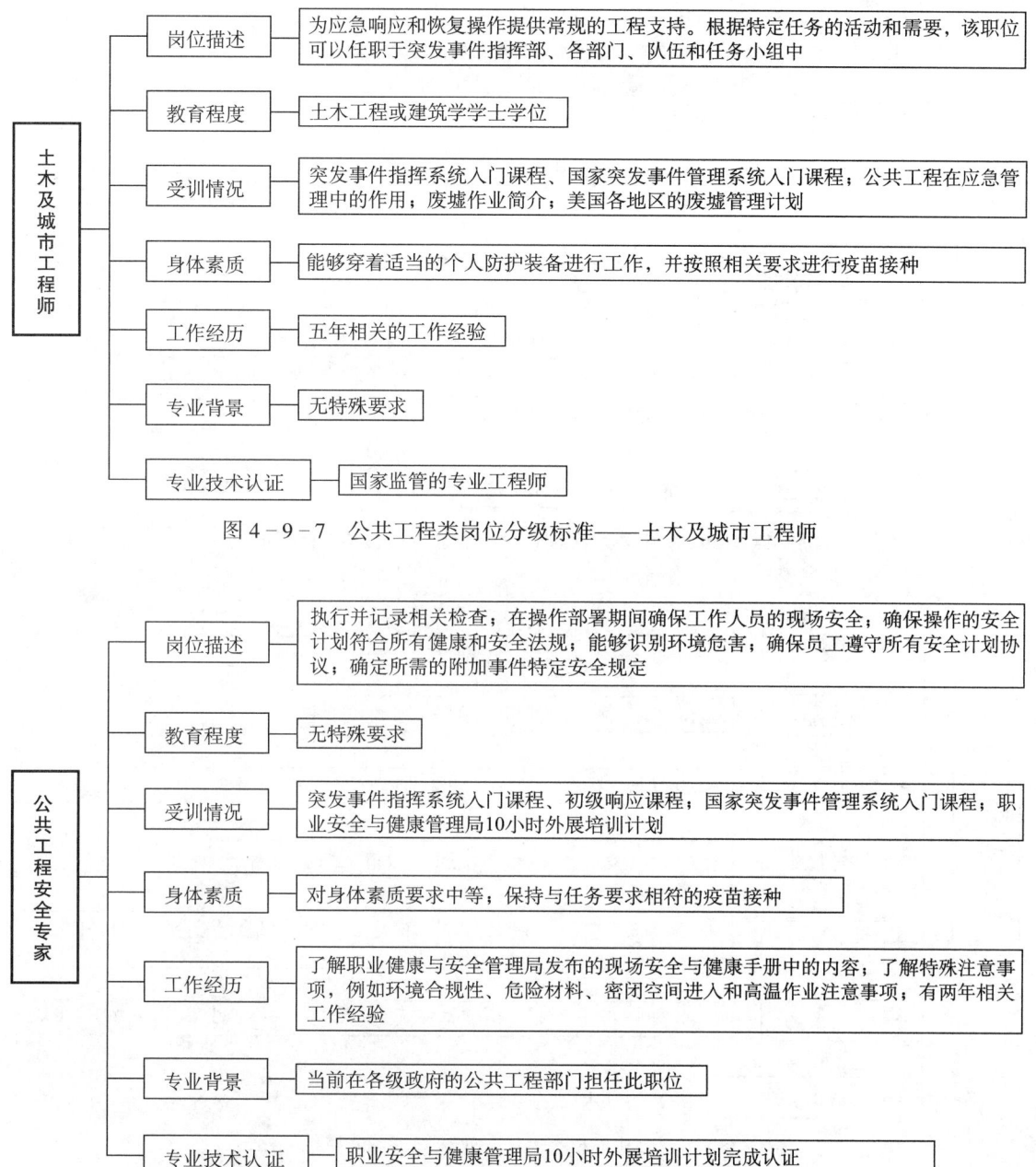

图4-9-7 公共工程类岗位分级标准——土木及城市工程师

图4-9-8 公共工程类岗位分级标准——公共工程安全专家

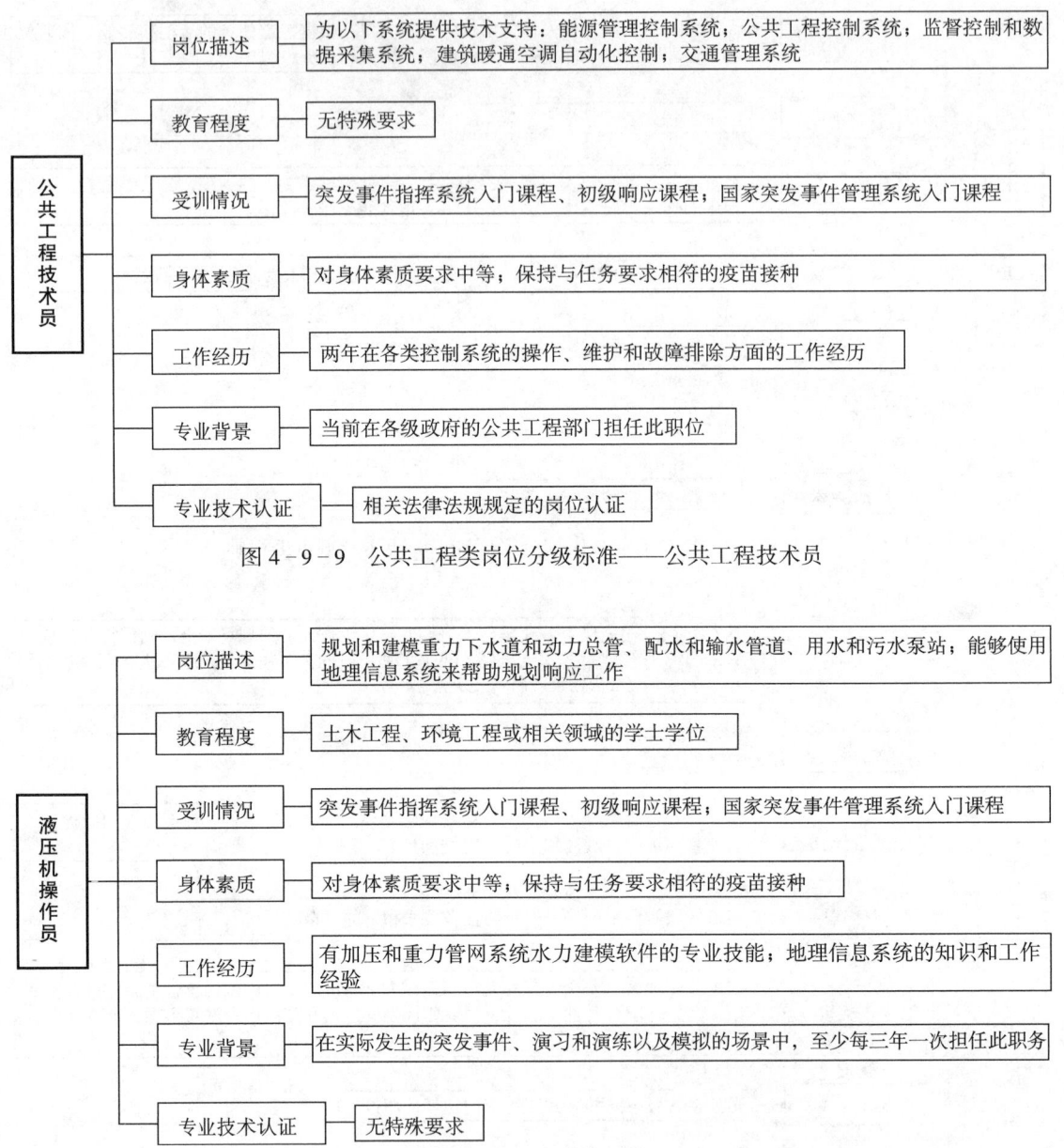

图 4-9-9 公共工程类岗位分级标准——公共工程技术员

图 4-9-10 公共工程类岗位分级标准——液压机操作员

4.10 应急人力资源分类分级标准——搜索与营救类岗位

搜索与营救类岗位分类分级情况见图4-10-1，共定义了12小类36类岗位。其中：

城市搜救定义了1个特定岗位，即城市搜救特勤队队长不分级（图4-10-2）；事实上，城市搜救是综合性的技术救援，涵盖水域救援、倒塌建筑救援等技术救援。固只有队长的岗位是其特定的，其余与倒塌建筑物搜救、水域救援、犬搜索等的岗位相同。

倒塌建筑搜索定义了2个特定岗位，其中倒塌建筑搜索队长不分级（图4-10-3），倒塌建筑搜索技术员分2级（图4-10-4）。

倒塌建筑救援定义了2个特定岗位，其中倒塌建筑救援队长不分级（图4-10-5），倒塌建筑救援技术员分2级（图4-10-6）。

直升机搜救定义了3个特定岗位，其中直升机搜救队长不分级（图4-10-7），直升机搜救技术员不分级（图4-10-8），直升机搜救飞行员不分级（图4-10-9）。

陆地搜救定义了3个特定岗位，其中陆地搜救队长分2级（图4-10-10），陆地搜救技术员分2级（图4-10-11），陆地搜救特勤队队长不分级（图4-10-12）。

洞穴搜救定义了2个特定岗位，其中洞穴搜救队长分2级（图4-10-13），洞穴搜救技术员分3级（图4-10-14）。

山岳搜救定义了3个特定岗位，其中山岳搜救队长分3级（图4-10-15），山岳搜救技术员分3级（图4-10-16），山岳搜救特勤队队长不分级（图4-10-17）。

城市搜救突发事件支持队定义2个特定岗位，其中紧急服务救援队长不分级（图4-10-18），紧急服务救援技术员不分级（图4-10-19）。

犬搜索定义了5个特定岗位，其中倒塌建筑幸存者犬搜索专家分2级（图4-10-20），倒塌建筑遇难者遗体犬搜索专家分2级（图4-10-21），陆地搜索幸存者犬搜索专家不分级（图4-10-22），陆地遇难者遗体犬搜索专家不分级（图4-10-23），水上遇难者遗体搜索犬搜索专家分2级（图4-10-24）。

水域救援定义了8个特定岗位，其中湍流及洪水搜救队长不分级（图4-10-25），湍流及洪水搜救技术员不分级（图4-10-26），湍流及洪水搜救船员不分级（图4-10-27），湍流及洪水搜救船只操作员不分级（图4-10-28）；静止水域及洪水搜救队长不分级（图4-10-29），静止水域及洪水搜救技术员不分级（图4-10-30）；水上救援船只操作员不分级（图4-10-31），水上救援船员不分级（图4-10-32）。

矿山搜救定义了3个特定岗位，其中矿山搜救队长分2级（图4-10-33），矿山搜救技术员分2级（图4-10-34），矿山搜救特勤队队长不分级（图4-10-35）。

通用岗位2个，其中后勤搜救技术员不分级（图4-10-36），医疗搜救技术员不分级（图4-10-37）。

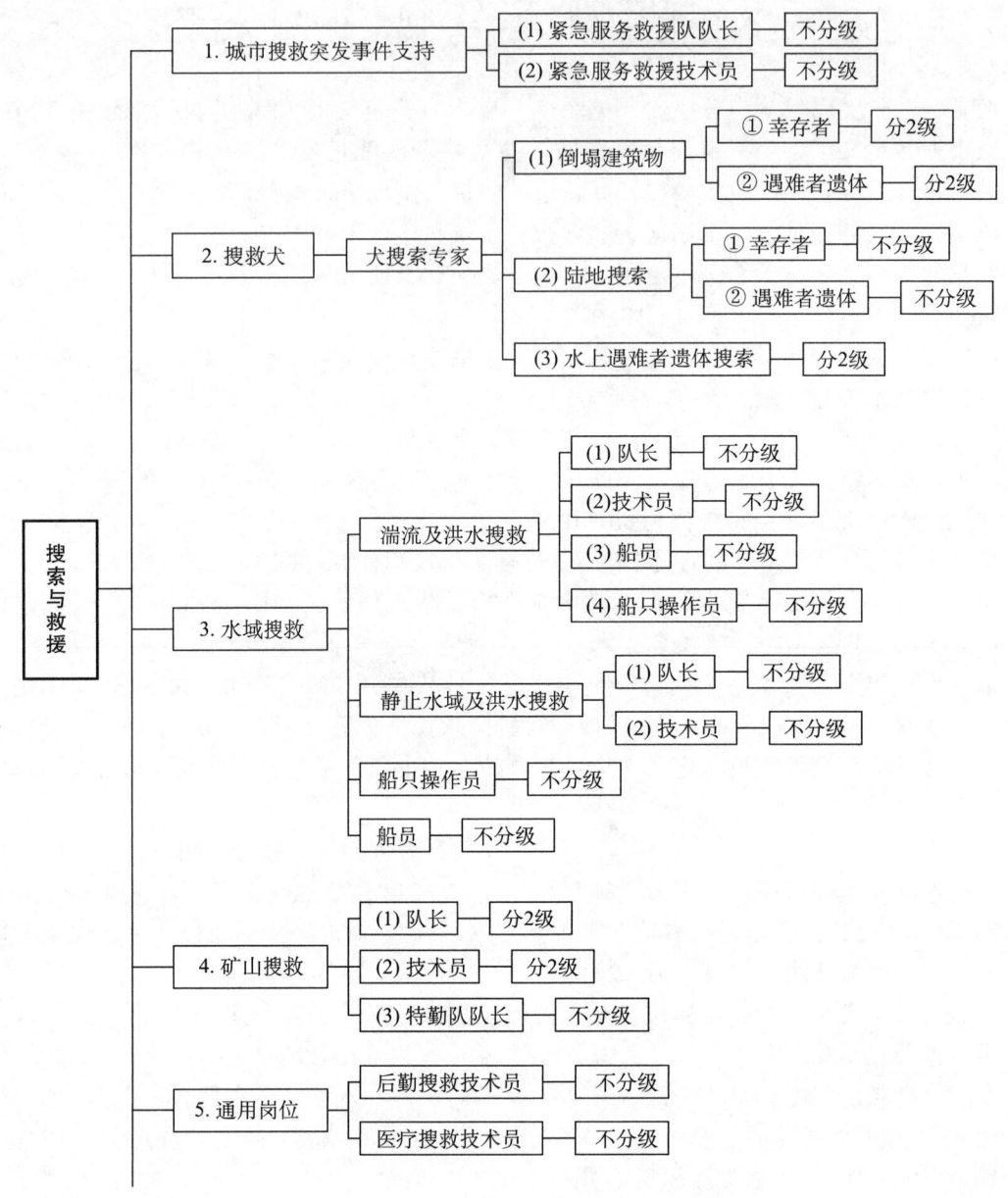

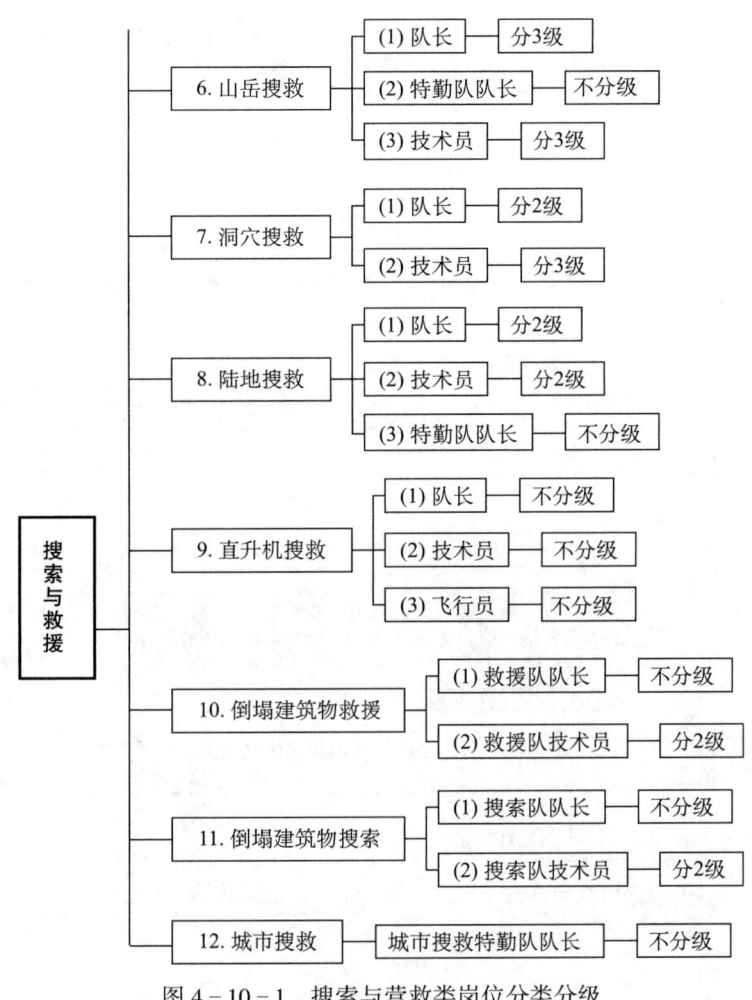

图 4-10-1　搜索与营救类岗位分类分级

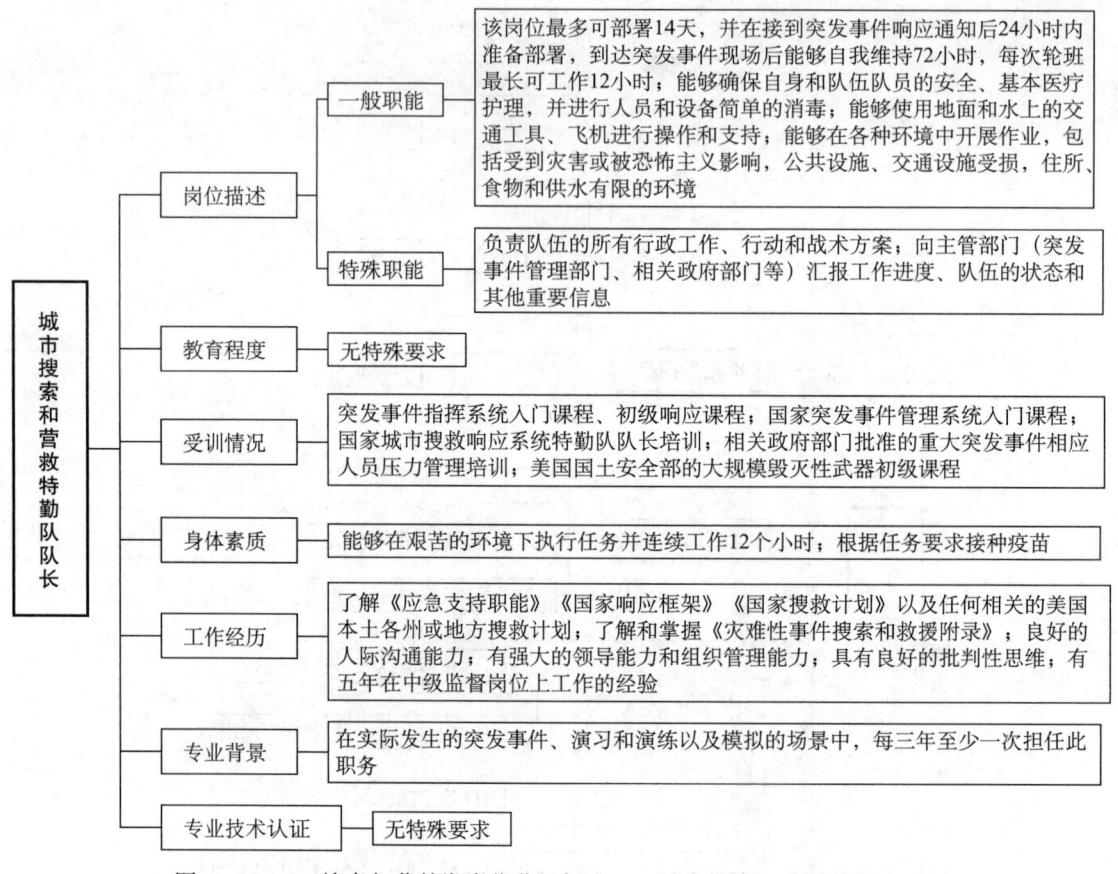

图4-10-2 搜索与营救类岗位分级标准——城市搜索和营救特勤队队长

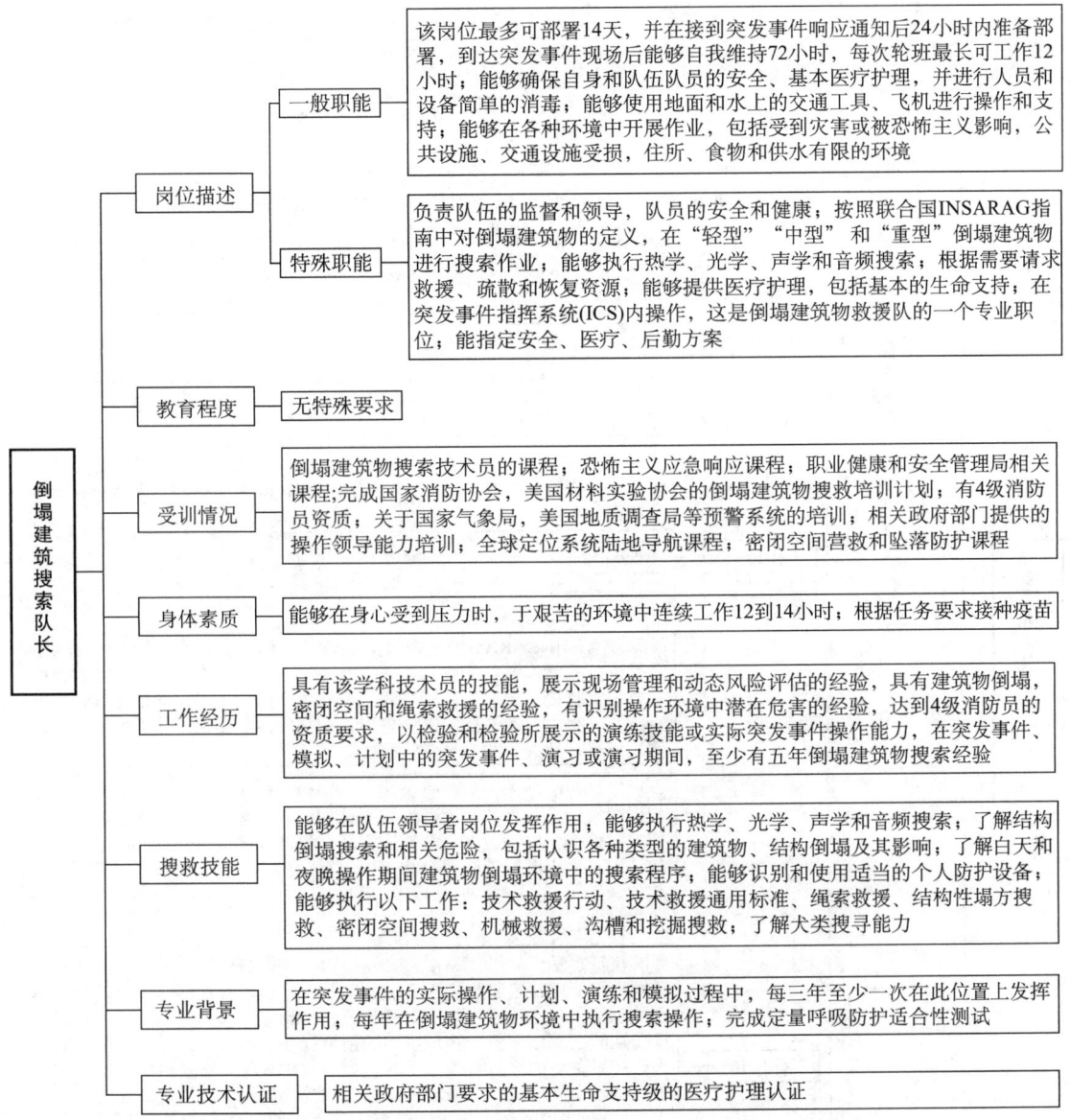

图 4-10-3 搜索与营救类岗位分级标准——倒塌建筑搜索队长

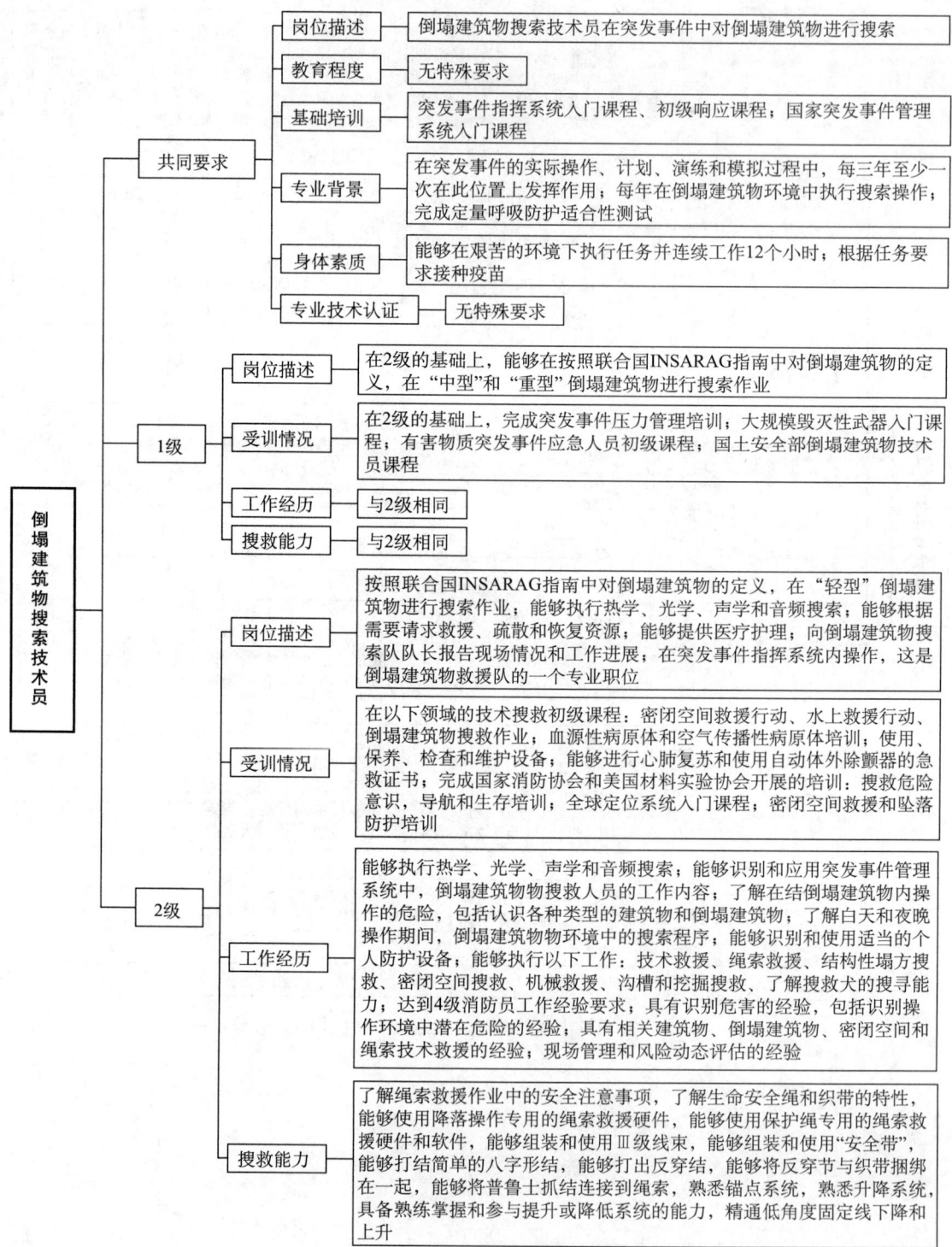

图4-10-4 搜索与营救类岗位分级标准——倒塌建筑搜索技术员

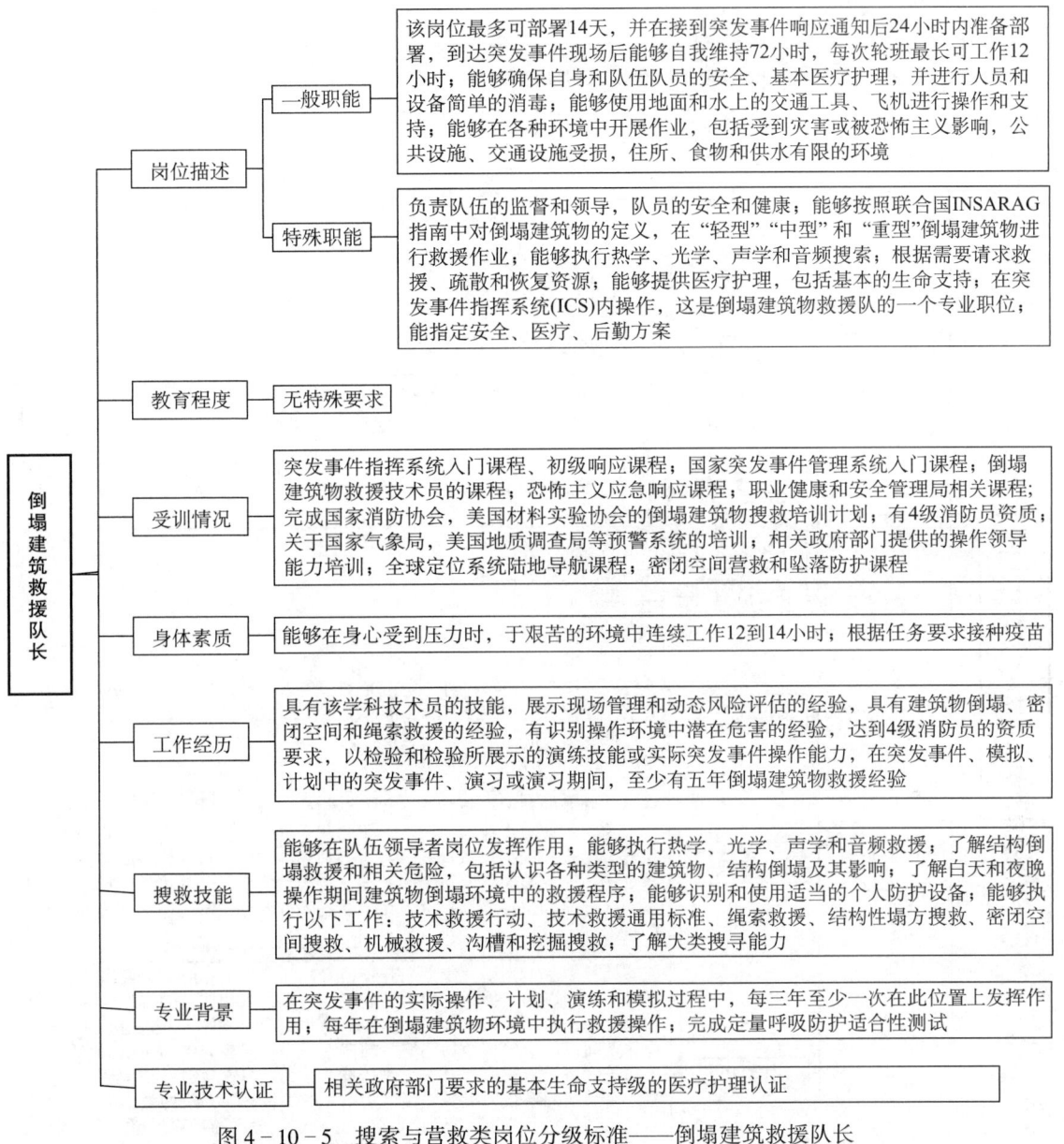

图 4-10-5 搜索与营救类岗位分级标准——倒塌建筑救援队长

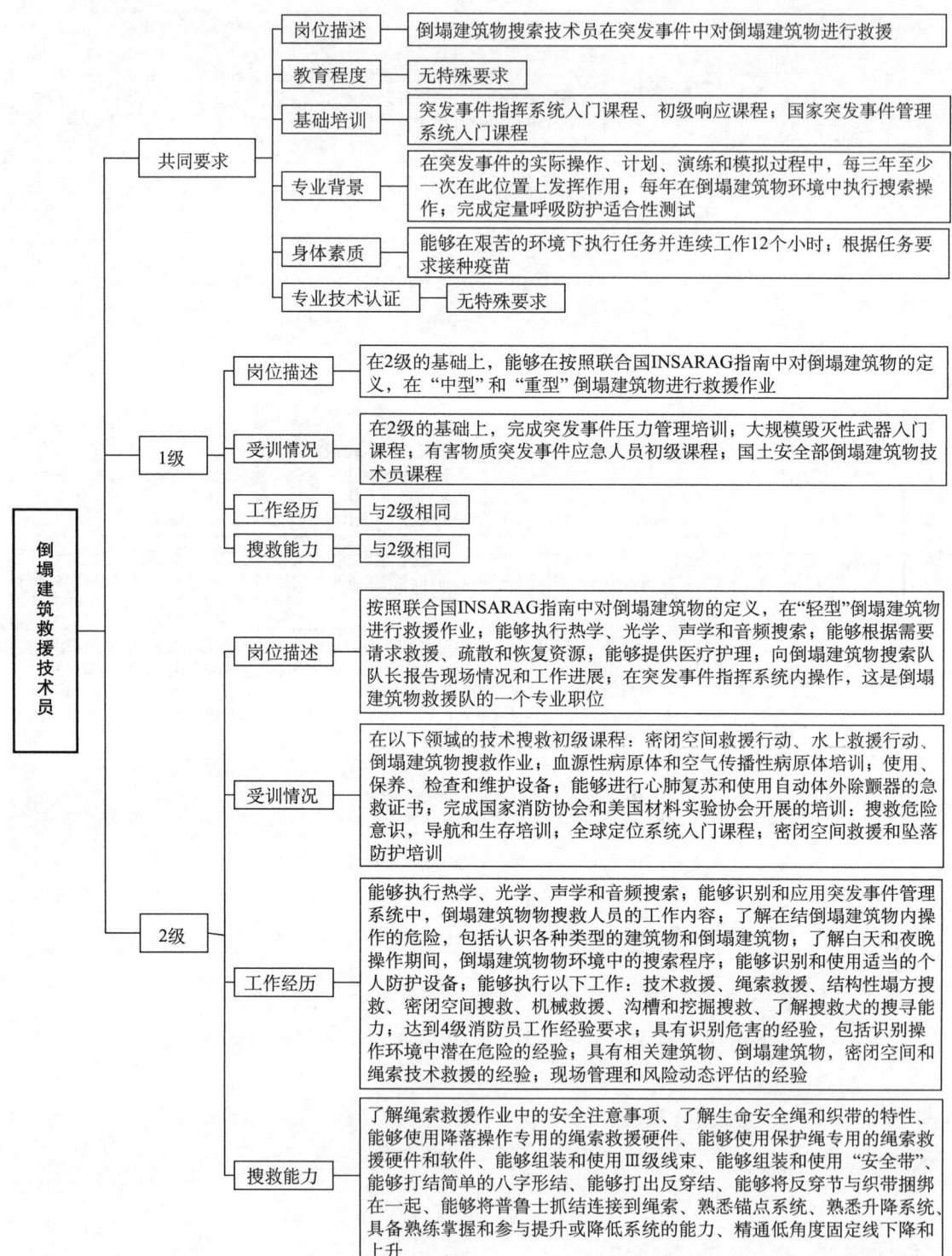

图4-10-6 搜索与营救类岗位分级标准——倒塌建筑救援技术员

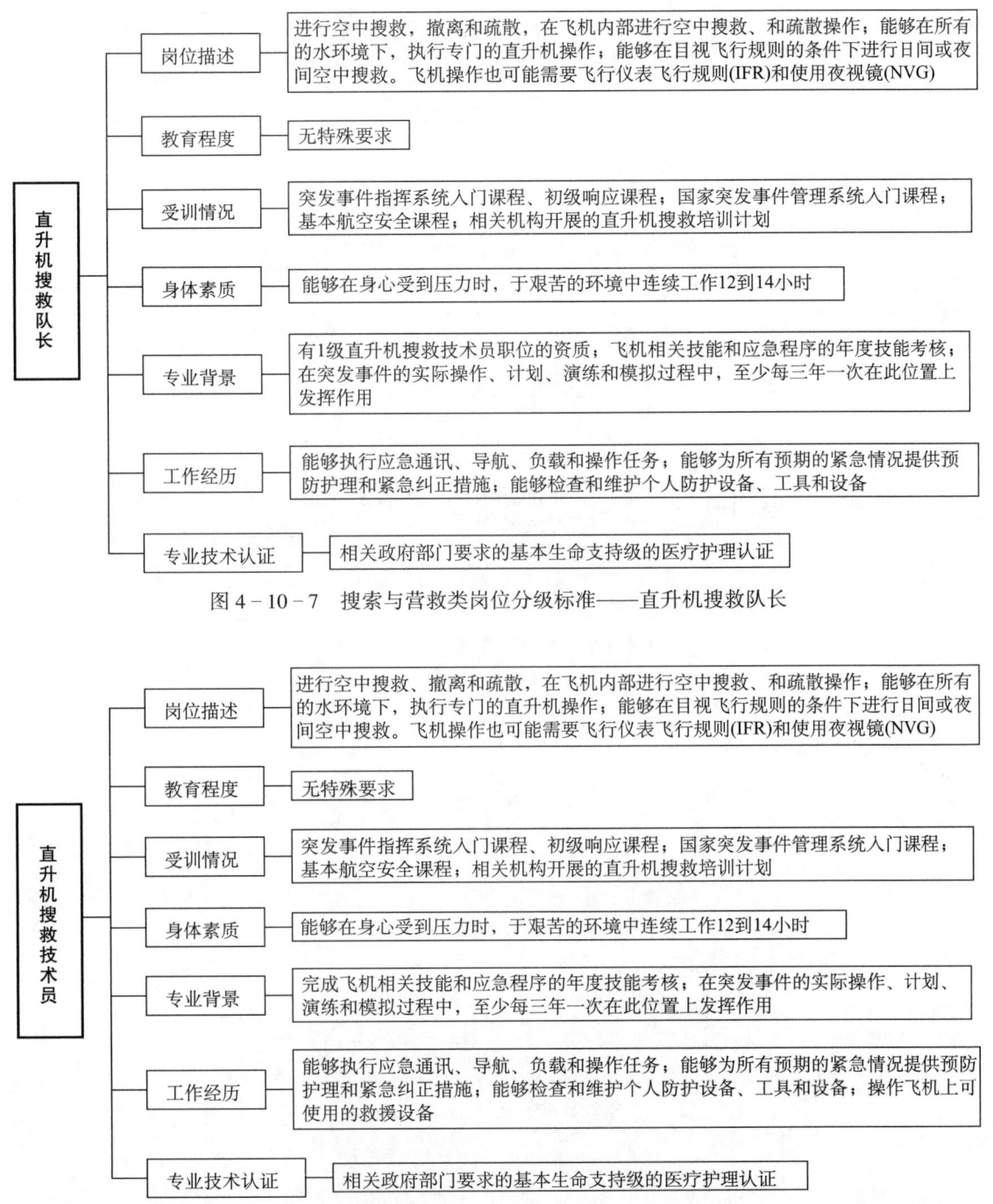

图 4-10-7 搜索与营救类岗位分级标准——直升机搜救队长

图 4-10-8 搜索与营救类岗位分级标准——直升机搜救技术员

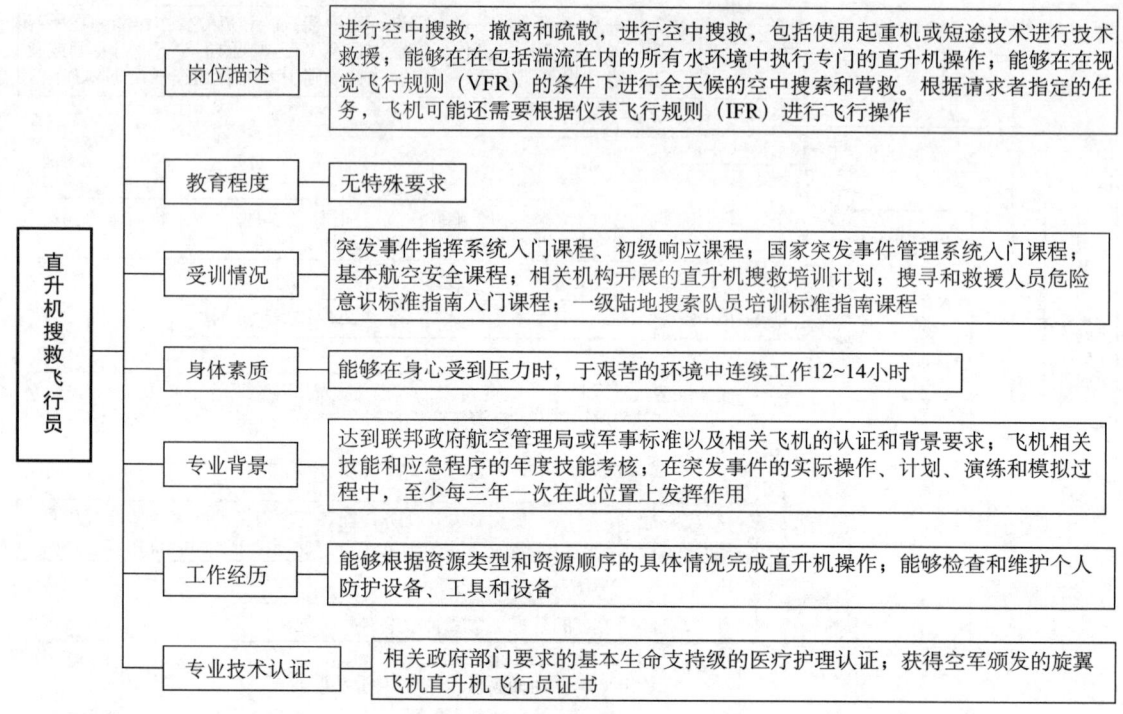

图 4-10-9 搜索与营救类岗位分级标准——直升机搜救飞行员

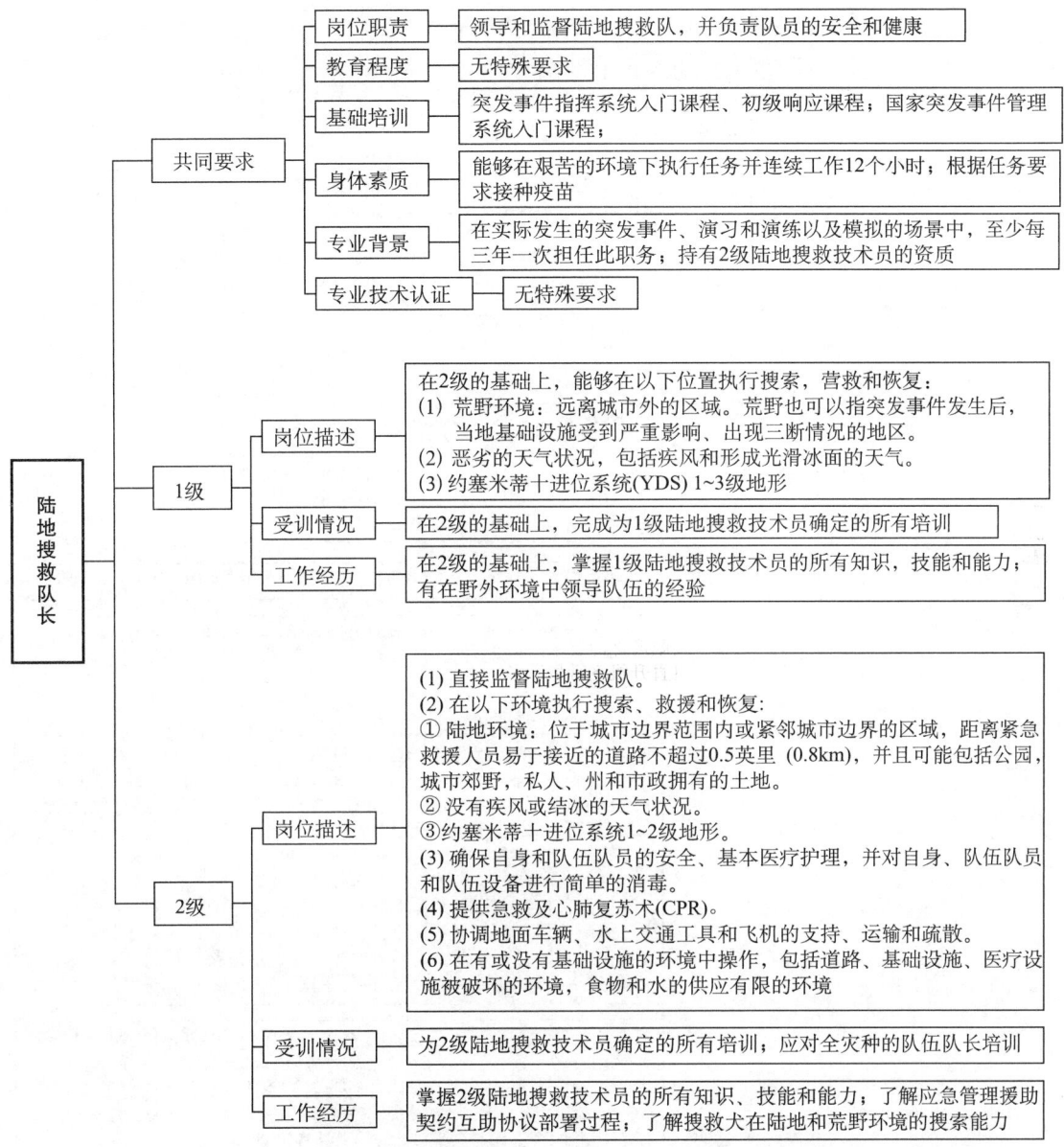

图 4-10-10 搜索与营救类岗位分级标准——陆地搜救队长

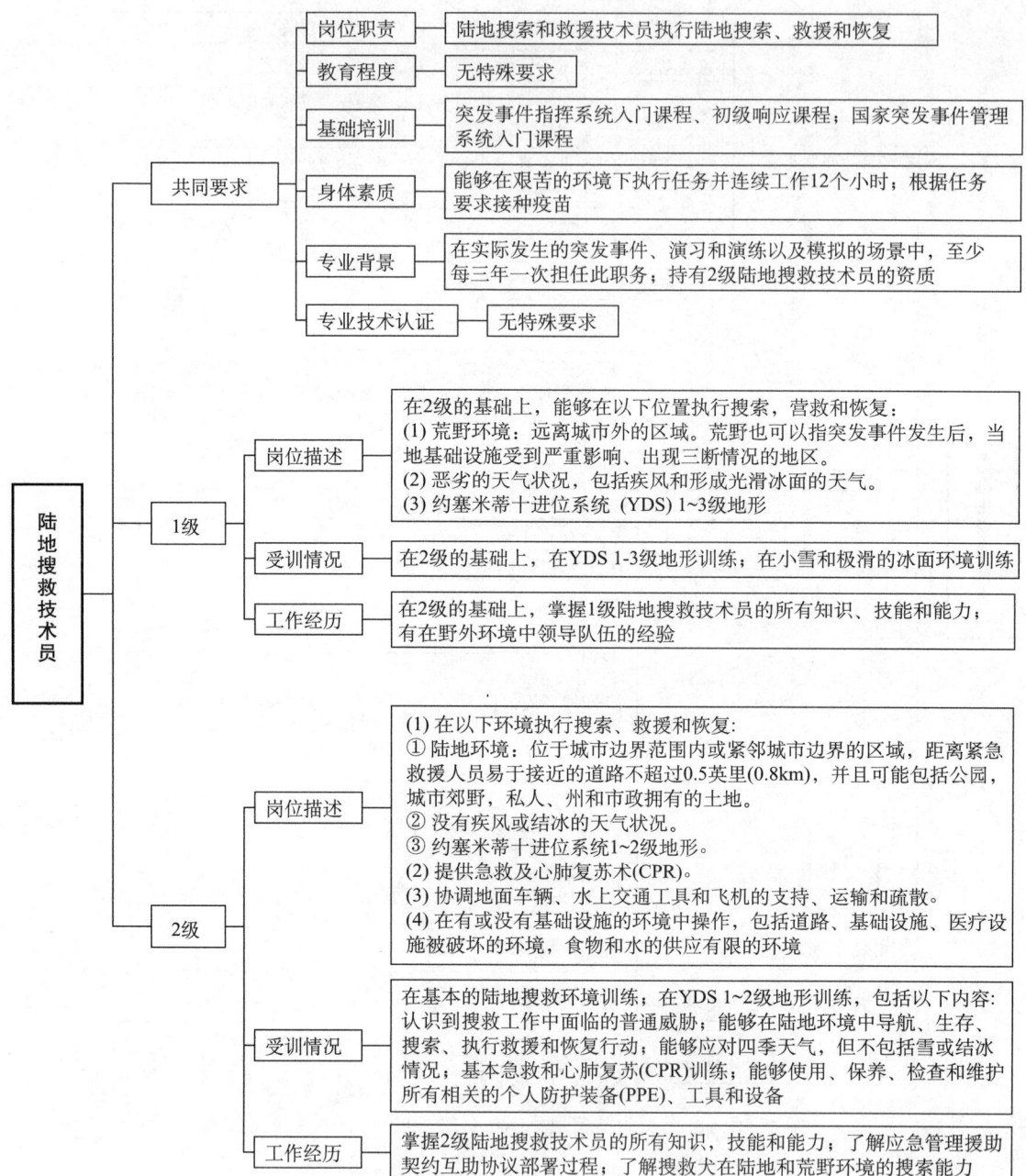

图 4-10-11 搜索与营救类岗位分级标准——陆地搜救技术员

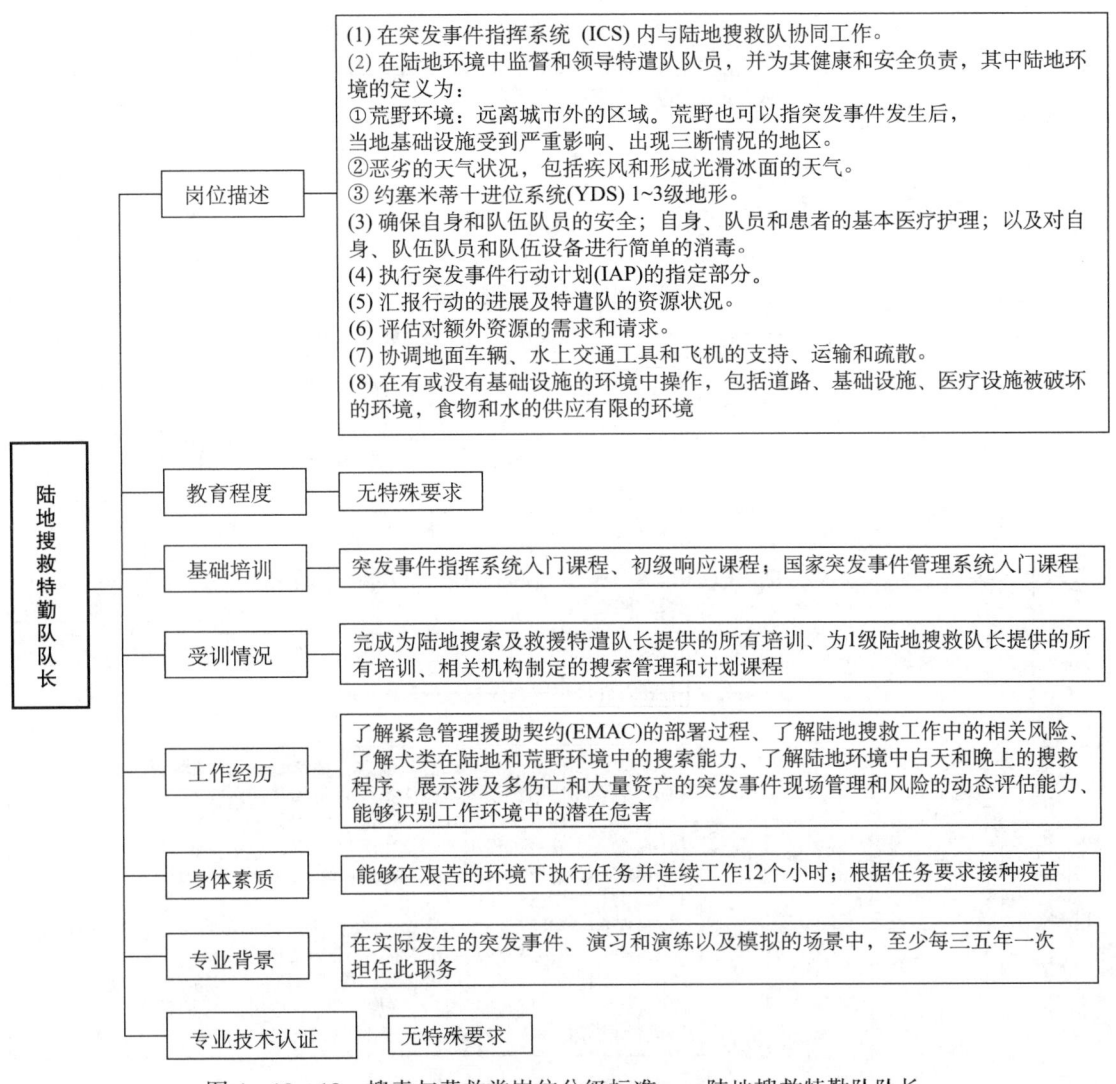

图 4-10-12 搜索与营救类岗位分级标准——陆地搜救特勤队队长

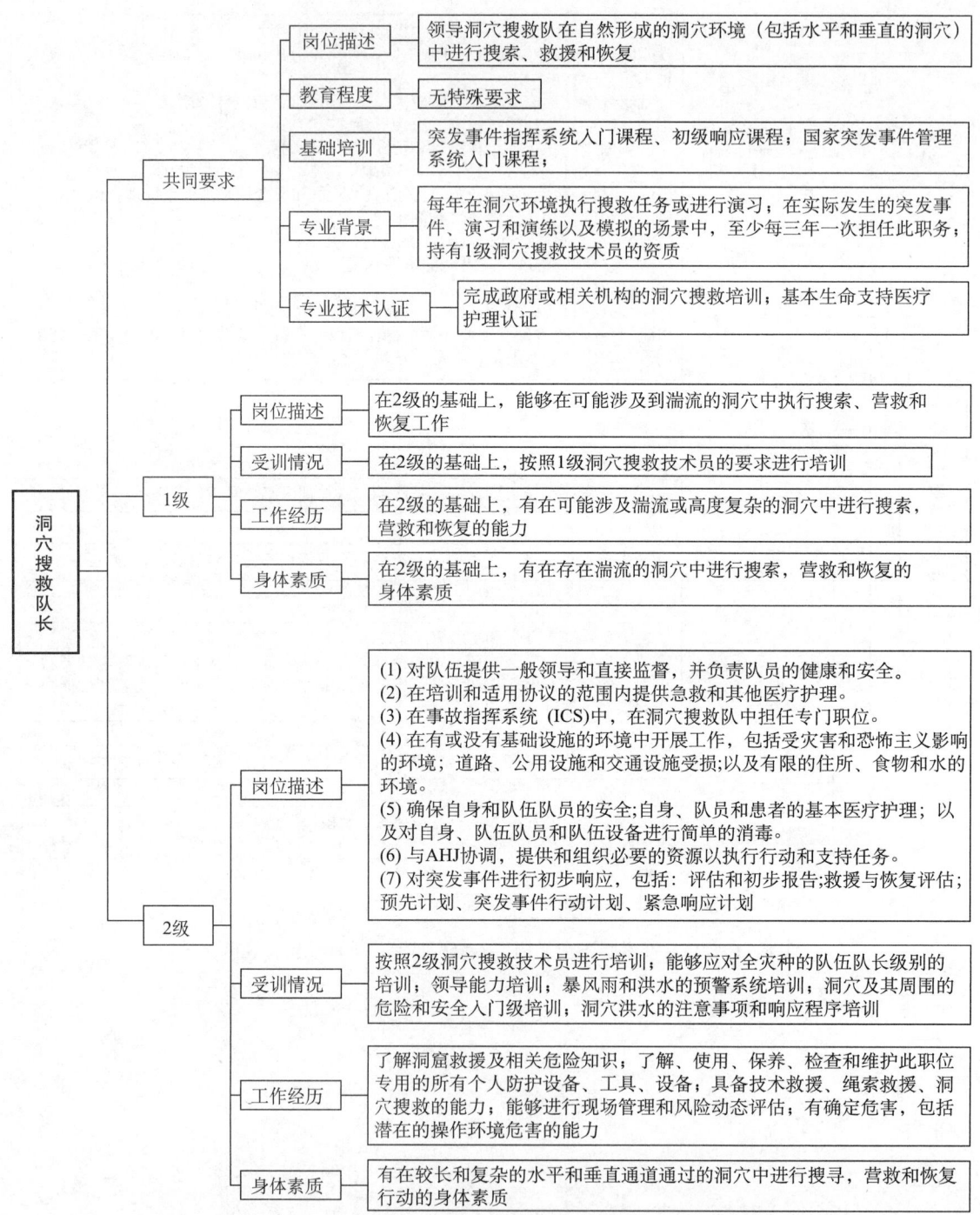

图 4-10-13 搜索与营救类岗位分级标准——洞穴搜救队长

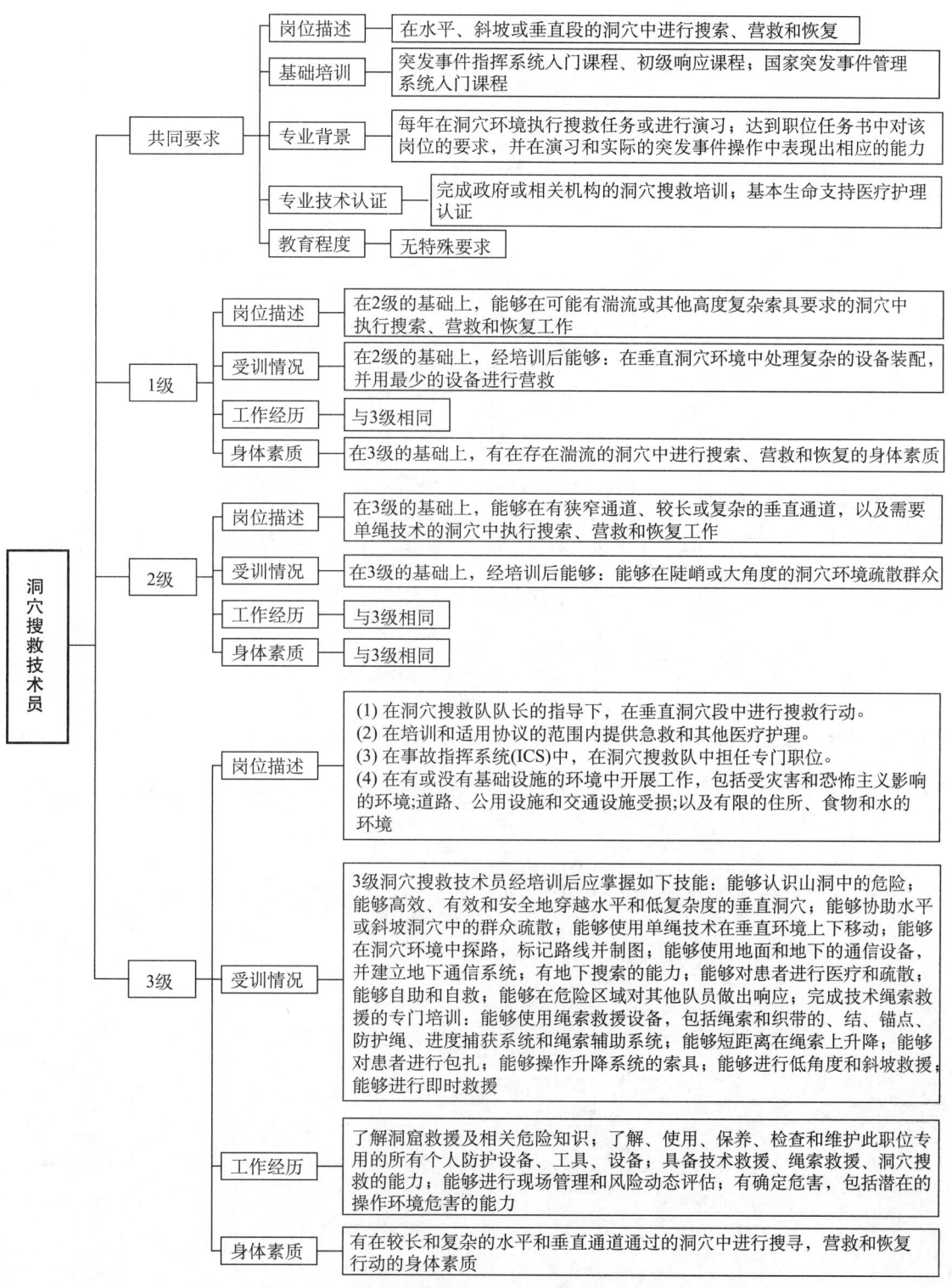

图 4-10-14 搜索与营救类岗位分级标准——洞穴搜救技术员

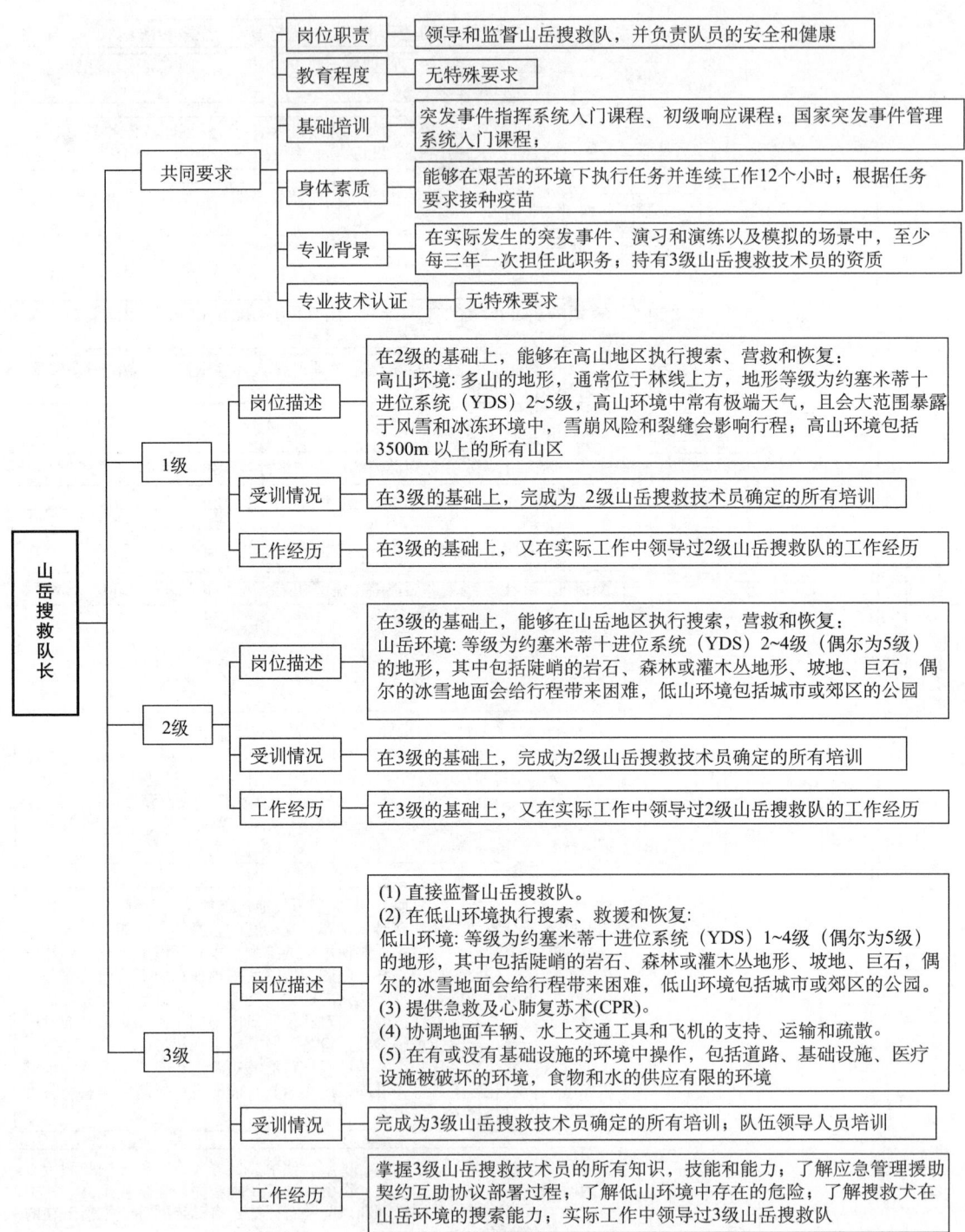

图 4-10-15 搜索与营救类岗位分级标准——山岳搜救队长

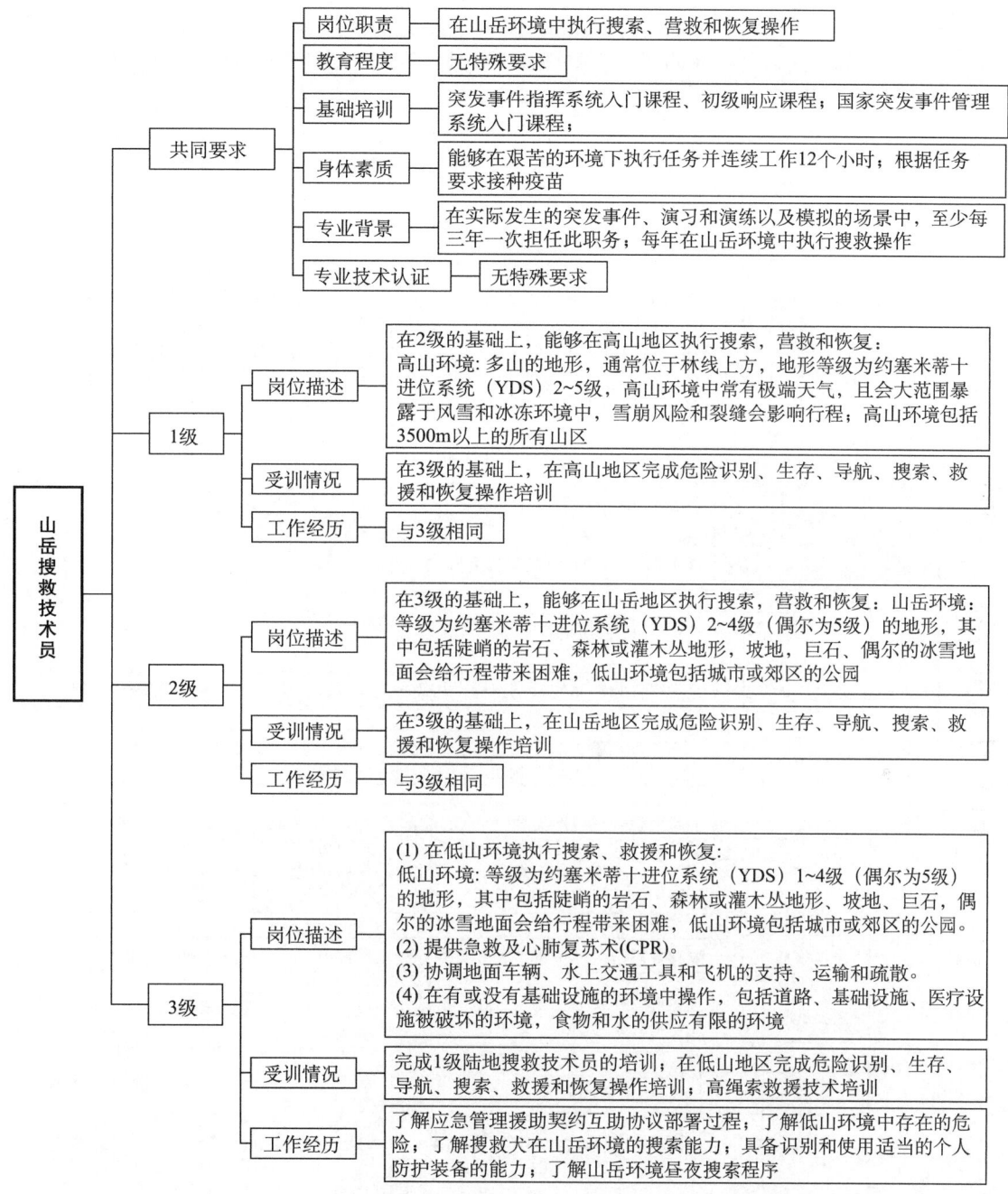

图4-10-16 搜索与营救类岗位分级标准——山岳搜救技术员

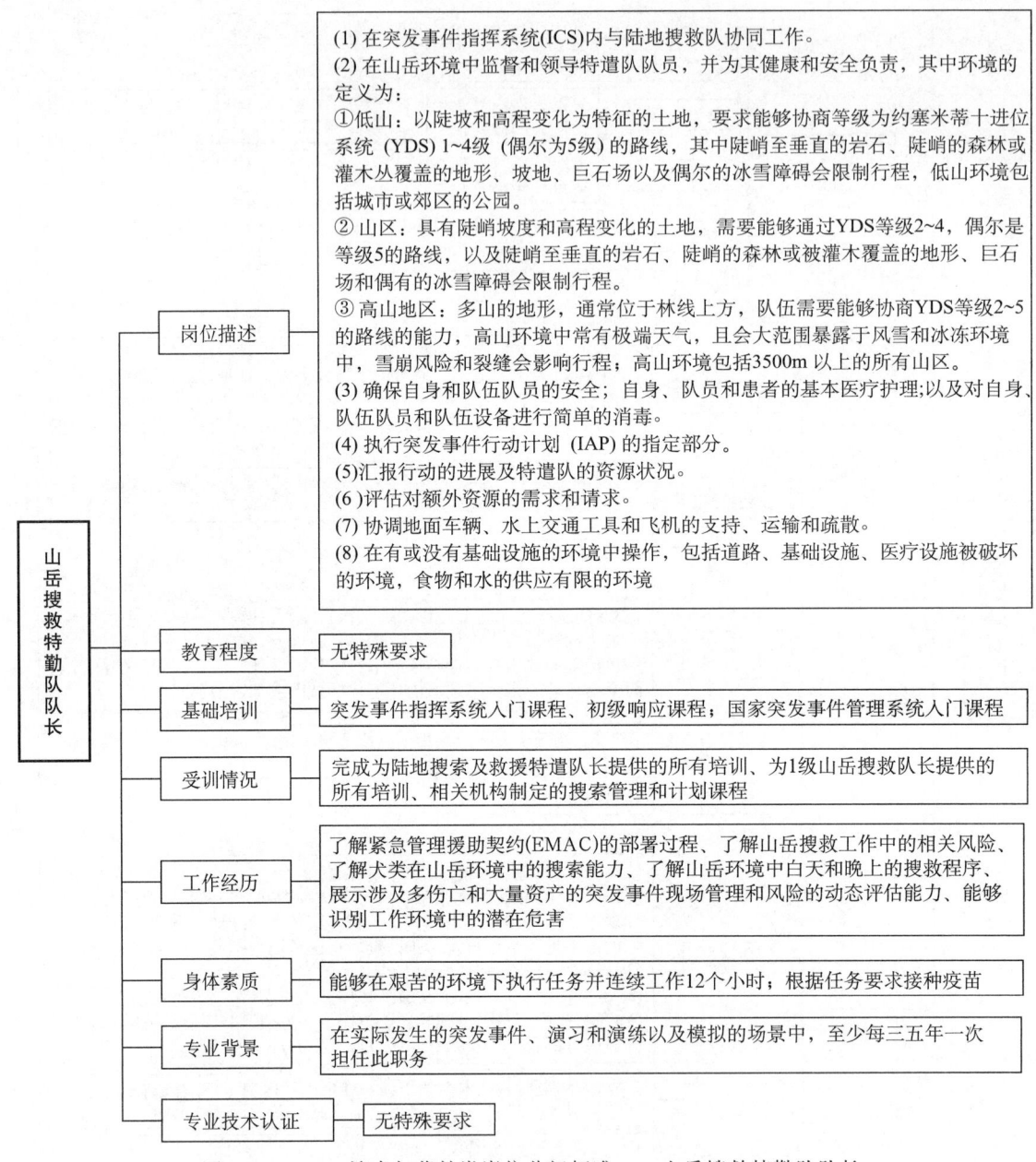

图 4-10-17 搜索与营救类岗位分级标准——山岳搜救特勤队队长

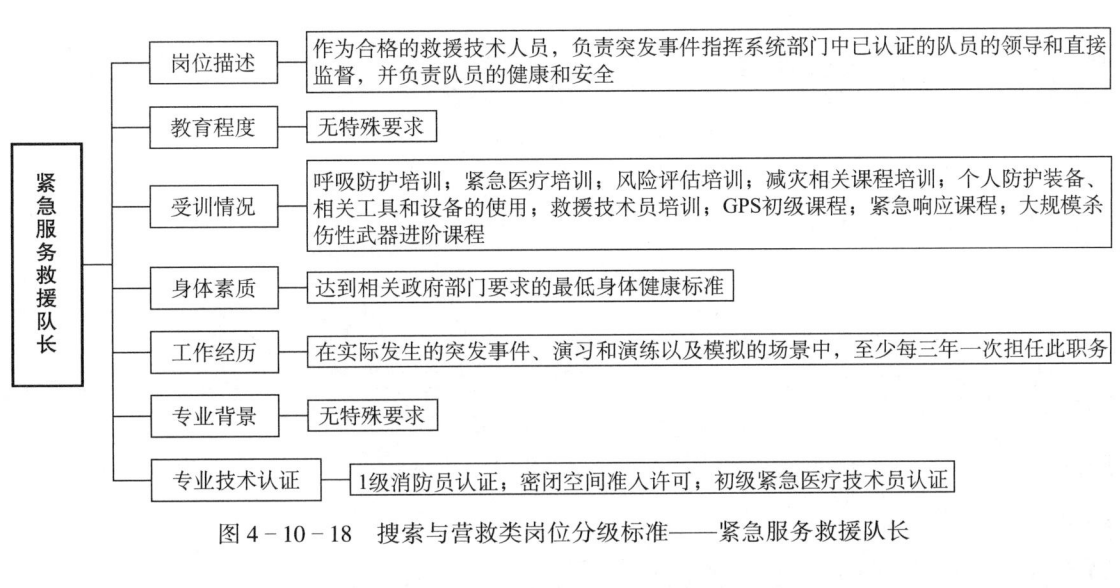

图 4-10-18 搜索与营救类岗位分级标准——紧急服务救援队长

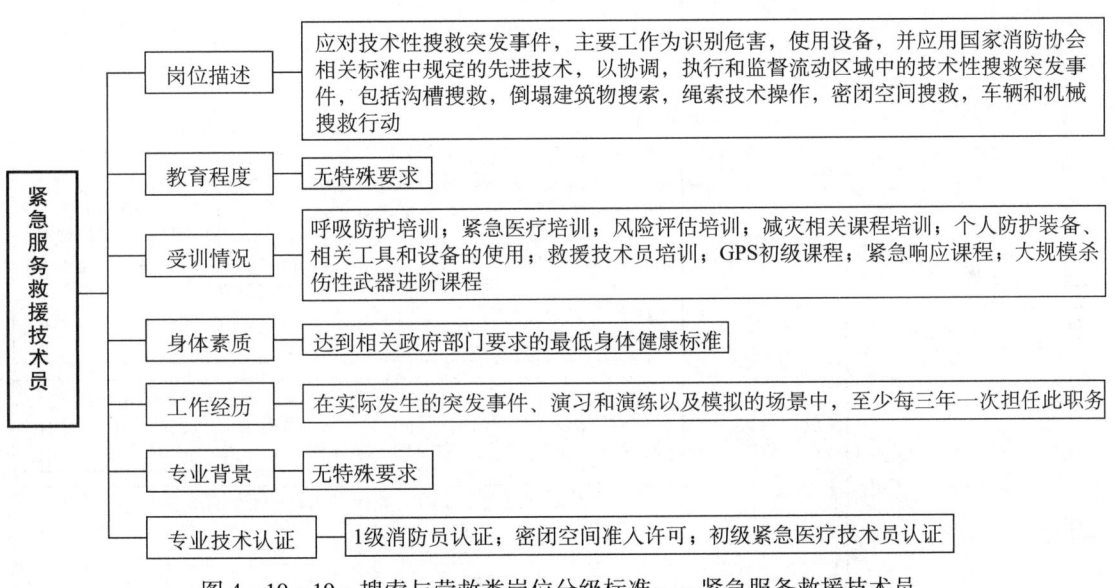

图 4-10-19 搜索与营救类岗位分级标准——紧急服务救援技术员

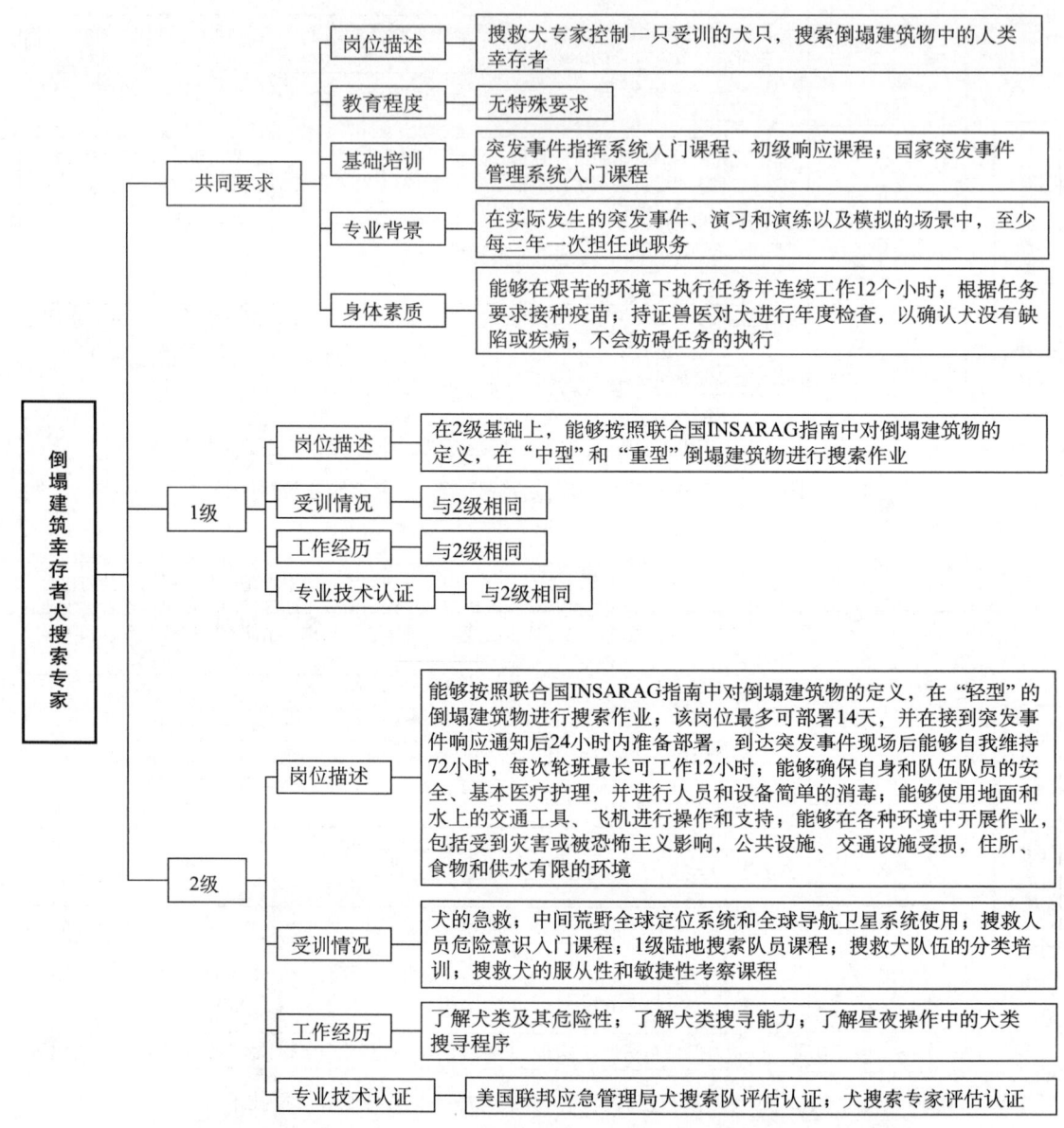

图4-10-20 搜索与营救类岗位分级标准——倒塌建筑幸存者犬搜索专家

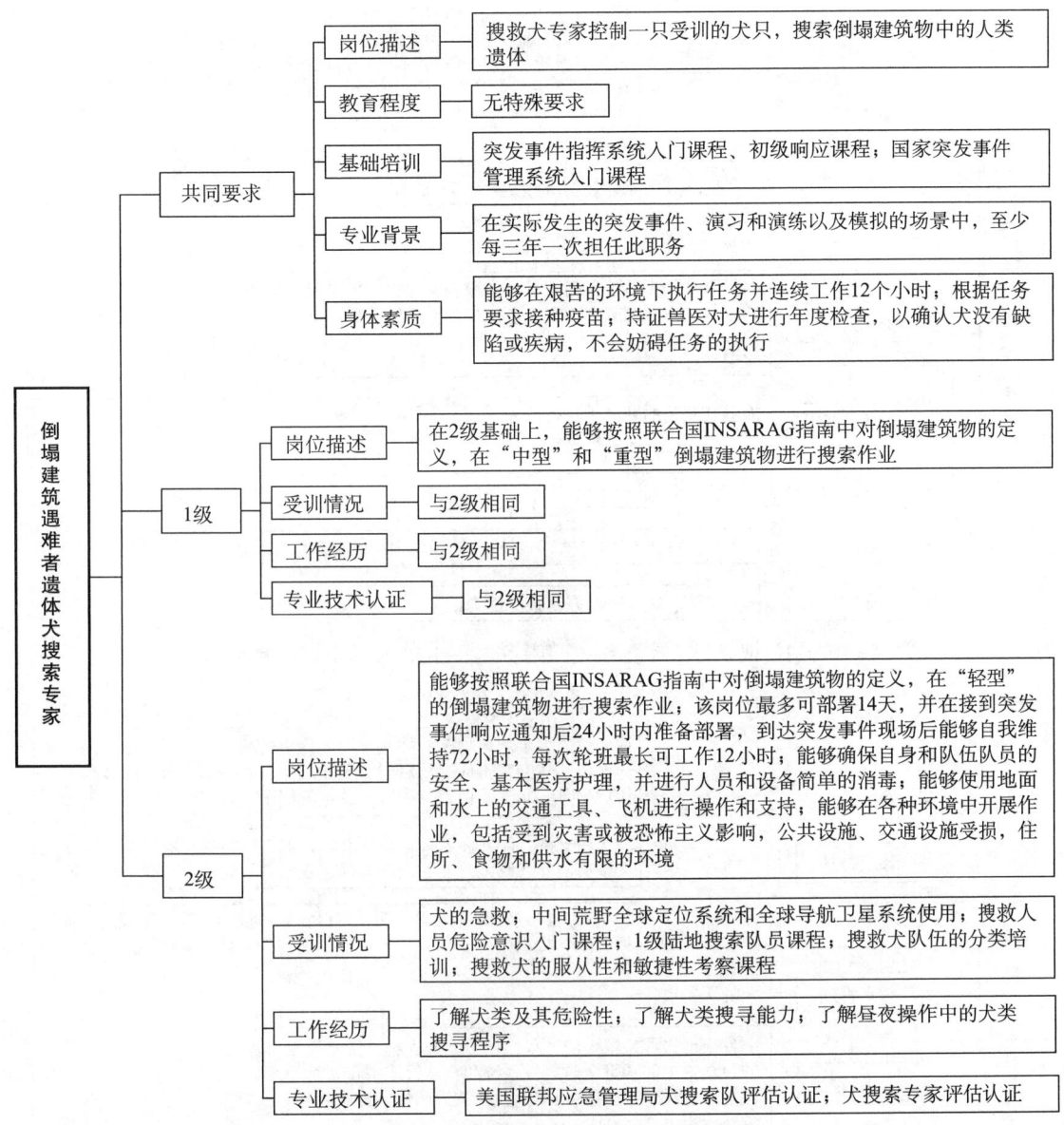

图 4-10-21 搜索与营救类岗位分级标准——倒塌建筑遇难者遗体犬搜索专家

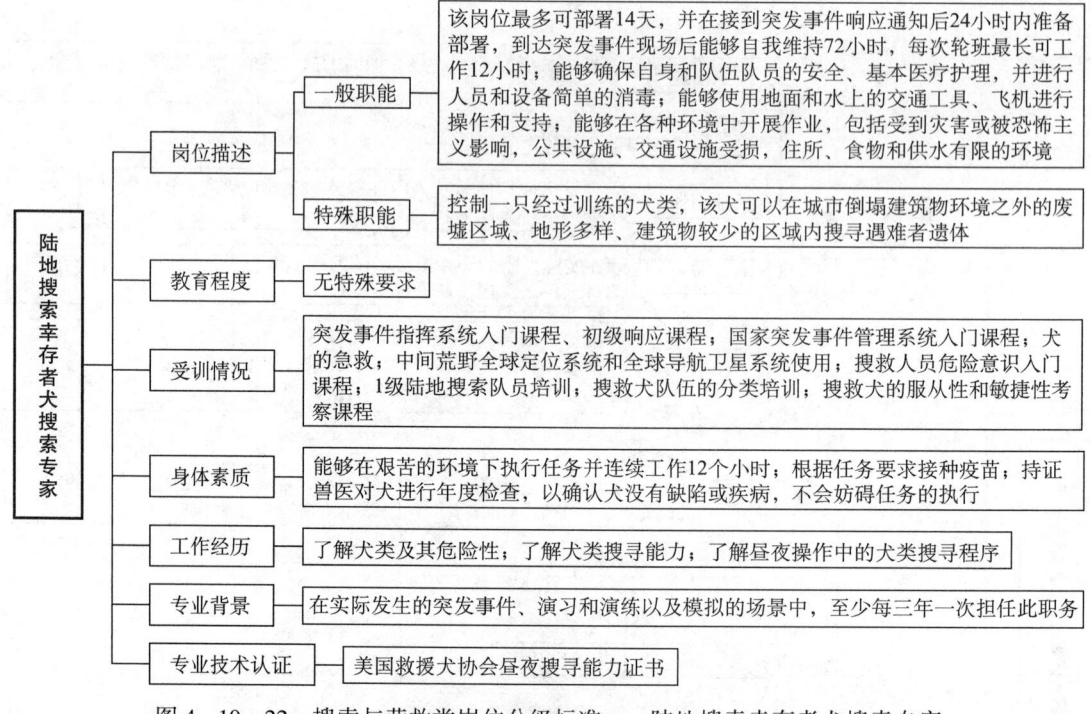

图4-10-22 搜索与营救类岗位分级标准——陆地搜索幸存者犬搜索专家

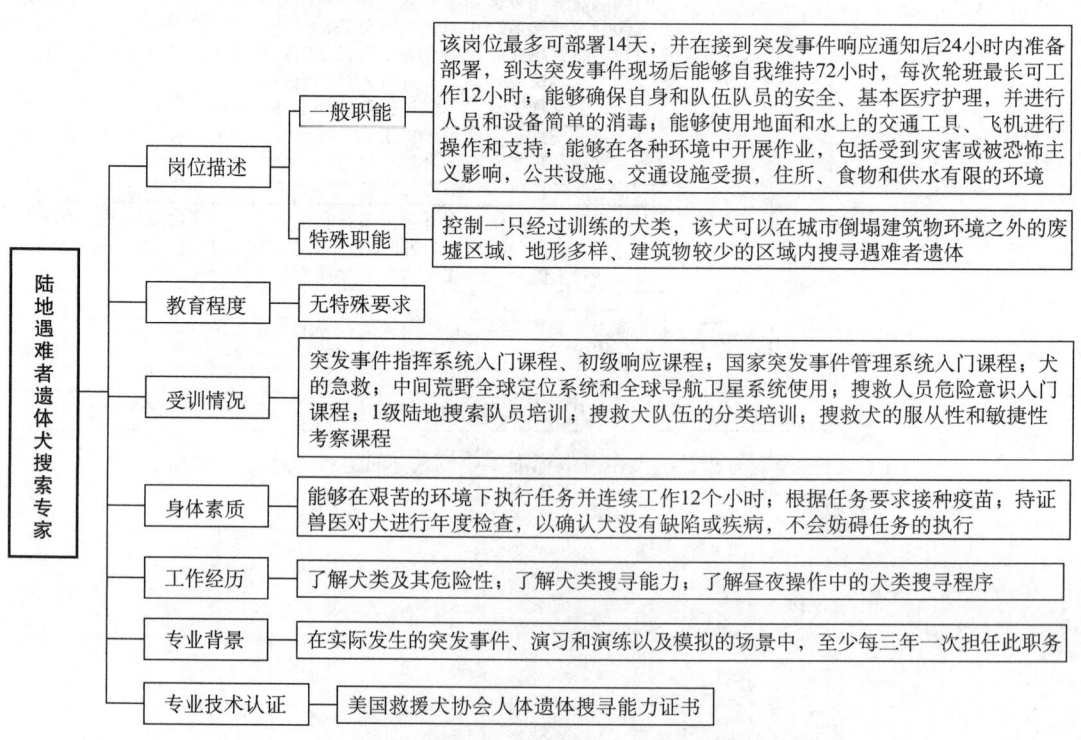

图4-10-23 搜索与营救类岗位分级标准——陆地遇难者遗体犬搜索专家

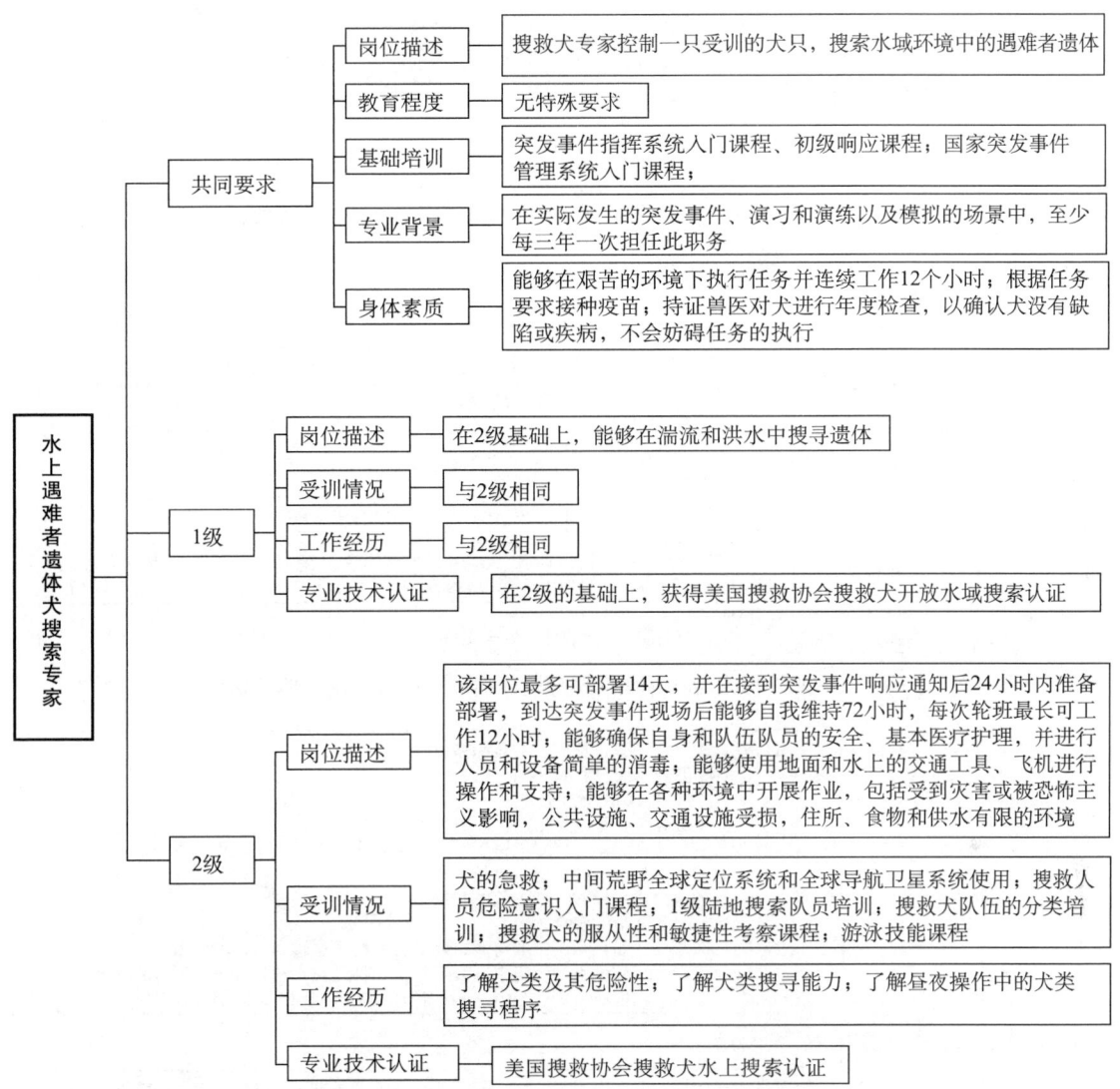

图 4-10-24 搜索与营救类岗位分级标准——水上遇难者遗体搜索犬搜索专家

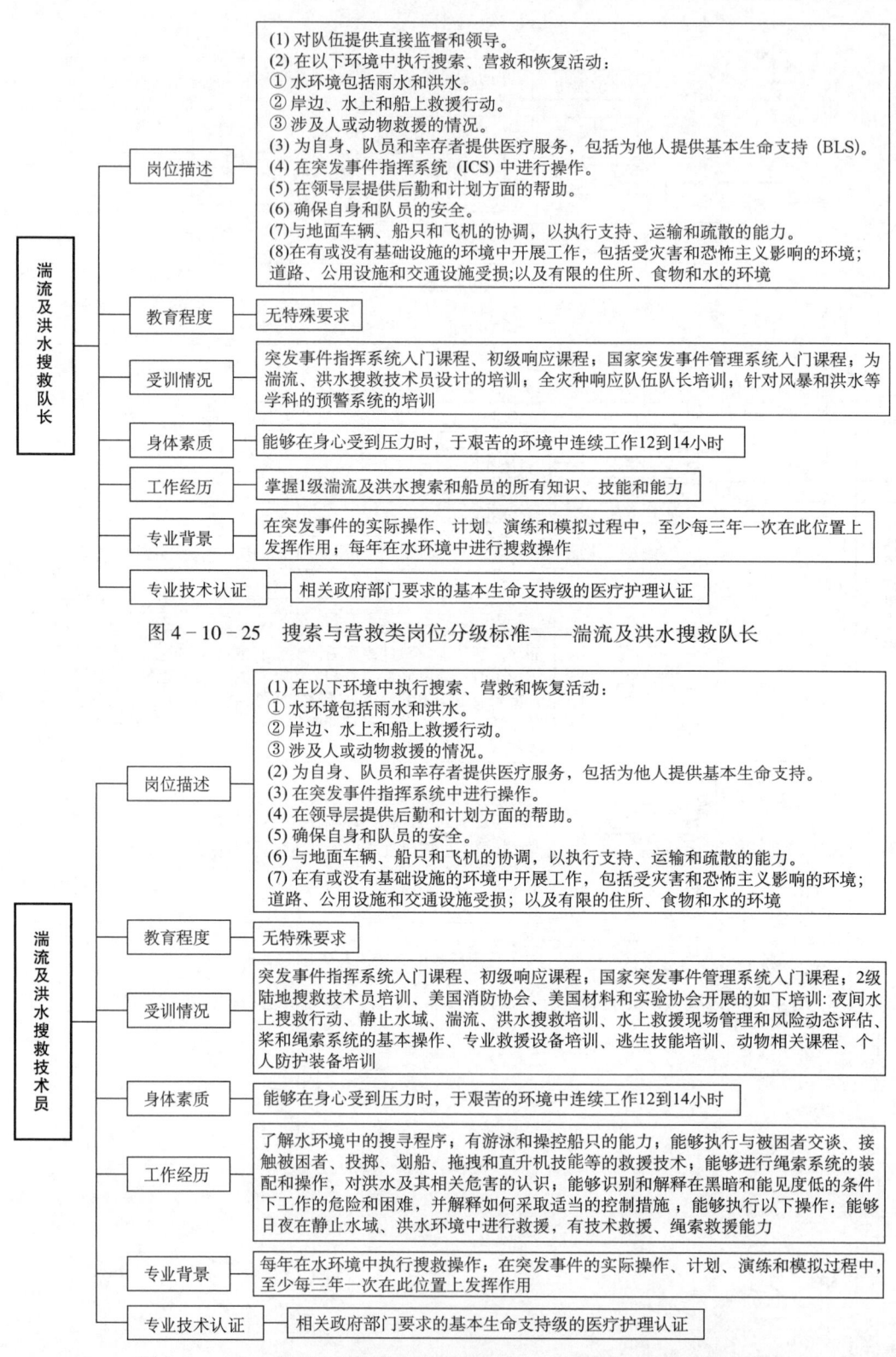

图 4-10-25 搜索与营救类岗位分级标准——湍流及洪水搜救队长

图 4-10-26 搜索与营救类岗位分级标准——湍流及洪水搜救技术员

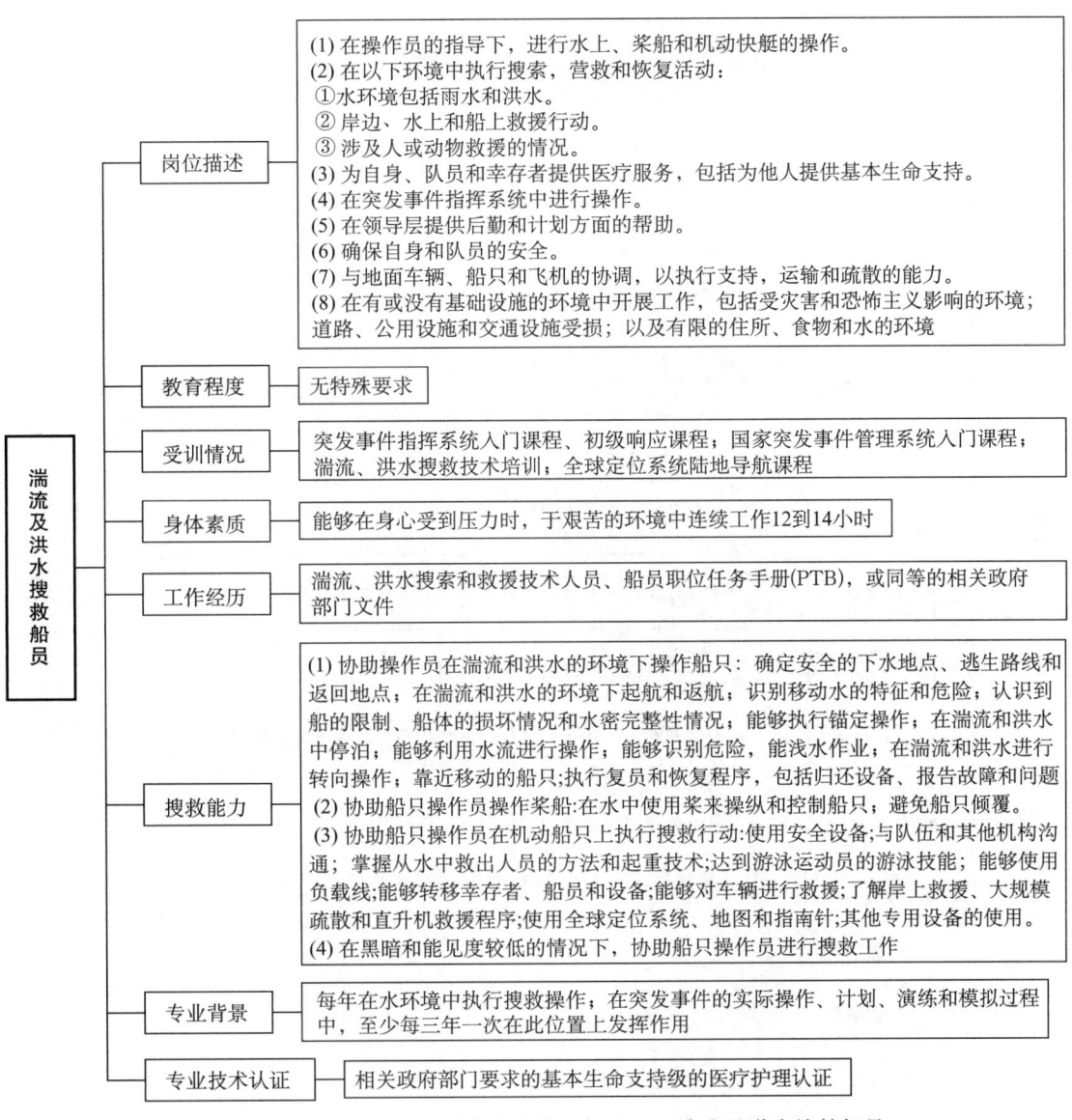

图 4-10-27 搜索与营救类岗位分级标准——湍流及洪水搜救船员

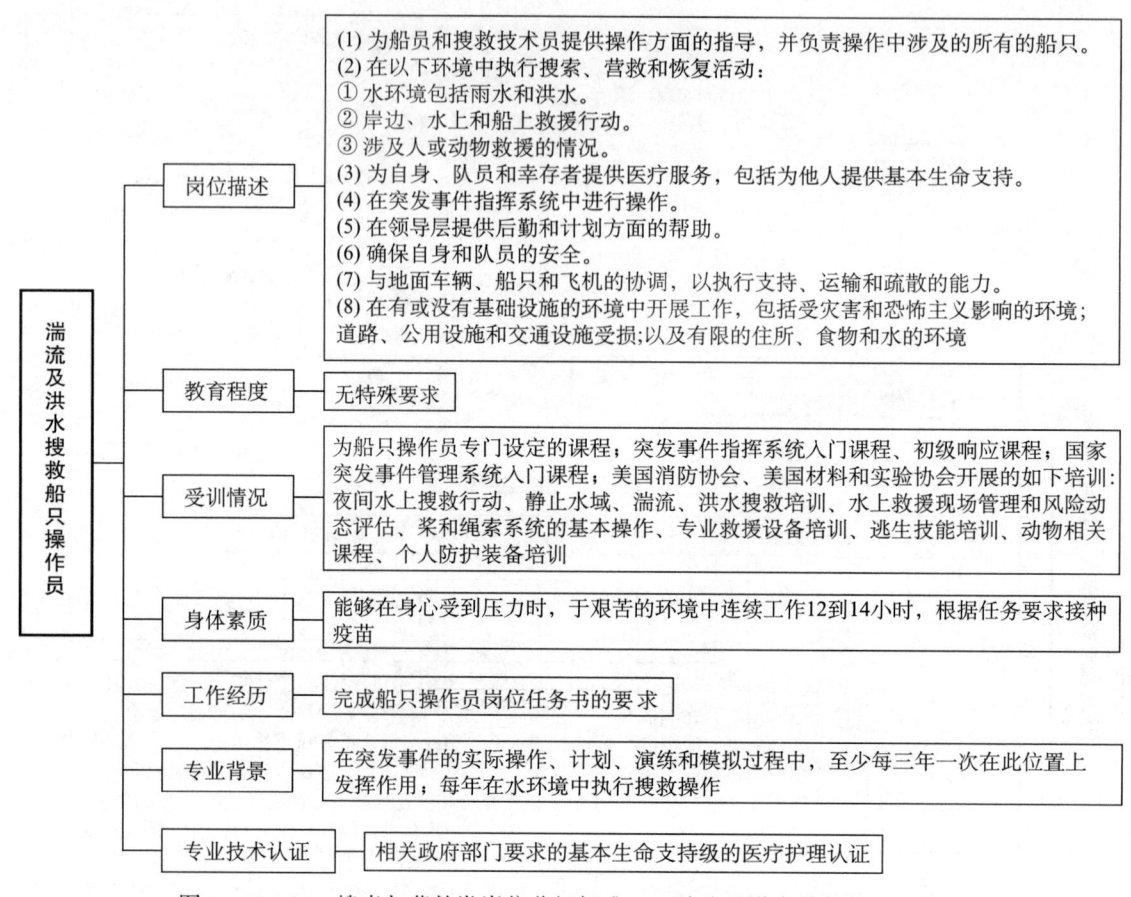

图4-10-28 搜索与营救类岗位分级标准——湍流及洪水搜救船只操作员

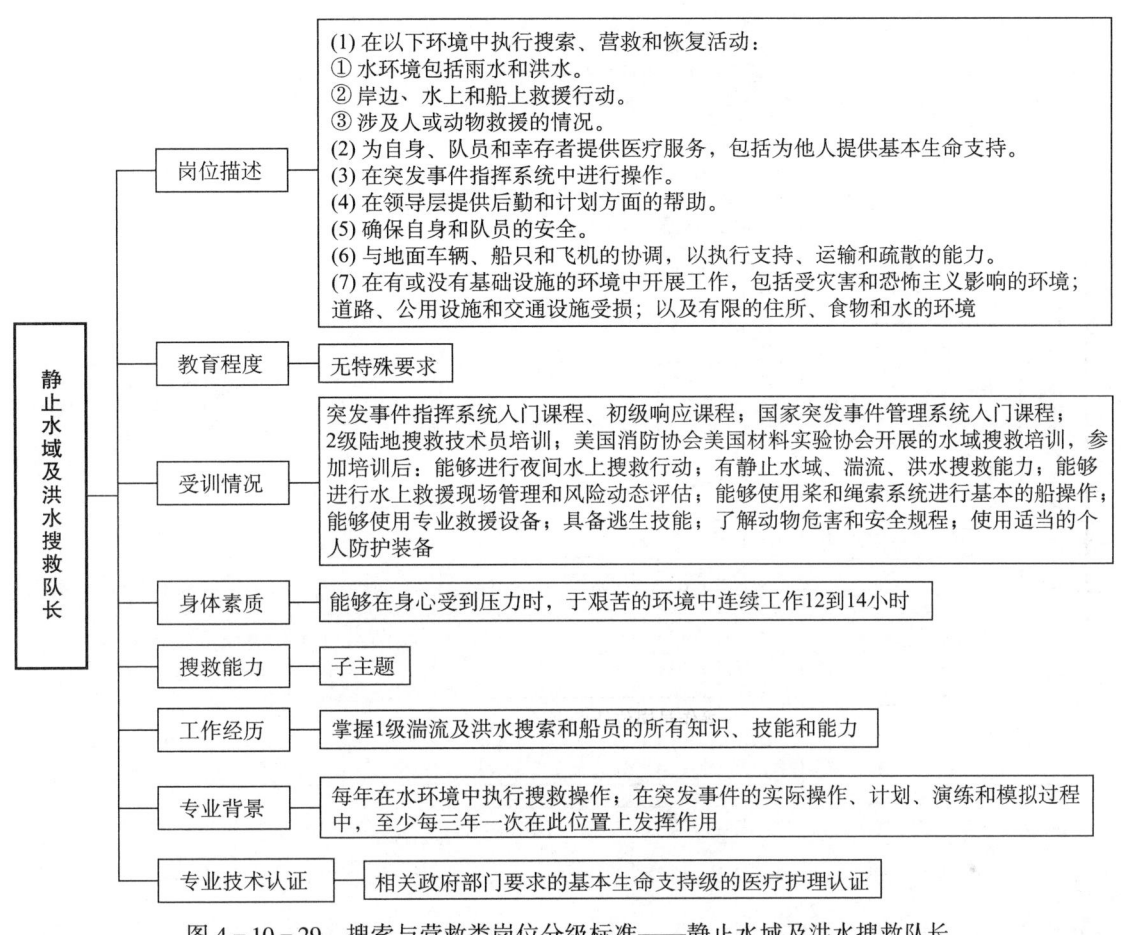

图 4-10-29 搜索与营救类岗位分级标准——静止水域及洪水搜救队长

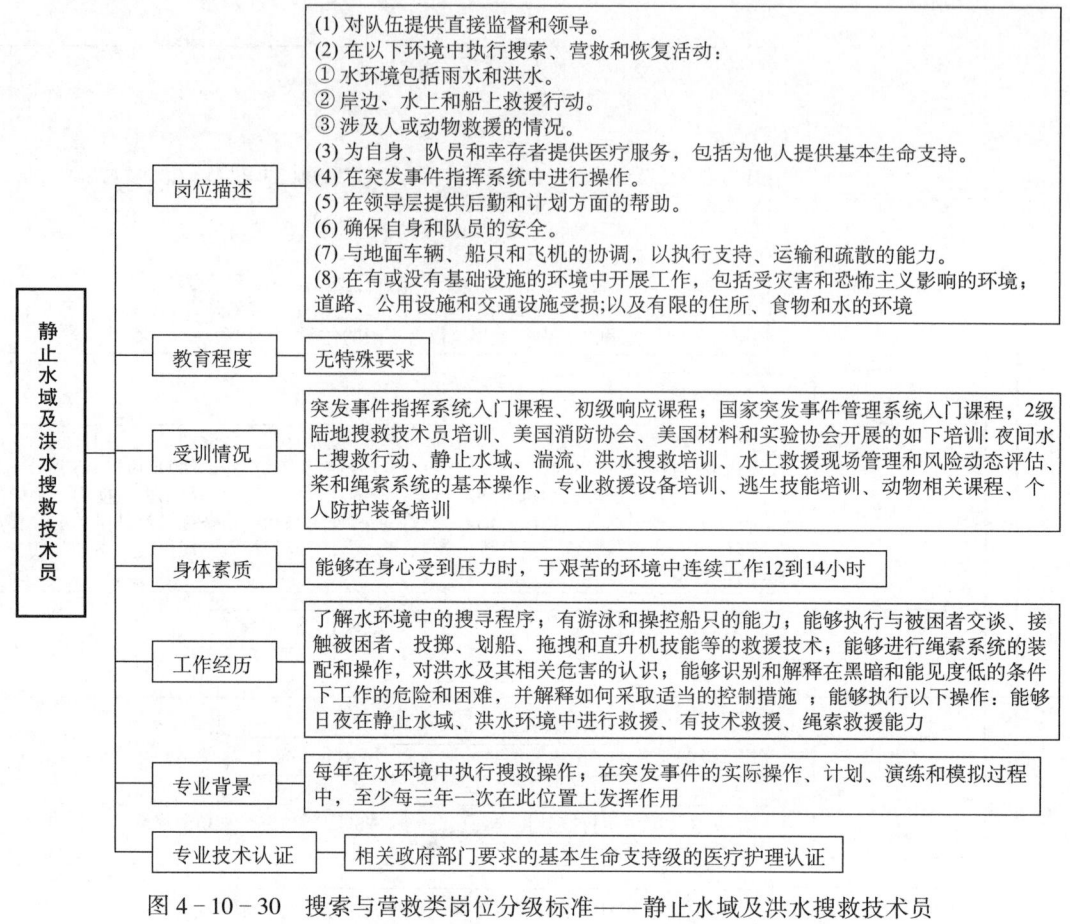

图 4-10-30 搜索与营救类岗位分级标准——静止水域及洪水搜救技术员

图 4-10-31 搜索与营救类岗位分级标准——水上救援船只操作员

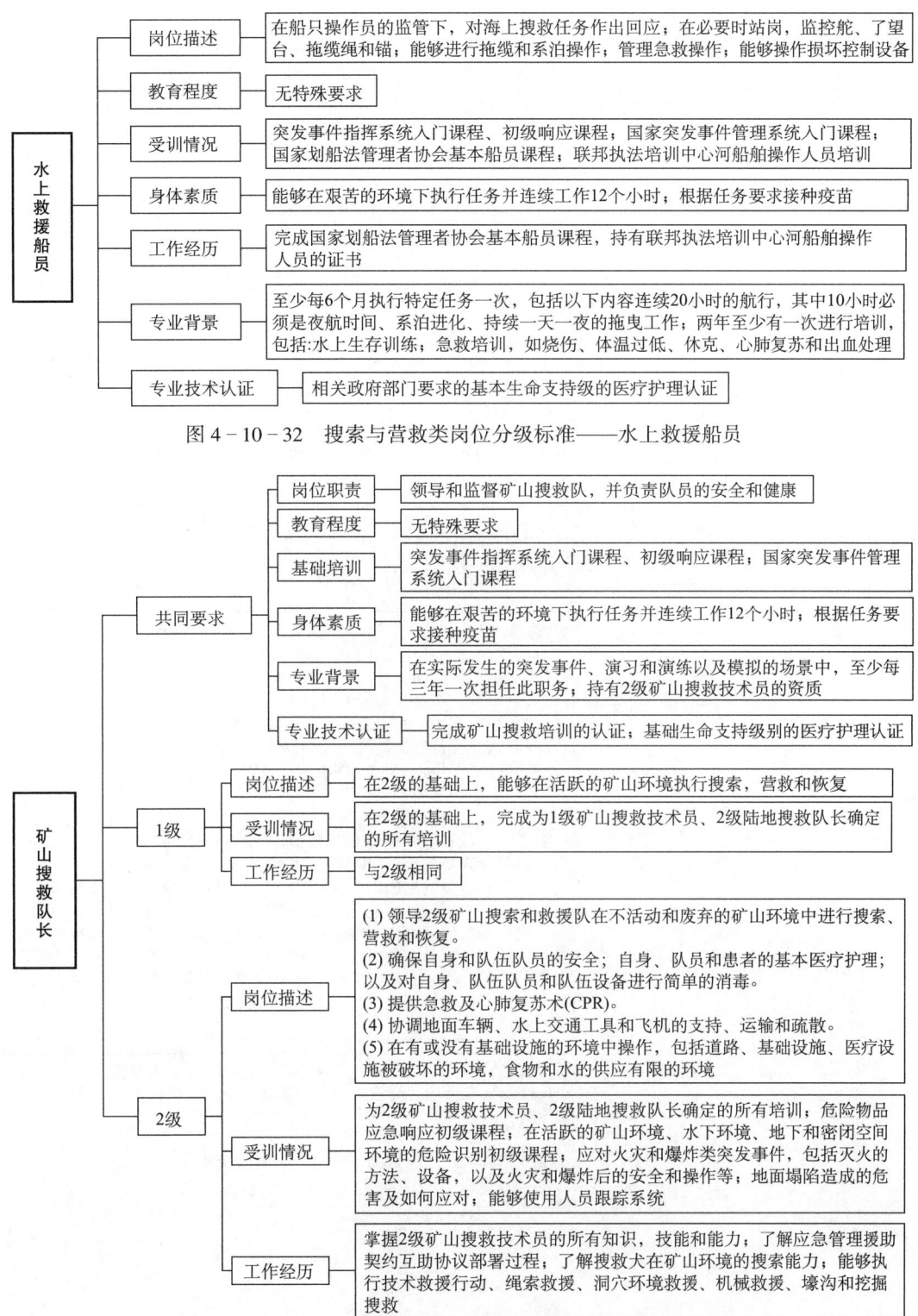

图 4-10-32 搜索与营救类岗位分级标准——水上救援船员

图 4-10-33 搜索与营救类岗位分级标准——矿山搜救队长

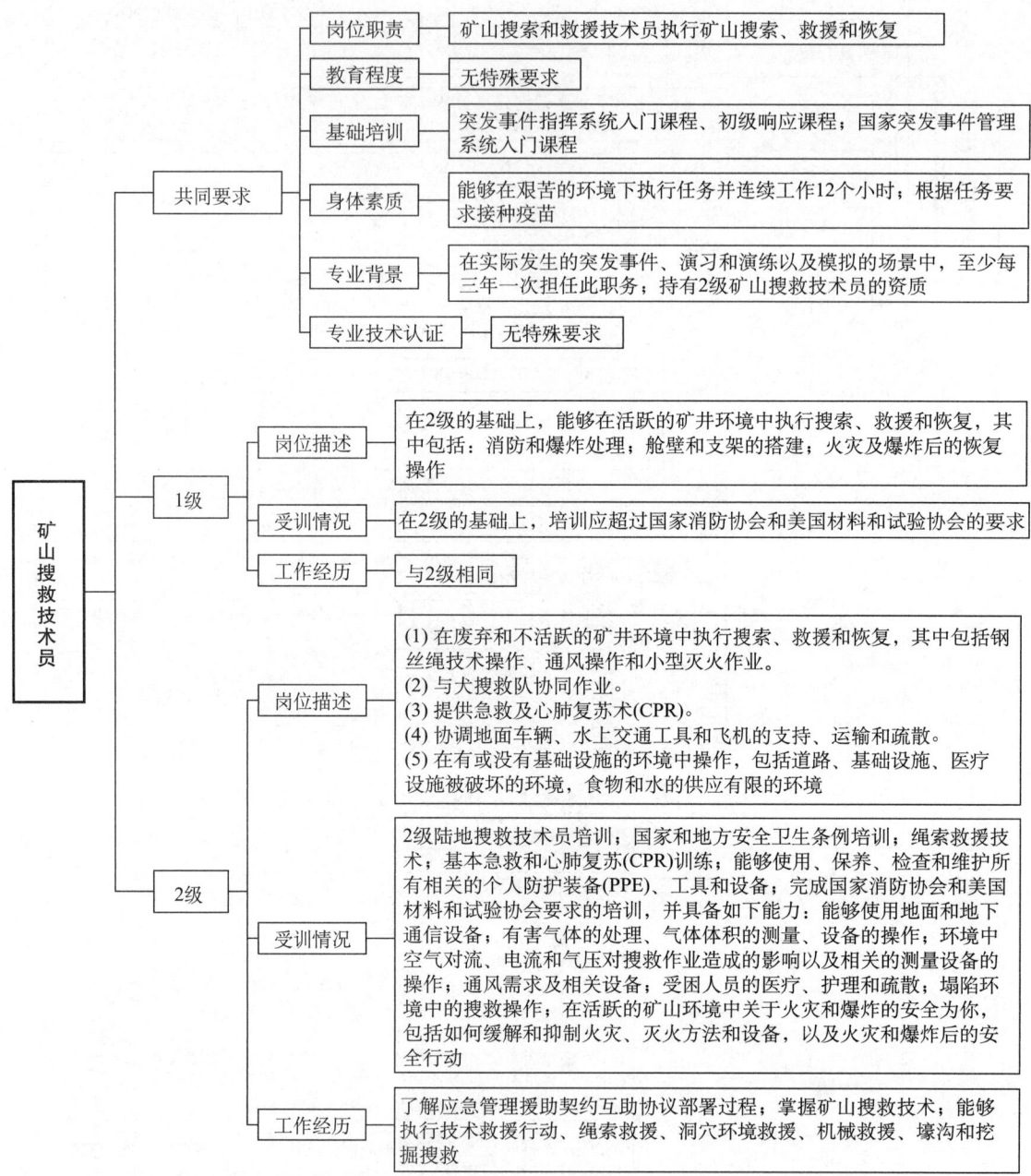

图 4-10-34 搜索与营救类岗位分级标准——矿山搜救技术员

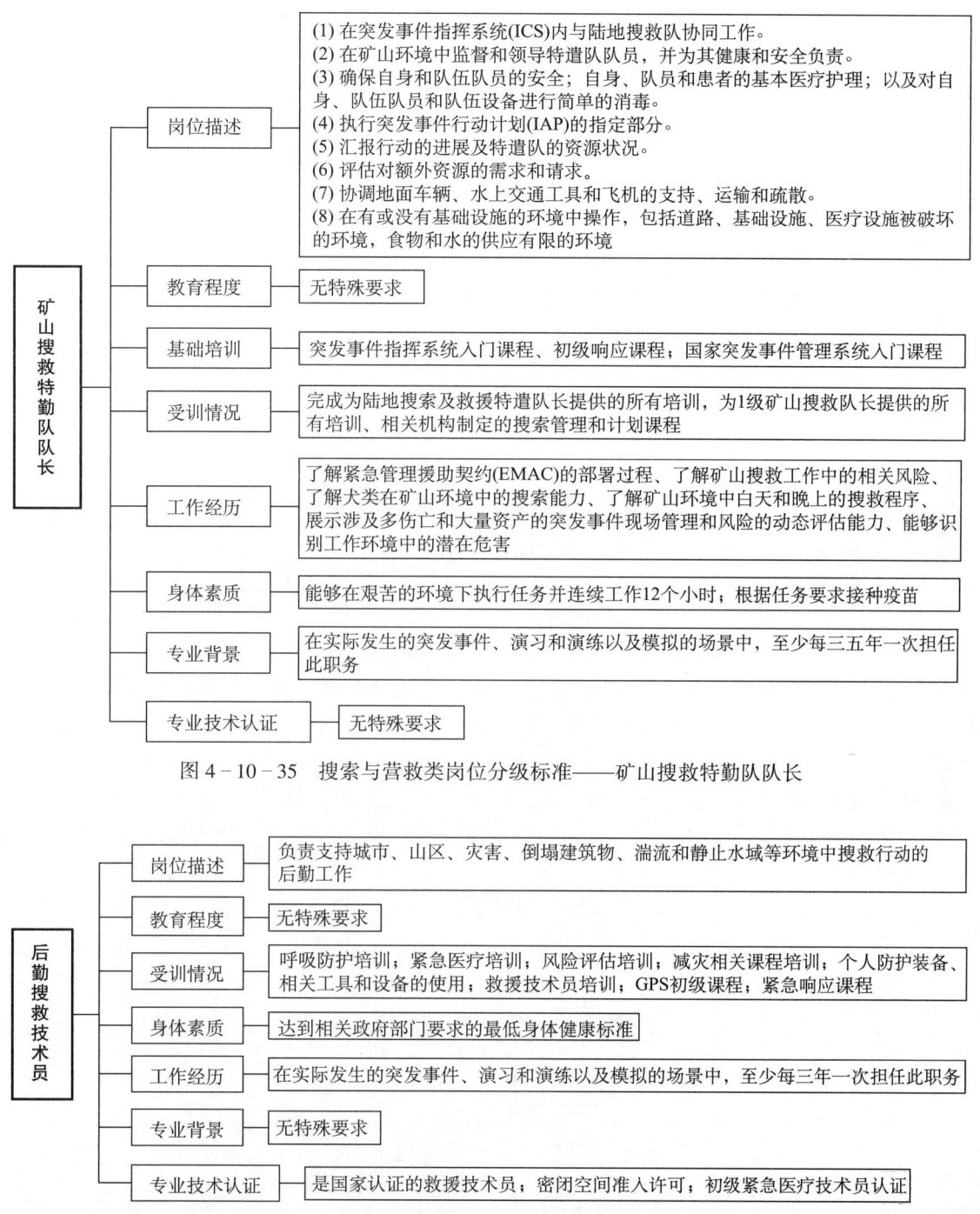

图 4-10-35 搜索与营救类岗位分级标准——矿山搜救特勤队队长

图 4-10-36 搜索与营救类岗位分级标准——后勤搜救技术员

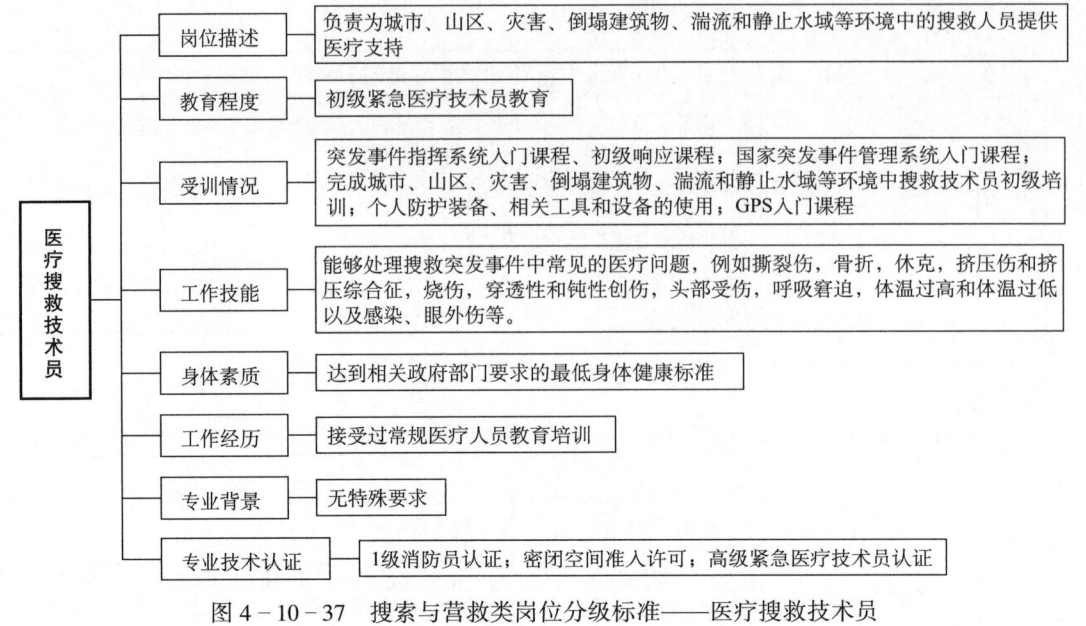

图 4-10-37 搜索与营救类岗位分级标准——医疗搜救技术员

4.11 应急人力资源分类分级标准——群众安置设施类岗位

群众安置设施类岗位分类分级情况见图 4-11-1，共定义了 17 类岗位，其中避难场所灾民服务队队长分 3 级，分级标准详见图 4-11-2；避难场所设施支持队队长分 4 级，分级标准详见图 4-11-3；避难场所主管分 3 级，分级标准详见图 4-11-4；大规模撤离特勤队队长分 2 级，分级标准详见图 4-11-5；大规模撤离支持队队长分 2 级，分级标准详见图 4-11-6；大规模疏散支持注册和跟踪专家不分级，岗位要求详见图 4-11-7；大众关怀专家不分级，岗位要求详见图 4-11-8；应急物资分配队队长分 2 级，分级标准详见图 4-11-9。篇幅原因，其余不再一一列出。

群众安置设施

- 1. 州大众护理协调员——分2级
- 2. 现场厨房主管——不分级
- 3. 避难场所主管——分3级
- 4. 捐款呼叫中心主管——分2级
- 5. 餐食服务队队长——分2级
- 6. 大规模疏散支持注册和跟踪专家——不分级
- 7. 大规模撤离支持队队长——分2级
- 8. 大规模撤离特勤队队长——分2级
- 9. 捐赠协调特勤队队长——不分级
- 10. 捐赠专家——不分级
- 11. 访问和功能需求顾问——不分级
- 12. 避难场所设施支持队队长——分4级
- 13. 避难场所灾民服务队队长——分3级
- 14. 应急物资分配队队长——分2级
- 15. 大众关怀专家——不分级
- 16. 人类服务灾难评估队队长——不分级
- 17. 人类服务恢复支持专家——分2级

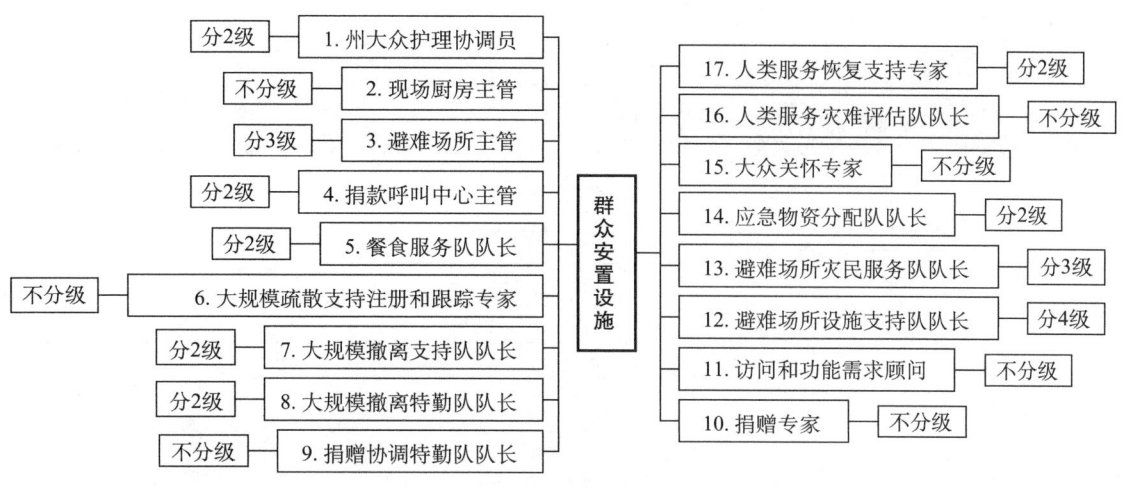

图 4－11－1　群众安置设施类岗位分类分级

避难场所灾民服务队队长

- 共同要求
  - 岗位描述：监督避难场所的工作人员和灾民
  - 教育程度：无特殊要求
  - 基础培训：突发事件指挥系统入门课程、初级响应课程；国家突发事件管理系统入门课程
  - 身体素质：对身体素质要求中等；保持与任务要求相符的疫苗接种
  - 专业技术认证：无特殊要求
  - 专业背景：在实际发生的突发事件、演习和演练以及模拟的场景中，至少每三年一次担任此职务
- 1级
  - 岗位描述：在2级的基础上，能够监督有250~2000名居民的避难所中的工作人员，并可以监督多个3级避难所居民服务队伍
  - 受训情况：与3级相同
  - 工作经历：在2级的基础上，达到1级人员的岗位任务书要求
- 2级
  - 岗位描述：在3级的基础上，能够监督有2000多名居民的避难所中的工作人员，并可以监督多个2级避难所居民服务队伍
  - 受训情况：与3级相同
  - 工作经历：在3级的基础上，达到2级人员的岗位任务书要求
- 3级
  - 岗位描述：监督庇护所中的庇护人员，该庇护所最多可容纳250名居民，并且；监督避难所工作人员；协调并监督健康和心理健康服务的提供；协调和监督对居民和动物的服务和支持；与避难场所设施支持队队长进行协调，以满足居民的需求
  - 受训情况：培训后了解如何在灾难行动中帮助残疾人和其他有特殊需求的人；由相关政府部门决定进行的大众关怀和紧急援助收容所现场指南培训
  - 工作经历：了解单个避难场所的多个大众护理服务的协调流程；能够解决避难所环境中的操作问题；了解所需的庇护所居民服务；有管理灾民的能力；达到3级人员的岗位任务书要求

图 4－11－2　群众安置设施类岗位分类分级标准——避难场所灾民服务队队长

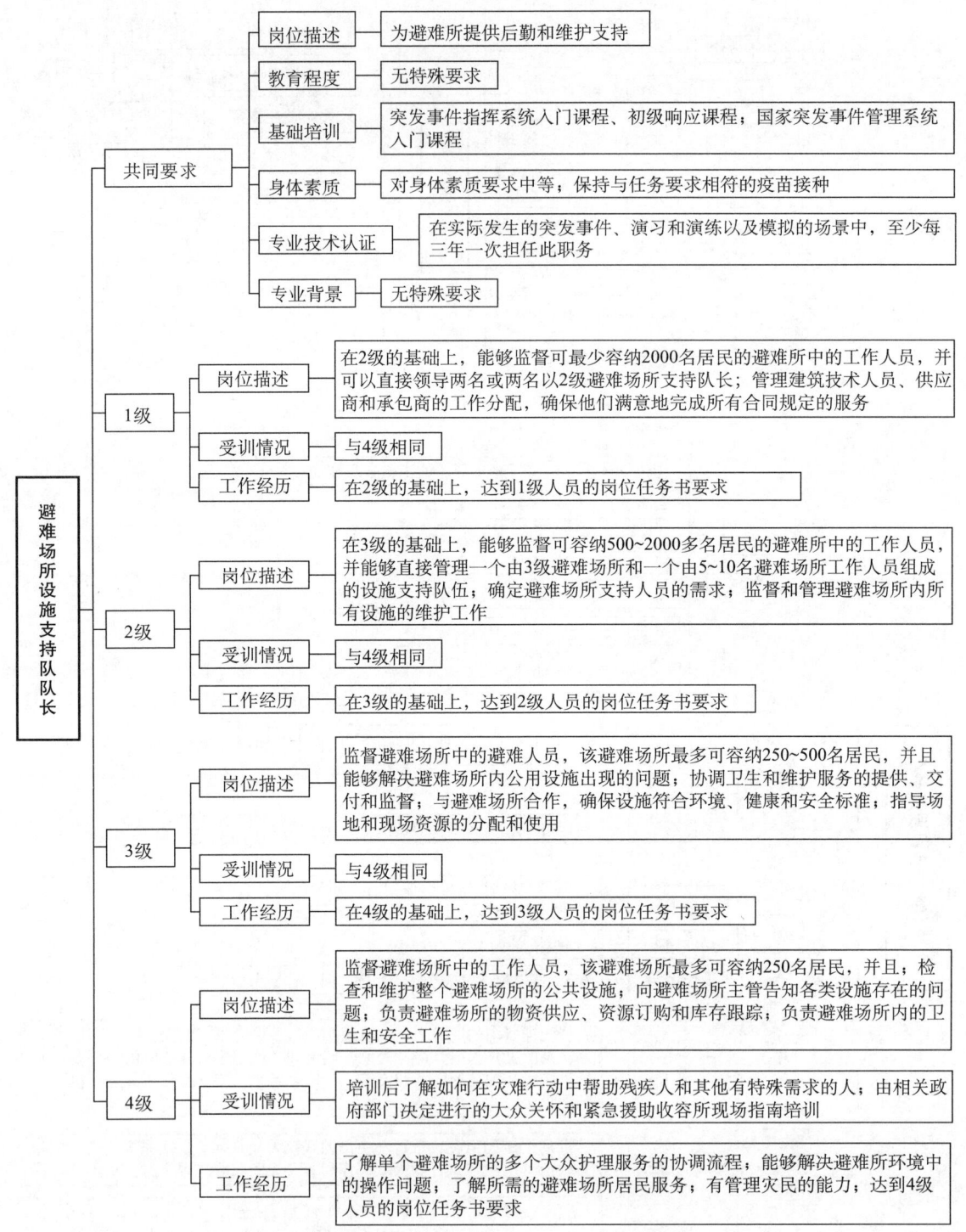

图4-11-3 群众安置设施类岗位分类分级标准——避难场所设施支持队队长

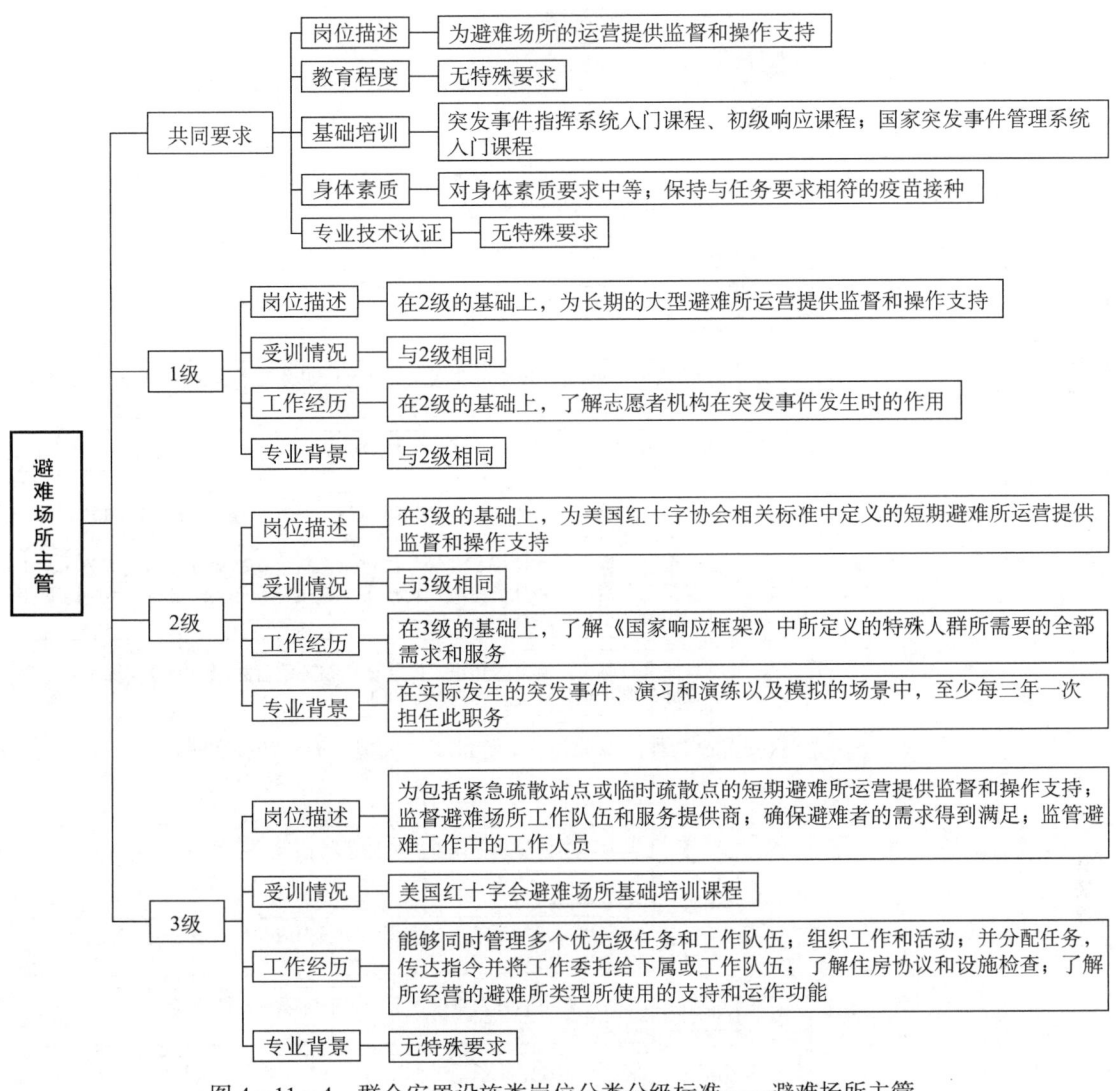

图4-11-4 群众安置设施类岗位分类分级标准——避难场所主管

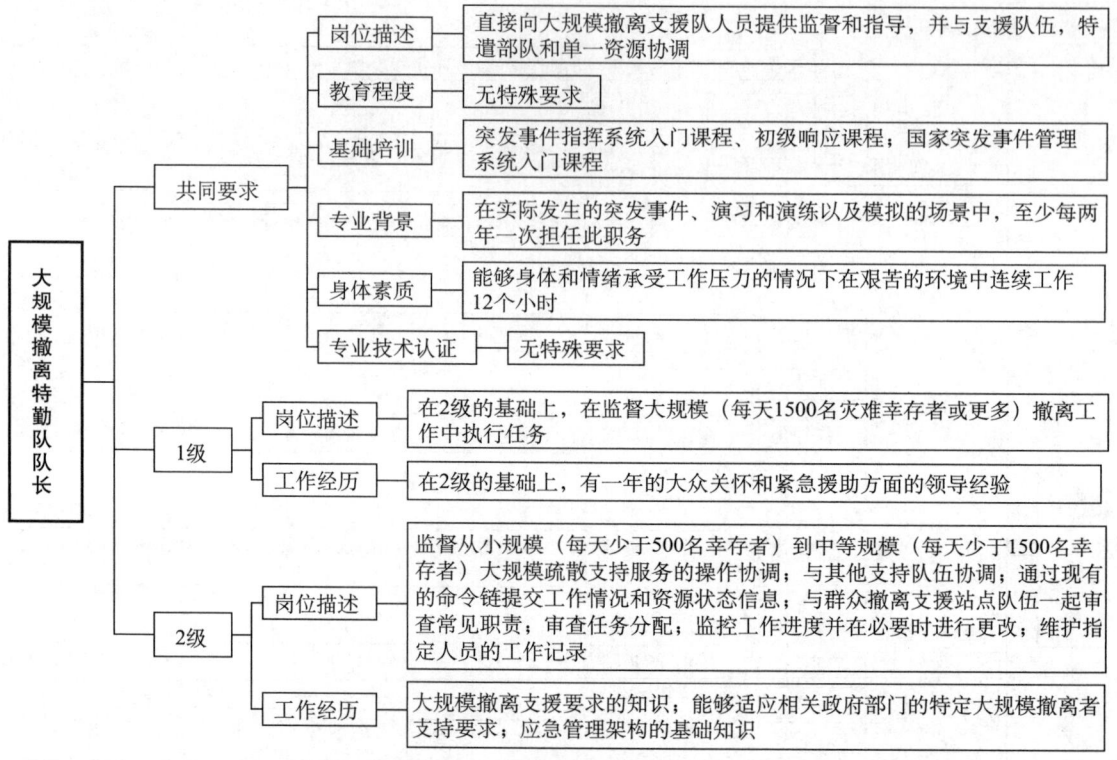

图4-11-5 群众安置设施类岗位分类分级标准——大规模撤离特勤队队长

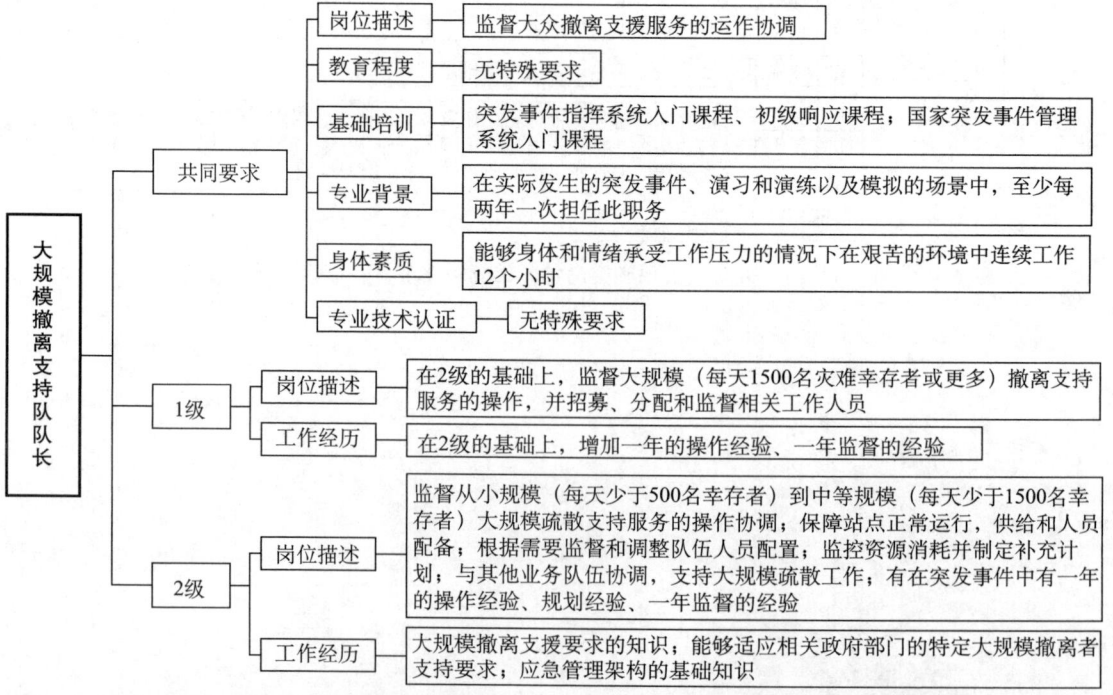

图4-11-6 群众安置设施类岗位分类分级标准——大规模撤离支持队队长

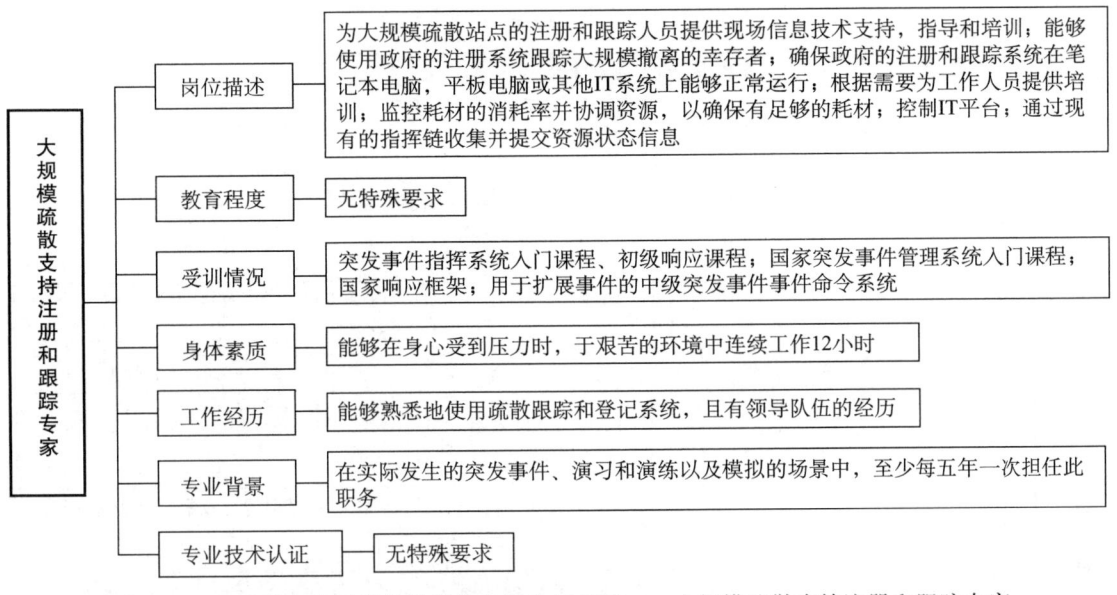

图 4-11-7　群众安置设施类岗位分类分级标准——大规模疏散支持注册和跟踪专家

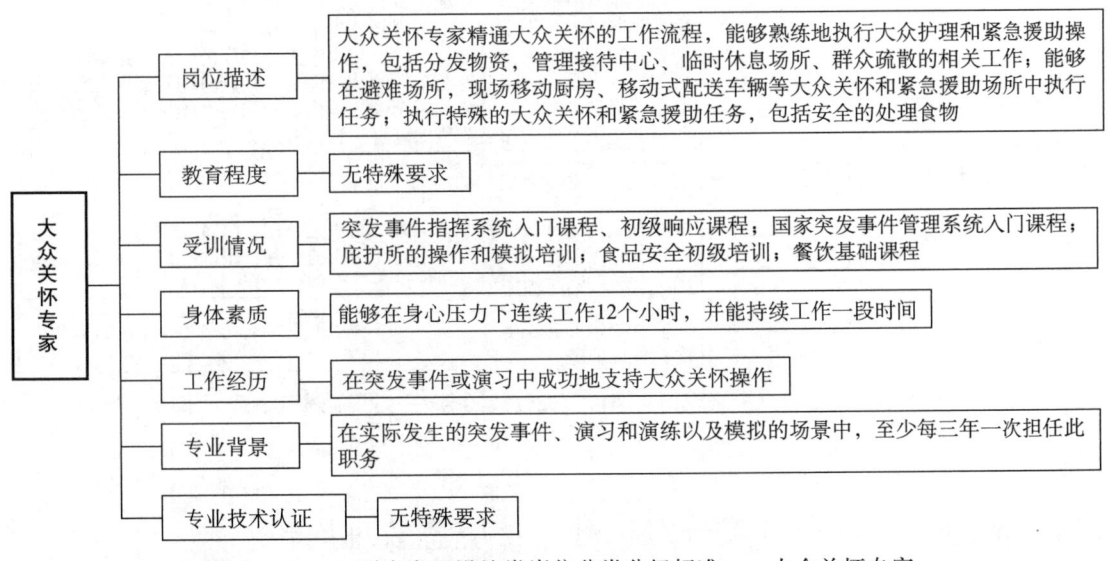

图 4-11-8　群众安置设施类岗位分类分级标准——大众关怀专家

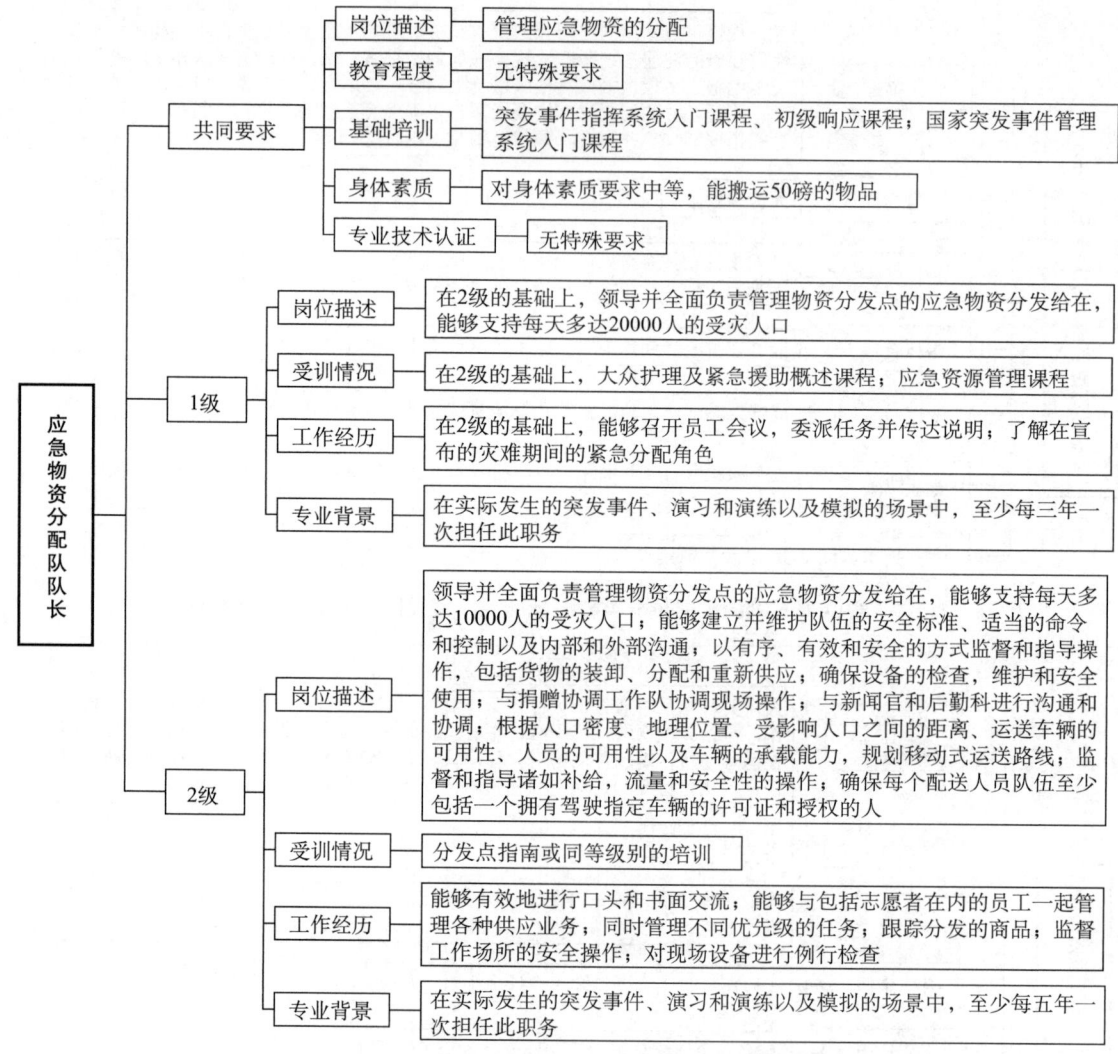

图4-11-9 群众安置设施类岗位分类分级标准——应急物资分配队队长

4.12 应急人力资源分类分级标准——应急管理岗位

应急管理类岗位分类分级情况见图4-12-1，共定义了23类岗位，其中灾难恢复财务专家不分级，岗位要求详见图4-12-2；灾难成本回收管理队队长不分级，岗位要求详见图4-12-3；灾难恢复数据收集专家不分级，岗位要求详见图4-12-4；赔偿及索赔单元主管不分级，岗位要求详见图4-12-5；国家协调官分2级，分级标准详见图4-12-6；科学和技术顾问不分级，岗位要求详见图4-12-7；医疗单元主管分2级，分级标准详见图4-12-8；突发事件及演习评估员分3级，分级标准详见图4-12-9；环境与历史保护历史专家不分级，岗位要求详见图4-12-10；环境与历史保护环境专家不分级，岗位要求详见

图4-12-11；志愿机构联络员分2级，分级标准详见图4-12-12；损失评估协调员不分级，岗位要求详见图4-12-13；社区应急响应队志愿者分2级，分级标准详见图4-12-14；社区应急响应队地区主管不分级，岗位要求详见图4-12-15；社区应急响应队队长分2级，分级标准详见图4-12-16；灾后复杂建筑状态评估员不分级，岗位要求详见图4-12-17；灾后建筑系统安全性评估员分3级，分级标准详见图4-12-18；灾后复杂建筑系统状态评估员不分级，岗位要求详见图4-12-19；灾后建筑安全评估突击队队长不分级，岗位要求详见图4-12-20；灾后建筑安全评估突击队技术主管不分级，岗位要求详见图4-12-21；住房工作特勤队现场协调员不分级，岗位要求详见图4-12-22；住房工作特勤队队长不分级，岗位要求详见图4-12-23；部落及州灾难恢复协调员不分级，岗位要求详见图4-12-24。

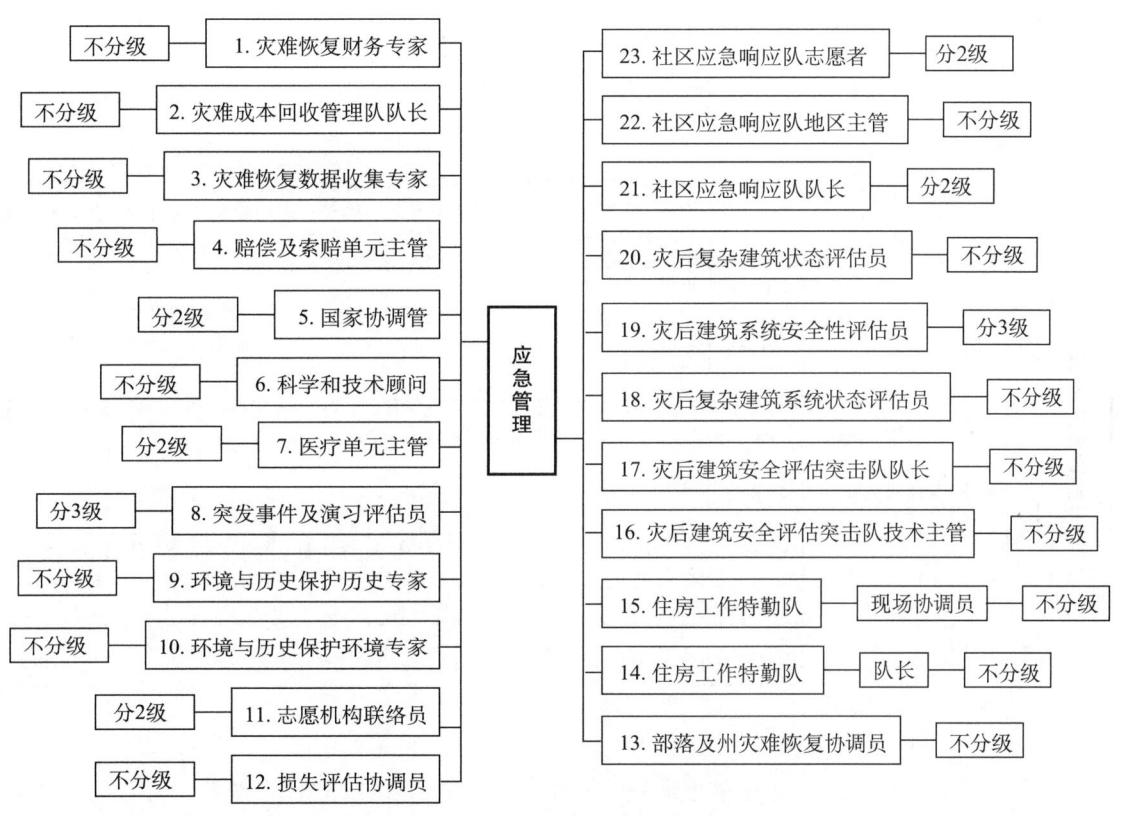

图4-12-1 应急管理类岗位分类分级

灾难恢复财务专家

- **岗位描述**：使用诸如投标文件、采购订单、合同和发票之类的参考资料来收集与响应力量账户成本相关的数据，包括人工、设备和材料成本
- **教育程度**：无特殊要求
- **受训情况**：突发事件指挥系统入门课程、初级响应课程；国家突发事件管理系统入门课程；各州公共援助行动培训；公共援助计划入门课程
- **身体素质**：要求高
- **工作经历**：两年的财务、发票、合同和采购相关的经验；能够使用文字处理、数据管理、财务和日程管理软件
- **专业背景**：在实际发生的突发事件、演习和演练以及模拟的场景中，至少每三年一次担任此职务
- **专业技术认证**：无特殊要求

图 4-12-2　应急管理类岗位分级标准——灾难恢复财务专家

灾难成本回收管理队队长

- **岗位描述**：管理灾难成本回收过程中的评估、支持和财务要素，管理资金流需求，例如保险、联邦政府突发事件管理局公共援助、联邦政府运输管理局紧急救济计划、邦政府公路管理局紧急救济计划、社区发展整体拨款计划、其他联邦政府，美国本土各州，原住民部落，领土和地方计划；与快速需求评估队协调，监督灾难成本回收管理队的队员
- **教育程度**：无特殊要求
- **受训情况**：突发事件指挥系统入门课程、初级响应课程；国家突发事件管理系统入门课程；各州公共援助行动培训；公共援助计划入门课程
- **身体素质**：要求高
- **工作经历**：具有两年的灾难恢复数据收集专家、灾难恢复财务专家的工作经验；能够使用文字处理、数据管理、财务和计划软件；具有进行初步损害评估的能力，并熟悉《斯塔福德法案》
- **专业背景**：在实际发生的突发事件、演习和演练以及模拟的场景中，至少每三年一次担任此职务
- **专业技术认证**：无特殊要求

图 4-12-3　应急管理类岗位分级标准——灾难成本回收管理队队长

第四章 美国应急人力资源岗位分类分级标准

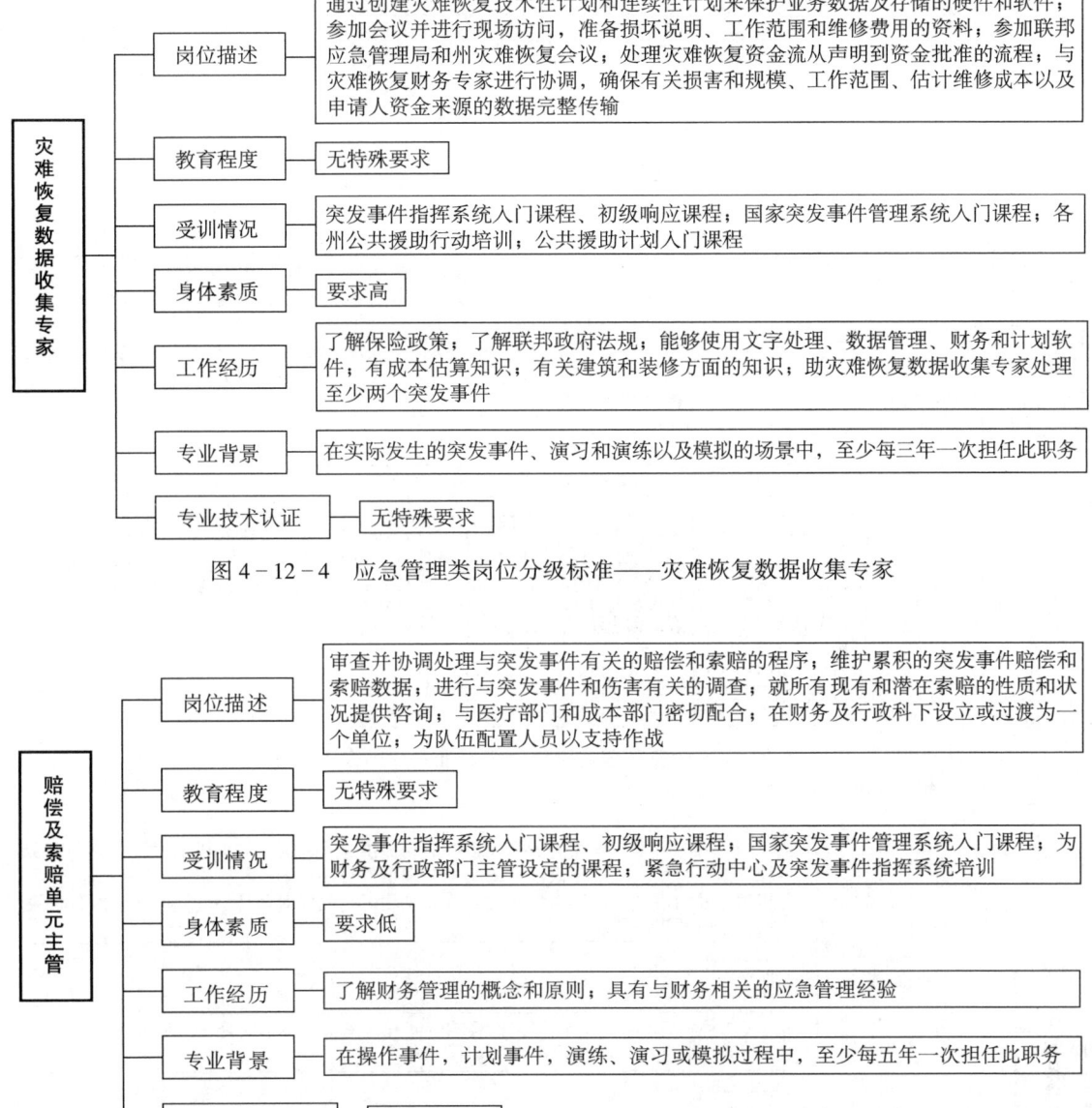

图 4-12-4 应急管理类岗位分级标准——灾难恢复数据收集专家

图 4-12-5 应急管理类岗位分级标准——赔偿及索赔单元主管

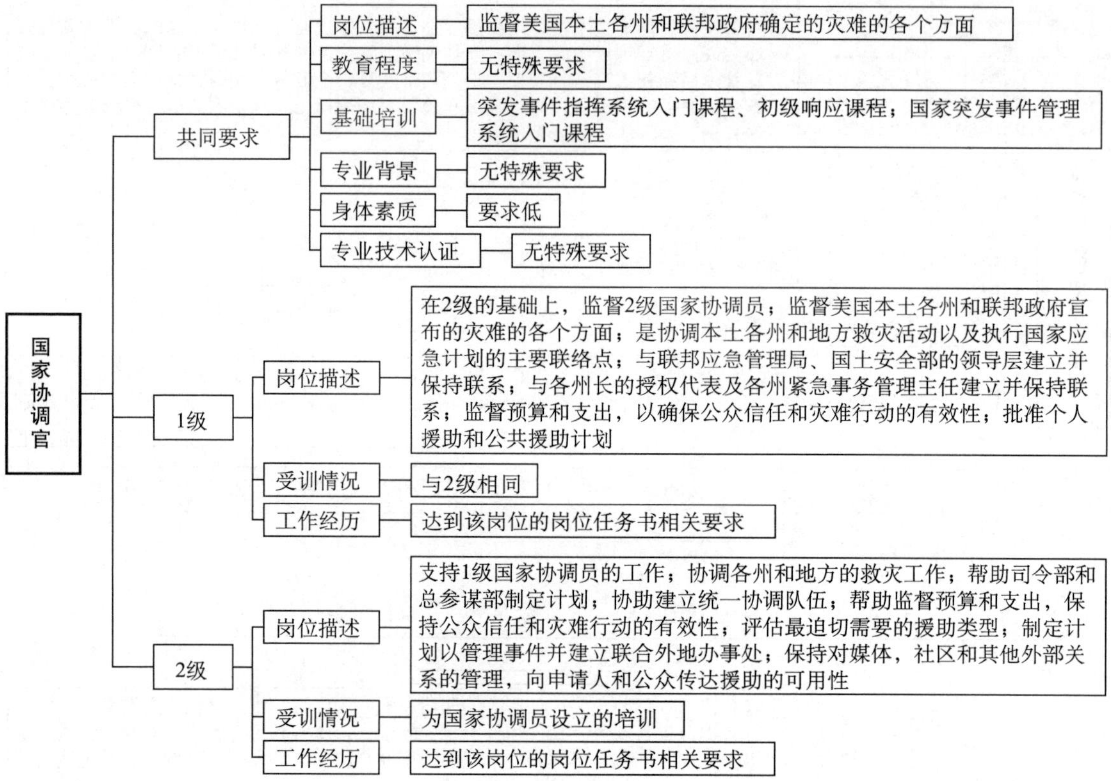

国家协调官
共同要求
岗位描述
监督美国本土各州和联邦政府确定的灾难的各个方面
教育程度
无特殊要求
基础培训
突发事件指挥系统入门课程、初级响应课程；国家突发事件管理系统入门课程
专业背景
无特殊要求
身体素质
要求低
专业技术认证
无特殊要求
1级
岗位描述
在2级的基础上，监督2级国家协调员；监督美国本土各州和联邦政府宣布的灾难的各个方面；是协调本土各州和地方救灾活动以及执行国家应急计划的主要联络点；与联邦应急管理局、国土安全部的领导层建立并保持联系；与各州长的授权代表及各州紧急事务管理主任建立并保持联系；监督预算和支出，以确保公众信任和灾难行动的有效性；批准个人援助和公共援助计划
受训情况
与2级相同
工作经历
达到该岗位的岗位任务书相关要求
2级
岗位描述
支持1级国家协调员的工作；协调各州和地方的救灾工作；帮助司令部和总参谋部制定计划；协助建立统一协调队伍；帮助监督预算和支出，保持公众信任和灾难行动的有效性；评估最迫切需要的援助类型；制定计划以管理事件并建立联合外地办事处；保持对媒体，社区和其他外部关系的管理，向申请人和公众传达援助的可用性
受训情况
为国家协调员设立的培训
工作经历
达到该岗位的岗位任务书相关要求

图 4-12-6　应急管理类岗位分级标准——国家协调官

科学和技术顾问
岗位描述
会为所有与科学技术相关的突发事件活动提供建议，为决策提供依据；监测突发事件并提供科学和技术建议；协助制定突发事件行动计划；与科学专家进行协商，收集信息并向事件指挥部，统一指挥部提供建议；确保对现场检测期间获取的科学数据，进行适当的信息管理
教育程度
理学学士学位
受训情况
突发事件指挥系统入门课程、初级响应课程；国家突发事件管理系统入门课程；紧急行动中心及突发事件指挥系统课程
身体素质
要求低
工作经历
具有科学咨询相关的工作经验
专业背景
在实际发生的突发事件、演习和演练以及模拟的场景中，至少每五年一次担任此职务
专业技术认证
无特殊要求

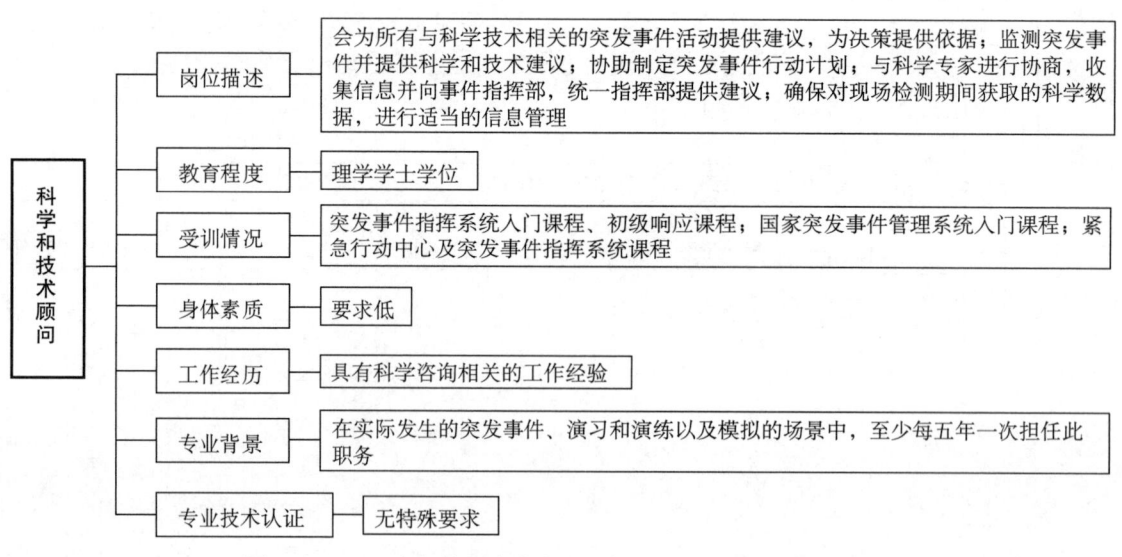

图 4-12-7　应急管理类岗位分级标准——科学和技术顾问

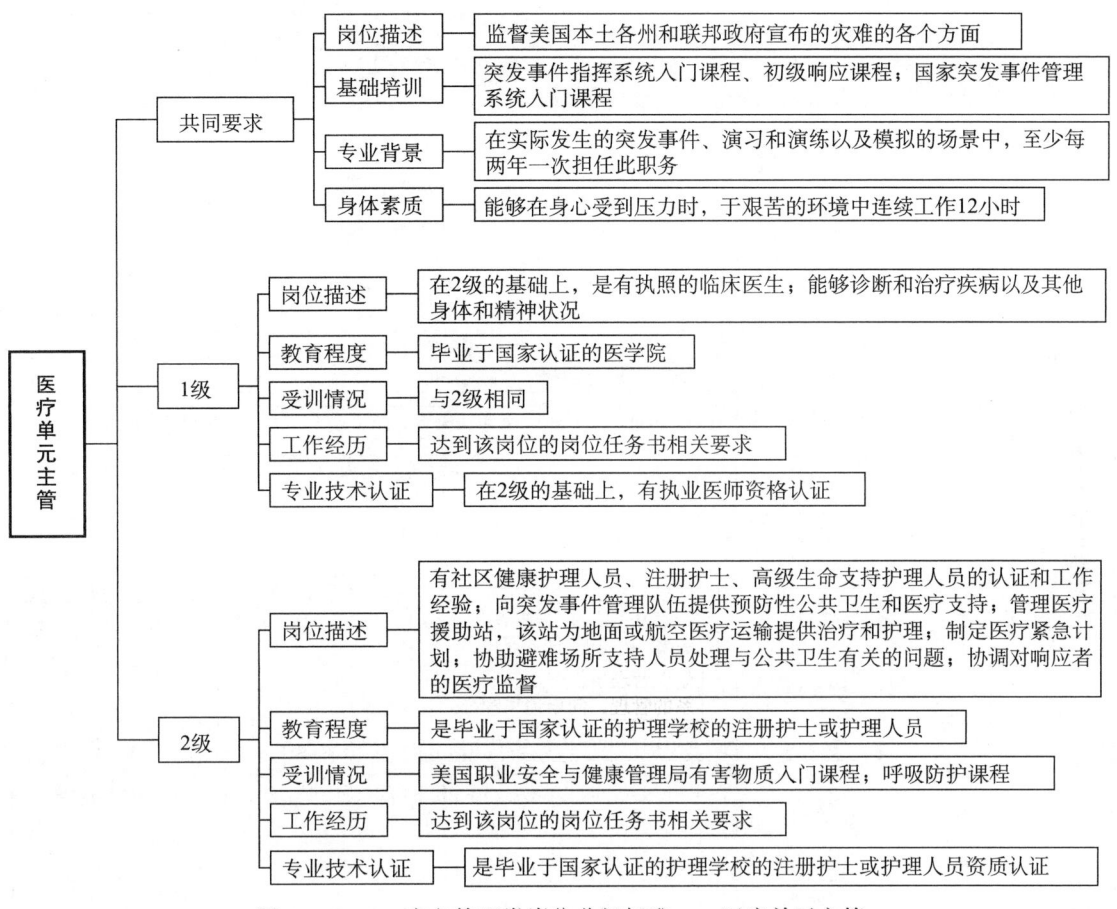

图4-12-8 应急管理类岗位分级标准——医疗单元主管

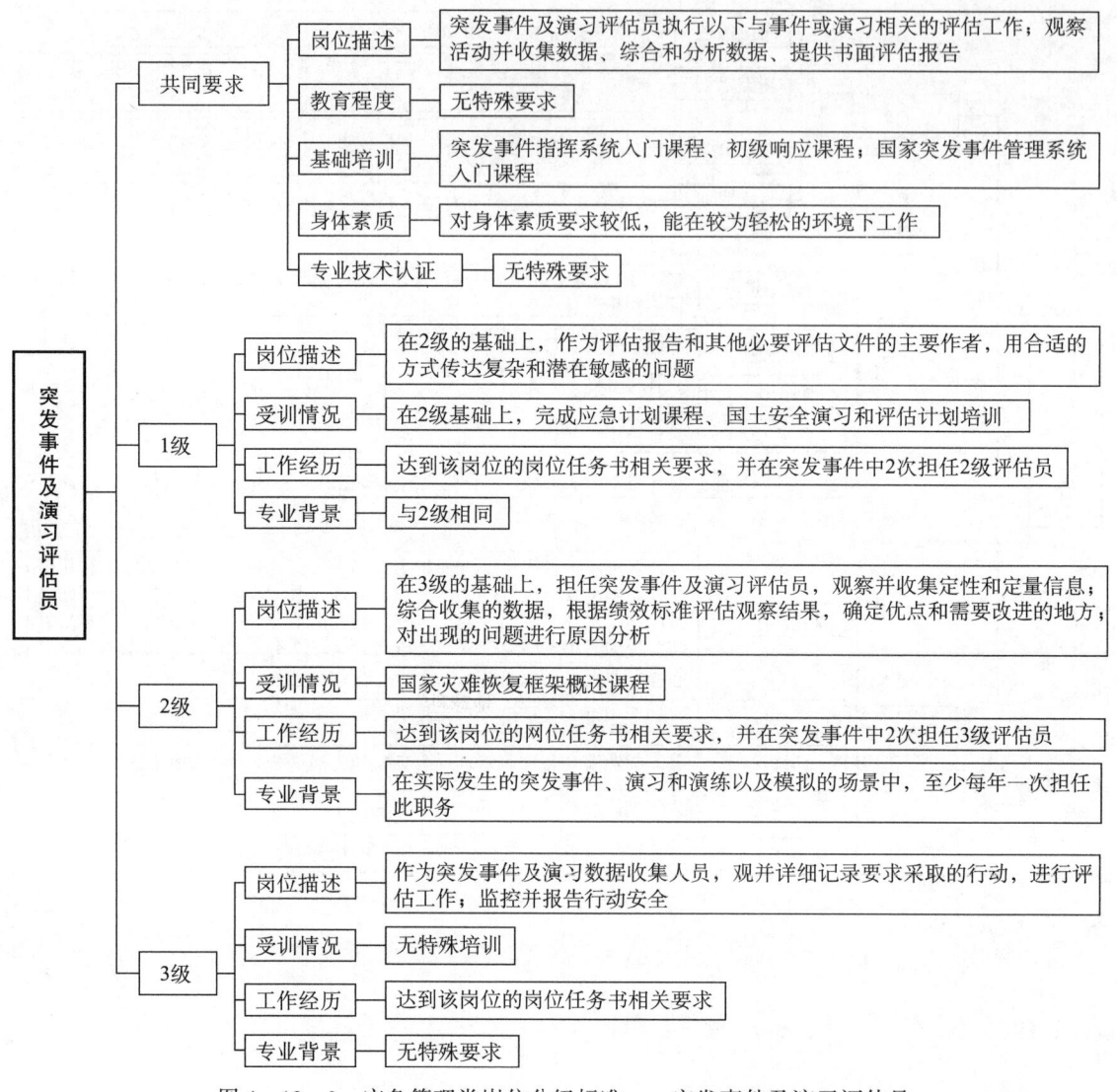

图 4-12-9 应急管理类岗位分级标准——突发事件及演习评估员

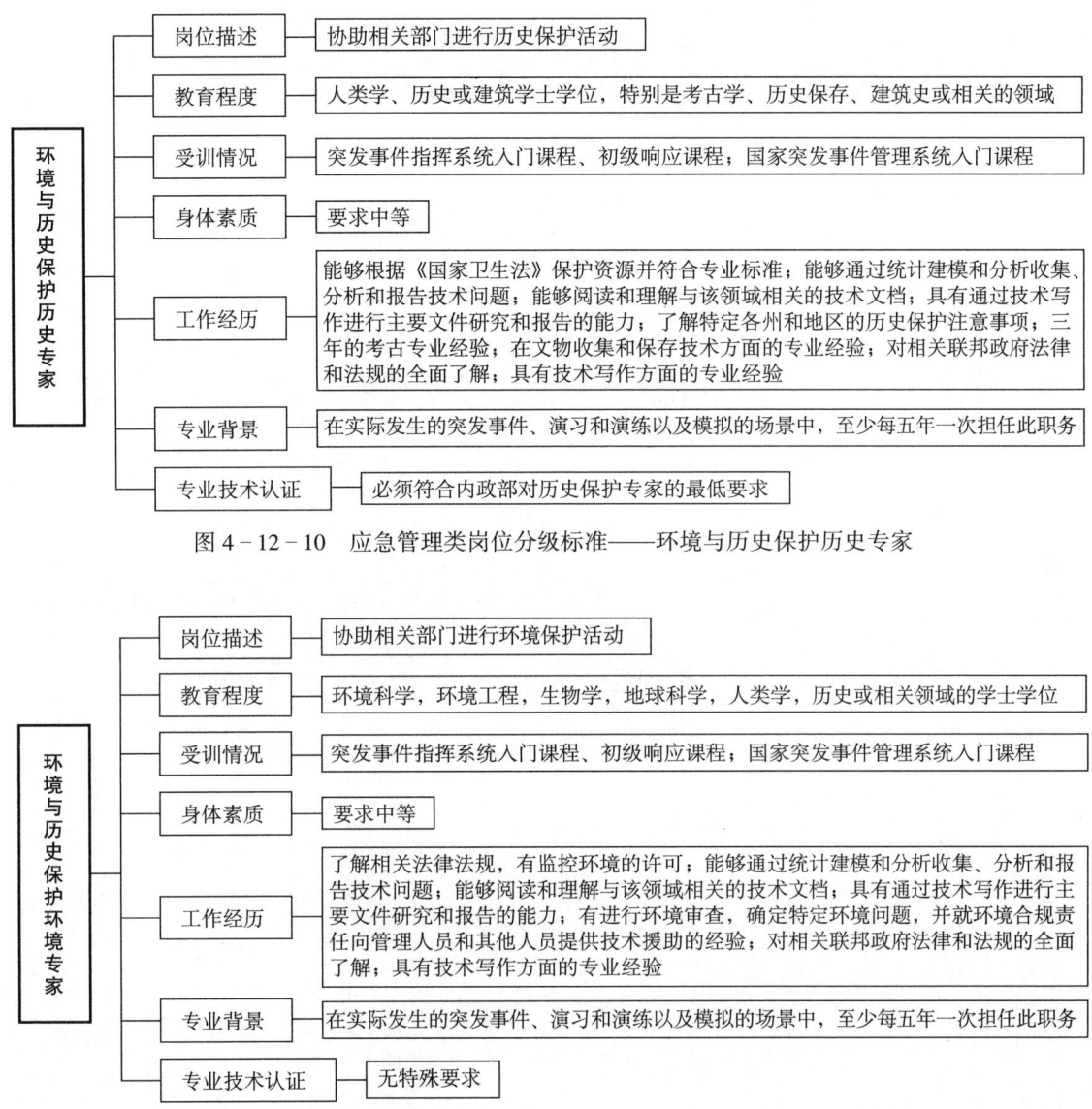

图 4-12-10　应急管理类岗位分级标准——环境与历史保护历史专家

图 4-12-11　应急管理类岗位分级标准——环境与历史保护环境专家

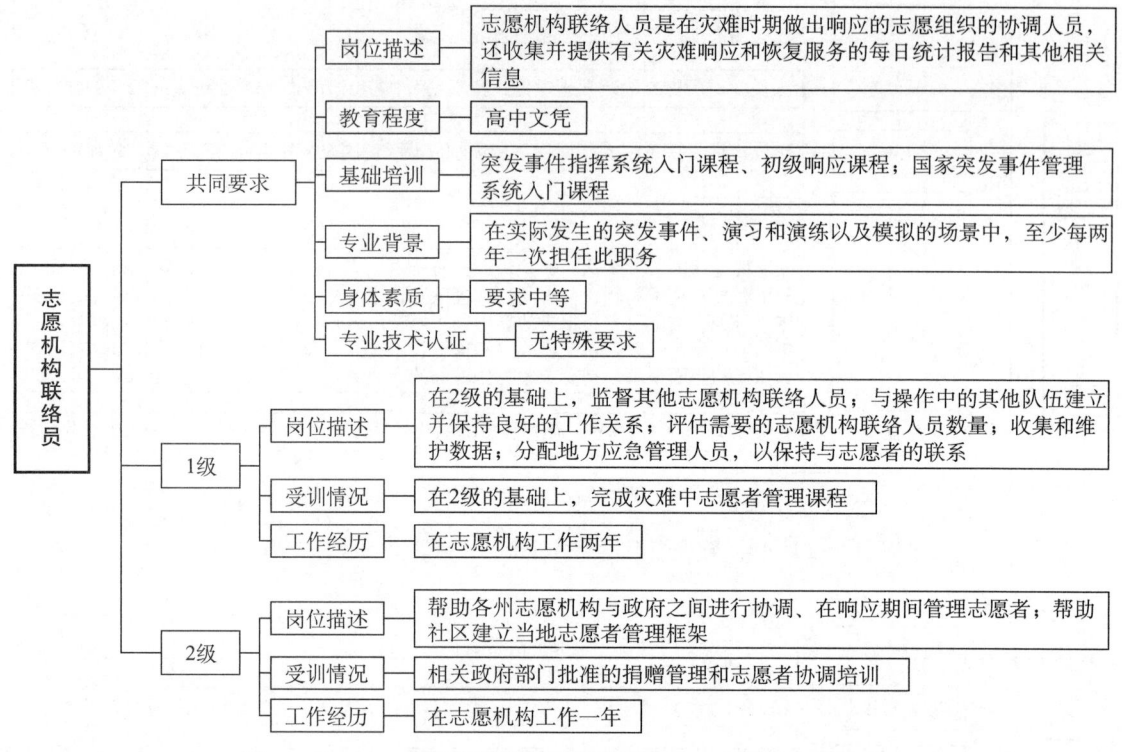

图 4-12-12 应急管理类岗位分级标准——志愿机构联络员

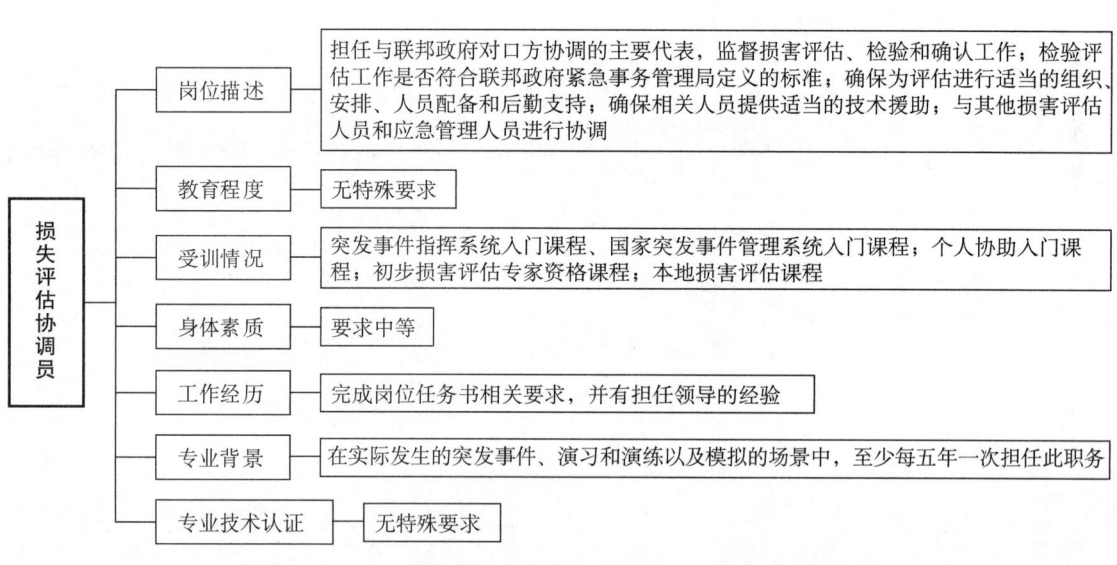

图 4-12-13 应急管理类岗位分级标准——损失评估协调员

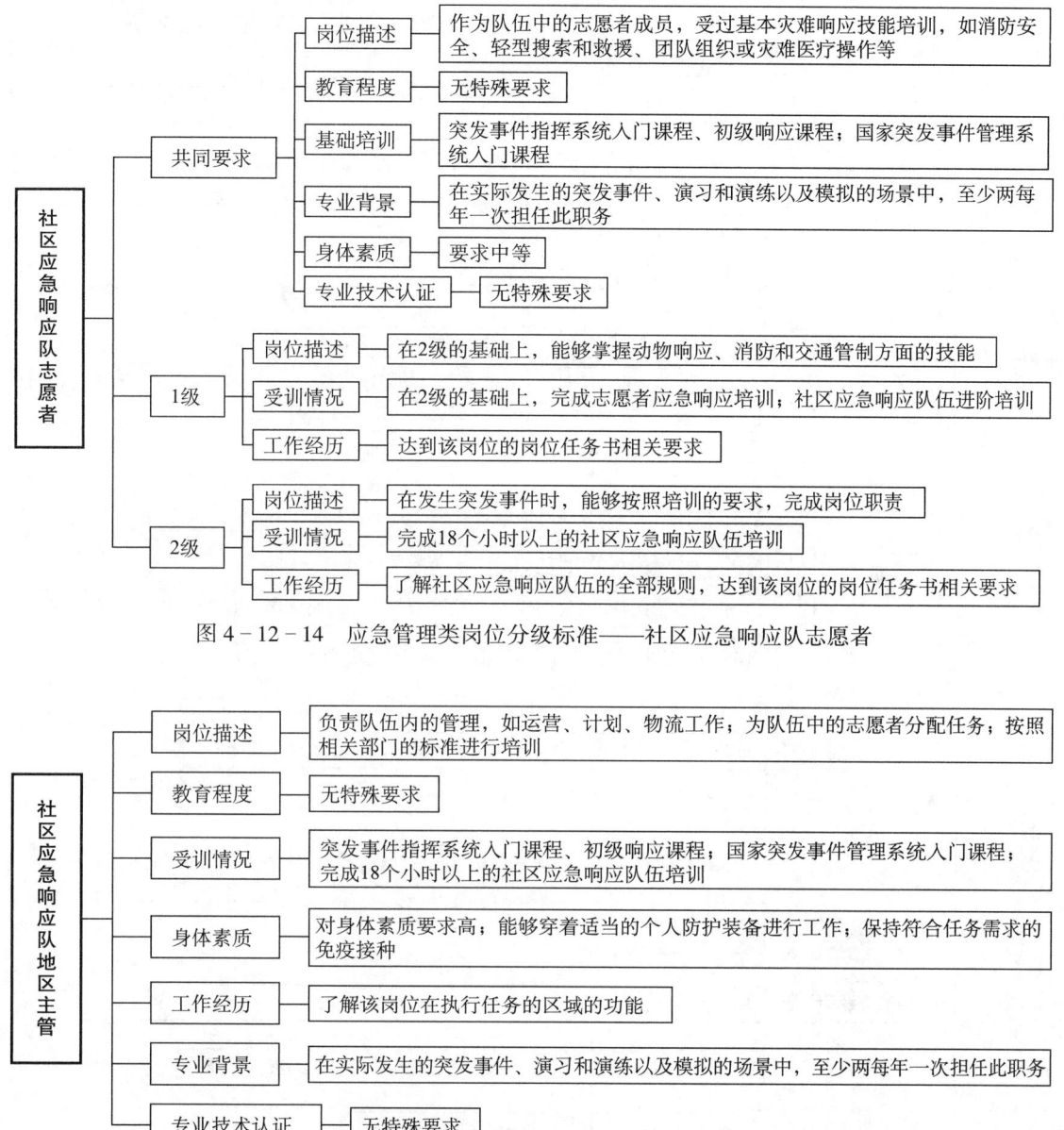

图 4-12-14 应急管理类岗位分级标准——社区应急响应队志愿者

图 4-12-15 应急管理类岗位分级标准——社区应急响应队地区主管

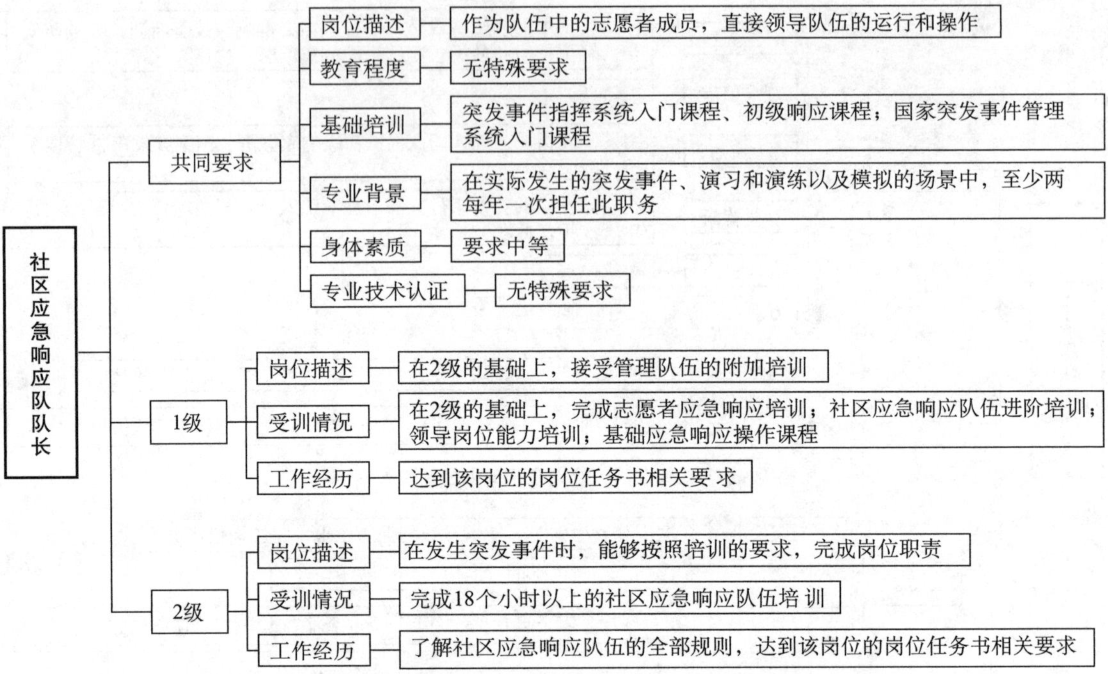

社区应急响应队队长
共同要求
岗位描述
作为队伍中的志愿者成员，直接领导队伍的运行和操作
教育程度
无特殊要求
基础培训
突发事件指挥系统入门课程、初级响应课程；国家突发事件管理系统入门课程
专业背景
在实际发生的突发事件、演习和演练以及模拟的场景中，至少两每年一次担任此职务
身体素质
要求中等
专业技术认证
无特殊要求
1级
岗位描述
在2级的基础上，接受管理队伍的附加培训
受训情况
在2级的基础上，完成志愿者应急响应培训；社区应急响应队伍进阶培训；领导岗位能力培训；基础应急响应操作课程
工作经历
达到该岗位的岗位任务书相关要 求
2级
岗位描述
在发生突发事件时，能够按照培训的要求，完成岗位职责
受训情况
完成18个小时以上的社区应急响应队伍培 训
工作经历
了解社区应急响应队伍的全部规则，达到该岗位的岗位任务书相关要求

图 4－12－16　应急管理类岗位分级标准——社区应急响应队队长

灾后复杂建筑状态评估员
岗位描述
对突发事件区域的复杂结构和重要建筑物的状态进行详细评估
教育程度
无特殊要求
受训情况
突发事件指挥系统入门课程、初级响应课程；国家突发事件管理系统入门课程；国际灾害发生准则协会培训课程
身体素质
要求中等
工作经历
10年的建筑设计和分析经验，包括对现有结构的评估、现场调查和施工观察
专业背景
完成上述培训课程的所有必要考试，完成所有必要的资格认证
专业技术认证
专业结构工程师、注册建筑师资格认证

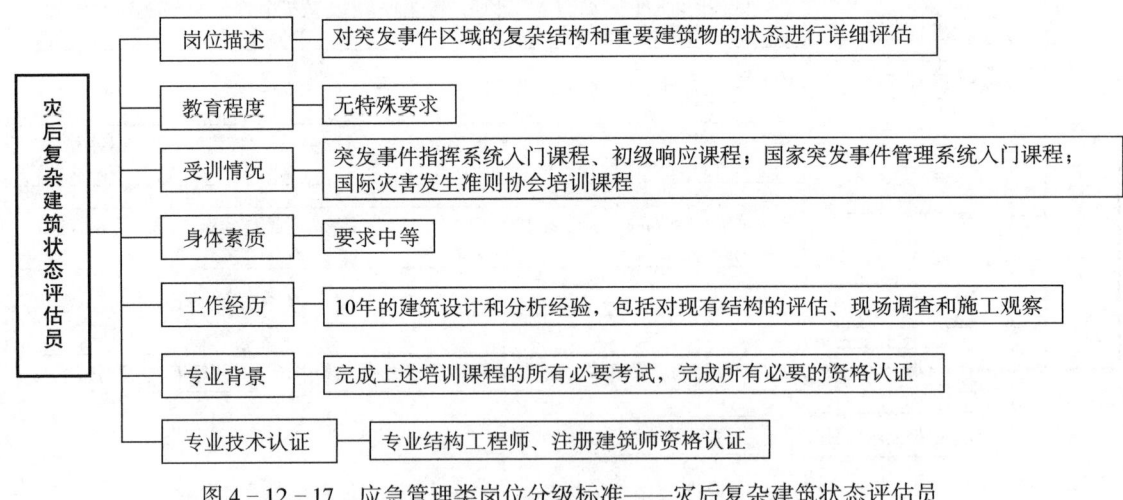

图 4－12－17　应急管理类岗位分级标准——灾后复杂建筑状态评估员

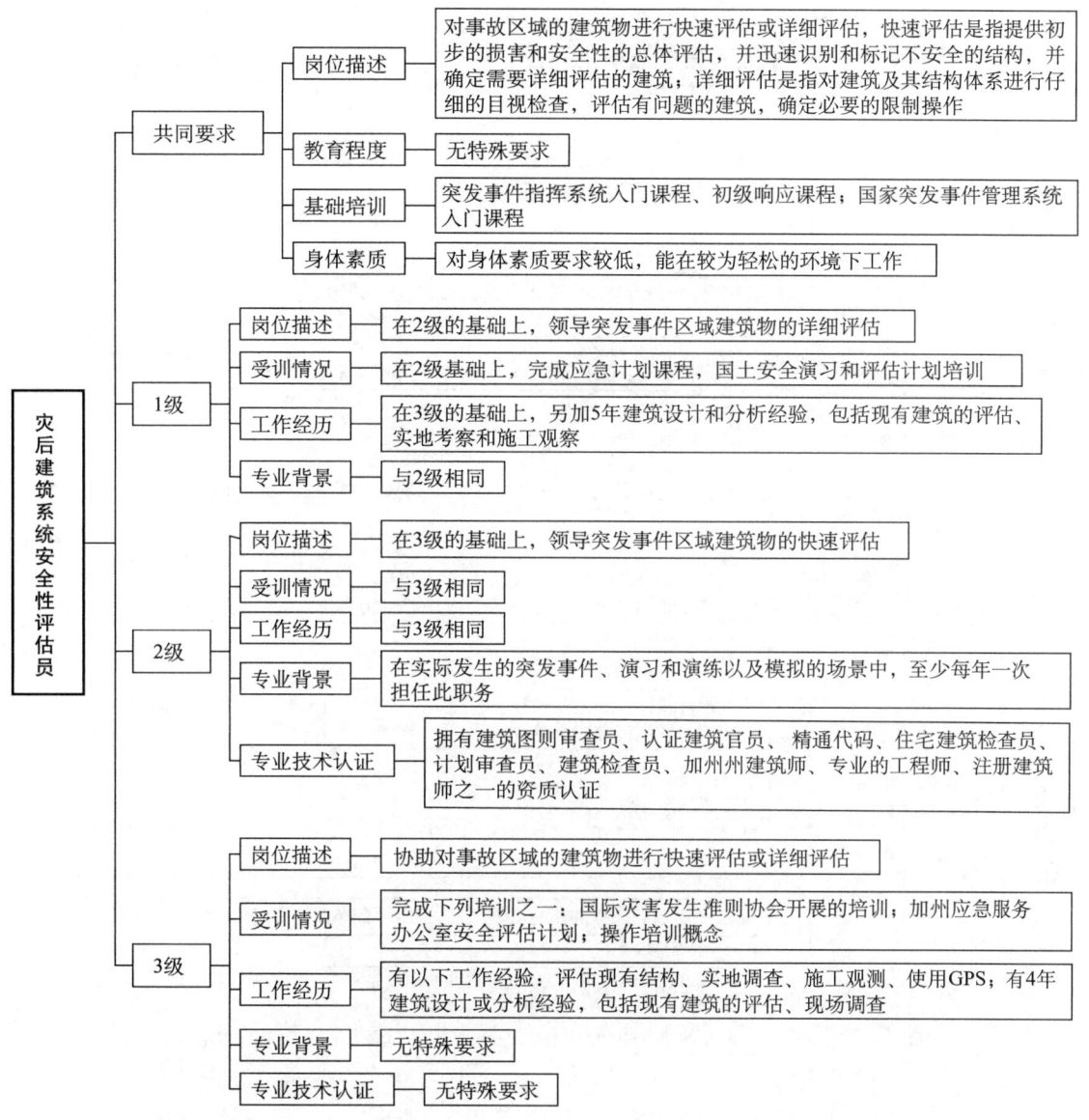

图 4-12-18 应急管理类岗位分级标准——灾后建筑系统安全性评估员

图4-12-19 应急管理类岗位分级标准——灾后复杂建筑系统状态评估员

图4-12-20 应急管理类岗位分级标准——灾后建筑安全评估突击队队长

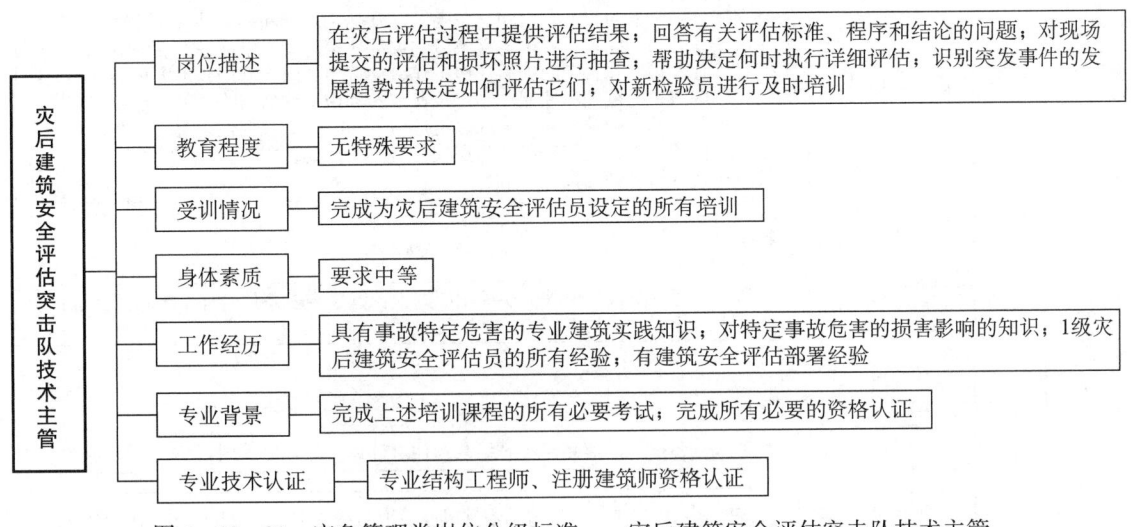

图 4-12-21　应急管理类岗位分级标准——灾后建筑安全评估突击队技术主管

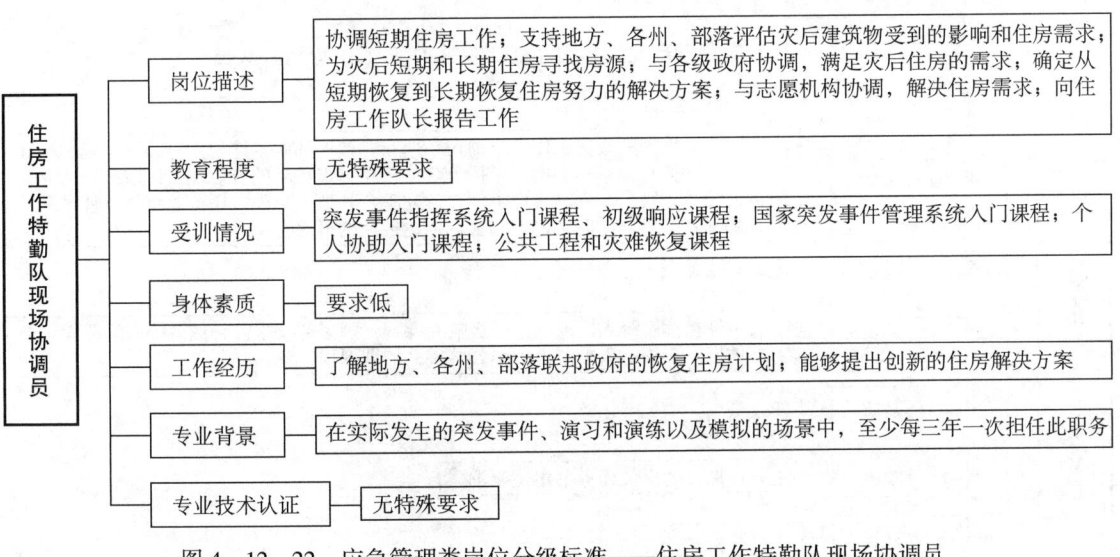

图 4-12-22　应急管理类岗位分级标准——住房工作特勤队现场协调员

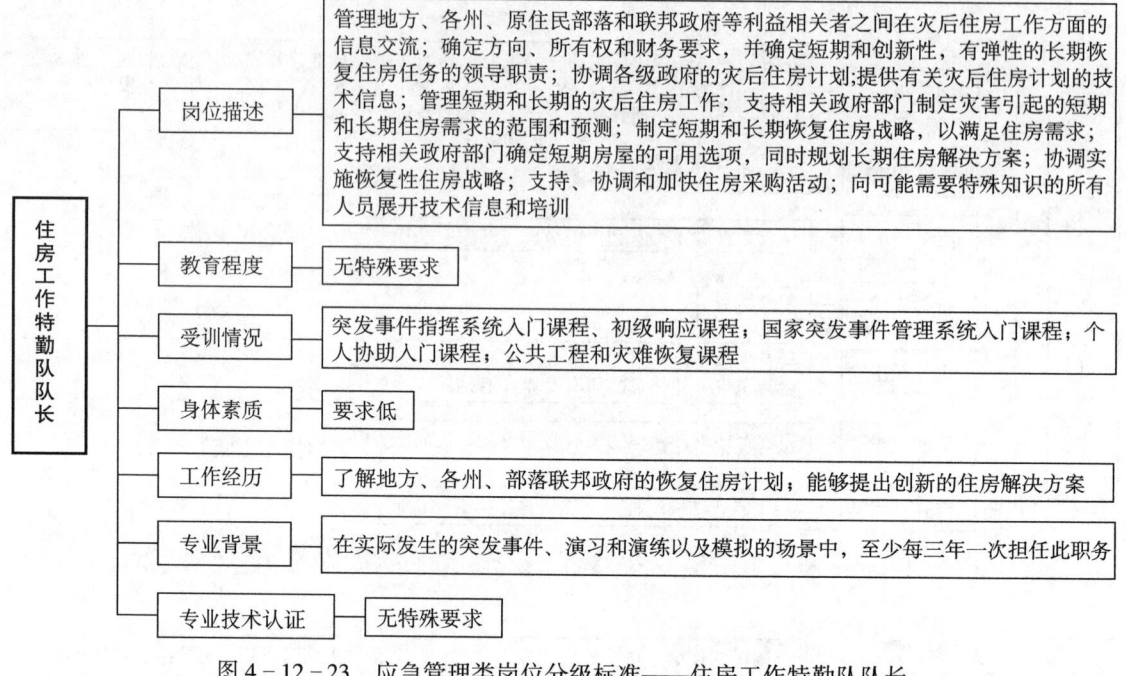

图 4-12-23　应急管理类岗位分级标准——住房工作特勤队队长

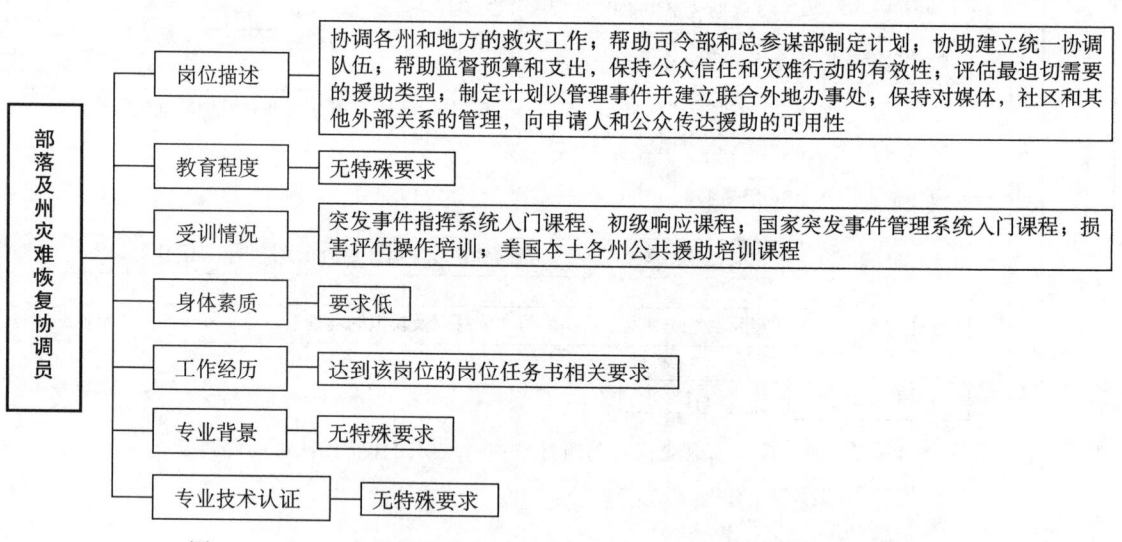

图 4-12-24　应急管理类岗位分级标准——部落及州灾难恢复协调员

4.13 应急人力资源分类分级标准——后勤和物流岗位

后勤和物流岗位分类分级情况见图4-13-1，共定义了7类岗位，其中：服务部主管不分级，岗位要求详见图4-13-2；食物单元负责人不分级；地面支持单元负责人不分级；供应单元负责人不分级；设备单元负责人不分级，岗位要求详见图4-13-3；资源订购队队长不分级，岗位要求详见图4-13-4；支持分部主管不分级。

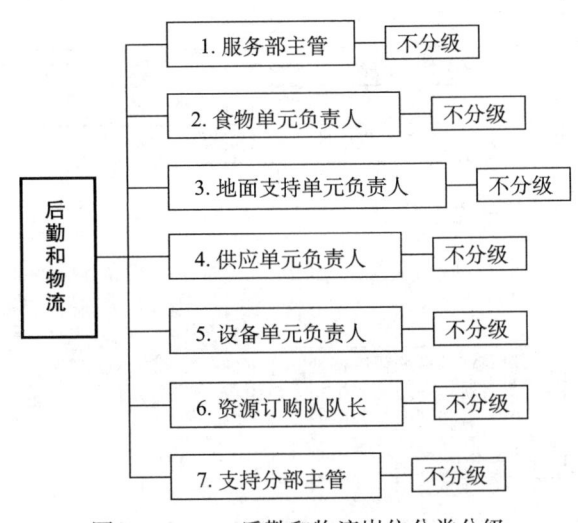

图4-13-1 后勤和物流岗位分类分级

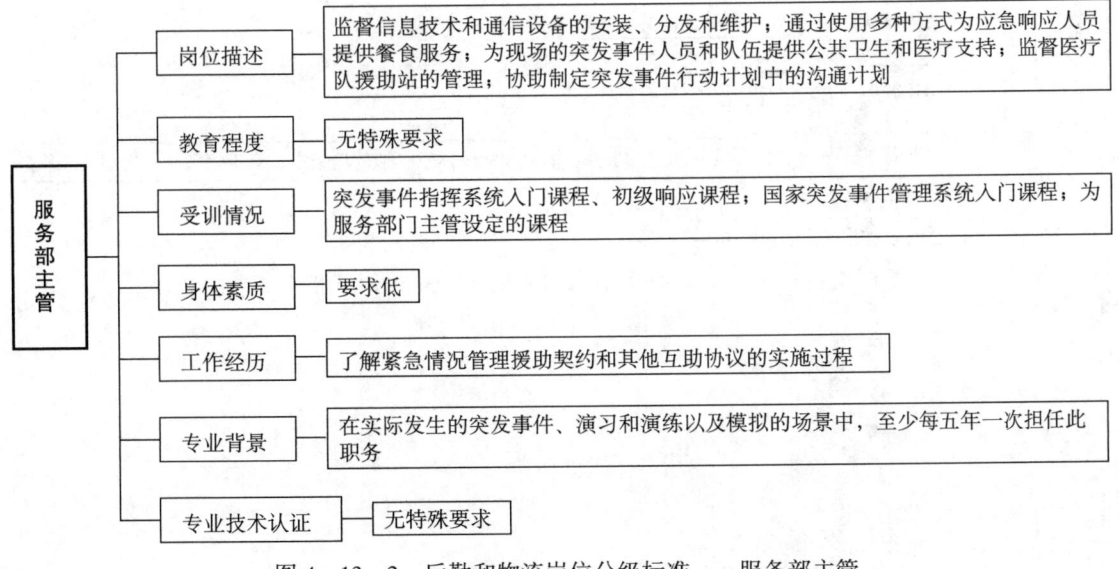

图4-13-2 后勤和物流岗位分级标准——服务部主管

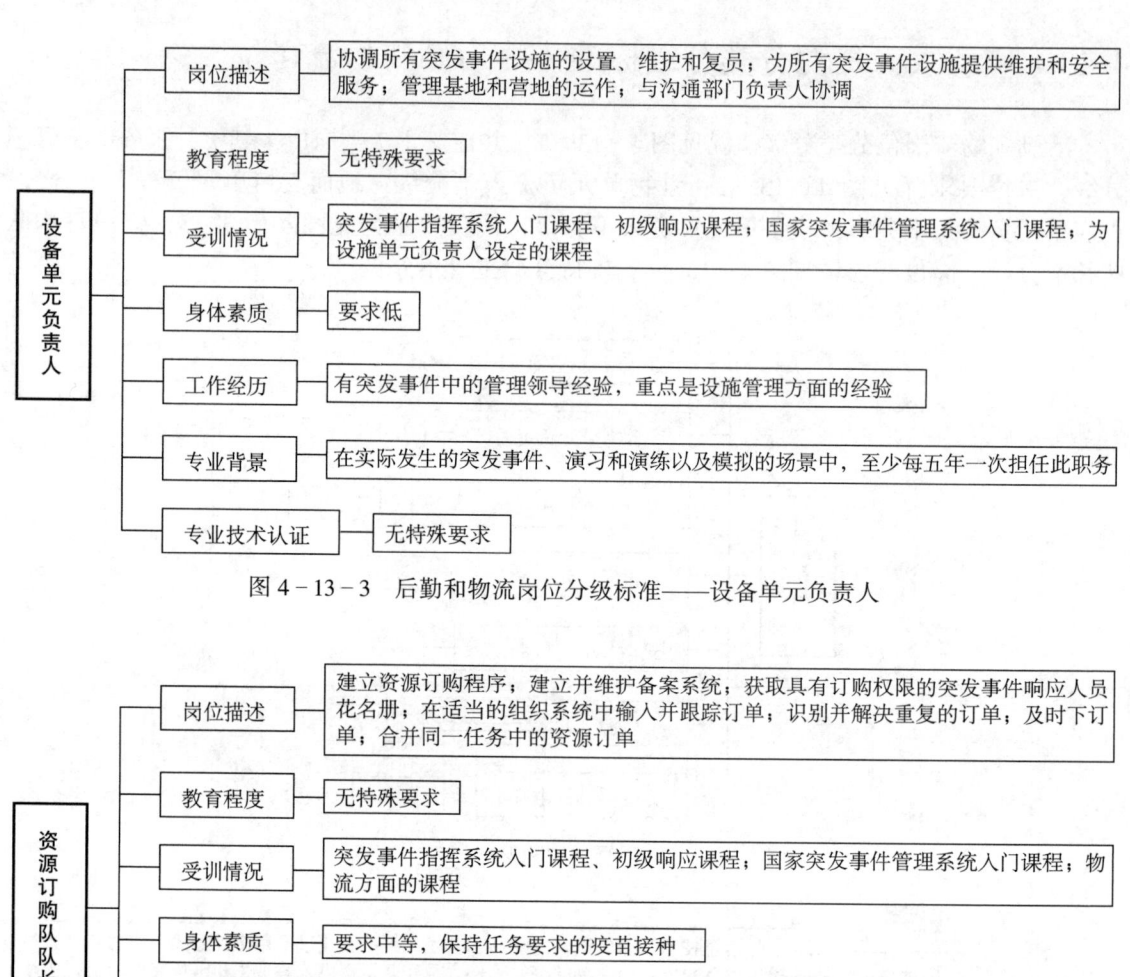

图4-13-3 后勤和物流岗位分级标准——设备单元负责人

图4-13-4 后勤和物流岗位分级标准——资源订购队队长

4.14 应急人力资源分类分级标准——医疗与公共卫生类岗位

医疗与公共卫生类岗位分类分级情况见图 4-14-1，共定义了 27 类，82 类岗位，其中公共卫生和医疗系统评估队队长不分级，岗位要求详见图 4-14-2；避难场所公共卫生和医疗支持队队长不分级，岗位要求详见图 4-14-3；社会工作者不分级，岗位要求详见图 4-14-4。篇幅原因，其余不一一列出。

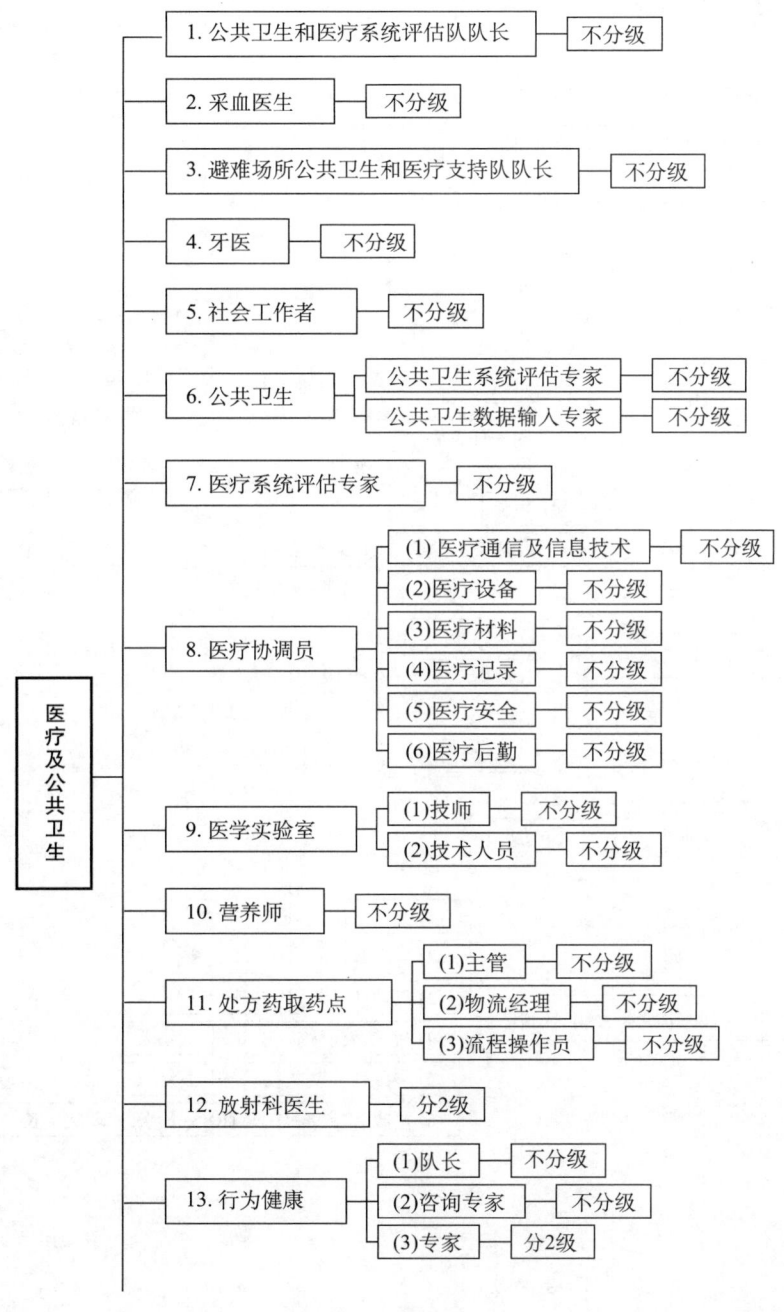

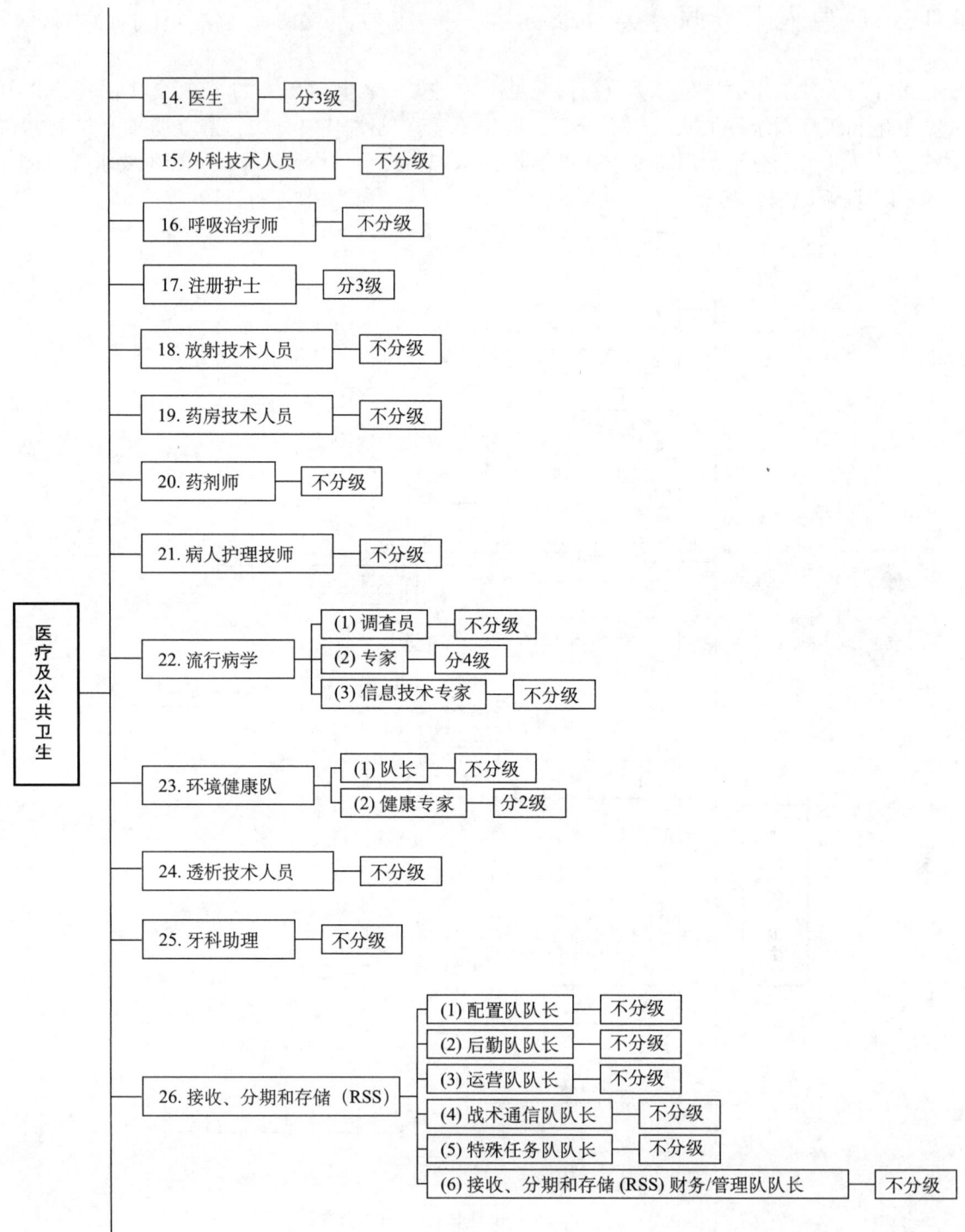

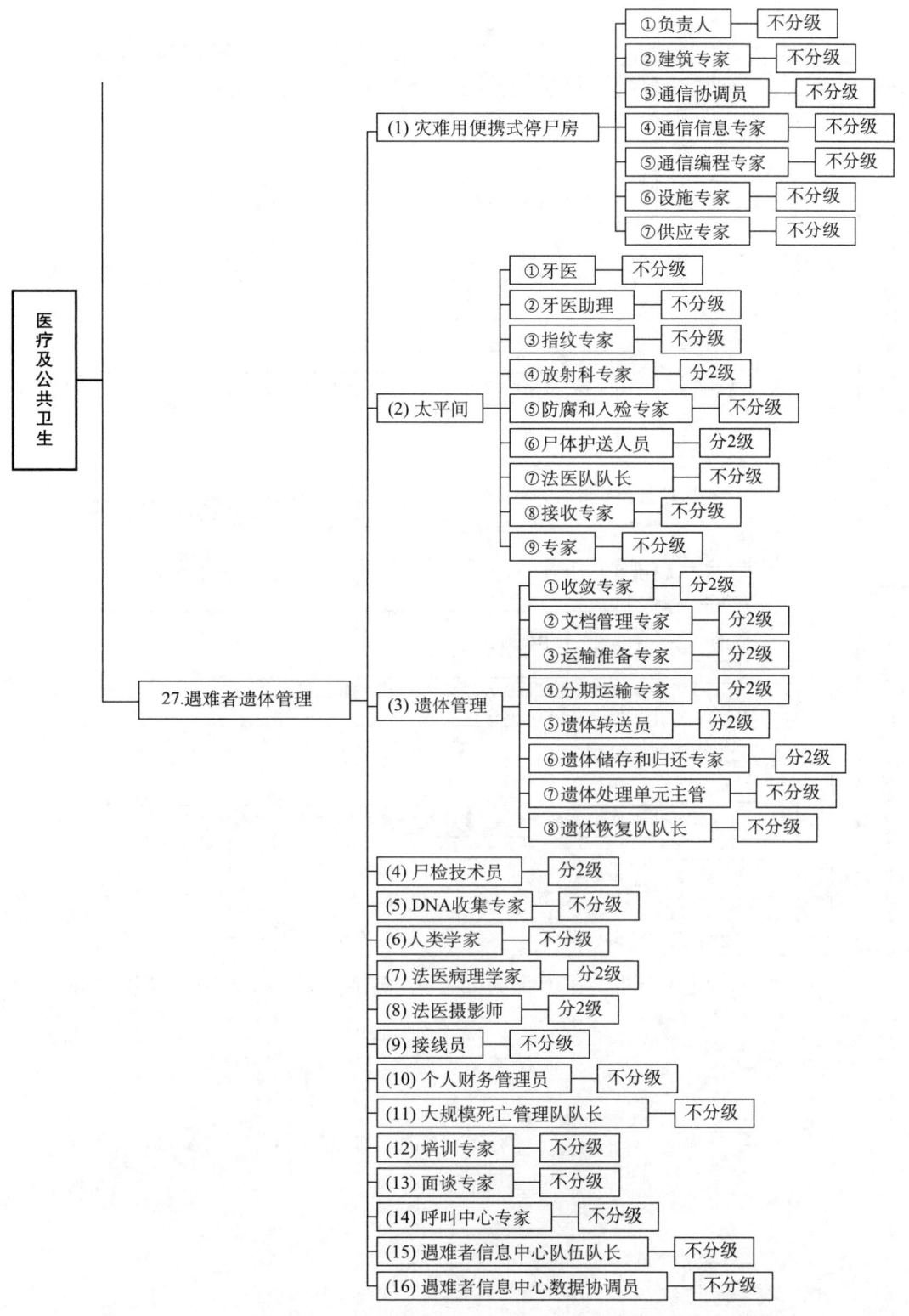

图 4-14-1 医疗与公共卫生岗位分类分级

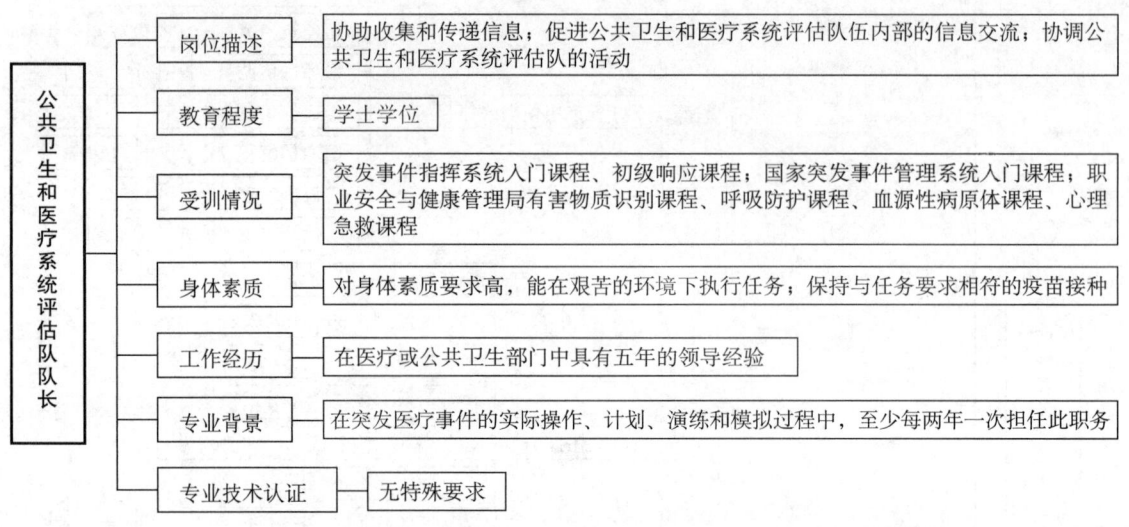

图4-14-2 医疗与公共卫生类岗位分级标准——公共卫生和医疗系统评估队队长

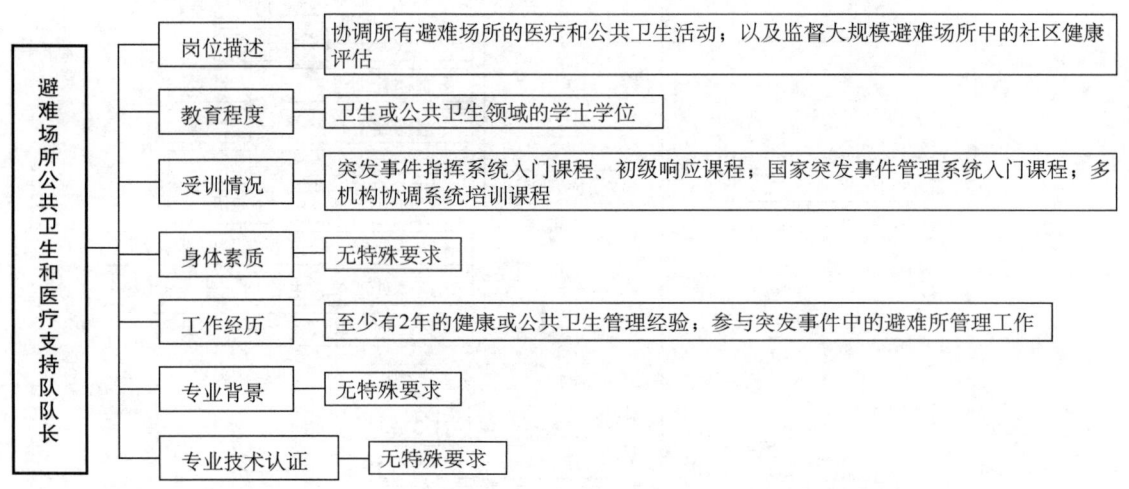

图4-14-3 医疗与公共卫生类岗位分级标准——避难场所公共卫生和医疗支持队队长

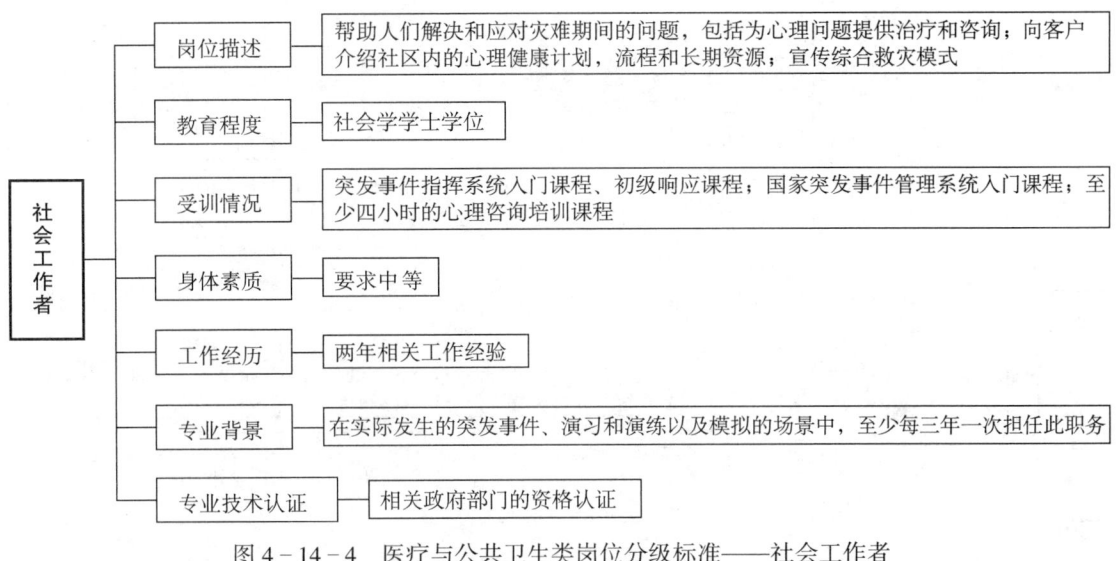

图 4-14-4 医疗与公共卫生类岗位分级标准——社会工作者

4.15 应急人力资源分类分级标准——网络安全类岗位

网络安全岗位分类分级情况见图 4-15-1，共定义了 7 类岗位，其中数据恢复专家分 2 级；数据管理专家不分级；网络事故响应人员分 2 级，分级标准详见图 4-15-2；监控和数据采集专家不分级；监控和数据采集服务器专家不分级；计算机网络防御分析师不分级；计算机网络防御基础架构支持专家分 2 级。篇幅原因，其余不一一列出。

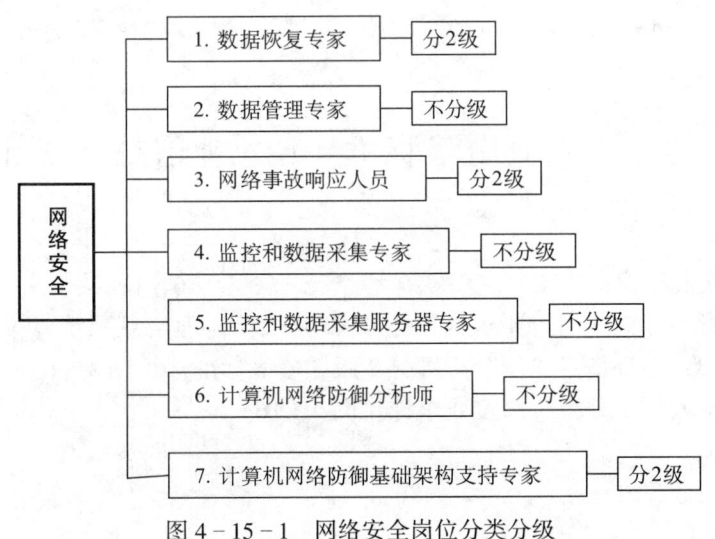

图 4-15-1 网络安全岗位分类分级

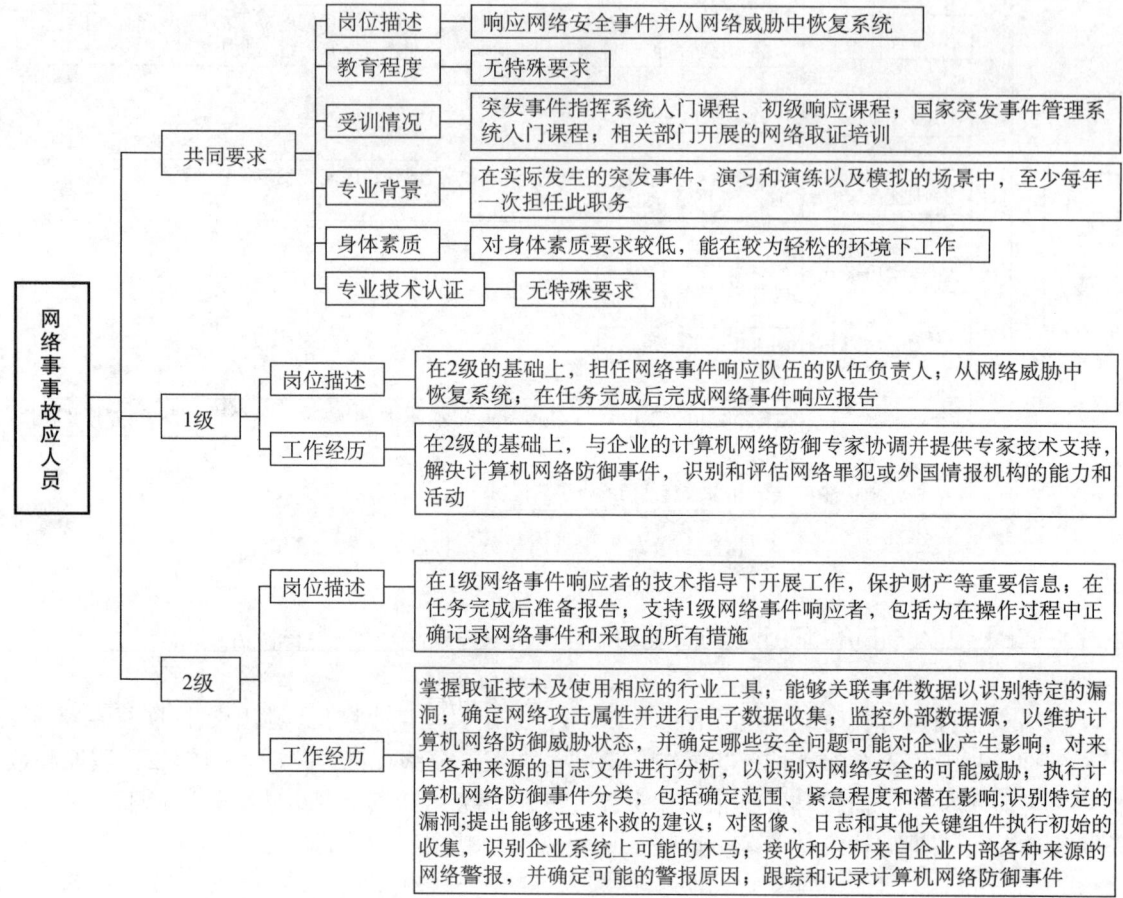

图 4-15-2 网络安全岗位分级标准——网络事故响应人员

4.16 应急人力资源分类分级标准——地理信息系统和信息技术类岗位

地理信息系统和信息技术类岗位分类分级情况见图 4-16-1，共定义了 4 类岗位，其中地理信息系统主管不分级，岗位要求详见图 4-16-2；地理信息系统专家不分级，岗位要求详见图 4-16-3；地理信息系统分析师分 2 级，分级标准详见图 4-16-4；地理信息系统现场数据输入技术人员不分级，岗位要求详见图 4-16-5。

地理信息系统与信息技术
1. 地理信息系统主管
不分级
2. 地理信息系统专家
不分级
3. 地理信息系统分析师
分2级
4. 地理信息系统现场数据输入技术人员
不分级

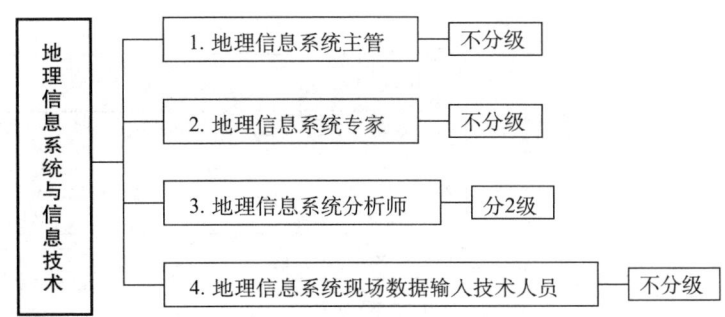

图 4－16－1　地理信息系统和信息技术类岗位分类分级

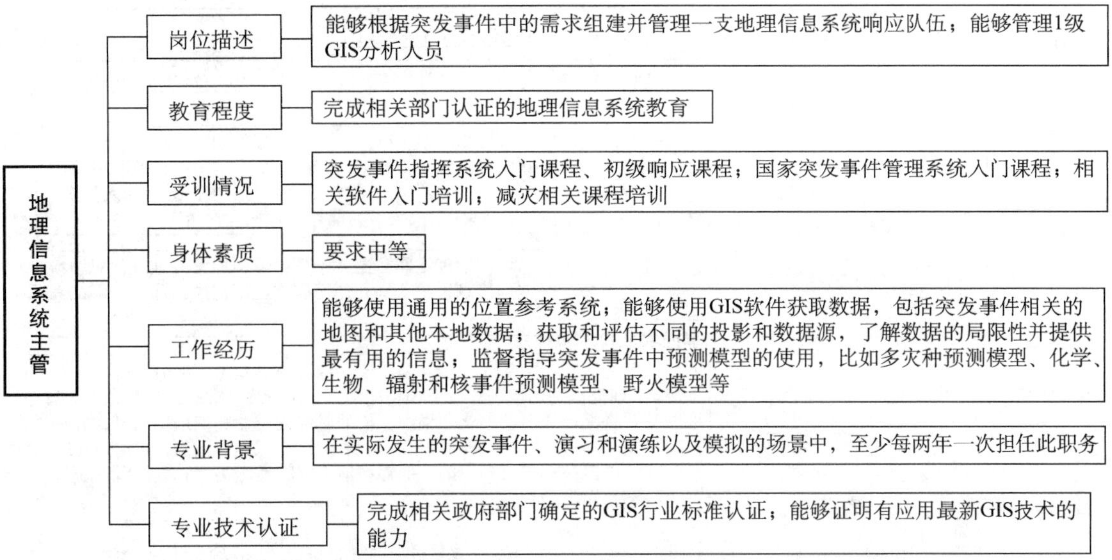

地理信息系统主管
岗位描述
能够根据突发事件中的需求组建并管理一支地理信息系统响应队伍；能够管理1级GIS分析人员
教育程度
完成相关部门认证的地理信息系统教育
受训情况
突发事件指挥系统入门课程、初级响应课程；国家突发事件管理系统入门课程；相关软件入门培训；减灾相关课程培训
身体素质
要求中等
工作经历
能够使用通用的位置参考系统；能够使用GIS软件获取数据，包括突发事件相关的地图和其他本地数据；获取和评估不同的投影和数据源，了解数据的局限性并提供最有用的信息；监督指导突发事件中预测模型的使用，比如多灾种预测模型、化学、生物、辐射和核事件预测模型、野火模型等
专业背景
在实际发生的突发事件、演习和演练以及模拟的场景中，至少每两年一次担任此职务
专业技术认证
完成相关政府部门确定的GIS行业标准认证；能够证明有应用最新GIS技术的能力

图 4－16－2　地理信息系统和信息技术类岗位分级标准——地理信息系统主管

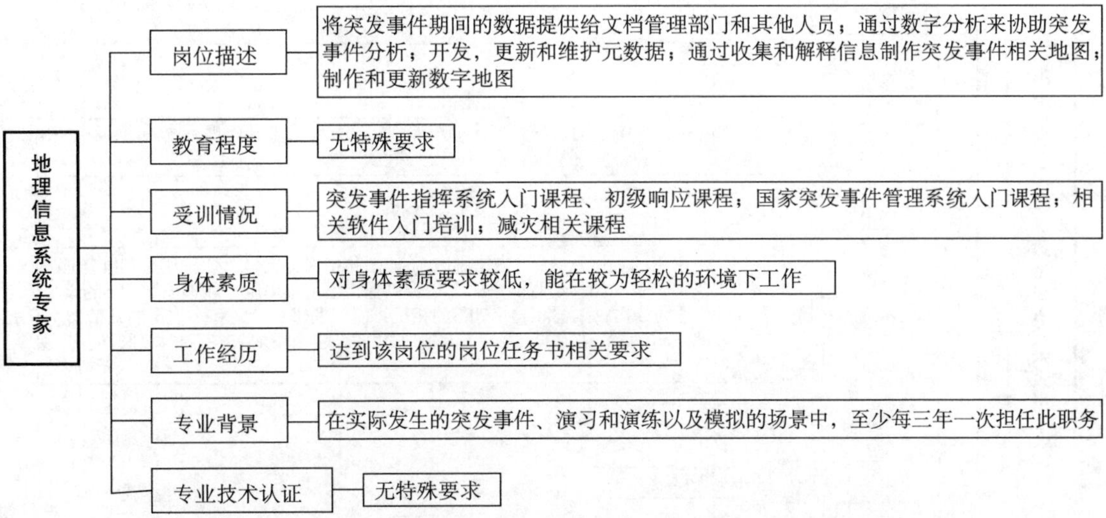

地理信息系统专家
岗位描述
将突发事件期间的数据提供给文档管理部门和其他人员；通过数字分析来协助突发事件分析；开发，更新和维护元数据；通过收集和解释信息制作突发事件相关地图；制作和更新数字地图
教育程度
无特殊要求
受训情况
突发事件指挥系统入门课程、初级响应课程；国家突发事件管理系统入门课程；相关软件入门培训；减灾相关课程
身体素质
对身体素质要求较低，能在较为轻松的环境下工作
工作经历
达到该岗位的岗位任务书相关要求
专业背景
在实际发生的突发事件、演习和演练以及模拟的场景中，至少每三年一次担任此职务
专业技术认证
无特殊要求

图 4－16－3　地理信息系统和信息技术类岗位分级标准——地理信息系统专家

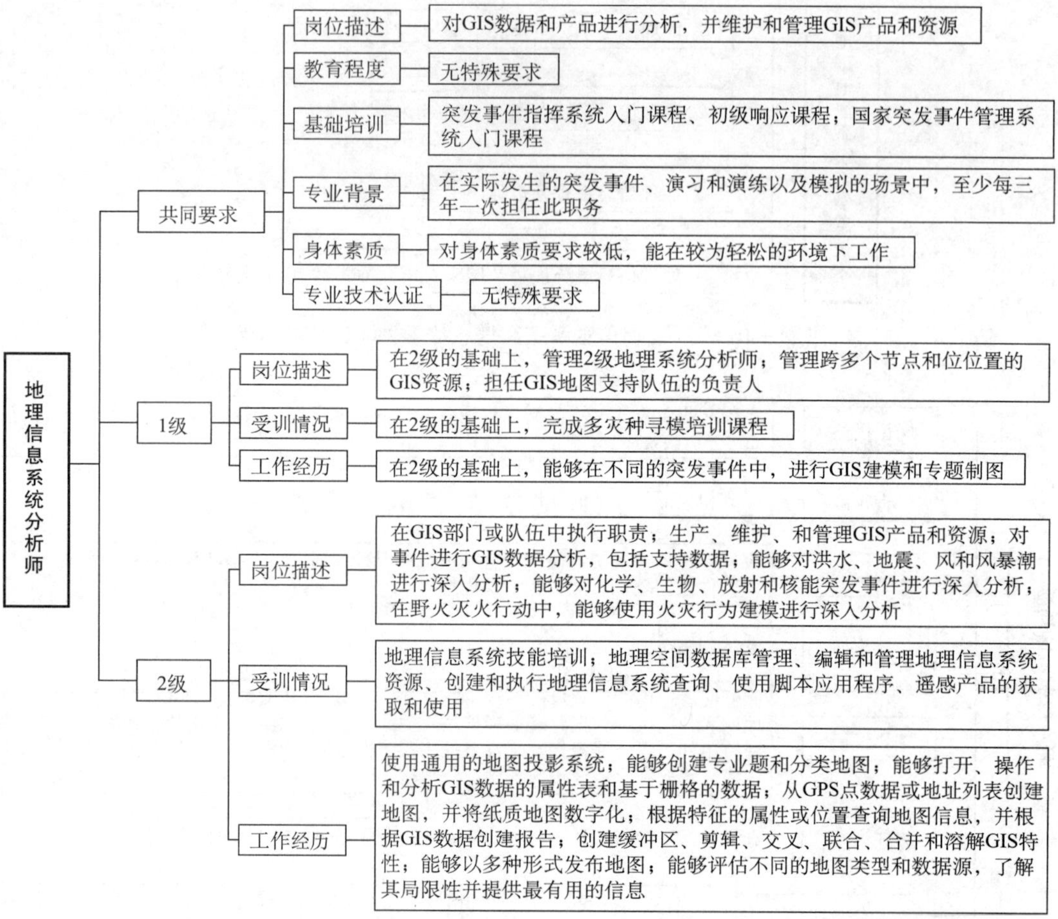

地理信息系统分析师
共同要求
岗位描述
对GIS数据和产品进行分析，并维护和管理GIS产品和资源
教育程度
无特殊要求
基础培训
突发事件指挥系统入门课程、初级响应课程；国家突发事件管理系统入门课程
专业背景
在实际发生的突发事件、演习和演练以及模拟的场景中，至少每三年一次担任此职务
身体素质
对身体素质要求较低，能在较为轻松的环境下工作
专业技术认证
无特殊要求
1级
岗位描述
在2级的基础上，管理2级地理系统分析师；管理跨多个节点和位位置的GIS资源；担任GIS地图支持队伍的负责人
受训情况
在2级的基础上，完成多灾种寻模培训课程
工作经历
在2级的基础上，能够在不同的突发事件中，进行GIS建模和专题制图
2级
岗位描述
在GIS部门或队伍中执行职责；生产、维护、和管理GIS产品和资源；对事件进行GIS数据分析，包括支持数据；能够对洪水、地震、风和风暴潮进行深入分析；能够对化学、生物、放射和核能突发事件进行深入分析；在野火灭火行动中，能够使用火灾行为建模进行深入分析
受训情况
地理信息系统技能培训；地理空间数据库管理、编辑和管理地理信息系统资源、创建和执行地理信息系统查询、使用脚本应用程序、遥感产品的获取和使用
工作经历
使用通用的地图投影系统；能够创建专业题和分类地图；能够打开、操作和分析GIS数据的属性表和基于栅格的数据；从GPS点数据或地址列表创建地图，并将纸质地图数字化；根据特征的属性或位置查询地图信息，并根据GIS数据创建报告；创建缓冲区、剪辑、交叉、联合、合并和溶解GIS特性；能够以多种形式发布地图；能够评估不同的地图类型和数据源，了解其局限性并提供最有用的信息

图 4－16－4　地理信息系统和信息技术类岗位分级标准——地理信息系统分析师

地理信息系统现场数据输入技术人员
岗位描述
负责使用具有全球定位系统功能的移动数据收集设备从现场收集突发事件中基于位置的数据
教育程度
无特殊要求
受训情况
突发事件指挥系统入门课程、初级响应课程；国家突发事件管理系统入门课程；相关软件入门培训；应急管理人员GIS应用课程
身体素质
要求中等
工作经历
能够使用常用的定位系统；能够使用纸质地图和指南针定位；能够使用和维修移动数据收集设备，如移动智能手机、平板电脑、笔记本电脑；能够安装GPS的设备、GPS现场数据收集器和启用GPS的相机；能够编辑点、线和多边形的几何形状；能够编辑GIS数据层的属性；能够添加数据，包括添加来自不同物理源的多种文件格式
专业背景
无特殊要求
专业技术认证
无特殊要求

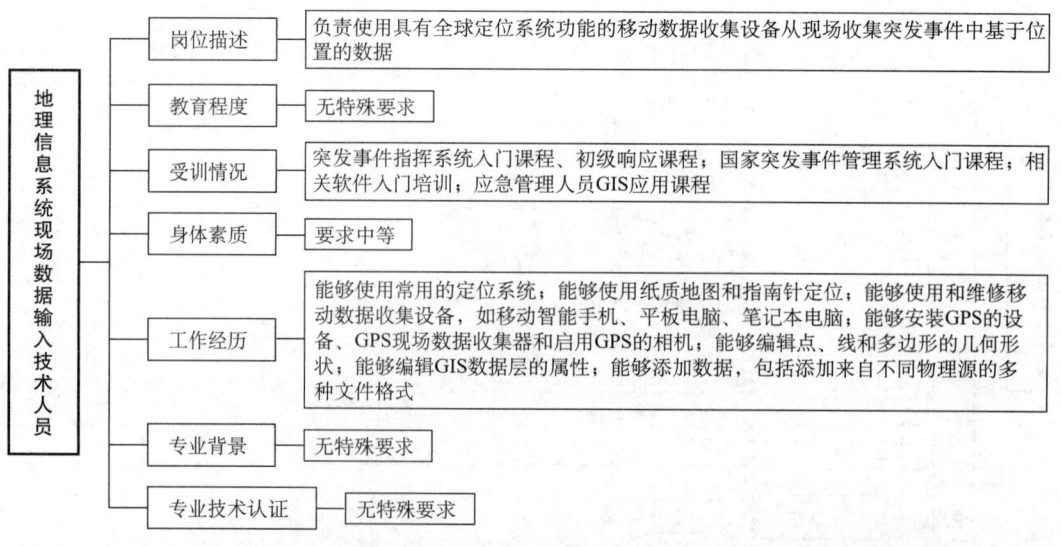

图 4－16－5　地理信息系统和信息技术类岗位分级标准——地理信息系统现场数据输入技术人员

4.17 应急人力资源分类分级标准——减灾类岗位

减灾类岗位分类分级情况见图4-17-1，共定义了8类岗位，其中：减灾工程和建筑师专家不分级，岗位要求详见图4-17-2；洪泛区管理专家不分级，岗位要求详见图4-17-3；社区减灾教育和宣传专家不分级，岗位要求详见图4-17-4；社区减灾规划师不分级，岗位要求详见图4-17-5；减灾外展专家分2级，分级标准详见图4-17-6；减灾官员分2级，分级标准详见图4-17-7；减灾规划人员分2级，分级标准详见图4-17-8；减灾风险分析师分3级，分级标准详见图4-17-9。

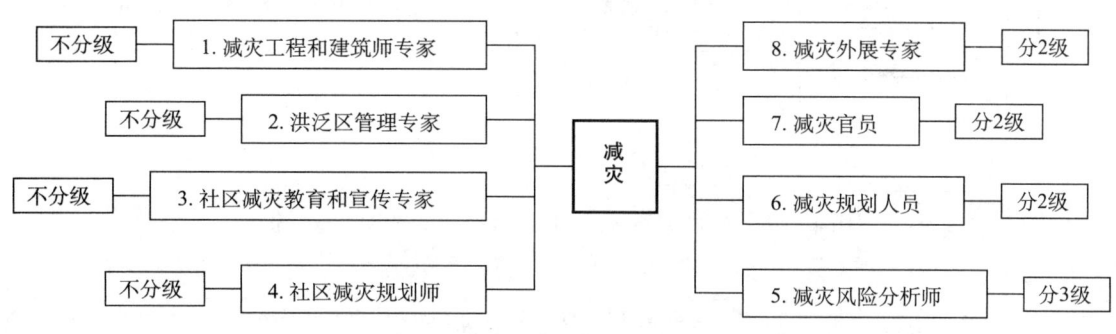

图4-17-1 减灾类岗位分类分级

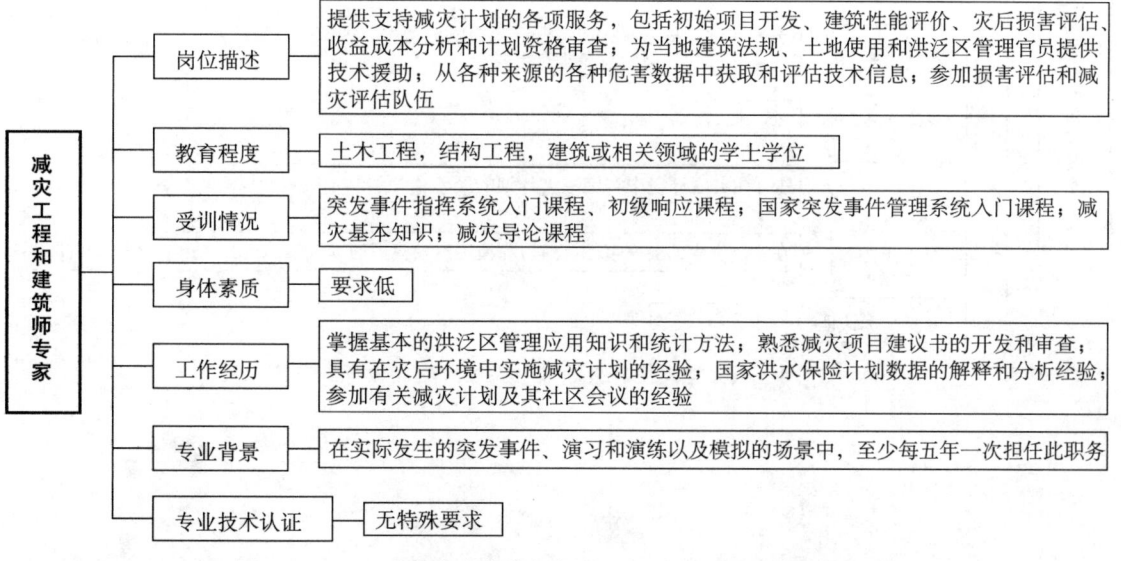

图4-17-2 减灾类岗位分级标准——减灾工程和建筑师专家

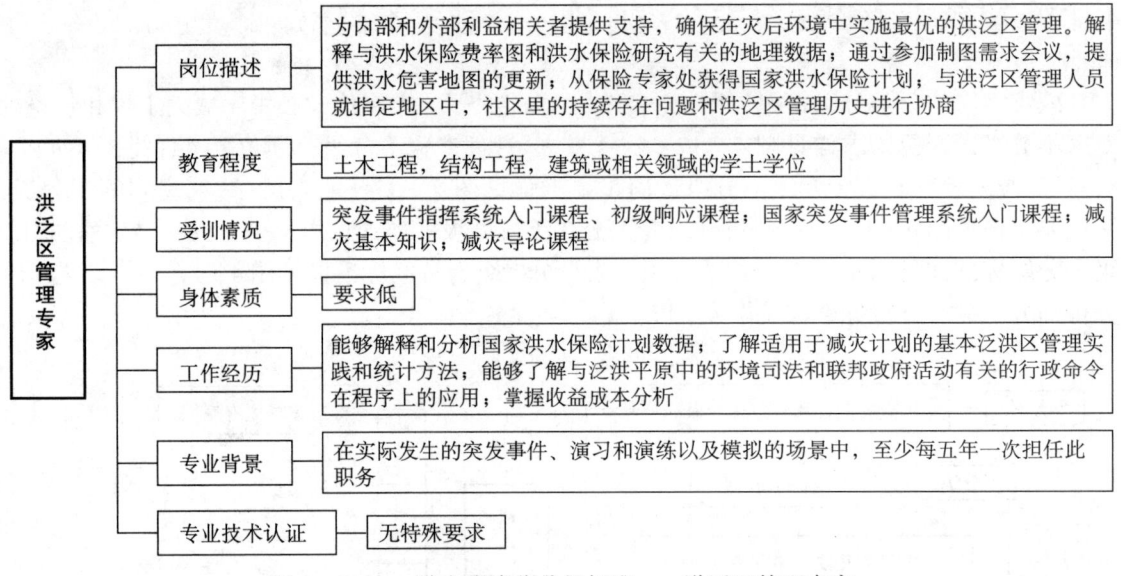

图 4-17-3 减灾类岗位分级标准——洪泛区管理专家

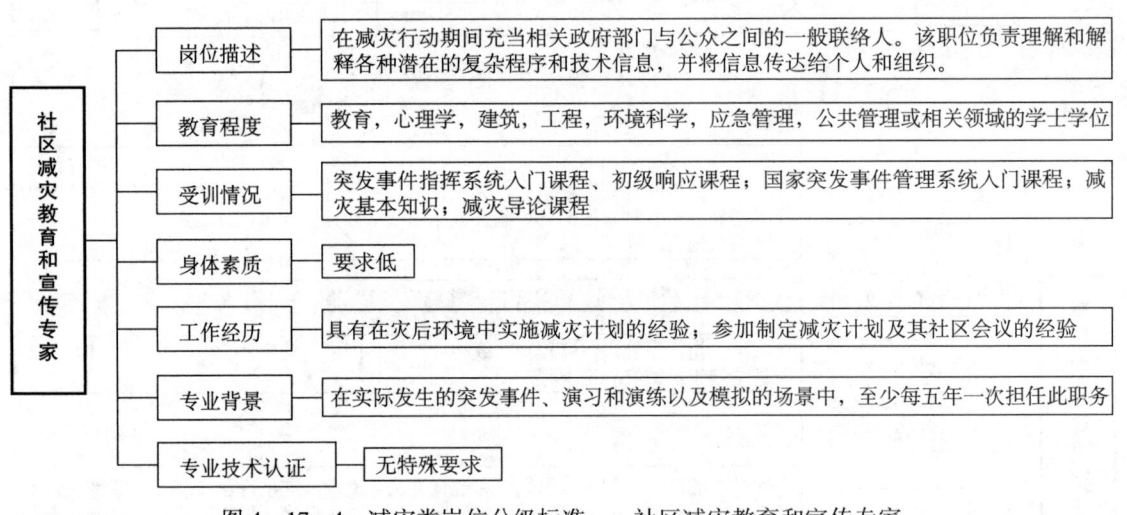

图 4-17-4 减灾类岗位分级标准——社区减灾教育和宣传专家

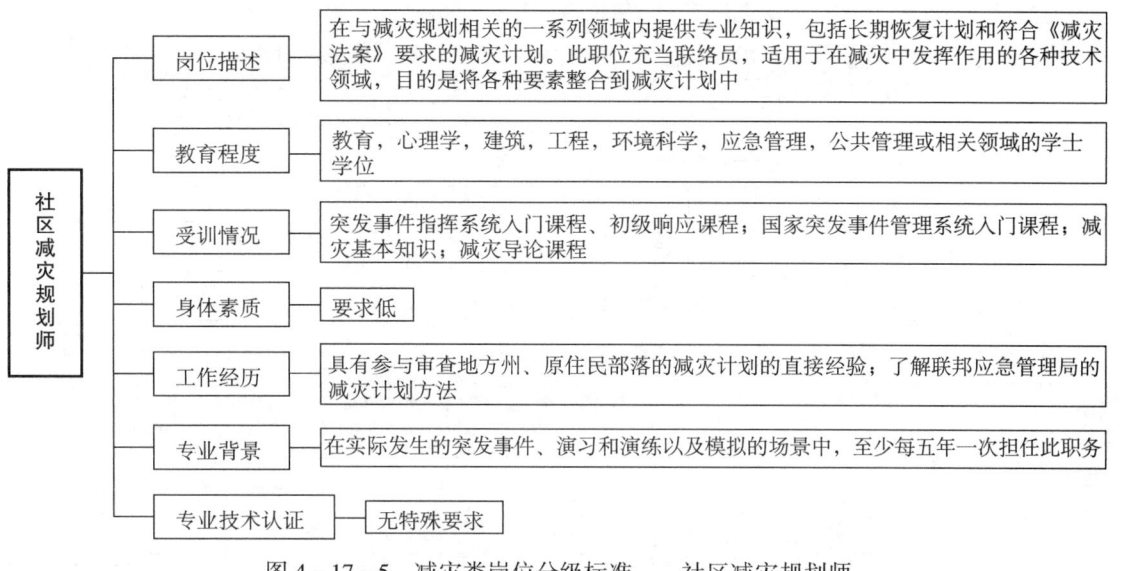

图 4-17-5 减灾类岗位分级标准——社区减灾规划师

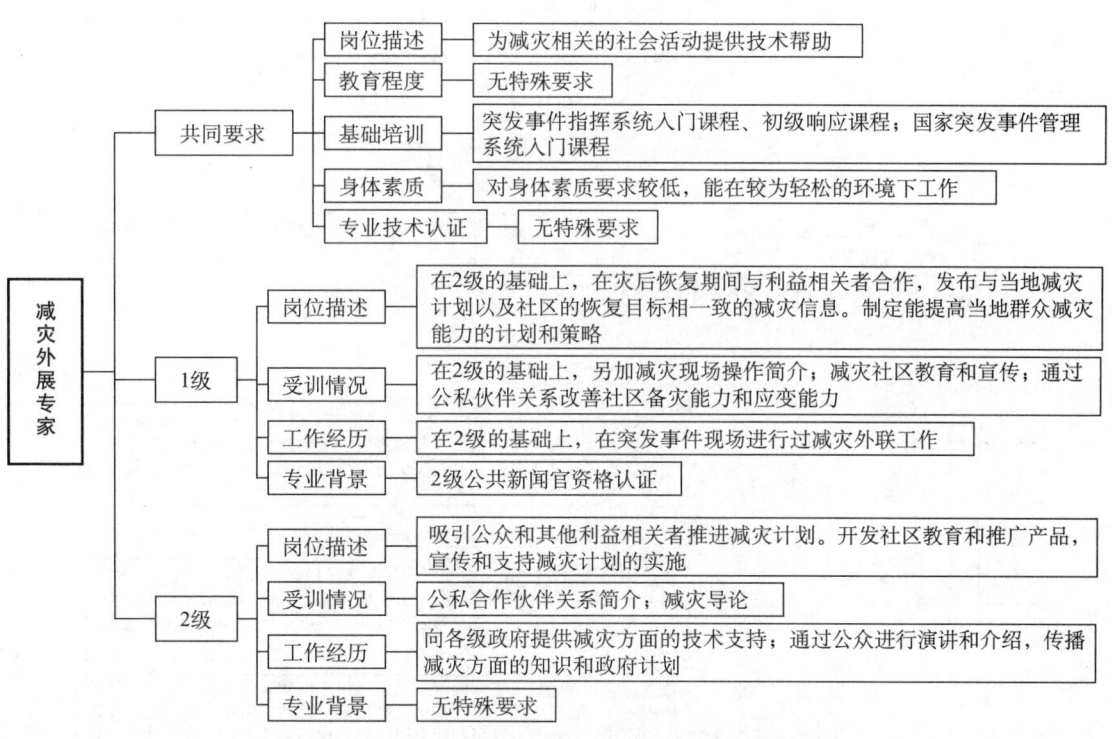

图 4-17-6 减灾类岗位分级标准——减灾外展专家

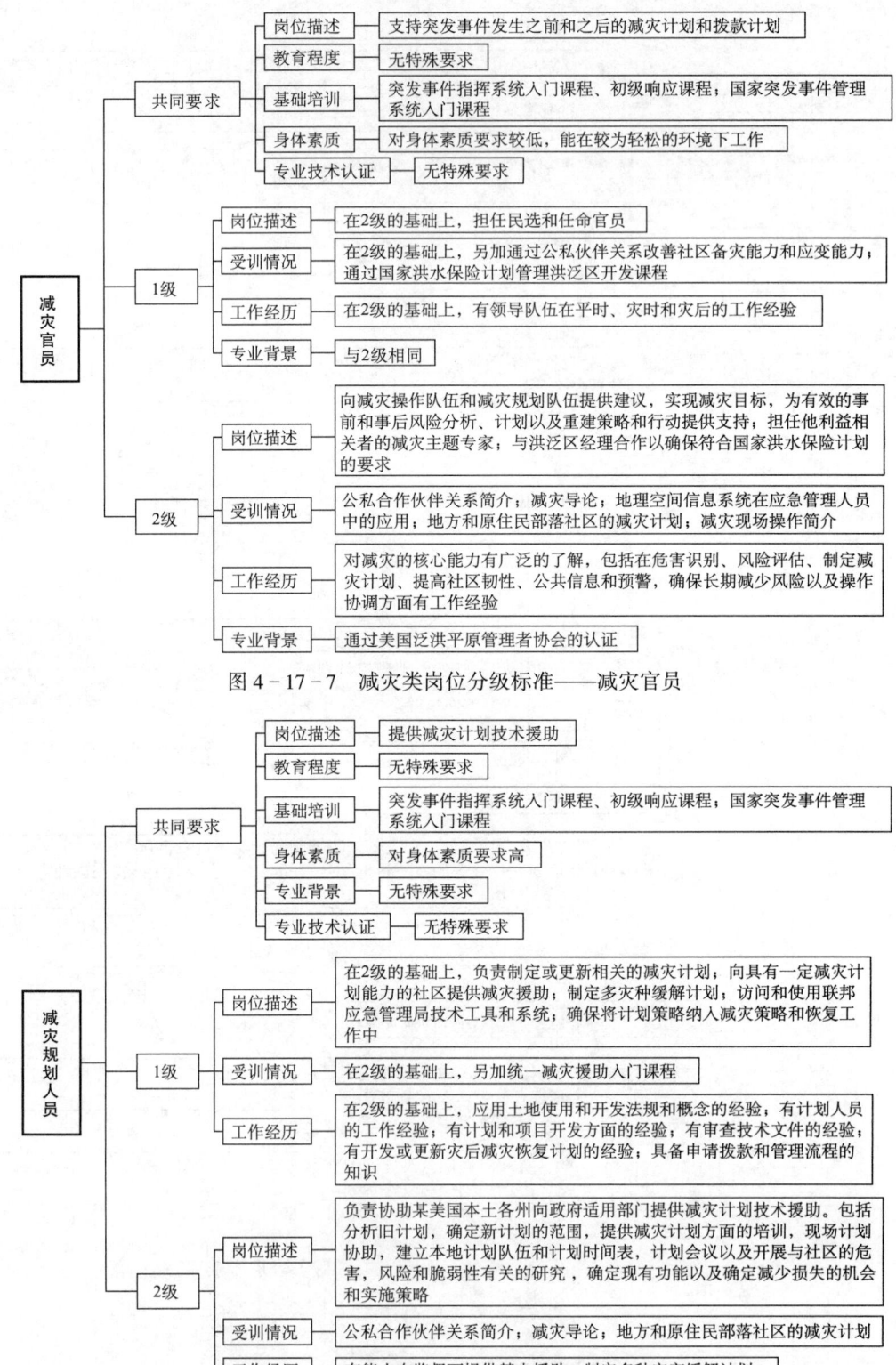

图 4-17-7 减灾类岗位分级标准——减灾官员

图 4-17-8 减灾类岗位分级标准——减灾规划人员

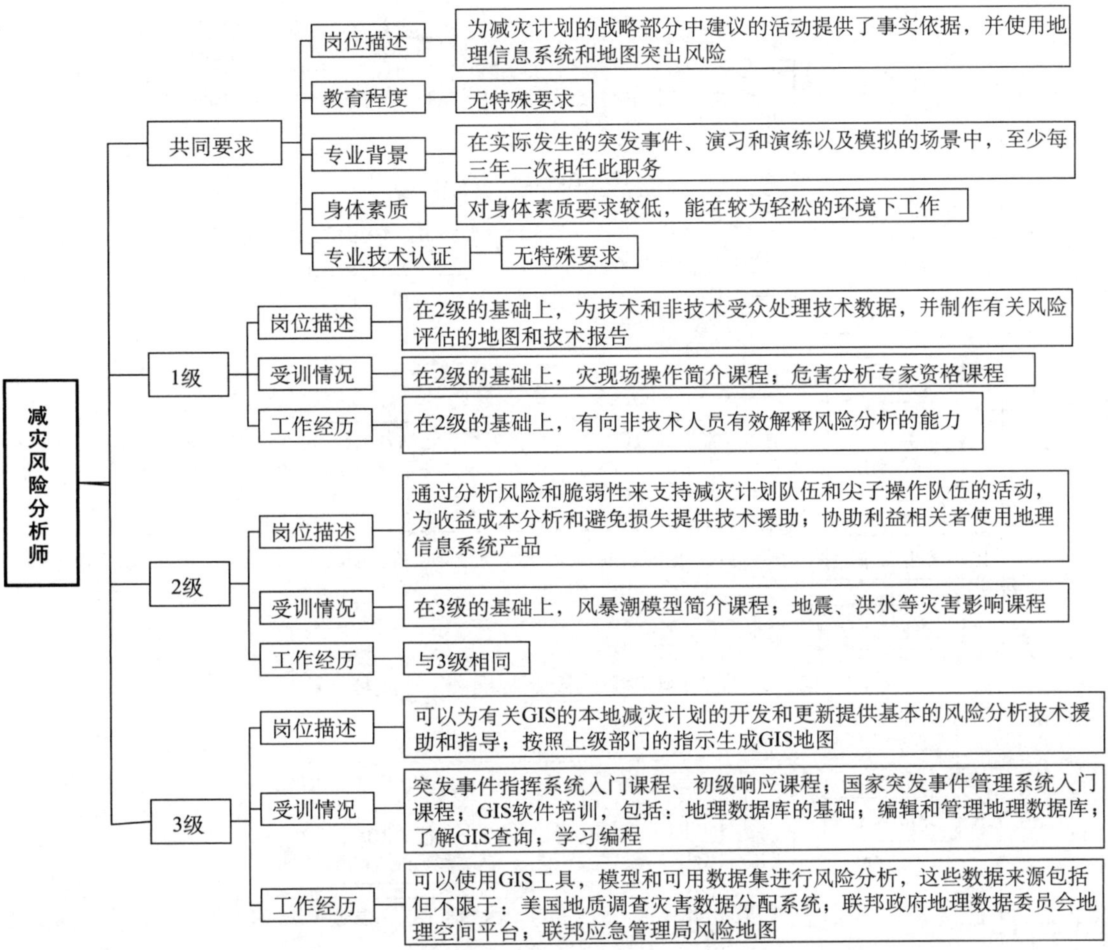

第四章 美国应急人力资源岗位分类分级标准

```
减灾风险分析师
├── 共同要求
│   ├── 岗位描述：为减灾计划的战略部分中建议的活动提供了事实依据，并使用地理信息系统和地图突出风险
│   ├── 教育程度：无特殊要求
│   ├── 专业背景：在实际发生的突发事件、演习和演练以及模拟的场景中，至少每三年一次担任此职务
│   ├── 身体素质：对身体素质要求较低，能在较为轻松的环境下工作
│   └── 专业技术认证：无特殊要求
├── 1级
│   ├── 岗位描述：在2级的基础上，为技术和非技术受众处理技术数据，并制作有关风险评估的地图和技术报告
│   ├── 受训情况：在2级的基础上，灾现场操作简介课程；危害分析专家资格课程
│   └── 工作经历：在2级的基础上，有向非技术人员有效解释风险分析的能力
├── 2级
│   ├── 岗位描述：通过分析风险和脆弱性来支持减灾计划队伍和尖子操作队伍的活动，为收益成本分析和避免损失提供技术援助，协助利益相关者使用地理信息系统产品
│   ├── 受训情况：在3级的基础上，风暴潮模型简介课程；地震、洪水等灾害影响课程
│   └── 工作经历：与3级相同
└── 3级
    ├── 岗位描述：可以为有关GIS的本地减灾计划的开发和更新提供基本的风险分析技术援助和指导，按照上级部门的指示生成GIS地图
    ├── 受训情况：突发事件指挥系统入门课程、初级响应课程；国家突发事件管理系统入门课程；GIS软件培训，包括：地理数据库的基础，编辑和管理地理数据库；了解GIS查询；学习编程
    └── 工作经历：可以使用GIS工具，模型和可用数据集进行风险分析，这些数据来源包括但不限于：美国地质调查灾害数据分配系统；联邦政府地理数据委员会地理空间平台；联邦应急管理局风险地图
```

图 4 - 17 - 9 减灾类岗位分级标准——减灾风险分析师

4.18 应急人力资源分类分级标准——损失评估类岗位

损失评估类岗位分类分级情况见图 4 - 18 - 1，共定义了 2 类岗位，其中地质野外勘测专家不分级，岗位要求详见图 4 - 18 - 2，地质调查支持专家不分级，岗位要求详见图 4 - 18 - 3。

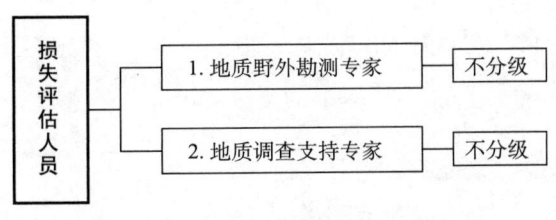

图 4 - 18 - 1 损失评估类岗位分类分级

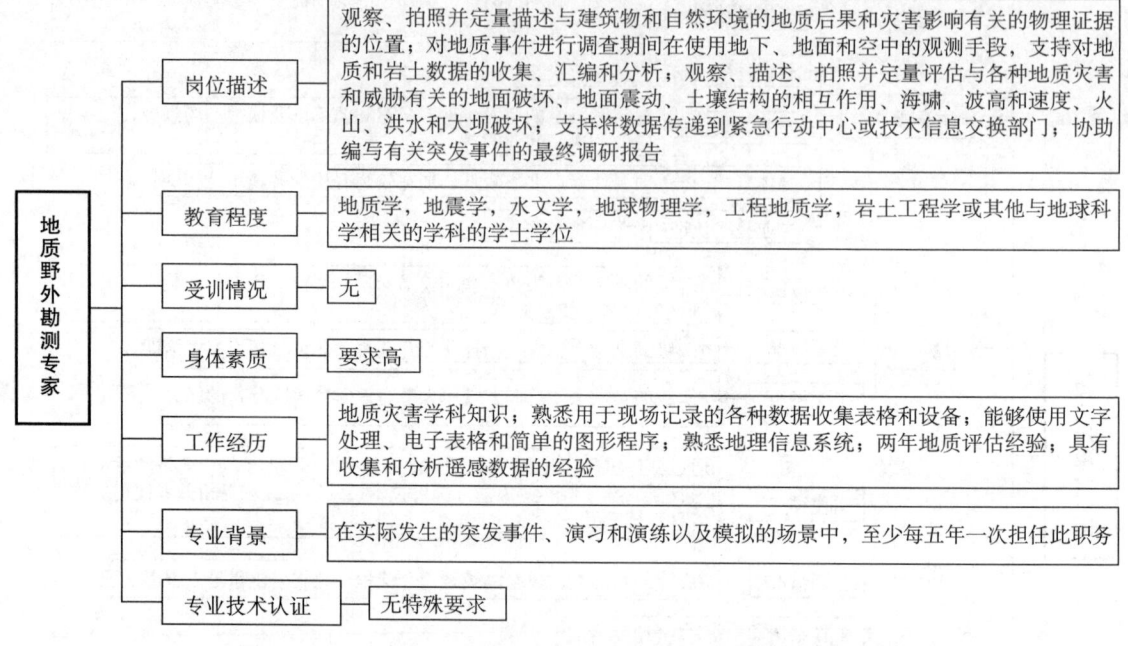

图 4-18-2 损失评估类岗位分级标准——地质野外勘测专家

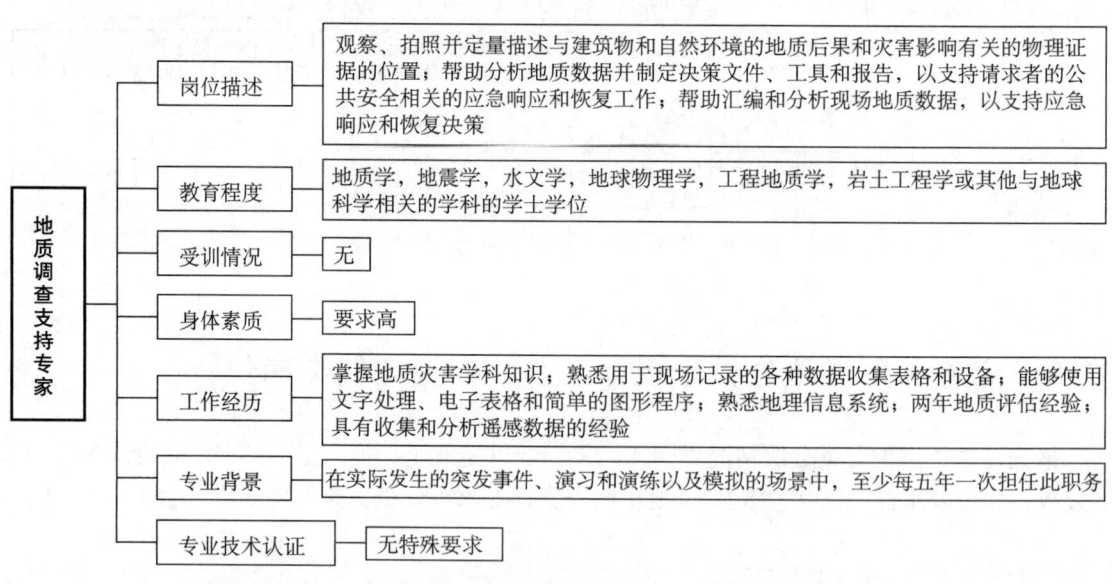

图 4-18-3 损失评估类岗位分级标准——地质调查支持专家

4.19 小结

应急队伍资源的核心是人力资源。经过专业化训练的应急队伍能够在短时间内快速有效的处理好各种突发事件,队员则在其中起到关键作用。此外专业化的设备需要经过专业化培训的人员来使用才能保证安全和功能。NIMS 在建立资源类型库时,对应资源类型库里应急资源的分类分级,同步建立了应急人力资源岗位清单和资格证书,为人力资源的盘点、资格认证和资格评定提供了的标准。对应急人员的资格认证在应急资源管理,特别是对在突发事件中验证应急人员的身份和属性(包括人员的从属关系、技能及职权)是非常重要的。

参 考 文 献

GB/T 38565—2020，应急物资分类及编码 [S]

曹巍、陈轩、张伟、姜瑶，2016，重大海上溢油应急资源分类初探 [J]，交通节能与环保，(04)：30~34

陈桂香、段永瑞，2006，对我国应急资源管理改进的建议 [J]，上海管理科学，04：44~45

陈虹、宋富喜、曲旻皓，2014，突发事件紧急救援队的分类、分级及岗位技术要求 [C]，中国地震应急搜救中心十周年论文集，北京：地震出版社，59~70

陈建国，2011，美国应急资源管理体系的借鉴和思考 [J]，中国应急管理，(01)：50~57

陈珑凯、梁虹、唐敏康，2019，应急管理协调的痛点、难点和着力点 [J]，中国公共安全·学术版，04：54~58

陈述、余迪、郑霞忠，2014，重大突发事件的协同应急响应研究 [J]，中国安全科学学报，24 (1)：156~162

丁斌、王鹏，2010，基于聚类分析的应急物资储备分类方法研究 [J]，北京理工大学学报（社会科学版），12 (4)：10~13

发改委，应急保障重点物资分类目录 [S]

国家安全生产应急救援指挥中心，安全生产应急救援物资分类编码标准（试行）[S]

霍达、吴耀华，2010，基于地区特性的应急物资分类研究 [J]，物流技术，8：11~14

李宏，2014，美国突发事件管理系统（NIMS）的启示与借鉴 [J]，中国人民公安大学学报（社会科学版），30 (06)：96~102

刘川，2019，"9·11"之后美国应急体制发展及启示 [J]，管理观察，(36)：81~83

吕娟，2019，浅谈合理的人力资源配置在突发事故应急救援中的作用 [J]，低碳世界，9 (04)：303~304

马丽斯文、陈虹、王巍等，2020，美国应急资源分类分级及应急人力资源管理对我国应急管理的启示 [J]，灾害学，35 (4)：192~196，201

钱洪伟、范靖文，2018，我国应急资源共享模式及其共享网络平台架构考量 [J]，决策探索（中），05：05~10

秦军昌、王刊良，2009，基于跨期的应急物资库存模型 [J]，系统管理学报，18 (1)：100~106

佘廉、郑华卿，2010，基于国家应急能力建设的应急资源分类探讨 [J]，中国应急管理

孙春媛、毛文锋，2010，突发事件应急资源管理应考虑的几个问题 [J]，危险化学品管理，09 (10)：28~30

唐黎标，2019，城市社区应急资源管理研究 [J]，防灾博览，05：58~61

田依琳，2010，基于网格化管理的突发事件应急资源管理研究 [J]，科技管理研究，08：135~137

王卫国，2015，城市地震灾害应急救援资源配置规划研究 [D]，天津：天津大学研究生院

徐爱慧、陈虹、王巍，2018，美国突发事件搜救队伍分类分级及其对我国救援队伍建设的启示 [J]，灾害学，33 (01)：168~174

叶建梅，2017，对非常规突发事件的应急资源管理浅析 [J]，价值工程，02：256~257

应急管理部，应急装备分类及编码（征求意见稿）[S]

游志斌，2019，美国第三代全国突发事件管理系统的变革重点：统一行动 [J]，中国行政管理，(02)：135~139

张小明，2015，我国减灾救灾应急资源管理能力建设研究 [J]，中国减灾，03：38~43

张旭凤，2007，应急物资分类体系及采购战略分析们 [J]，中国市场，(32)：110~111

张永领，2012，基于模糊聚类的应急物资分类储备研究 [J]，灾害学，27 (1)：130~134

ASTM F1848—2014, Standard Classification for Search and Rescue Dog Crew/Teams [S]

ASTM F1993—2016, Standard Classification System of Human Land Search and Rescue Resources [S]

Federal Emergency Management Agency (FEMA), Typed Resource Definitions-Search and Rescue Resources [EB/OL], (2005-11), [2017-05-08], https://www.fema.gov/pdf/emergency/nims/508-8_search_and_rescue_resources.pdf

Federal Emergency Management Agency (FEMA), Resource Typing Library Tool [EB/OL], [2017-05-08], https://rtlt.preptoolkit.fema.gov/Public

National Incident Management System

附录 英文缩略语

缩略语	英文全称	中文全称
AAR	After-Action Report	事后评估
AED	Automatic External Defibrillator	自动体外除颤器
AEMT	Advanced Emergency Medical Technician	高级紧急医疗技术员
AHJ	Authority Having Jurisdiction	具有管辖权的应急管理机构
ALS	Advanced Life Support	高级生命支持
ARDA	American Rescue Dog Association	美国救援犬协会
ASAR	Animal Search and Rescue	动物搜寻与救援
AVMA	American Veterinary Medical Association	美国兽医协会
BC	Benefit-Cost	成本效益
BCA	Benefit-Cost Analysis	成本效益分析
BLS	Basic Life Support	基本生命支持
BOSAR	Boatman of Search and Rescue	搜寻和救援船员
CAA	Clean Air Act	《清洁空气法》
CBRNE	Chemical, Biological, Radiological, Nuclear and Explosives	化学，生物，放射，核和爆炸物
CBRS	Coastal Barrier Resources System	海屏障资源系统
CDC	Centers for Disease Control	美国疾病控制与预防中心
CERT	Community Emergency Response Team	社区应急响应队
CFR	Code of Federal Regulations	联邦法规法典
CI	Continuing Improvement	持续提高
CME	Continuing Medical Education	继续医学教育
CND	Computer Network Defense	计算机网络防御
COML	Communication Unit Leader	通信部门领导
COMT	Communication Technician	通信技术员
COOP	Continuity of Operations	运营连续性
CPAT	Candidate Physical Ability Test	候选者身体能力测试
CPR	Cardiopulmonary Resuscitation	心肺复苏
CTOS	Counterterrorism Operations Support	反恐行动支援
CTP	Cooperating Technical Partners	合作技术合作伙伴
CWA	Clean Water Act	《清洁水法》
DEA	Drug Enforcement Agency	药物管制局

续表

缩略语	英文全称	中文全称
DHS	Department of Homeland Security	国土安全部
DIVS	The Division/Group Supervisor	部门/小组主管
DNDO	Domestic Nuclear Detection Office	国内核检测办公室
DOT	The Department of Transportation	运输部
DPMU	Disaster Portable Morgue Unit	灾难便携式停尸房
DRI	Diving Rescue Organization of International	国际潜水救援组织
EEO	Equal Employment Opportunity	平等就业机会
EHP	Environmental and Historical Preservation	环境和历史保护
EMAC	Emergency Management Assistance Compact	紧急管理协助协议
EMR	Emergency Medical Responder	紧急医疗响应者
EOC	Emergency Operations Center	紧急行动中心
EPA	Environmental Protection Agency	环境保护局
ESF	Emergency Support Function	紧急支持功能
EVOC	Emergency Vehicle Operator Course	紧急车辆操作员课程
EVO-H	Emergency Vehicle Operator-heavy	重型紧急车辆操作员
EWP	Emergency Watershed Protection	紧急流域保护
FAA	Federal Aviation Administration	联邦航空管理局
FAR	Federal Aviation Requirements	联邦航空要求
FBI	Federal Bureau of Investigation	联邦调查局
FBO	Fixed Base Operator	固定基地运营商
FCC	Federal Communications Commission	联邦通信委员会
FCO	Federal Coordinating Officer	联邦协调官员
FDRC	Federal Disaster Recovery Coordinator	联邦灾难恢复协调员
FEMA	Federal Emergency Management Agency	联邦应急管理局
FHWA	Federal Highway Administration	联邦公路管理局
FIG	Field Intelligence Team	现场情报小组
FIS	Flood Insurance Study	洪水保险研究
FLETC	Federal Law Enforcement Training Center	联邦执法培训中心
FM	Fatality Management	遇难者管理
FMAG	Fire Management Assistance Grant	消防管理补助金
FPAS	Federal Priorities and Allocations System	联邦优先级和分配系统

续表

缩略语	英文全称	中文全称
FSC	Facility Safety Committee	设施安全委员会
GeoCONOPS	Geospatial Concept of Operations	国土安全部地理空间操作概念
GII	Geospatial Information Infrastructure	地理空间信息基础架构
GIS	Geographic Information System	地理信息系统
GNSS	Global Navigation Satellite System	全球导航卫星系统
GPS	Global Positioning System	全球定位系统
HDS	Hazardous Devices School	危险设备学校
HM	Hazard Mitigation	减灾
HMGP	Hazard Mitigation Grant Program	减灾拨款计划
HSEEP	Homeland Security Exercise and Evaluation Program	国土安全演习和评估计划
HSS	Health and Social Services	健康和社会服务
HVA	High-Value Assets	高价值资产
IAP	Incident Action Plan	事件行动计划
IC	Incident Commander	事件指挥官
ICC	Increased Cost of Compliance	合规成本增加
IFE	Instrument Flight Emergency	机上紧急情况
IFR	Instrument Flight Rules	仪表飞行规则
IHE	Higher Education Institution	高等教育机构
IMT	Incident Management Team	突发事件管理团队
INSARAG	International Search and Rescue Advisory Group	国际搜索和救援咨询团
IPAWS	Integrated Public Alert & Warning System	集成公共警报和警告系统
IS	Independent Study	独立学习
ISC	Internet Security Alliance	互联网安全联盟
ISE	Information Sharing Environment	信息共享环境
IT	information Technology	信息技术
JFO	Joint Field Office	联合办事处
JIC	Joint Information Center	联合信息中心
JIS	Joint Information System	联合信息系统
JRPAT	Job Related Physical Ability Test	工作相关身体能力测验
JTTF	Joint Terrorism Task Forces	联合恐怖主义工作队
LE	Law Enforcement	执法机构

续表

缩略语	英文全称	中文全称
LMR	Land Mobile Radio	陆地移动无线电
LOP	Level of Protection	保护级别
LZ	Landing Zone	着陆区
MA	Mission Assignment	任务分配
MC/EA	Mass Care and Emergency Assistance	大众护理和紧急援助
MCI	Mass Casualty Incidents	大规模伤亡事故
MFF	Mobile Field Force	机动野战部队
MLETP	Marine Law Enforcement Training Program	海上执法培训计划
NASAAEP	National Alliance of State Animal and Agricultural Emergency Programs	国家动物和农业应急计划国家联盟
NASAR	National Association of Search and Rescue	美国国家搜寻与救援协会
NASBLA	National Association of State Boating Law Administrators	全国州划船法律管理者协会
NAUI	National Association of Underwater Instructors	全国水下教员协会
NDPF	National Disaster Recovery Framework	国家灾难恢复框架
NEMIS	National Emergency Management Information System	国家应急管理信息系统
NFIP	National Flood Insurance Program	洪水保险计划
NFPA	National Fire Protection Association	美国国家消防协会
NGO	Non-Government Organization	非政府组织
NHTSA	Highway Traffic Safety Administration	国家公路交通安全管理局
NIIP	National Fire Protection Association	国家基础设施保护计划
NIMS	National Incident Management System	突发事件管理系统
NQS	National Qualification System	国家资格认证体系
NRCS	Natural Resources Conservation Service	自然资源保护服务
NREMT	Registry of Emergency Medical Technicians	国家紧急医疗技术人员注册中心
NWCG	National Wildfire Coordinating Group	国家野火协调小组
NWS	National Weather Service	国家气象局
OSHA	Occupational Safety & Health Administration	美国职业安全与健康管理局
PA	Public Assistance	公共援助
PAC	Public Assistance Coordinator	公共援助协调员
PADI	Professional Association of Diving Instructors	潜水教练专业协会
PDA	Preliminary Damage Assessment	初步灾害评估

续表

缩略语	英文全称	中文全称
PDB	Position Task Book	职位任务书
PII	Personal Identifiable Information	个人身份信息
PIO	Public Information Officers	公共信息官员
POD	Points of Distribution	分发点
PPE	Personal Protective Equipment	个人防护装备
PRND	Preventive Radiological Nuclear Detection	预防性放射核探测
RCRA	Resource Protection and Recycling Act	《资源保护和回收法》
RNDIC	Radiation Nuclear Detection Tactics Integrated Course	辐射核检测战术集成课程
RELT	Registered Environmental Laboratory Technician	注册环境实验室技术员
RIID	Radioisotope Identification Device	辐射同位素识别器
RISS	Regional Information Sharing Systems	区域信息共享系统
RN	Registered Nurse	注册护士
RSF	Recovery Support Function	恢复支持功能
SAR	Suspicious Activity Report	可疑活动报告
SCADA	Supervisory Control and Data Acquisition	监控和数据采集
SDE	Substantial Damage Estimator	实质性损害估算器
SDWA	Safe Drinking Water Act	《安全饮用水法》
TERT	Telecommunications Emergency Response Task Force	电信应急响应工作队
TSC	Terrorist Screening Center	恐怖分子检查中心
UAS	Unmanned Aircraft System	无人飞机系统
UFR	Unified Federal Review	统一联邦审查
USDA	U.S. Department of Agriculture	美国农业部
USFA	U.S. Fire Administration	美国消防局
USGS	U.S. Geological Survey	美国地质调查局
USNG	United States National Grid	美国国家电网
VFR	Visual Flight Rule	视觉飞行规则
VIC	Victim Information Center	受害者信息中心
VOST	Virtual Operations Support Team	虚拟运营支持队
WMD	Weapons of Mass Destruction	大规模杀伤性武器